5-7, rue de l'Ecole-Polytechnique, 75005 Paris

http://www.harmattan.fr
diffusion.harmattan@wanadoo.fr
harmattan1@wanadoo.fr

ISBN : 978-2-343-07021-6
EAN : 9782343070216

LE PROGRÈS DES NOIRS AUX ÉTATS-UNIS

Bakary KONATÉ

LE PROGRÈS DES NOIRS AUX ÉTATS-UNIS

1960-1990 : mythe ou réalité ?

L'Harmattan

DÉDICACE

Je dédie cette thèse à plusieurs personnes qui m'ont façonné ou qui compte pour moi :

Ma mère, Haoua Konaté, et à mon père, Mamadou Konaté, arrachés à notre affection respectivement le 18 janvier 1997 et le 4 avril 2000. Ces lignes sont un signe de reconnaissance pour tout ce que je leur dois, à commencer par la vie elle-même. Sans eux, je n'aurais jamais vu ni le jour se lever, ni le soleil briller et je n'aurais jamais pu être là où je suis aujourd'hui.

La seconde épouse de mon père, Sita Ouhôfé Traoré qui, bien que ne m'ayant pas donné directement la vie, m'a aussi façonné. Malheureusement, elle aussi nous a quittés prématurement en juillet 1992.

Mon épouse, Madame Konaté née Clarisse Bougou Traoré, et nos enfants — Sié Didier, Sondé Serge Kotolama Serge Armel et Yé Wassa Amandine — sans la COMPRÉHENSION et le soutien desquels ce travail aurait été impossible.

Toutes les personnes, proches ou lointaines, qui ont contribué à leur façon à faire de moi ce que je suis.

REMERCIEMENTS

À tout seigneur tout honneur. Je remercie du fond du cœur le Pr Marième Sy Sidibé de l'Université Cheikh Anta Diop de Dakar (UCAD) au Sénégal pour avoir été à la base de cette thèse, à un moment où je ne savais plus à quelle porte taper. Je lui en serai éternellement reconnaissant.

Je suis également reconnaissant au Pr Amadou Bissiri pour avoir accepté de prendre la relève pour diriger cette thèse. Je le remercie pour sa patience et la promptitude avec laquelle il a toujours lu les parties que je lui remettais pour avis.

Je n'oublie pas, évidemment, le Pr Cheikh Ahmadou Dieng de l'UCAD, pour sa co-direction.

Je remercie très sincèrement le Ministre des Enseignements Secondaire, Supérieur et de la Recherche Scientifique, le Pr Joseph Paré, qui, par une « aide spéciale », m'a permis de mener à terme ce travail.

Mention spéciale doit être faite à Madame Maïmouna Kambou et Monsieur Julien Ouédraogo qui m'ont aidé pour la mise en forme finale du document.

Enfin, je reste reconnaissant à tous ceux qui, d'une manière ou d'une autre, m'ont toujours encouragé afin que je n'abandonne jamais.

Que le Seigneur vous bénisse tous.

RÉSUMÉ

Le refus de Rosa Parks en 1955 de céder sa place à un passager blanc dans un autobus de Montgomery, dans l'Alabama, a déclenché un boycott des autobus par les habitants noirs de ladite ville. Ce refus de continuer à accepter la discrimination raciale allait donner naissance à un grand vent de revendication jamais égalé sur toute l'étendue des États-Unis, connu sous le nom de Mouvement des droits civiques, qui allait durer jusqu'en 1968. Le Mouvement ne demandait ni plus ni moins que l'égalité pleine et entière avec les Blancs.

Les sources profondes du Mouvement remontent au-delà du refus de Rosa Parks. En effet, depuis les premiers jours de l'esclavage, les Noirs réclamaient déjà les mêmes droits que les Blancs. Cela s'est traduit par des révoltes, rebellions et autres actes de défiance à « l'institution particulière ». Ensuite, ils se sont engagés avec conviction et foi dans le mouvement abolitionniste jusqu'à ce que l'esclavage périsse de sa belle mort. La lutte s'est poursuivie sous la Reconstruction et s'est amplifiée sous le régime des lois *Jim Crow*. Bien de Noirs se sont illustrés durant ces différentes périodes. Le Mouvement a été préparé sur les plans idéologique, stratégique et même psychologique par des précurseurs qui ont tracé la voie. Il est en fait une suite logique de la longue lutte entamée depuis l'esclavage.

Le Mouvement des droits civiques, dirigé par Martin L. King, Jr., a permis aux Noirs d'accomplir entre 1960 et 1990 d'énormes progrès économiques, sociaux, politiques et dans le domaine des relations raciales. Cette thèse analyse ces progrès. Malgré les avancées indéniables relevées, elle conclut que l'égalité raciale entre Noirs et Blancs n'est toujours pas une réalité indéniable aux États-Unis en 1990. En d'autres termes, certains développements majeurs nous mènent à la conclusion que l'égalité est devenue en partie une réalité mais que le rêve d'égalité de Martin Luther King reste, aussi, en partie un mythe, c'est-à-dire du domaine du souhaitable.

INTRODUCTION

Les années 1950 représentent un jalon important dans la lutte des Africains-Américains pour leurs droits et leur dignité. En effet, c'est dans cette décennie que la lutte pour la liberté et l'égalité s'est soudainement accélérée avec l'arrestation par la police de Montgomery, dans l'État d'Alabama, de Rosa Parks au motif qu'elle a refusé de céder son siège à un passager blanc qui venait de monter dans le bus[1]. La communauté noire de la ville s'est alors levée comme un seul homme pour dire « non » à ce dernier outrage. C'était le début du Mouvement des droits civiques des temps modernes, vaste mouvement d'indignation et de revendication qui va aller en s'amplifiant. Objectif visé : l'égalité en droit pleine et entière des Noirs avec leurs concitoyens blancs.

Montgomery a été ainsi l'élément catalyseur, la goutte d'eau qui a fait déborder le vase. Depuis longtemps, les Noirs ne tenaient plus dans le carcan fait sur mesure pour eux. En effet, depuis l'échec de la Reconstruction — la période juste après la fin de la Guerre civile (1865-1877), période durant laquelle les anciens esclaves avaient acquis certains droits qui leur étaient jusqu'alors refusés — la majorité blanche avait instauré à leur intention un nouveau type de lois et de règlements. Ce sont les *Jim Crow laws*, les lois Jim Crow. Elles fixent la « place » des Noirs dans la société américaine dans le Sud. Mais, progressivement, ces pratiques vont gagner le Nord jusque-là peu touché par elles.

---

[1] A Montgomery la loi faisait obligation aux passagers noirs de s'asseoir à l'arrière du bus et même de céder leur siège à tout passager blanc qui n'aurait pas de place et qui exprimait le désir de s'asseoir.

La révolte de Montgomery témoigne non seulement du ras-le-bol de la communauté noire de cette ville, mais aussi de celui de tous les Noirs des États-Unis. Elle marque le début d'un mouvement sans précédent dont l'objectif final est de faire tomber toutes les barrières entre Noirs et Blancs, toutes les pratiques qui stigmatisent les anciens esclaves et leurs descendants, bref, toutes les pratiques et considérations qui font d'eux des « citoyens de seconde classe ». A partir de Montgomery rien ne sera plus comme avant. Les Noirs, au Nord comme au Sud, vont se soulever contre les pratiques discriminatoires. La ségrégation des lieux publics, les insultes verbales, les agressions multiformes, le refus de certaines « faveurs » accordées aux Blancs (par exemple être servis dans certains restaurants), etc., seront dénoncés jour après jour et sans relâche. Les organisations de droits civiques vont coordonner cette lutte pour la rendre plus efficiente et plus efficace.

Le terrain de cette lutte a été préparé par des « précurseurs ». Ce sont eux qui ont mis en place ses fondements idéologiques, philosophiques et même stratégiques (la résistance passive de masse). Par leurs idées et réflexions, ils ont ouvert les yeux de générations de Noirs. Par conséquent, le Mouvement des droits civiques peut être considéré comme le fruit des luttes de ces pionniers. Leur contribution est inestimable.

Grâce à son organisation, le Mouvement des droits civiques remporte de nombreuses victoires dont la déségrégation scolaire (1954), la loi sur les Droits civiques (1964) et la loi sur le Droit de vote (1965). Au-delà de ces lois, c'est le changement des mentalités qui s'est opéré qui mérite d'être relevé. En effet, les Blancs ont commencé à changer leur perception des Noirs. Ils se sont rendus compte, après coup, que Blancs et Noirs ne sont pas si différents et que ce qu'ils ont toujours considéré comme vérité n'est en fait que l'expression de leur désir de s'affirmer supérieurs à leurs compatriotes noirs, un mythe. Ce changement des mentalités est à la base de ce qui va se passer durant les années qui vont suivre, à savoir la cohabitation désormais possible entre les deux races. Évidemment, cela n'a pas été sans embûche : beaucoup de personnes, dans les deux camps, ont perdu la vie dans la lutte. Mais c'était probablement le prix à payer pour amener les deux communautés à s'accepter d'abord et, ensuite, à accepter de vivre ensemble dans le même pays, ce pays qu'ils ont en partage. C'est cela l'un des résultats les plus significatifs de la lutte pour l'égalité.

Le Mouvement des droits civiques a eu ses héros, ses célébrités mais aussi ses anonymes — ceux-là dont personne ne parle et que les livres d'histoire ne mentionnent pas. Pourtant, tous ont contribué de leur mieux à faire aboutir la lutte. Certains y ont même perdu la vie, comme déjà relevé. C'est grâce à tous ces acteurs que l'Amérique a évolué. Un coup d'œil sur la société américaine en 1990 nous permet de constater certains changements notables qui, sans doute, n'auraient pas été réalisés sans le Mouvement des droits civiques, un pan important de l'histoire américaine mais peu connu. Cependant, force est de constater que les Africains-Américains ont fait des progrès indéniables. Ils sont les résultats et les fruits de cette lutte.

Les Africains-Américains sont présents dans toutes les sphères d'activités : économique, politique, sociale, culturelle, sportive, etc. Prenons quelques exemples bien connus. Dans le domaine politique, Condoleezza Rice, d'abord conseillère du président George W. Bush pour la sécurité intérieure, a été jusqu'en 2008 Secrétaire d'État. Le Général Colin Powell avant elle avait occupé le même poste, c'est-à-dire celui de Secrétaire d'État, de 2001 à 2005. Avant ce poste, ce dernier était le Chef d'État Major Général des forces armées américaines. Carol Moseley Braun a été élue en 1992 au Sénat des États-Unis, un fait historique car la dernière fois qu'un Africain-Américain a occupé un siège au Sénat remonte à la Reconstruction. Nous avons aussi l'élection de Barack Obama au Sénat des États-Unis en 2006. Thurgood Marshall a été nommé à la Cour suprême en 1967. Il a été remplacé à ce poste par Clarence Thomas qui s'y trouve toujours. L'élection et la nomination de nombreux autres Africains-Américains à divers postes de responsabilité témoignent bien du désir de l'Amérique réelle et de l'Amérique institutionnelle de prendre en compte toutes les composantes du pays.

Dans les autres domaines, les Africains-Américains sont représentés à des degrés divers. On trouve des professeurs d'université aussi connus que Molefi Asante, le théoricien de l'afrocentrisme ;

William Julius Wilson ; Alphonso Pinkney ; Mary Frances Berry ; et bien d'autres. Dans le domaine économique, on peut citer John H. Johnson, le propriétaire entre autres choses du magazine *Ebony*, et Oprah Winfrey, présentatrice vedette, propriétaire d'une chaine de télévision. Dans les domaines sportif et artistique les exemples sont tout aussi nombreux. En fait, les Africains-Américains sont présents dans tous les secteurs d'activités, la preuve qu'ils ont fait des progrès remarquables. Si l'égalité, l'objectif ultime du Mouvement des droits civiques, n'est toujours pas une réalité indéniable sur tous les plans, un long chemin a été parcouru dans cette direction.

Notre étude a pour objectif de mesurer le chemin parcouru entre 1960 et 1990. Le choix de cette période se justifie par le fait que c'est véritablement à partir de 1960 que la lutte engagée au milieu des années 1950 abandonne son caractère régional pour couvrir toute l'étendue du territoire des États-Unis d'Amérique. C'est en ce moment que la « révolution noire[2] » américaine prend une ampleur jamais égalée auparavant. Durant les années qui vont suivre, elle va rythmer la vie des Américains. Le pays va vibrer au rythme des marches et autres manifestations de résistance passive.

Quant à l'année 1990, la fin de la période couverte par notre étude, son choix est seulement motivé par une raison pratique. En effet, trente ans sont une séquence de temps relativement longue qui pourrait nous permettre de mesurer les progrès accomplis par les Africains-Américains. Cependant, le progrès étant une appréciation d'un état par rapport à une situation antérieure, nous ne pourrons faire ressortir que les avancées faites par les Africains-Américains à un moment donné. Toute la réalité ne pourra pas toujours être saisie. La preuve, après 1990 bien de progrès ont été réalisés, comme nous l'avons déjà relevé plus haut avec quelques exemples.

Notre thème exact est « Le progrès des Noirs aux États-Unis, 1960-1990 : mythe ou réalité ? ». Que devons-nous comprendre par « progrès » ? Simplement, le terme « progrès » exprime l'idée d'un changement positif, qualitatif, par rapport à une situation antérieure donnée. On parle de progrès quand il y a une amélioration, une

---

[2] William Brink et Louis Harris, *La révolution noire aux U.S.A.* (Paris : Denoël, 1964).

avancée, un mouvement vers l'avant, quelquefois un bond ou un saut qualitatif. Ainsi on parle de progrès dans les négociations israélo-palestiniennes, de progrès de la médecine. On parle même de progrès dans les études à propos d'un étudiant pour dire que l'intéressé a amélioré ses résultats ou ses performances académiques.

Pour *Le Petit Larousse illustré 1980*, le progrès est l'« action d'avancer », un « mouvement en avant », une « augmentation », un « développement en bien ou en mal » (p. 827). « En bien ou en mal », précise donc *Le Petit Larousse illustré*. En d'autres termes, le progrès peut être positif ou négatif. C'est exactement l'objectif que se fixe notre étude : rechercher et voir si les Noirs ont amélioré ou non leur situation, leur condition, leur statut, leur image — la perception que leurs compatriotes blancs ont d'eux — entre 1960 et 1990. Ainsi, il faut comprendre par « progrès » dans notre étude l'écart évolutif qu'il y a entre la situation des Noirs entre 1960 et 1990 : leur statut est-il meilleur ou pas en 1990 par rapport à 1960 ? Sont-ils plus acceptés dans la société ? Ont-ils les mêmes droits que les Blancs ? Noirs et Blancs sont-ils égaux devant la loi ? Évidemment, ce progrès multiforme ne peut pas toujours se mesurer en termes uniquement statistiques. Quelquefois, il peut être constaté de manière empirique.

Les années 1960 se sont ouvertes dans l'euphorie et l'optimisme engendrés par le mouvement de revendication en faveur des Noirs, ce qui a fait croire que tout était possible pour les Noirs et même pour les autres minorités déshéritées. Mais en 1990, ce que Martin Luther King, Jr. a appelé son « rêve » s'est-il réalisé ? Le rêve de King était de voir un jour ses enfants vivre en bonne entente et en harmonie avec les enfants blancs, sans considération pour la couleur de leur peau. C'est ce rêve de fraternité et d'égalité que le célèbre pasteur noir avait avant sa mort violente le 4 avril 1968, victime des balles d'un tueur blanc. Ce rêve est-il devenu, en 1990, une réalité ou demeure-t-il toujours un mythe ?

Le mythe peut se définir comme une croyance, une idée, qui se fonde sur quelques éléments historiques ou non, réels ou souhaités, pour ensuite en conclure que tout est vérité ou réalité. Par exemple, à partir de quelques indices ou éléments qui montrent, démontrent ou prouvent une avancée ou une amélioration des conditions des Noirs, l'on pourrait en conclure que ces derniers ont effectivement progressé, voire, qu'ils ont atteint l'égalité pleine et entière ou la parité avec leurs concitoyens blancs. Dans le mythe, il y a des éléments de vérité, vérifiables ; mais la conclusion qui est tirée de ces données est soit hâtive, soit exagérée et peut induire en erreur. Cette conclusion fait croire à une réalité qui n'en est pas une. Le mythe donne donc l'illusion qu'une chose, une idée ou une croyance est vraie alors qu'elle n'est peut-être qu'un souhait dont on désire ardemment la réalisation. Nous nous résumons avec *Le Robert 1986* pour dire que le mythe est « une pure construction de l'esprit, une invention sans rapport avec la réalité » (p. 672).

Le mythe, en ce qui concerne le progrès des Noirs aux États-Unis dans notre étude, est la croyance selon laquelle ces derniers ont fait des progrès significatifs et décisifs et, peut-être, irréversibles, au point que l'on pourrait penser ou croire que les Blancs et les Noirs sont devenus égaux sur tous les plans. Cette égalité parfaite n'est pas encore une réalité. Certains aspects restent toujours dans le domaine du souhaitable. Quelques hirondelles ne font pas le printemps. Les développements encourageants sont de bon augure pour l'avenir, mais ils ne suffisent pas pour tirer une conclusion tranchée et définitive.

Beaucoup de choses ont été dites et écrites sur les progrès faits par les Noirs. Certains propos sont sérieux, objectifs, équilibrés, constructifs, et dignes d'intérêt. D'autres par contre sont résolument partisans, biaisés, subjectifs, fortement marqués par des querelles idéologiques. En toute objectivité, dans ce débat personne n'a entièrement raison ou entièrement tort, car des éléments existent de part et d'autre pour étayer la thèse du mythe et celle de la réalité. Cependant, il faut reconnaître que la vie d'une personne comme d'une communauté n'est jamais linéaire : elle évolue en dents de scie. Tantôt elle avance, tantôt elle stagne et quelquefois elle recule avant d'amorcer un mouvement vers l'avant. Il en est de même de la vie des Noirs aux États-Unis. Pourtant certains analystes voudraient nous faire croire que le statut et la condition des Noirs ne se sont nullement améliorés. Pour d'autres par contre, tout est rose pour les Noirs au pays de Thomas Jefferson, l'auteur de la Déclaration d'Indépendance, qui a affirmé que « tous les hommes naissent égaux et qu'ils jouissent de certains droits inaliénables dont la vie, la liberté et la recherche du bonheur » (cf. La Déclaration d'Indépendance). Selon ces derniers analystes, les Noirs ont connu des avancées telles que l'on peut en déduire qu'ils ont atteint l'égalité pleine et entière avec les Blancs.

La réalité — ce qui est et indéniable — est que les Noirs ont effectivement fait des progrès significatifs, mais ceux-ci sont-ils suffisants pour que l'on puisse affirmer qu'être noir ou blanc aux États-Unis n'a plus d'importance en 1990 ? En d'autres termes, les Noirs sont-ils devenus égaux aux Blancs entre 1960 et 1990, parce qu'ils ont comblé l'énorme fossé qui séparait les deux communautés au début des années 1960 ?

C'est à cette question aux multiples facettes que nous devons répondre. Notre thèse est que les Noirs ont effectivement fait beaucoup de progrès et que les exemples sont légion comme relevé plus haut. En 1990, rien n'interdit à un Noir de voter, d'aller où il veut, de loger dans l'hôtel ou l'auberge de son choix s'il en a les moyens, de s'asseoir dans n'importe quelle partie d'un autobus de transport public, etc. Aucune loi n'interdit plus ces pratiques. La discrimination et la ségrégation légales n'ont plus cours. Noirs et Blancs sont égaux devant la loi, bien que quelquefois l'application de cette loi rencontre des écueils de plusieurs types.

Globalement, le statut social des Noirs s'est nettement amélioré. Leur niveau d'éducation n'est pas comparable à ce qu'il était au début des années 1960. Tout n'est pas parfait. Par exemple, l'accroissement du nombre des familles monoparentales est un signe inquiétant. La criminalité surtout entre Noirs et la persistance du ghetto ont de quoi inquiéter même les plus optimistes.

Leur statut économique s'est aussi nettement amélioré en dépit de nombreux maillons faibles tels la faiblesse des revenus et la pauvreté. Le logement est également sujet à récrimination. Les Noirs ont tendance à vivre dans les centres métropolitains et dans les centres des grandes villes. Or, ces centres vont de pair avec de nombreux problèmes dont la détérioration du logement, la rareté des emplois du fait de la saturation de ces zones. D'aucuns affirment que le statut économique des Noirs est le maillon le plus faible de tout le tableau. Selon eux, les Noirs ont acquis beaucoup de droits mais les moyens économiques leur manquent pour jouir effectivement de ces droits. Par exemple, ils ne peuvent pas habiter où ils aimeraient ; ils ne peuvent pas acheter tout ce qu'ils voudraient ; etc.

L'évolution des Noirs sur la scène politique est remarquable. « Ils sont présents presque partout », sommes-nous tenté de dire. En effet, la politique est le domaine où les Africains-Américains semblent avoir le mieux réussi. La plupart des grandes villes américaines ont eu ou ont encore un maire noir : Atlanta en Géorgie ; Wilson Goode à Philadelphia ; Carl Stokes à Cleveland (1967) ; Ron Kirk à Dallas au Texas ; Baltimore ; Harold Washington à Chicago dans l'Illinois (1982) ; Coleman Young à Detroit dans le Michigan (1973) ; Sharon Sayles Belton à Minneapolis (1993) ; Willie Herenton à Memphis dans le Tennessee (1991) ; New Orleans en Louisiane (1994); David Dinkins à New-York City dans l'État de New-York (1989) ; Tom Bradley à Los Angeles en Californie (1984) ; Newark ; Birmingham ; Washington, D.C.; etc. Ils ont aussi eu des gouverneurs à l'exemple de L. Douglas Wilder en Virginie (1989)[3] . Plusieurs fois et sous diverses administrations, tant républicaines que démocrates, des Africains-Américains ont occupé et continuent d'occuper des postes ministériels. La réalité est qu'aucun gouvernement américain (l'Exécutif) ne peut plus être formé sans inclure des Noirs. Cette anomalie serait alors un recul que la société américaine n'est pas prête d'accepter et peut être le signe précurseur d'un retour à un passé pas si lointain.

Dans le domaine des relations raciales, les choses ont aussi évolué dans un sens positif. En effet, depuis ce jour de 1955 où Rosa Parks a refusé de céder son siège à un passager blanc dans un autobus municipal de Montgomery, les relations entre les Noirs et les Blancs n'ont plus été les mêmes. Sous la conduite éclairée et mesurée du pasteur Martin Luther King, Jr., les Noirs se sont levés comme un seul homme et ont crié leur profond désir de changement. Depuis cette « révolution », l'Amérique a été obligée de comprendre les frustrations des Noirs et d'admettre la justesse de leurs revendications. S'en suivront des décisions de divers ordres tant au niveau de

---

[3] Stephan Thernstrom and Abigail Thernstrom, *America in Black and White : One Nation, Indivisible* (New York : Touchstone, 1999), pp. 286-287; 292-296.

l'Exécutif, du Législatif que du Judiciaire, en l'occurrence la Cour suprême. Les relations raciales, particulièrement entre Blancs et Noirs, ont beaucoup évolué. Mais le racisme et la discrimination raciale n'ont pas totalement disparus. La différence entre les années 1950 et 1990 est que si un Noir est victime de racisme ou de discrimination quelconque, il peut porter plainte devant les institutions appropriées et demander réparation. Si ses assertions sont fondées, il a de fortes chances d'avoir gain de cause. Il y a quelques décennies cela était impensable.

Malgré toutes les affirmations optimistes que nous venons de faire, tout n'est pas pour le mieux dans le meilleur des mondes possibles. Des zones sombres demeurent. La discrimination raciale, le racisme, la pauvreté, les ghettos, la criminalité, la faible représentation des Noirs aux postes électifs, etc., sont autant de tares que la société américaine continue de traîner au pied comme un boulet et dont elle n'arrive toujours pas à se débarrasser. Mais ces insuffisances ne doivent pas nous empêcher de reconnaître les progrès accomplis entre 1960 et 1990. Passer du statut de citoyens sans droits à celui de citoyens à part entière reconnus comme tels par la société représente tout de même un progrès qu'il faut apprécier à sa juste valeur. Cependant, la lutte des Noirs pour l'égalité pleine et entière doit se poursuivre jusqu'à la victoire finale, c'est-à-dire jusqu'à faire du rêve du regretté Martin Luther King une réalité quotidienne. Il y va des intérêts des Noirs eux-mêmes, mais aussi de ceux des Blancs et de l'Amérique toute entière. Une Amérique à deux vitesses n'est pas à l'honneur du pays d'Abraham Lincoln, le grand Émancipateur, et représente un danger permanent pour la quiétude et la stabilité sociale.

Pour mener à bien notre travail, nous avons utilisé la vaste littérature produite par les spécialistes de tous les domaines et de toutes les tendances à laquelle nous avons eu accès. Une dimension importante est que la littérature consultée est plus secondaire que primaire. Cette diversité des sources ne nous pas facilité la tâche. En effet, à maintes reprises nous avons eu des contradictions flagrantes soit dans les statistiques, soit dans les interprétations. Dans ce cas, nous avons dû choisir. Évidemment, le choix n'a pas toujours été aisé et il a été quelquefois influencé par notre sensibilité, voire notre subjectivité. Néanmoins, nous avons essayé de rester le plus lucide et le plus objectif possible.

En plus de la littérature écrite, nous avons exploité l'expérience personnelle que nous avons eue. En effet, en 1983, 1985, 1992 et 1999, nous avons pu séjourner aux États-Unis à divers titres. Ces séjours nous ont été très utiles en ce sens qu'ils ont été l'occasion de constater de visu la réalité sur le terrain. Ces séjours nous ont permis de nous faire notre propre opinion sur bien des aspects de la vie et des conditions de vie des Africains-Américains et de discuter avec ces derniers, ce que la simple lecture de documents n'aurait pas permis de cerner de façon pleine et entière.

Comment peut-on mesurer les progrès accomplis par les Africains-Américains au cours des trois décennies 1960-1990 ? Encore une équation qui n'est pas facile à résoudre. Pour notre part, nous avons d'abord opté pour la solution qui consiste à considérer les statistiques et ce qu'ils disent, et ce qu'ils ne disent pas et à les interpréter. C'est une solution parmi tant d'autres, mais elle a l'avantage de chercher à comprendre la réalité qui se cache derrière les chiffres. Ensuite, quand des témoignages écrits sur l'évolution du statut des Africains-Américains existaient, nous les avons intégrés dans nos paradigmes d'appréciation. Comme dit plus haut, les échanges et autres dicussions avec des Africains-Américains et même des Blancs n'ont pas été négligés.

Pour répondre aux attentes qu'une telle étude peut susciter, nous avons décidé de présenter notre travail en trois parties qui prennent en compte nos préoccupations majeures, à savoir l'économie, la politique, l'éducation, le statut social, les relations sociales et raciales. La première partie traite du Mouvement des droits civiques. Elle fait un rappel sur les précurseurs de cette lutte pour l'égalité et la justice qui remonte jusqu'au jour où les premiers Africains ont été amenés et vendus dans cette partie du continent américain qui allait devenir les États-Unis. Depuis ce jour-là, les Africains-Américains n'ont cessé de lutter pour avoir le même traitement que les autres habitants de ce pays. Cette tradition s'est perpétuée jusqu'aux années cinquante et soixante. Il n'est donc pas juste, sinon c'est un abus de langage, d'affirmer que le Mouvement pour les droits civiques a commencé au vingtième siècle. Ces origines remontent plus loin dans le temps.

Après cette remontée aux sources, la première partie analyse le Mouvement tel qu'il s'est manifesté à partir de Montgomery. Elle analyse ses objectifs et ses manifestations. Elle fait aussi ressortir les courants qui l'ont traversé : l'intégrationisme et le nationalisme.

La deuxième partie se consacre à l'évolution économique, sociale et politique des Africains-Américains depuis les années soixante. Elle fait ressortir les avancées et les faiblesses. Au plan économique, malgré les progrès importants, beaucoup reste encore à faire. La pauvreté, l'inégalité des revenus et le chômage persistent. Le volet économique reste le domaine où les Africains-Américains semblent avoir le plus de retard. Au plan social, le tableau est plus reluisant mais d'autres maux persistent : la déperdition scolaire ; la cassure de la famille où la tendance est à la famille monoparentale dirigée par la mère de famille ; le ghetto qui refuse de disparaître ; la criminalité qui prend des allures et proportions inquiétantes. Au plan politique, la situation est bien meilleure. C'est au plan politique que les Africains-Américains semblent avoir fait le plus de progrès. Ils sont représentés à tous les échelons, du niveau des États au niveau fédéral. Les postes les plus en vue où ils sont représentés sont les mairies des grandes villes, les postes ministériels, le Congrès, et la Cour suprême. Le problème, ici, est leur taux de représentativité qui reste encore faible comparativement à leur taux dans la population totale du pays.

La troisième et dernière partie analyse les relations raciales entre Noirs et Blancs. Là aussi, des progrès énormes ont été faits mais des zones d'ombre demeurent. Le racisme à la manière du Ku Klux Klan, c'est-à-dire de façon voyante et criarde (le racisme primaire), a disparu. Quant au racisme subtil, il a la peau dure. À part quelques exemples qui font quelquefois la une des journaux, Blancs et Noirs vivent ensemble et les accrochages n'ont aucune commune mesure avec ceux des années soixante. Cela ne veut pas dire que le préjudice racial a disparu. Il a seulement pris des formes plus acceptables.

La troisième partie analyse aussi l'action affirmative (*affirmative action*), une politique conçue en 1960 par le président John F. Kennedy pour essayer d'accélérer la marche des Noirs vers l'égalité raciale et pour lutter contre les conséquences de la discrimination dont les Noirs ont souffert par le passé. Certains analystes qualifient cette politique volontariste d' « intégration active », c'est-à-dire que les acteurs concernés s'engagent résolument et de façon active dans la lutte contre la discrimination présente et les effets pervers de celle du passé. Cette politique, loin de faire l'unanimité, a plutôt divisé la société américaine, diminuant du même coup ses retombées positives. Pour d'autres analystes, elle renforce l'idée de l'infériorité des Noirs : sans cette politique, les Noirs ne peuvent rien accomplir d'eux-mêmes.

C'est autour des grandes lignes ci-dessus présentées que notre étude sera menée. Tout au long de notre travail nous utilisons les termes « Noirs », « Noirs américains », « Afro-américains » et « Africains-Américains ». Tous ces termes renvoient à la même réalité : les Américains d'origine africaine, peu importe qu'ils soient passés ou pas sous d'autres cieux avant d'arriver aux États-Unis. Tous sont couverts par ces termes que nous utilisons de façon interchangeable.

PREMIÈRE PARTIE

LE MOUVEMENT DES DROITS CIVIQUES

La lutte des Noirs remonte très loin dans le temps. En réalité, elle remonte au jour où ils ont foulé le sol américain pour la première fois. En effet, la plupart des premiers Noirs sont arrivés dans les chaînes de l'esclavage[4]. L'esclavage rime avec privation de liberté, souffrance, humiliation, et d'autres bassesses innommables. En d'autres termes, la lutte des Noirs aux États-Unis a commencé depuis le jour où l'esclavage a été institué, car de tels traitements et pratiques entraînent inéluctablement résistances, révoltes et rébellions de la part des victimes. C'est pourquoi quelque 250 révoltes et prétendus complots d'esclaves ont jalonné la période[5]. Ceci témoigne bien de l'incompatibilité de la nature et de la dignité humaines avec de tels agissements et traitements. C'est pourquoi, durant les deux siècles qu'a duré l'esclavage aux États-Unis (1661-1863), les esclaves noirs ont constamment défié « l'institution particulière[6] » par différents actes de bravoure dont les révoltes et les rebellions ne sont qu'un aspect.

---

[4] L'esclavage fut institué pour la première fois en 1661 dans la colonie de Virginie. Le statut des Africains qui y étaient déjà ne fut pas affecté par cette décision. Cependant, à partir de cette date, tout nouvel arrivant était automatiquement fait esclave.

[5] Herbert H. Aptheker, *Essays in the History of the American Negro* (Fifth Printing, New York : International Publishers, 1973), p. 11. Dans l'appendice du livre, il est précisé que ces révoltes et soit disant complots vont de 1526 à 1864.

[6] L'expression provient du titre du livre de Kenneth M. Stampp, *The Peculiar Institution : Slavery in the Ante-Bellum South* (New York : Vintage Books, 1956).

Certains sont allés jusqu'à s'automutiler et même à se suicider, quelquefois à organiser des suicides collectifs. D'autres ont commis des actions terroristes individuelles, détruit leurs outils de travail et organisé des grèves[7]. De telles réactions extrêmes, ajoutées aux différentes formes de résistance passive et discrète, contredisent la thèse selon laquelle les esclaves étaient satisfaits de leur état d'esclaves.

[7] Herbert Aptheker, op. cit., p. 16.

CHAPITRE I

LES PRÉCURSEURS

Dans la lutte pour la liberté, la dignité et l'égalité, certaines figures se sont illustrées par leurs actes, leurs écrits, ou les deux. Dans ce chapitre nous ne mentionnerons que quelques-uns d'entre eux.

I. FREDERICK DOUGLASS : L'ABOLITIONNISTE

Quand il y a oppression, exploitation et humiliation, il y a résistance. Celle-ci peut prendre des formes diverses selon les contextes, comme relevé plus haut. C'est ainsi que la lutte contre l'esclavage a produit des héros tant anonymes que connus. Par exemple, dans leur vie quotidienne les esclaves trouvent des voies et moyens pour contrecarrer la volonté du maître ou du contremaître au risque de se faire infliger de sévères punitions. De son côté, le maître ou le contre-maître fait usage de diverses formes de punition pour garder les esclaves sous contrôle. En d'autres termes, le maître règne par la terreur, la méthode la plus utilisée. Il les terrorise pour les dompter. Cette arme permet de maintenir sous contrôle certains esclaves, mais les plus téméraires ne se laissent pas intimider. Selon Herbert Aptheker plus de 250 révoltes et complots ont été enregistrés aux États-Unis entre 1526 et 1864. Il ajoute : « This certainly demonstrates that organized efforts at freedom were neither 'seldom' nor 'rare,' but were rather a regular and ever-recurring phenomenon in the life of the old South[8]. » Donc, la résistance face à l'esclavage est

[8] Herbert Aptheker, op. cit., p. 11.

un phénomène normal et même répandu parmi les esclaves. En aucune façon, ils n'acceptent de façon passive leur condition. Toute occasion est bonne pour s'échapper. Leurs comportements, volontairement prétendus de satisfaction, de bonheur ou de docilité, ne sont que de la duperie pour endormir la vigilance du maître.

La création du « chemin de fer souterrain » (filière clandestine de libération des esclaves) est encore une preuve supplémentaire de la détermination des Noirs, des esclaves et de leurs alliés blancs de lutter contre l'esclavage. Nul ne peut situer avec exactitude la naissance de ce réseau[9] qui a pour objectif de libérer les esclaves noirs en les soustrayant des régions esclavagistes du Sud vers celles du nord des États-Unis ou même vers le Canada. De nombreuses personnes se sont illustrées dans cette lutte sans merci contre les forces de l'oppression. Citons l'exemple de Harriet Tubman. Voici ce qu'a écrit John Hope Franklin à son sujet :

> *Mais l'accompagnateur du Chemin de fer souterrain de loin le plus extraordinaire fut Harriet Tubman. Quoique toute menue et affligée de fréquentes crises de vertige, elle ne se contenta pas de s'échapper elle-même, mais conduisit beaucoup d'autres esclaves vers la liberté, dont sa sœur, ses deux enfants et ses parents âgés. Elle se rendit, paraît-il, dix-neuf fois dans le Sud pour libérer plus de trois cents esclaves. Bien qu'illettrée, elle fit preuve d'une remarquable ingéniosité dans la conduite de ses convois de fugitifs. Elle préférait commencer le voyage un samedi soir, de façon à être déjà loin avant que les propriétaires puissent informer les autorités de l'évasion de leurs esclaves le lundi suivant. Elle ne tolérait pas la lâcheté et menaçait de tuer tout esclave qui exprimait le désir de retourner en arrière. Après avoir longtemps conduit des esclaves fugitifs à Philadelphie, à New York et à Boston, elle préféra les conduire jusqu'au Canada après l'adoption de la loi de 1850 sur les esclaves fugitifs, car elle n'avait, disait-elle, plus confiance en l'Oncle Sam pour s'occuper des gens de sa race*[10].

---

[9] Selon l'historien John Hope Franklin, l'origine du chemin de fer souterrain remonterait à 1831 avec la vogue des chemins de fer à vapeur. Cf. *De l'esclavage à la liberté : histoire des Afro-Américains* (5ème éd., Paris : Éditions Caribéennes/Nouveaux Horizons, 1984), p. 221.

[10] John Hope Franklin, op. cit., p. 226.

Harriet Tubman est une personne exceptionnelle au courage indibutable. Herbert Aptheker renchérit en ces termes :

> *She made trip after trip from the land of slavery to the land of freedom, personally leading over three hundred human beings on the long and weary trek from bondage to liberty. Though engaged in this work for years, and with heavy rewards offered for her capture, dead or alive, she was never taken. She served as nurse, spy and guerilla fighter through the course of the Civil War. Her death on March 10, 1913, in Auburn, New York, closed an almost incredible life wholly devoted to the emancipation of her people*[11].

Grâce aux efforts inlassables d'intrépides combattants prêts à sacrifier leurs vies pour sauver certains de leurs frères et sœurs des humiliations multiples et multiformes, à l'image de Harriet Tubman, des dizaines de milliers de Noirs sont arrachés des griffes de l'esclavage. Une estimation précise du nombre de ces libérés est impossible compte tenu de la nature même du chemin de fer[12].

En plus des luttes ponctuelles, de nombreux Noirs libres ou anciens esclaves s'engagent dans le mouvement abolitionniste. Ceux-ci visent la mort même de l'institution de l'esclavage. Ces Noirs-là ne lésinent pas sur les moyens. Ils y investissent leur temps, leur énergie, leur argent, et leur intelligence :

> *Les Noirs jouèrent un rôle important dans le mouvement abolitionniste en tant que représentant et porte-parole des différentes sociétés. Certains étaient employés à plein temps par des associations locales ou nationales. Les plus connus de ces militants étaient Frederick douglass, Theodore S. Wright, William Jones, Charles Lenox Remond et sa soeur Sarah, Frances E. W. Harper, Henry Foster, Lunsford Lane, Henry Highland Garnet, Charles Gardner, Andrew Harris, Abraham Shadd, David Nickens, James Bradley et William Wells Brown. Isabella, alias Sojourner Truth, fut l'une des figures marquantes de l'abolitionnisme noir*[13].

Parce qu'ils ont été esclaves eux-mêmes ou qu'ils ont approché « l'institution particulière » de très près pour en mesurer toute la

---

[11] Herbert Aptheker, op. cit., p. 127.
[12] John Hope Franklin, op.cit., p. 226.
[13] Ibid., pp. 218-219.

laideur et les ravages, ces hommes et ces femmes ne peuvent plus tolérer cette abomination qui contredit la Déclaration d'Indépendance et la Constitution des États-Unis qui, elles, garantissent l'égalité et la liberté. C'est donc très souvent que les abolitionnistes brandissent ces deux documents fondateurs de la nation américaine pour justifier leur combat.

L'on ne peut s'attarder sur toutes les figures de proue de l'abolitionnisme noir. Prenons seulement l'exemple de Frederick Douglass. Frederick Douglass est lui-même un ancien esclave (depuis sa naissance en 1817 jusqu'en 1838, date de son évasion) qui s'est enfui de chez son maître pour échapper aux affres de cette déshumanisation. Encore gamin il apprend à lire et à écrire grâce à la bienveillance de sa maîtresse, une femme au « cœur bon[14] », qui innocemment l'éduque. Cela dure jusqu'au jour où son maître se rend compte de la situation et ordonne à son épouse d'interrompre son oeuvre de destruction. Voici commentFrederick Douglass lui-même relate les faits :

> *Very soon after I went to live with Mr. and Mrs. Auld, she very kindly commenced to teach me the A, B, C. After I had learned this, she assisted me in learning to spell words of three or four letters. Just at this point of my progress, Mr. Auld found out what was going on, and at once forbade Mrs. Auld to instruct me further, telling her, among other things, that it was unlawful, as well as unsafe, to teach a slave to read. To use his own words, further, he said, « If you give a nigger an inch, he will take an ell. A nigger should know nothing but to obey his master — to do as he is told to do. Learning will spoil the best nigger in the world. Now », he said, « If you teach that nigger (speaking of myself) how to read, there would be no keeping him. It would forever unfit him to be a slave. He would at once become unmanageable, and of no value to his master. As to himself, it could do him no good, but a great deal of harm. It would make him discontented and unhappy[15]. »*

La réaction vigoureuse du maître ouvre les yeux de Frederick Douglass. Depuis cette scène, ce dernier comprend ce qu'il appelle

---

[14] Frederick Douglass, *Narrative of the Life of Frederick Douglass, an American Slave : Written by Himself* (New York: Signet Classic, 1997), p. 47.
[15] Ibid.

une « révélation spéciale », c'est-à-dire, ce qui fait la force de « l'homme blanc » sur « l'homme noir » et qui lui permet de maintenir ce dernier dans l'esclavage. Il avoue avoir compris « le chemin qui mène de l'esclavage à la liberté[16]. » Selon Frederick Douglass, l'éducation est d'une importance capitale, car elle est la clé de la liberté. C'est pourquoi dès ce jour il prend la ferme résolution de tout faire pour s'éduquer.

Frederick Douglass réussit à mettre à exécution sa résolution et il devient plus tard « l'une des grandes figures de l'abolitionnisme noir[17]. » Il ne ménage aucun effort pour combattre l'esclavage. Il va de conventions en conventions et de conférences en conférences, aux États-Unis comme en Europe. Il « prit une part active aux conventions noires, au Chemin de fer souterrain et à de nombreuses entreprises visant à améliorer les conditions de vie des gens de sa race…Peu de leaders antiesclavagistes de la génération d'avant la guerre de Sécession se dépensèrent autant pour défendre la cause des esclaves aux États-Unis et en Europe[18]. » C'est donc un infatigable combattant de la cause des esclaves noirs. Il fonde même un journal, le *North Star*, pour soutenir l'antiesclavagisme.

Harriet Tubman et Frederick Douglass pourraient tenir lieu d'exemples éloquents de la volonté inébranlable des Noirs de s'opposer par tous les moyens à l'esclavage qui les humilie, les abrutit et fait d'eux des êtres inférieurs par rapport à leurs maîtres blancs et aux Blancs en général. Par-delà l'antiesclavagisme, il faut percevoir la défense de la race noire, de sa dignité, de ses droits. Cette tradition de lutte va se poursuivre après l'abolition de l'esclavage, car d'autres, après eux, prendront le relais et porteront haut le flambeau de l'honneur.

Par la Proclamation d'Émancipation, le président Abraham Lincoln abolit l'esclavage dans tous les États en rébellion, à partir du 1er janvier 1863 : « Toutes les personnes maintenues en esclavage dans tel État, ou telle partie nommément désignée dudit État, dont la population sera en rébellion contre les États-Unis, seront alors

---

[16] Ibid.

[17] John Hope Franklin, op. cit., p. 219.

[18] Ibid., p. 220.

désormais et pour toujours, libres[19]. » Une première bataille vient d'être gagnée, car l'abolition en question ne concerne qu'une partie des États-Unis, en particulier le Sud. La victoire finale n'intervient qu'avec le Treizième Amendement à la Constitution en 1865, qui supprime « l'institution particulière » sur toute l'étendue du territoire américain. Il s'ensuit alors une période de « grâce », appelée « Reconstruction », qui doit servir à reconstruire le pays dévasté par la guerre, matériellement, politiquement, économiquement et socialement. Par-dessus tout, elle doit servir à panser les blessures morales que le corps social a subies durant les siècles d'esclavage.

II. BOOKER TALIAFERRO WASHINGTON : LE CONCILIATEUR

Booker T. Washington est né esclave en 1858 ou 1859 d'un père blanc inconnu de lui et d'une mère esclave. Voici ce qu'il écrit sur ses origines et sur sa famille :

> *I was born a slave on a plantation in Franklin County, Virginia...The earliest impressions I can now recall are of the plantation and the slave quarters — the latter being the part of the plantation where the slaves had their cabins...*
>
> *Of my ancestry I know almost nothing...I have been unsuccessful in securing any information that would throw any accurate light upon the history of my family beyond my mother...Of my father I know even less than of my mother. I do not even know his name. I have heard reports to the effect that he was a white man who lived on one of the near-by plantations. Whoever he was, I never heard of his taking the least interest in me or providing in any way for my rearing*[20].

Booker T. Washington a vu et vécu les tristes réalités de l'esclavage aux États-Unis : les longues journées de travail, les séances insoutenables de fouettage, les humiliations de toutes sortes, la condition du Noir. Après l'abolition de « l'institution particulière », il émigre en Virginie de l'Ouest où il doit faire face à toutes sortes de difficultés pour pouvoir se créer un avenir acceptable. C'est ainsi qu'il

---

[19] Ibid., p. 250.

[20] Booker T. Washington, *Up From Slavery* (New York : Airmont Publishing Company, Inc., 1967), pp. 15-16.

travaille dans les mines en même temps qu'il fréquente une école pour enfants d'anciens esclaves. Son ardeur au travail, sa courtoisie et sa coopération attirent l'attention de l'un des propriétaires de la mine qui l'engage comme domestique à son domicile. Il profite alors de cette aubaine pour poursuivre son éducation. Plus tard, les poches vides, mais plein de détermination, le jeune Washington se présente à *Hampton Institute* (l'Institut Hampton) dans l'intention de poursuivre ses études. Là encore, il réussit à avoir un emploi en tant que concierge et à s'inscrire dans l'établissement. Il obtient son diplôme et commence même à y enseigner.

Très bientôt sa vie va connaître un nouveau tournant. En effet, en 1881, Washington est invité à Tuskegee dans l'Alabama pour aller y fonder un établissement similaire à *Hampton Institute*, c'est-à-dire un établissement pour les populations noires de cette région. Bien que les débuts soient très difficiles, il s'attèle à la tâche et réussit sa mission. *Tuskegee Institute* ouvre ses portes le 4 juillet 1881[21]. On y enseigne la menuiserie, la maçonnerie, l'agriculture, la mécanique, en somme un enseignement professionnel et manuel sensé permettre aux bénéficiaires de devenir indépendants et autosuffisants.

Tuskegee permet à Washington de mettre ses talents et connaissances au service de la communauté noire, de connaître les problèmes et les aspirations profondes de celle-ci, d'aguerrir et d'affirmer sa propre personnalité, et de se faire connaître dans toute la région et même au niveau national. Sans nul doute, cet établissement lui ouvre les portes du monde des Blancs, car il lui permet, à travers moult invitations et rencontres d'approcher diverses personnalités non seulement du Sud mais aussi du Nord. Le président McKinley en personne visite son établissement le 16 décembre 1898. Quelques années plus tard, il est invité à dîner à la Maison-Blanche par le président Theodore Roosevelt.

Le séjour de Booker T. Washington à Tuskegee lui permet aussi de se forger une philosophie sur le problème racial aux États-Unis. C'est ainsi qu'il parvient à la conclusion suivante : « I early learned that it is a hard matter to convert an individual by abusing him, and that this is more often accomplished by giving credit for all the praiseworthy

[21] Booker T. Washington, op. cit., p. 79.

actions performed than by calling attention alone to all the evil done[22]. » À la mise en pratique de cette philosophie, affirme-t-il, il s'est rendu compte que de nombreux Blancs du Sud sont sensibles à la « critique honnête ». En d'autres termes, selon Washington, il faut plutôt relever les bienfaits des Blancs que de s'évertuer à les rudoyer en leur disant les torts qu'ils causent aux Noirs. Ceci permet de comprendre la stratégie qu'il va adopter en ce qui concerne le problème racial et qui va lui apporter le soutien et la sympathie de nombreux Blancs, des plus humbles jusqu'aux plus hautes sphères de la hiérarchie politique.

En 1895, la ville d'Atlanta en Géorgie veut organiser une foire (Atlanta Exposition), et pour cela, elle a besoin du soutien financier du Parlement américain, le Congrès. Washington est inclus dans la délégation devant se rendre dans la capitale des États-Unis pour solliciter du Congrès cette contribution financière si indispensable au succès de l'entreprise. Bien qu'étant trois Noirs sur les 25 membres de ladite délégation, il est le seul représentant de sa race à prendre la parole devant la commission. Les paroles conciliantes qu'il prononce, selon ses dires, jouent un rôle décisif dans la décision du Congrès d'accorder la contribution sollicitée. Son intervention lui permet d'affirmer sa vision du problème racial :

> *I tried to emphasize the fact that while the Negro should not be deprived by unfair means of the franchise, political agitation alone would not save him, and that back of the ballot he must have property, industry, skill, economy, intelligence, and character, and that no race without these elements could permanently succeed*[23].

Nous reviendrons plus loin sur l'approche de Washington du problème racial aux États-Unis.

Washington est une fois de plus sollicité pour prendre la parole au nom de sa race le 18 septembre 1895 à l'ouverture de la foire. Les mêmes thèmes reviennent comme un leitmotiv : le Noir n'a que faire du seul droit de vote. Le plus important, c'est de travailler pour acquérir des biens pour améliorer sa condition de vie. Pour faire

---

[22] Ibid., p. 124.
[23] Booker T. Washington, op. cit., p. 128.

passer son message de conciliation, voici comment il s'adresse aux deux races :

> *To those of my race who depend on bettering their condition in a foreign land or who underestimate the importance of cultivating friendly relations with the Southern white man, who is their next-door neighbour, I would say: « Cast down your bucket where you are » — cast it down in making friends in every manly way of the people of all races by whom we are surrounded.*
>
> *Cast it down in agriculture, mechanics, in commerce, in domestic service, and in the professions...No race can prosper till it learns that there is as much dignity in tilling a field as in writing a poem. It is at the bottom of life we must begin, and not at the top. Nor should we permit our grievances to overshadow our opportunities*[24].

S'adressant aux Blancs, Washington donne à peu de choses près les mêmes conseils :

> *To those of the white race who look to the incoming of those of foreign birth and strange tongue and habits for the prosperity of the South, were I permitted I would repeat what I say to my own race, "Cast down your bucket where you are." Cast it down among the eight millions of Negroes whose habits you know, whose fidelity and love you have tested in days when to have proved treacherous meant the ruins of your firesides. Cast down your bucket among these people who have, without strikes and labour wars, tilled your fields, cleared your forests, builded your railroads and cities, and brought forth treasures from the bowels of the earth, and helped make possible this magnificent representation of the progress of the South. Casting down your bucket among my people, helping and encouraging them as you are doing on these grounds, and to education of head, hand, and heart, you will find that they will buy your surplus land, make blossom the waste places in your fields, and run your factories. While doing this, you can be sure in the future, as in the past, that you and your families will be surrounded by the most patient, faithful, law-abiding, and unresentful people that the world has seen. As we have proved our loyalty to you in the past, in nursing your children, watching by the sick-bed of your mothers and fathers, and often following them with tear-dimmed eyes to their graves, so in the future, in our humble way, we shall stand by you with a devotion that no foreigner can*

---

[24] Ibid., pp. 134-135.

approach, ready to lay down our lives, if need be, in defence of yours, interlacing our industrial, commercial, civil, and religious life with yours in a way that shall make the interests of both races one[25].

Les Noirs ne doivent pas rêver d'une terre étrangère comme la solution à leurs problèmes. La solution est en Amérique où ils se trouvent. En affirmant cela, Washington pense très certainement à certains courants nationalistes de l'époque qui professaient le retour à la Mère Afrique (« back to Africa »). Pour Washington, les Africains qui ont été amenés contre leur gré en Amérique et soumis à l'esclavage doivent y rester. Tel est le premier aspect de la solution. Le second aspect est qu'ils doivent tisser des relations amicales avec leurs voisins blancs. Ceci est logique et cohérent : si Blancs et Noirs doivent coexister, ils ne peuvent pas continuer à se regarder en ennemis. Ils doivent plutôt trouver les voies et les moyens de cette coexistence qui doit être forcément pacifique. Mais est-il possible d'entretenir des relations amicales sincères et profitables aux deux races alors que les États du Sud et même certains du Nord adoptent et imposent des lois et mesures ségrégationnistes qui ont pour objectif la séparation physique de ces deux races? De telles décisions ne peuvent qu'envenimer les relations entre Noirs et Blancs. Washington est-il conscient de cette triste réalité ou choisit-il de l'ignorer ?

Le troisième aspect repose sur les Noirs eux-mêmes. Selon Washington, ils doivent s'investir dans le travail : l'agriculture, la mécanique, le commerce, le travail domestique et les professions libérales. Seul le travail et rien que le travail peut leur ouvrir les portes du « succès » et permettre leur acceptation dans la société. C'est pourquoi les Noirs doivent privilégier le travail plutôt que l'égalité sociale et les droits politiques. Mais le travail seul peut-il assurer aux Noirs leur place? N'est ce pas ce qu'ils n'ont cessé de faire depuis l'abolition de l'esclavage ? La ségrégation et la discrimination ont annihilé tous leurs efforts. D'ailleurs comment peuvent-ils progresser si leur avenir ne dépend que des Blancs? Or les Blancs sont toujours pleins de préjugés raciaux et ils ne veulent qu'une citoyenneté de seconde zone pour les Noirs, c'est-à-dire la place qu'ils leur réservent.

---

[25] Ibid., pp. 135-136.

Washington explicite plus loin sa pensée : « In all things that are purely social we can be as separate as the fingers, yet one as the hand in all things essential to mutual progress[26]. » N'est-ce pas là faire preuve d'une indifférence à l'égard des droits politiques et civiques des Noirs? C'est très certainement pour cette attitude conciliatrice qu'il est très applaudi et même congratulé à la fin de son discours. Le président des États-Unis en personne, à qui il a envoyé une copie du discours, lui écrit pour lui dire « your words cannot fail to delight and encourage all who wish well for your race[27]. » Par ses mots, Washington accepte dans les faits la discrimination et la ségrégation raciales en cours. C'est pourquoi le discours d'Atlanta sera critiqué par de nombreux Noirs dont William E. B. DuBois qui le qualifie de « compromis d'Atlanta ».

Si les Noirs doivent accepter la ségrégation et la discrimination raciales et ne pas se préoccuper de droits politiques, que leur reste-t-il? Cela n'équivaudrait-il pas à un retour au bon vieux temps de l'esclavage où le maître régnait sans concession et avait droit de vie et de mort? Cela les Noirs de la fin du dix-neuvième siècle ne peuvent plus l'accepter. C'est pourquoi des voix de plus en plus nombreuses dont celle de son rival le plus célèbre, William E. B. DuBois, s'élèvent pour contester la position de Booker T. Washington.

Bien qu'incompréhensible à certains Noirs, la position de Booker T. Washington peut s'expliquer. Selon Adam Fairclough, *Tuskegee Institute* dépendait de ses bailleurs blancs, d'abord de l'État de l'Alabama et ensuite d'industriels blancs du Nord. Les nordistes incluent Collis P. Huntington, patron du *Central Pacific Railroad* ; William H. Baldwin, directeur du *Southern Railway* ; Andrew Carnegie, maître incontesté de la sidérurgie ; et Henry H. Rogers, magnat de la *Standard Oil*[28].

Si l'intervention financière des magnats de l'industrie a libéré Washington et Tuskegee de la dépendance de l'État de l'Alabama, elle les a, à l'opposé, soumis au diktat de ces derniers. En effet, ceux-ci ont

---

[26] Booker T. Washington, op. cit., p. 136.

[27] Ibid., p. 139.

[28] Adam Fairclough, *Better Day Coming : Blacks and Equality,1890-2000* (New York : Penguin Books, 2002), pp. 50-51.

une approche plutôt conservatrice de la question raciale. Comme illustration, William H. Baldwin, par exemple, donne au Noir les conseils suivants :

> *Avoid social questions; leave politics alone; continue to be patient; live moral lives; live simply...learn that it is a mistake to be educated out of your necessary environment; know that it is a crime for any teacher, white or black, to educate the negro for positions which are not open to him*[29].

Ces idées sont très proches de celles défendues par Washington. La position de Washington semble, de toute évidence, avoir été influencée par la vision de ses donateurs.

Un autre précurseur, en l'occurrence William E. B. DuBois, a une autre vision de la lutte, une autre stratégie.

III. WILLIAM E. B. DUBOIS[30] : LA STRATÉGIE DE LA CONFRONTATION

William Edward Burghardt DuBois est né en 1868 à Great Barrington dans le Massachusetts. A l'opposé de Booker T. Washington, il n'a connu ni l'esclavage ni les humiliations racistes. Ce n'est que lors de ses études à *Fisk University* à Nashville dans le Tennessee, une université pour Noirs située dans le Sud, qu'il découvre pour la première fois et vit réellement certaines des réalités raciales des États-Unis (racisme, ségrégation, humiliation, pauvreté, lynchage...). Étudiant brillant, il étudie ensuite à Berlin en Allemagne et à l'université de Harvard où il obtient un doctorat (Ph.D) en sociologie en 1895. Il est le premier Noir à obtenir ce diplôme de haut niveau dans cette prestigieuse université. En 1903, il publie *The Souls of Black Folk* (Âmes noires), un recueil d'essais[31] dans lequel il accuse Washington de « prêcher un évangile du Travail et de l'Argent

---

[29] Ibid., p. 51.

[30] Le nom de famille de cet illustre homme apparaît sous plusieurs formes : tantôt Du Bois, tantôt DuBois. C'est cette dernière que j'utiliserai sauf si la source citée me l'impose.

[31] W. E. B. Du Bois, *The Souls of Black Folk,* with a new introduction by Randall Kenan (New York : Signet Classic, 1995).

au point d'occulter presque complètement…les objectifs plus élevés de l'existence[32]. » Dans son essai « *The Talented Tenth* », il explicite un peu plus son idée :

> *Si nous faisons de l'argent l'objet de la formation, nous fabriquerons des machines à faire de l'argent, mais pas nécessairement des hommes. Si nous faisons de la qualification technique l'objet de la formation, nous aurons peut-être des artisans, mais, par définition, pas des hommes. Nous ne ferons des hommes que si nous prenons les qualités humaines comme objet du travail dans les écoles. Intelligence, ouverture aux autres, connaissance du monde tel qu'il a été et tel qu'il est, et de la relation des hommes au monde : tel est le programme d'études secondaires qui doit servir de base à la véritable vie[33].*

C'est en fait toute la philosophie de Tuskegee que DuBois remet en cause. L'argent ne doit pas être l'unique objectif de la formation. Celle-ci doit viser une finalité supérieure : l'Homme dans son entièreté.

L'approche de DuBois du problème noir aux États-Unis diffère fondamentalement de celle de son aîné Washington. Cette différence pourrait trouver son explication dans leurs expériences respectives. DuBois a vécu dans le Nord loin de l'esclavage tandis que Washington a toujours vécu dans le Sud où se trouvent la majorité des Noirs, au contact de leurs réalités quotidiennes faites de vexations, de frustrations et autres brimades. Le second a connu l'esclavage, le premier non. Le second n'est pas aussi bien éduqué que le premier. Ces différences sont suffisantes pour créer des visions différentes sur l'approche des problèmes des Noirs et du devenir de la race noire aux États-Unis.

Contrairement à Booker T. Washington, DuBois n'hésite pas à aller à la confrontation avec les Blancs, c'est-à-dire qu'il ose dire et écrire ce que les racistes blancs n'aiment pas entendre et lire. Toute sa vie il restera intraitable : il n'acceptera aucun compromis en ce qui concerne les droits politiques et civiques des Noirs, en d'autres termes, la place et le rôle du Noir dans la société américaine.

---

[32] In John Hope Franklin, *De l'esclavage à la liberté : histoire des Afro-Américains*, p. 326.
[33] Ibid.

DuBois ne peut accepter que le salut de la race se limite à la seule formation technique, qui consiste à donner au Noir une formation pratique pour lui permettre de se prendre en charge et de mieux servir le Blanc aussi. Pour lui, les droits politiques et civiques sont aussi importants. C'est pourquoi il défend la position selon laquelle les Noirs doivent avoir les mêmes droits que leurs homologues blancs.

Mais DuBois est très sensible à la situation particulière du Noir, et il se pose des questions sur sa propre identité. Qui est le Noir ? Il répond à cette question grave et existentielle, en ces termes :

> *...the Negro is...born with a veil, and gifted with second-sight in this American world,—a world which yields him no true self-consciousness, but only lets him see himself through the revelation of the other world. It is a peculiar sensation, this double-consciousness, this sense of always looking at one's self through the eyes of others, of measuring one's soul by the tape of a world that looks on in amused contempt and pity. One ever feels his twoness,—an American, a Negro; two souls, two thoughts, two unreconciled strivings; two warring ideals in one dark body...*
>
> *The history of the American Negro is the history of this strife,—this longing to attain self-conscious manhood, to merge his double self into a better and truer self. In this merging he wishes neither of the older selves to be lost...He simply wishes to make it possible for a man to be both a Negro and an American, without being cursed and spit upon by his fellows, without having the doors of Opportunity closed roughly in his face*[34].

Là réside tout le drame du Noir américain : il est américain de plein droit de par son histoire, mais ses compatriotes blancs le rejettent. C'est pour cette raison que certains Noirs préconisent le retour à la mère Afrique, leur origine première. Une mère digne de ce nom ne renie pas ses enfants, quelle que soit la couleur de leur peau. L'Afrique ne peut pas se renier. D'autres par contre, dépités par les souffrances et meurtrissures diverses, préfèrent un État noir à l'intérieur même des États-Unis. Les points de vue, donc, divergent.

DuBois appartient à la tendance qui pense que la solution du problème noir est aux États-Unis. Mais dans ce cas, que faire? Selon

---

[34] W. E. B. Du Bois, *The Souls of Black Folk,* pp. 45-46.

lui, il faut un leadership capable, des leaders à même de comprendre les problèmes et de leur trouver les solutions appropriées. Cette tâche incomberait au « Talented Tenth », c'est-à-dire l'élite qui a étudié et qui comprend et qui connaît bien ceux d'en face, les Blancs. Cette solution peut paraître restrictive et sectaire, mais examinons-la.

La très grande majorité des Noirs à cette époque est analphabète, c'est-à-dire n'a reçu aucune éducation formelle, une séquelle des siècles d'esclavage. La majorité de celle-ci vit dans le Sud où elle n'a connu que la campagne. De plus, elle ne sait rien faire d'autre que cultiver la terre. Or, cette terre ne leur appartient pas : elle appartient aux anciens maîtres blancs, ceux-là mêmes qui les méprisent aujourd'hui, les empêchent de jouir de leurs droits nouvellement acquis suite à l'abolition de l'esclavage et à la Reconstruction. Ceux-ci veulent toujours les garder sous leur contrôle comme au bon vieux temps de l'esclavage, pour continuer d'assurer leurs propres intérêts. Les Noirs étant illettrés et démunis de toute autre source de revenue et de survie que la terre sont ainsi pris dans cet engrenage qui les rend dépendants des Blancs. De plus, de très nombreux Noirs n'ont jamais franchi les limites de leurs plantations, du fait des mesures restrictives et répressives qui leur étaient imposées pour contrecarrer toute velléité d'évasion. Voici comment les Noirs se retrouvaient sans pouvoir réel de se libérer de leur prison politique, économique et sociale. Ainsi, bien que nombreux, les Noirs, analphabètes, n'ont pas le pouvoir de se libérer eux-mêmes car ils n'ont pas les mains libres. C'est de cette façon qu'il faut comprendre l'approche de DuBois.

Selon lui, l'éducation des Noirs doit être orientée vers la formation d'une élite (« *The Talented Tenth* »), qui sera libre car disposant de moyens économiques et ne dépendant pas des propriétaires fonciers blancs :

> *The Negro race, like all races, is going to be saved by its exceptional men. The problem of education, then, among Negroes must first of all deal with the Talented Tenth; it is the problem of developing the Best of this race that they may guide the Mass away from the contamination and death of the Worst, in their own and other races*[35].

---

[35] Norman Coombs, *The Black Experience in America* (Version en ligne)

Cette élite doit être bien formée, et dans tous les domaines. Elle a une responsabilité historique : faire tomber les murs des préjugés et de la discrimination. Comment ? Cette élite comprendra des intellectuels, des professionnels de tous ordres et des hommes d'affaires. Les hommes de savoir produiront des écrits et des analyses portant sur les Noirs et leurs problèmes, à même d'éclairer les décisions capitales à prendre par les leaders issus de leur propre sein, des décisions susceptibles de mener la race noire sur la voie du progrès. Les autres membres de l'élite - les professionnels et les hommes d'affaires - devront donner l'exemple de citoyens modèles. Ainsi, par ses réalisations et succès, l'élite prouvera que les stéréotypes raciaux sont infondés, ce qui conduira inéluctablement à l'acceptation progressive des Noirs par la majorité blanche. Ainsi tomberont, inéluctablement et progressivement, les murs du préjudice et de la discrimination[36].

L'éducation est donc un élément incontournable de l'émancipation et de la libération totale des Noirs. C'est par elle qu'ils peuvent démontrer à la face de toute l'Amérique qu'ils ont les mêmes capacités intellectuelles, morales, humaines et créatrices que les blancs qui les considèrent comme inférieurs à eux. Bref, l'éducation est un puissant levier dont les Noirs doivent se saisir dans leur lutte pour l'égalité pleine et entière et pour la dignité. Les Noirs qui ont un certain niveau d'éducation ont donc un rôle historique à jouer : guider leurs frères dans la lutte pour l'égalité, en d'autres termes, être à l'avant-garde de cette lutte.

Comme pour mettre en pratique ce qu'il préconise, DuBois et un groupe de jeunes Noirs, dont il est l'animateur sinon le cerveau, se réunit en juin 1905 à Niagara Falls, au Canada. Ce groupe dénommé *Niagara Movement* (Mouvement Niagara) demande, en autres, « la liberté de parole et de critique, le suffrage universel, l'abolition de toutes les discriminations fondées sur la race, la reconnaissance des principes fondamentaux de la fraternité de la communauté humaine et le respect des travailleurs[37]. » Le *Niagara Movement* se réunit plusieurs fois les années suivantes. Le Mouvement deviendra en 1910 la *National Association for the Advancement of Colored People* -

---

[36] Ibid.

[37] John Hope Franklin, *De l'esclavage à la liberté*, p. 372.

l'Association nationale pour le progrès des gens de couleur - une organisation biraciale qui s'illustrera dans le Mouvement des droits civiques à partir des années 1950. Nous y reviendrons. Le *Niagara Movement* illustre à merveille le rôle du « *Talented Tenth* ».

DuBois est donc un précurseur du mouvement en faveur des droits civiques des Noirs. Convaincu de ce qu'il fait, il défend avec insistance ses idées. Certains blancs le traitent même d'extrémiste, du simple fait de sa manière directe de dénoncer la situation des Noirs.

IV. Marcus Aurelius Garvey : la fierté de la race noire

Marcus Aurelius Garvey est aussi un autre précurseur de la lutte pour l'égalité raciale aux États-Unis. Son arme favorite est la fierté de la race noire. Il rappèle aux Noirs le passé glorieux de leurs ancêtres en Afrique et en déduit qu'ils n'ont pas à avoir de complexe d'infériorité par rapport aux Blancs. Ils doivent se fonder sur cette fierté et ce passé glorieux pour faire progresser la race noire partout dans le monde.

Marcus Garvey (1887-1940)[38] est originaire de la Jamaïque, partie intégrante à cette époque des Antilles britanniques, où il voit le jour à St. Ann's Bay. C'est un autodidacte qui, très tôt, dès l'âge de 14 ans, quitte les bancs de l'école pour embrasser le métier d'imprimeur dans lequel il débute par le bas de l'échelle, c'est-à-dire celui d'apprenti. Plus tard, il travaillera dans une imprimerie à Kingston d'où il sera licencié suite à une grève qui revendique de meilleurs salaires et de meilleures conditions de travail[39]. Il s'en va alors pour l'Amérique centrale (Costa Rica et Panama) où il travaille avec des journaux de la place. Après l'Amérique centrale il séjourne à Londres en Angleterre de 1912 à 1914, où il rencontre la communauté africaine et se cultive à

---

[38] Voir Kwame Anthony Appiah and Henry Louis Gates, Jr. *The Dictionary of Global Culture* (New York : Alfred A. Knopf, 1997), pp. 239-40 et The Reader's Digest, *Family Encyclopedia of American History* (Pleasantville, New York : The Reader's Digest Association, Inc., 1975), pp. 445-46 pour cette section. Les autres sources seront indiquées.

[39] Claude McKay, *Harlem : Negro Metropolis* (New York : Harcourt Brace Jovanovich, Inc., 1968), p. 144.

travers ses nombreuses lectures sur l'Égypte ancienne, les empires ouest-africains, les systèmes de colonisation de l'Afrique[40]. Bref, Garvey lit et étudie tout ce qu'il peut trouver sur l'histoire de l'Afrique. C'est la période où il prépare et se forge son idéologie de lutte pour les années à venir.

De retour dans sa Jamaïque natale, il crée en 1914 l'*Universal Negro Improvement Association* (UNIA), c'est-à-dire « l'Association universelle pour la promotion des Noirs » avec pour slogan « Un seul Dieu, un seul but, un seul destin. » L'UNIA a pour but d' « unir tous les peuples noirs du monde en un seul grand corps pour qu'ils se choisissent leur propre terre (l'Afrique) et leur propre forme de gouvernement[41]. » En fait, son objectif ultime est la création d'un État noir en Afrique dirigé par des Noirs. En 1916, Garvey crée une section de l'UNIA à New York aux États-Unis, précisément à Harlem, qui va devenir quelques années plus tard la capitale mondiale des peuples noirs. Il publie un hebdomadaire aux accents militants, *Negro World*, le « monde noir ». C'est aux États-Unis et à partir de ce pays qu'il va faire connaître ses idées et essayer de les mettre en pratique.

Pour Marcus Garvey, l'homme noir est l'égal de l'homme blanc, et le Noir ne doit pas se sentir complexé. Garvey suscite la conscience raciale et utilise la fierté raciale comme arme de lutte et de promotion de la race noire partout dans le monde. « Il exaltait tout ce qui était noir, signe de force et de beauté, non d'infériorité. Les Africains, proclamait-il, avaient un grand passé, et les Noirs se devaient d'être fiers de leurs ancêtres[42]. » Nous sommes à une époque où le Noir a peu de raisons d'être fier de lui-même et même de son passé aux États-Unis. Depuis son arrivée dans ce pays le Noir a toujours été humilié, bafoué, maltraité. Malgré l'abolition de l'esclavage son sort n'a pas fondamentalement changé. Il continue d'être méprisé et d'être considéré comme inférieur au Blanc. Malgré ce traitement méprisant et dégradant, Garvey a la nette impression que les Africains-Américains n'en font pas leur préoccupation première, surtout l'élite

[40] Ibid., p. 145.

[41] Bruno Chenu, *Dieu est noir : histoire, religion et théologie des Noirs américains* (NP : Éditions du Centurion, 1977), p. 68.

[42] John Hope Franklin, *De l'esclavage à la liberté*, p. 414.

qui passe son temps à imiter les Blancs. Les masses, quant à elles, assistent impuissantes aux violations fréquentes et répétées de leurs droits les plus élémentaires, notamment le droit à la vie. Les nombreux lynchages dont elles font toujours l'objet sont des exemples patents de ces violations. Selon Garvey, au vu de cette situation, à partir de maintenant, les Noirs doivent prendre conscience de leur appartenance à la race noire mondiale et en être fiers. Ce message nouveau de sursaut d'orgueil ne pouvait qu'être bien accueilli par les masses noires qui n'attendaient que cela et un leader de ce type pour les guider dans ce combat combien noble. C'est ce qui explique sa popularité au sein des masses noires aux États-Unis.

Le second volet de l'idéologie de Marcus Garvey est le retour à la mère Afrique, la terre de leurs ancêtres. Les Noirs doivent retourner en Afrique pour y fonder une nation. « Éthiopie, réveille-toi ! », s'écria-t-il un jour. « Afrique, réveille-toi ! Travaillons dans le but glorieux de forger une nation libre, émancipée et puissante. Que l'Afrique devienne une étoile brillante parmi les constellations des nations[43]. » Pour traduire dans les faits son idée de retour, il prend contact avec la Société des Nations (l'ancêtre de l'actuelle Organisation des Nations-Unies) auprès de laquelle il sollicite l'autorisation de fonder une colonie en Afrique. Il engage aussi des négociations avec le Libéria. Mais il se rend bientôt à l'évidence : la volonté de le laisser concrétiser son projet de colonisation fait défaut à ses interlocuteurs. Est-ce par peur ? A ce stade de notre analyse, il est prudent de leur accorder le bénéfice du doute.

L'éducation constitue le troisième pilier de la philosophie de Marcus Garvey. En effet, il entretient une correspondance régulière avec Booker T. Washington dont il admire le modèle d'éducation instauré au Tuskegee Institute. Son désir est d'implanter une institution du même genre en Jamaïque[44]. Mais son mentor meurt avant qu'il ne puisse le rencontrer. Cependant, Garvey continue de penser que l'éducation est importante pour le progrès des Noirs même si le volet éducation est éclipsé par les aspects panafricanistes de son programme.

---

[43] Ibid.

[44] Claude McKay, *Harlem : Negro Metropolis*, p. 143.

Tout le programme, pour ne pas dire le rêve, panafricaniste de Garvey repose sur l'homme noir lui-même. Il est au début et à la fin de ce programme. Le Noir doit se charger de son exécution du début jusqu'à la fin, puisqu'il ne peut pas compter sur le Blanc. Ceci explique la création de l'UNIA, pour unir, rassembler et galvaniser les Noirs du monde entier autour du projet panafricaniste. Comme début de réalisation de ce projet, Garvey crée la *Black Star Steamship Line*, une compagnie maritime de transport appartenant à des actionnaires noirs et devant être gérée par des Noirs uniquement. Cette compagnie devrait faire la liaison entre les États-Unis, les Caraïbes et l'Afrique. En fait, Garvey veut une société entièrement prise en charge par les Noirs eux-mêmes. La symbolique est importante : prouver que les Noirs sont capables de gérer eux-mêmes leurs propres affaires, bref, de se prendre en charge. Jusque là ce sont les Blancs qui ont toujours tout dirigé. Il n'est donc pas étonnant que beaucoup de Blancs et même des Noirs doutent de la capacité de ces derniers à faire fonctionner à eux seuls une compagnie maritime de transport. Cela ne s'est jamais vu auparavant. Toutes les fois où des Noirs ont pu s'offrir une petite croisière, des Blancs étaient aux commandes et la compagnie appartenait toujours à des Blancs.

Vu la charge psychologique qu'il contient, le volet économique du projet de Garvey fait rêver les Noirs et ils y croient. Ils ont toujours été négligés et bafoués par les Blancs. À présent, ils peuvent enfin lever fièrement la tête et dire qu'ils sont capables de faire quelque chose d'utile d'abord pour eux-mêmes et pour la race noire toute entière. Ils peuvent enfin dire « Ceci nous appartient » ou « Ceci est la propriété des Noirs ». Une compagnie de navigation qui appartient et qui est entièrement gérée et maintenue par des Noirs : voilà ce que vise et veut faire Garvey. En fait c'est un défi lancé à toute la communauté noire américaine. Mais ceux-ci sont prêts à le relever par tous les moyens. C'est pourquoi ils investissent dans la nouvelle compagnie de transport avec joie et foi leur argent durement gagné. Selon Claude McKay, les fonds de la *Black Star Line* s'élèvent à dix millions de dollars en 1919[45]. Si les Noirs sont si enthousiastes, c'est que très probablement le rêve que Garvey leur fait miroiter correspond à leur

---

[45] Claude McKay, op. cit., p. 151.

besoin. En réalité, aucun leader noir n'a encore réussi à les faire tant rêver et avec autant de conviction. Il a suffi que Garvey, leur nouveau leader et idole, parle et les masses noires le suivent ou s'exécutent.

> *'Up, you mighty race !' cried Garvey. And the race rose up. Garvey spoke and the Negro masses were transformed. 'Negro, Black, and Africa,' the magic words repeated again and again made Negroes delirious with ecstasy. Wherever Garvey led they were ready to follow. He was the modern Moses, the black savior. His message reached Negroes everywhere. From the plantation of the Deep South, they hearkened to his voice, in the islands of the Caribbean they were moved as never before...*
>
> *...The Negro people pushed him up on a pedestal and seated him upon a throne. They were overwhelmed by waves of emotion, subterranean waves rising and sweeping over them, waves which might have frightened Garvey himself...Could Garvey rule this swelling ocean of enthusiasm?*[46]

Garvey commue avec les masses noires où qu'elles se trouvent. Il est leur « Moïse », leur « sauveur ». Plus les masses noires adhèrent et le suivent, plus Garvey devient sûr de lui-même et leur offre de nouvelles « recettes ». Évidemment, il ne se prive pas de slogans mobilisateurs du genre « Retour à la mère Afrique », « l'Afrique aux Africains », pour faire passer son message nationaliste. Il semble comprendre les aspirations des Noirs à la liberté et à l'égalité et leur soif de rêves et de fierté pour oublier leurs souffrances et frustrations quotidiennes dans une société dominée et dirigée par des Blancs. Alors, la popularité de l'homme grandit progressivement pour envahir Harlem, New York, les États-Unis et le monde (Europe, Caraïbes, Afrique, Amérique). Partout il est question de Garvey et de son rêve panafricaniste. Très rapidement, l'UNIA devient un mouvement de masse. Cela est très certainement à mettre aussi aux comptes des capacités de mobilisation de Garvey. Les masses lui font confiance. Certaines sources fantaisistes parlent de 8 millions de membres en 1920. Mais, selon Garvey lui-même, l'organisation compte 4 millions de membres en 1920 et 6 millions en 1923. Cependant, ses adversaires

[46] Ibid., pp. 151-52.

les plus farouches disent qu'elle ne compte qu'à peu près un demi-million de membres[47].

En dépit de cette querelle de chiffres, l'UNIA acquiert une envergure internationale. En effet, en 1920, elle organise à Harlem, New York, la première Convention internationale des peuples noirs du monde entier à laquelle prennent part « plus de 25.000 délégués, membres et sympathisants[48] » originaires de plus de 25 pays. Claude McKay précise que les participants viennent de l'Afrique, du Brésil, de la Colombie, du Panama et d'autres pays d'Amérique centrale, et des Antilles. De plus, tous les États composant la fédération des États-Unis sont représentés[49]. La fête est belle.

En 1921, Garvey annonce la création officielle de l'Empire d'Afrique dont il se proclame président à titre provisoire. Le drapeau à trois couleurs est symbolique : « noir pour la race, rouge pour son sang, vert pour ses espérances[50]. » Dans les faits cet empire reste encore à créer. Cependant, ce qui semble important dans cette décision — dont la justesse reste à prouver — c'est le désir et la volonté de voir l'Afrique unifiée en une seule nation où la communauté noire mondiale viendrait s'installer : une nation noire dirigée par les Noirs eux-mêmes. La *Black Star Steamship Line* devait servir, entre autres, à transporter les colons vers l'Afrique.

Si entre Garvey et les basses couches sociales c'est la communion, il n'en est pas de même avec l'élite. Celle-ci n'adhère pas aux idées de Garvey. Les couches sociales aisées trouvent que les États-Unis sont leur patrie et donc il n'est pas question de l'abandonner pour immigrer en Afrique. Il faut dire que Garvey ne fait rien pour avoir leur sympathie et soutien. Au lieu de cela, il critique leurs comportements, surtout leurs imitations des Blancs. De plus, il est un fervent admirateur de Booker T. Washington et de son Tuskegee Institute, modèle que rejettent William E. B. DuBois et la NAACP.

[47] John Hope Franklin, *De l'esclavage à la liberté*, p. 416.

[48] Richard Wightman Fox and James T. Kloppenberg, eds. *A Companion to American Thought* (Malden, Massachusetts : Blackwell Publishers Ltd, 1998), p. 266.

[49] Claude McKay, op. cit., p. 155.

[50] Bruno Chenu, *Dieu est noir : histoire, religion et théologie des Noirs américains*, p. 69.

L'intelligentsia désapprouve les manières et les idées défendues par Garvey. Elle lui reproche ses bouffonneries qui font la honte de la race noire. Elle lui reproche aussi ses « accointances » sinon affinités avec le Ku Klux Klan. Cette organisation et Garvey défendent la même position en ce qui concerne le problème noir aux États-Unis : la ségrégation raciale. Cette intelligentsia ne fera rien pour le défendre sinon qu'elle fera tout pour assurer sa chute.

En janvier 1922 Garvey est arrêté au motif qu'il a « frauduleusement utilisé l'institution postale pour collecter des fonds[51] » au profit de la *Black Star Steamship Line*, une compagnie qui n'existe pas encore dans les faits. Il sera libéré sous caution[52]. Mais sa chute est déjà programmée. En 1923 il est finalement jugé sous l'accusation de fraude. Le verdict est lourd : cinq années de prison et mille dollars d'amende[53]. Mais il fait appel. Ce n'est qu'en février 1925, sous la pression de ses détracteurs des deux races, qu'il est incarcéré au pénitencier d'Atlanta en Géorgie pour purger sa peine de prison de cinq ans.

Cela est un grand coup porté à l'UNIA qui se voit handicapée par l'absence de son leader charismatique. « But in prison he was perhaps as powerful as he was when free. His message to his followers appeared every week on the front page of the *Negro World*[54]. » Malgré son incarcération, l'Association continue de survivre tant bien que mal, car depuis sa cellule il tente de continuer de la diriger et de raviver la foi de ses disciples. Par exemple, dans une lettre à eux adressée, il écrit ces lignes :

Ces mois d'éloignement forcé, puisque je suis en prison pour avoir défendu la cause de notre véritable émancipation, ne m'ont ni abattu ni découragé. Au contraire, je vois briller un grand rayon de lumière et éclater un énorme nuage politique qui vous apportera la liberté totale...

Nous avons petit à petit regagné la confiance du Dieu de l'Afrique, et Il va parler d'une voix de tonnerre qui secouera les piliers d'un monde corrompu et injuste et rendra l'Éthiopie à son ancienne gloire...

---

[51] John Hope Franklin, *De l'esclavage à la liberté*, p. 416.

[52] Claude McKay, op. cit., p. 159.

[53] Ibid., p. 162.

[54] Ibid., p. 170.

Gardez fermement la Foi. Ne désertez pas, mais continuez en vaillants soldats à avancer vers la victoire. Je suis heureux, et le resterai, tant que vous ferez flotter le drapeau[55].

En outre, Garvey ne s'entend pas avec l'élite noire américaine parce que ses idées dérangent. Catholique lui-même, il rompt avec cette église et crée l'Église Orthodoxe d'Afrique (the African Orthodox Church), comme une annexe de l'UNIA. Évidemment l'on comprend ses motivations qui sont purement psychologiques et dénotent d'un désir profond de séparation d'avec les Blancs et leurs institutions. Mais du point de vue de l'opérationnalité, cela pose problème. Il met à la tête de cette Église le révérend George Alexander McGuire, « one of the many intellectuals of the Negro minority who joined the Garvey movement[56]. » Le révérend McGuire, un épiscopalien, est l'homme qu'il fallait à la nouvelle institution, car c'est un homme qui a beaucoup de qualités tant sur le plan intellectuel que sur le plan de son caractère. Hormis cet aspect, la nouvelle Église suscite des inquiétudes au sein des leaders des églises traditionnelles qui craignent que leurs adeptes ne fassent défection pour rejoindre l'Église Orthodoxe d'Afrique. Donc cette trouvaille de Garvey est une nouvelle pomme de discorde avec l'intelligentsia.

Si ses détracteurs se réjouissent de son emprisonnement, pour beaucoup de Noirs la situation est autre. Ils ne peuvent l'accepter. Son avocat ne baisse pas les bras. Il publie même un mémorandum pour dénoncer la minceur des preuves produites par l'accusation qui ont conduit à sa condamnation. Des pressions sous diverses formes conduisent à sa libération en novembre 1927 suivie de sa déportation en Jamaïque. Ainsi s'achève l'épisode Marcus Garvey aux États-Unis. Mais que doit-on y retenir ?

Garvey est un nationaliste qui a tenté de libérer l'homme noir à travers les Africains-Américains qui devaient servir d'avant-garde. Bien qu'il n'ait pas atteint son objectif ultime, il doit être considéré comme l'un des leaders qui ont contribué à la prise de conscience des Noirs sur leur état d'asservissement et d'oppression à travers le monde et plus spécifiquement aux États-Unis. La leçon à retenir est que les

---

55 In John Hope Franklin, op. cit., pp. 416-17.
56 Claude McKay, op. cit., p. 162.

Noirs devaient se battre s'ils voulaient que leur situation s'améliore, c'est-à-dire s'ils voulaient que les Blancs les reconnaissent en tant que leurs égaux et avec tous leurs droits. En ce sens, Garvey fut l'un des pionniers de la conscience noire, plus précisément l'un des précurseurs de la lutte des Noirs aux États-Unis pour l'égalité raciale.

V. PHILIP RANDOLPH : LE PRÉCURSEUR DE LA RÉSISTANCE DE MASSE

Une autre figure importante, qui a contribué à baliser le terrain pour les luttes à venir des Africains-Américains pour l'égalité raciale, est A. Philip Randolph. Cependant, son expérience est particulière. Elle intègre le domaine du syndicalisme et a apporté une contribution remarquable à la lutte du peuple noir. Selon Bayard Rustin, lui-même militant des droits civiques, qui a bien connu l'homme, Randolph est « composé » de deux facettes principales qui permettent de le cerner :

> *To understand Randolph's unique ability as a civil rights leader, one must recognize that he was a product both of the Negro experience and of the radical political tradition. As a Negro, Randolph understood the depths of discrimination as no white man could; he had learned to persevere in the face of seemingly insuperable odds; and he valued racial pride and what it meant to the common black worker. From socialism Randolph had gained the ability to order and discipline his thinking; he also developed a tactical sense and, most important, he achieved an understanding of the economic underpinnings of discrimination*[57].

D'abord, voyons son expérience en tant que Noir vivant dans la société américaine. Évidemment, à l'exemple des Noirs américains de son époque, il a connu et vécu la ségrégation, la discrimination et d'autres formes de traitements dégradants basés sur le préjugé racial. Né en 1889 à Crescent City, en Floride, Randolph migre à New York où il fréquente le *City College* de cette ville au début du vingtième siècle. Bien que fils de pasteur, il doit travailler lui-même de ses mains pour aider son père à subvenir aux besoins de la famille, notamment à terminer ses propres études. A cette expérience d'Africain-Américain s'ajoute celle du contact avec le monde du travail et des travailleurs.

[57] Bayard Rustin, *Strategies for Freedom*, p. 14.

Pendant la Première Guerre mondiale, il coédite avec Chandler Owen *The Messenger* dans lequel il exprime ses idées sur le syndicalisme et la lutte des Noirs.

Pour Philip Randolph les masses laborieuses, noires et blanches, doivent développer une solidarité de classe pour défendre leurs intérêts économiques et s'opposer à leur exploitation par le capitalisme. C'est pourquoi il pense que les travailleurs, quelle que soit la couleur de leur peau, doivent militer dans les organisations syndicales. Pour lui, chaque travailleur non syndiqué est un briseur de grève potentiel. Il représente aussi un danger pour chaque travailleur syndiqué.

Son expérience du monde du travail est difficile à séparer de celle du militant socialiste. Le Parti socialiste dont il était membre prônait « the overthrow of the capitalist system by democratic means and the institution of democratic control of the means of production and allocation of goods and resources[58]. » Donc, les travailleurs noirs et blancs ont plutôt un « ennemi » commun, le capitalisme. Aussi Randolph les encourage-t-ils à se syndiquer et à militer dans les mêmes organisations de travailleurs pour faire front contre cet ennemi commun[59]. En d'autres termes, les travailleurs ne peuvent se permettre le luxe d'appliquer la discrimination en leur propre sein, cela étant préjudiciable à leurs intérêts. Joignant l'acte à la parole, il crée dans les années 1920, toujours avec Chandler Owen, la *National Association for the Promotion of Unionism among Negroes*, une organisation pour promouvoir le syndicalisme au sein des travailleurs noirs et accroître la coopération entre Noirs et Blancs dans les syndicats[60].

En tant que syndicaliste, il est d'abord préoccupé par les intérêts économiques de ses frères alors que les autres dirigeants noirs, à l'exception de Booker T. Washington, et les organisations des droits civiques existantes mettent plutôt l'accent sur les droits politiques et sociaux. En syndicaliste convaincu, il se bat contre la *Pullman*

[58] Ibid., pp. 7-8.

[59] Norman Coombs, *The Black Experience in America : The Immigrant Heritage of America* (1971), version en ligne.

[60] Ibid.

Company et fonde en 1925 la *Brotherhood of Sleeping Car Porters*, « la Fraternité des employés de wagons-lits », pour défendre les travailleurs, malheureusement tous noirs, de cette catégorie d'employés des chemins de fer. La création de cette « Fraternité » est une grande avancée pour ces travailleurs qui peuvent enfin se faire écouter par la puissante société des chemins de fer. « Elle a été longtemps, malgré sa décadence bureaucratique, un des fleurons du syndicalisme noir[61]. » Ce syndicat est l'une des réussites les plus éclatantes de Philip Randolph.

C'est très certainement la double expérience dont il est porteur qui fait qu'il a une approche différente du problème noir. Contrairement à W. E. B. DuBois et à l'Association nationale pour le progrès des gens de couleur, Randolph pense que ce n'est pas l'action minoritaire des intellectuels (*The Talented Tenth*), mais plutôt celle des masses qui peut mettre fin à la ségrégation. C'est-là une nouvelle approche du problème noir aux États-Unis : l'accent doit être mis, donc, sur la participation active des masses si l'on veut mettre un terme au préjugé racial. Si les masses se mobilisent dans l'action non-violente, elles peuvent influer sur la communauté blanche et infléchir le gouvernement. Cette conception, il la tient de Mahatma Gandhi qui l'a expérimentée avec succès contre le colonisateur britannique dans son pays, l'Inde, et en Afrique du Sud.

C'est pour mettre en pratique cette nouvelle tactique que Philip Randolph crée en 1936 le *National Negro Congress*. Selon Gunnar Myrdal cité par Daniel Guérin, « l'idée était née qu'une ligue nationale noire, embrassant les syndicats ouvriers, les groupements religieux, fraternels et civiques noirs existants, donnerait plus de force et d'unité à toutes ces organisations et, en particulier, contribuerait à éveiller un écho parmi les masses[62]. » C'est donc une tentative de regroupement de toutes les organisations noires existantes sous un seul et même parapluie. L'initiative, en soi, est louable car si elle réussit à fédérer toutes ces organisations, leur action commune sera plus efficace.

---

[61] Daniel Guérin, *De l'Oncle Tom aux Panthères : le drame des Noirs américains* (Paris : Éditions de Minuit, 1973), pp. 161-62.

[62] Daniel Guérin, *De l'Oncle Tom aux Panthères*, p. 162.

Un autre aspect important qu'il faut relever est que cette fois l'accent est mis tant sur les aspects économiques et sociaux de la lutte des Africains-Américains que sur les droits civiques, un progrès indiscutable donc dans l'approche tactique. Malheureusement, cette initiative n'a pas tenu toutes ses promesses, à cause de l'opposition des leaders de la communauté noire et des luttes internes pour le contrôle de la nouvelle organisation :

Un moment, on put croire que le National Negro Congress allait devenir un puissant mouvement de masses. Mais il échoua finalement. D'un côté, les chefs de la communauté noire, inquiets de ses tendances radicales, le boudèrent ou le combattirent ; de l'autre, les communistes manœuvrèrent pour s'en assurer le contrôle et en 1940, après avoir fait un assez long bout de chemin en leur compagnie, Randolph rompit finalement avec eux, leur abandonnant une organisation moribonde[63].

C'est dommage que le *National Negro Congress* n'ait pas répondu à toutes les espérances qu'il a suscitées auprès des masses noires. Mais Randolph n'abandonne ni sa nouvelle conception, ni sa lutte. Ses talents de mobilisateur des masses ne le quittent pas non plus. En pleine Seconde Guerre mondiale, il va encore le montrer. Pendant que la guerre bat son plein en Europe et que les soldats afro-américains s'y battent pour soit disant y préserver la « liberté », et que ceux restés aux États-Unis veulent apporter leur contribution à l'effort de guerre, les industries de l'armement quant à elles continuent de pratiquer la discrimination raciale. Certaines de ces industries se disent disposées à embaucher des travailleurs de couleur, mais dans les emplois manuels, quelle que soit leur qualification technique[64].

C'est pour lutter contre cette situation anachronique que Philip Randolph lance en janvier 1941 l'idée d'une Marche sur Washington, la capitale du pays, pour obliger les autorités fédérales à prendre une décision en leur faveur sur ce problème d'emploi. Cette Marche doit avoir lieu le 1er juillet 1941. Mais les Noirs ne peuvent réellement pousser les autorités en question à prendre une décision en leur faveur que s'ils sont unis et bien organisés. C'est ce que Randolph a tenu à

---

[63] Ibid., pp. 162-63.

[64] Norman Coombs, op. cit.

faire savoir lors de la conférence de presse de lancement de ladite Marche :

Only power can affect the enforcement and adoption of a given policy, however meritorious it may be. The virtue and rightness of a certain cause are not alone the condition and cause of its acceptance. Power and pressure are at the foundation of the march of social justice and reform….Power and pressure do not reside in the few, an intelligentsia. They lie in and flow from the masses. Power does not even rest with the masses as such. Power is the active principle of only the organized masses, the masses united for a definite purpose. Hence Negro America must bring its power and pressure to bear upon the agencies and representatives of the federal government to exact their rights in National Defense Employment and the armed forces of the country….[65]

On ne peut être plus clair. Les masses organisées doivent être à la base de tout. Seules les masses conscientes et organisées pour un objectif bien précis peuvent influer sur les autorités pour une décision en leur faveur. Dans la situation qui nous concerne, il s'agit de faire arrêter la discrimination dont les Noirs sont victimes dans les industries de l'armement du fait de leur origine raciale. C'est donc un changement total de stratégie que Philip Randolph propose à ses congénères.

La Marche sur Washington est donc la stratégie proposée pour pousser le gouvernement fédéral à agir. Une entreprise d'une telle importance nécessite une préparation minutieuse et, évidemment, de l'argent. En termes d'organisation, des comités sont créés dans de nombreuses villes. Pour ce qui est de l'argent, des fonds sont récoltés. Plus important encore, l'idée est aussi diffusée auprès des intéressés :

Que dix mille Américains noirs marchent sur Washington ! Qu'ils accourent de chaque hameau, de chaque village et de chaque ville. Qu'ils viennent en voiture, en autobus, en train, en camion et à pied. Qu'ils viennent même sous le vent et la pluie. Si les Noirs ne saisissent pas cette occasion d'obtenir du travail et de conquérir la liberté, peut-être ne se reproduira-t-elle jamais. Les masses noires ont la parole[66].

---

[65] In Bayard Rustin, *Strategies for Freedom*, pp. 16-17.

[66] Daniel Guérin, op. cit., p. 163.

Philip Randolph met les Noirs devant leur responsabilité et heureusement son appel est entendu. Aussi en fin juin 1941, 100.000 personnes sont-elles prêtes à marcher, marquant ainsi leur soutien à Philip Randolph. C'est alors que sentant le danger que cette Marche peut représenter pour son administration, le président Franklin Delano Roosevelt signe le 25 juin 1941 le décret présidentiel n° 8802, qui condamne la discrimination dans les industries de l'armement. « There shall be no discrimination in the employment of workers in defense industries and in Government because of race, creed, color, or national origin. » Ce décret crée par la même occasion le *Fair Employment Practices Committee*, en abrégé F.E.P.C., chargé d'étudier tous les cas de plainte de discrimination dans l'emploi et de faire les recommandations nécessaires[67].

Naturellement, les Afro-Américains ne cachent pas leur joie et saluent cette victoire qui mérite d'être fêtée. En effet, jamais auparavant, aucun président n'est allé aussi loin. Le président Roosevelt vient de mettre dans la balance le poids de son autorité dans la lutte contre la discrimination raciale dans l'emploi. Il s'engage à ne plus admettre cet anachronisme dans un pays où la présence des Noirs remonte pratiquement aux premières années de la nation américaine. C'est dire que les Noirs ont vécu et participé à toutes les étapes de l'évolution de ce pays. Leur contribution, ils l'ont payée de leur sueur, de leur sang, et quelquefois de leur vie. L'engagement du président à ne plus tolérer la discrimination dans les industries d'armement et dans l'administration fédérale, « du fait de leur race, de leur religion, de leur couleur ou de leur origine nationale » n'est que justice rendue aux Noirs.

Si le président Roosevelt a accepté de lâcher du leste, c'est parce qu'en ce temps de guerre le pays ne peut pas se passer du travail des Noirs dans les industries de guerre. Cela est indéniable. Mais surtout, le pays ne peut pas s'offrir le luxe d'ouvrir un front de combat intérieur alors que la guerre fait rage à l'extérieur. Bien sûr, le rôle d'agitateur et de mobilisateur de Philip Randolph n'est pas à négliger. En effet, voyant l'impact du travail fait par Philip Randolph au sein des masses africaines-américaines, le président a mesuré bien les

[67] Adam Fairclough, *Better Day Coming : Blacks and Equality*, p. 157.

conséquences politiques et militaires éventuelles pour son gouvernement. De plus, il a perçu parfaitement la frustration et la colère monter au sein de la communauté noire, l'attention que celle-ci prête aux propos de Randolph, et sa disposition à le suivre quoique cela lui coûte.

Malheureusement, les activités du Comité sont limitées aux seules industries de guerre et il ne dispose que d'un « personnel et des crédits très réduits[68]. » Malgré ces faiblesses, la création du F.E.P.C. constitue en soi un pas en avant. Autant partir de quelque chose de chancelant que de ne rien avoir du tout. Au moins à partir de ce Comité les Noirs peuvent espérer documenter les problèmes de discrimination dans l'emploi et montrer ainsi à toute l'Amérique la réalité quotidienne qu'ils vivent. Ils peuvent aussi espérer « améliorer » le Comité, c'est-à-dire lui donner plus de pouvoir et de moyens, par diverses pressions. Le décret présidentiel n° 8802 et la création du F.E.P.C. constituent la reconnaissance officielle d'un problème sérieux qui mérite l'intervention de l'autorité fédérale : la discrimination dans l'emploi, la discrimination de façon générale contre les Noirs. En tout cas, la réaction de l'autorité fédérale et la mise sur pied du F.E.P.C. en particulier, constituent un pas en avant non négligeable qu'il faut reconnaître à sa juste valeur. La mobilisation et la prise de conscience qui ont conduit à cette évolution positive sont sans précédent, et elles méritent d'être entretenues pour les luttes à venir. D'ailleurs, Randolph lui-même pense à perpétuer l'esprit et l'organisation née de ce bras de fer.

Mais satisfait par cette avancée, à savoir le décret présidentiel n° 8802, Philip Randolph rapporte sa Marche. A-t-il eu raison de le faire ? En tout état de cause, beaucoup de ses congénères le critiquent pour avoir « battu en retraite » ou pour avoir « baissé la garde ». Beaucoup auraient voulu qu'il mette à exécution sa menace de marche qui se serait terminée en apothéose devant le Mémorial d'Abraham Lincoln, le « grand Émancipateur », ce président qui a mis fin à l'esclavage des Noirs. Mais en grand stratège, Randolph a préféré annuler la marche, ayant obtenu ce qu'il voulait. Très certainement cette attitude responsable l'a rendu plus crédible aux yeux des

[68] Daniel Guérin, op. cit., p. 89.

autorités fédérales et, par la même occasion, il pourrait faire usage de la même arme à l'avenir si le besoin se présentait.

Fort du succès de cette arme — la mobilisation de ses congénères, la décision du président Roosevelt — Randolph décide de perpétuer l'élan ainsi créé en perpétuant le Mouvement qui prend alors le nom de *March on Washington Movement*, MOWM. Voici comment il justifie son attitude : « *The central principle of the struggle of oppressed minorities is not only to develop mass demonstration maneuvers, but to repeat and continue them. The workers don't picket firms today and fold up. They practice the principle of repetition*[69]. »

Donc le Mouvement devait se perpétuer et poursuivre ce qu'il avait si bien commencé. Malgré la déception de certains Noirs, le Mouvement continue son combat, s'attaquant à certains maux dont souffrent les Noirs : le manque du droit de vote ; les « poll taxes » ; la ségrégation dans les transports, les écoles, l'habitat, les lieux d'hébergement, et l'armée[70]. C'est ainsi qu'en 1948 Philip Randolph décide de s'attaquer à la ségrégation dans les forces armées.

L'armée américaine, à l'image de la société elle-même, souffre en plus de la discrimination, de la ségrégation en son sein. En effet, Blancs et Noirs ne sont pas logés à la même enseigne, c'est-à-dire qu'ils ne reçoivent pas la même considération. En plus du traitement discriminatoire dont ils sont constamment les victimes, les soldats noirs sont aussi regroupés dans des unités spéciales noires. D'abord leur recrutement dans l'armée se fait à compte goutte, et il a fallu la Deuxième Guerre mondiale pour faire changer la situation :

> *En dépit de la discrimination qui sévissait au sein des forces armées, les Noirs avaient plus de possibilités de servir leur pays qu'au cours d'aucune guerre précédente... Un demi-million de Noirs environ servirent outre-mer au cours de Seconde Guerre mondiale. Le 30 septembre 1944, ils étaient 411 368 sur les théâtres d'opérations extérieurs, et leur nombre avait atteint 497 566 le 28 février 1945*[71].

Même les femmes ont eu la possibilité de servir sous les drapeaux. Malheureusement, servir dans l'armée pour les Noirs ne signifie

---

[69] Adam Fairclough, op. cit., p. 157.

[70] Ibid., p. 158.

[71] John Hope Franklin, *De l'esclavage à la liberté*, pp. 505 et 506.

aucunement servir dans des unités intégrées. Illustrons nos propos par quelques extraits de l'incontournable historien John Hope Franklin : « Vingt-deux unités combattantes noires participèrent aux opérations sur les champs de bataille européens : neuf bataillons d'artillerie de campagne, un bataillon de DCA, deux escadrons de chars, deux bataillons antichars et huit bataillons du génie[72]. »

Cette expérience est inédite pour les Noirs et elle leur permet de montrer de quoi ils sont capables. Et ils se montrent à la hauteur de ce qu'on attend d'eux.

En plus de la possibilité de servir dans l'armée, les Noirs font aussi l'expérience de l'intégration sur les champs de bataille à l'extérieur des États-Unis, plus précisément en Europe pendant la Seconde Guerre mondiale. Là, ils font preuve de bravoure et épatent leurs commandants et la hiérarchie militaire qui les couvrent d'éloges et de distinctions. À la fin de ladite guerre, une fois les troupes américaines rentrées au bercail, les bonnes vieilles habitudes reprennent le dessus : la ségrégation dans les forces armées revient au galop. « Chassez le naturel, il revient au galop. » L'hideuse réalité que la guerre avait pour un temps masquée ou fait oublier se représente dans toute sa laideur. C'est cette pratique avilissante que Philip Randolph décide de combattre.

Le président Harry S. Truman, conscient des conséquences futures de cette pratique, charge en 1946 une commission comprenant des personnalités noires et blanches de mener des enquêtes dans le domaine des droits civiques et de lui faire des recommandations idoines. Le rapport de ladite commission, *To Secure These Rights*, recommande entre autres propositions « l'élimination aux États-Unis de toute ségrégation fondée sur la race, la couleur, la croyance ou l'origine nationale. »

En ce qui concerne les forces armées, le président demande aussi à une autre commission de se pencher sur la question. Le rapport sorti des travaux de cette commission, *Freedom to Serve*, recommande l'intégration entière des forces armées. Malgré l'apparente bonne volonté et les professions de foi du président Truman, les choses n'avançaient que lentement au niveau des forces armées. C'est alors

[72] Ibid., p. 509.

que Philip Randolph à la tête d'une délégation lui rend visite à la Maison-Blanche pour essayer de faire évoluer la situation, en d'autres termes de lui demander de faire quelque chose. Malheureusement, l'entretien ne se passe pas comme il aurait dû, c'est-à-dire dans la courtoisie réciproque. En effet, Randolph déclare au président : « Les Noirs ne sont pas d'humeur à mettre encore une fois un fusil sur l'épaule pour la cause de la démocratie à l'extérieur tant que la démocratie leur est refusée chez eux. En particulier, ils sont hostiles à l'idée de se battre ou d'être enrôlés dans une armée où règne la ségrégation[73]. » Évidemment, ces vérités crues ne plaisent pas au président.

Seulement quelques jours après cette rencontre avec le président, il se rend aussi devant la Commission de l'armée du Sénat où il affirme son intention de conseiller aux jeunes Noirs et Blancs de refuser de servir dans une armée où règne la ségrégation raciale. Il se tiendra aux côtés des réfractaires mais il demande aux parents de ces derniers de les soutenir. Selon lui, le président Truman doit signer un décret présidentiel, comme l'a fait Roosevelt avant lui pour l'emploi, pour bannir la ségrégation raciale dans l'armée. Faute de cela, il compte organiser un mouvement de « désobéissance civile » non-violente sur toute l'étendue du territoire américain. Voici comment il conçoit cette désobéissance :

> *We would participate in no overt acts against our government...ours would be one of non-resistance...ours would be one of non-cooperation; ours would be one of non-participation in the military forces of the country...We would be willing to absorb the violence, absorb the terrorism, to face the music and to take whatever comes, and we, as a matter of fact consider that we are more loyal to our country than the people who perpetrate segregation and discrimination on Negroes because of color or race*[74].

Randolph envisage une action de masse non-violente pour faire plier l'Exécutif américain, et il insiste sur le caractère non-violent de son entreprise. Bien que non-violente et pacifique, cette entreprise a de quoi inquiéter le président Truman. C'est pourquoi il signe le 26

[73] Daniel Guérin, op. cit., pp. 164-165.

[74] In Bayard Rustin, *Strategies for Freedom*, pp. 27-28.

juillet 1948 le décret présidentiel n° 9981 tant réclamé par Randolph, mettant fin à la ségrégation raciale dans l'armée. Encore une fois, Randolph vient de remporter une seconde bataille à force de menace. Et comme lors de la première victoire en 1941, il rengaine son arme. Il retire sa menace de vaste mouvement de désobéissance civile à la manière de Gandhi.

Philip Randolph, militant du mouvement syndicaliste, par ces deux actions téméraires vient de remporter deux victoires éclatantes qui vont peser lourdement dans un futur proche sur le devenir de la communauté noire. Il vient ainsi de prouver à cette communauté que l'audace et la foi en ce qu'on fait peut porter des fruits. Aussi et pardessus tout, il vient de lui montrer la voie à suivre pour les prochaines luttes : la désobéissance civile de masse.

Philip A. Randolph est donc incontournable dans l'étude de la lutte du peuple noir pour l'égalité. La voie qu'il a tracée sera largement empruntée dans la décennie suivante, notamment par la communauté afro-américaine de Montgomery à travers un jeune pasteur encore inconnu du nom de Martin Luther King. A ce titre, il peut être considéré comme l'un des précurseurs du Mouvement des droits civiques qui atteindra son apogée dans les années 1960.

VI. La « Renaissance de Harlem »

Dans les années 1920 un vent identitaire et nationaliste souffle dans la communauté noire aux États-Unis, particulièrement à Harlem, à l'époque un faubourg de Manhattan à New York. Harlem, à l'origine peuplé par des Blancs, est abandonné par ces derniers du fait de l'installation progressive des Noirs. Ils considèrent cette poussée démographique comme une invasion. Pour éviter toute cohabitation, les Blancs déménagent, et dans les années 1920 ce faubourg devient l'attraction de tous les Noirs qui le considèrent comme leur « terre promise ».

Les Noirs viennent de diverses parties du monde pour s'installer à Harlem. Certains viennent du Sud des États-Unis à la recherche d'emplois et de meilleurs salaires. Les raisons économiques ne sont pas les seules. Il y a aussi des raisons sociales. En effet, « en quittant le Sud, le Noir espérait échapper au carcan qui l'enserrait dans un réseau d'interdictions juridiques qui n'existaient pas au même titre ailleurs[75]. » En d'autres termes, le Noir en migrant au Nord pense fuir le « carcan de lois, de règlements et d'habitudes, plus humiliants les uns que les autres[76] » dans lequel la société l'a enfermé. La discrimination et la ségrégation avec leurs lots d'humiliations et de frustrations sont le vécu quotidien des Noirs au Sud. Vivre dans un tel environnement relève plutôt du défi. Le désir profond de fuir cette « prison » est l'une causes principales dans la décision finale de migrer.

Mais selon Alain Locke, lui-même célèbre écrivain de la Renaissance, cette migration doit être plutôt perçue comme une décision personnelle faite par chaque Noir. Voici comment Norman Coombs paraphrase Alain Locke :

> *For the first time in history, thousands upon thousands of individual Afro-Americans had made a basic choice concerning their own existence. They refused to remain victims of an impersonal and oppressive system, and, as the result, they deliberately pulled up their roots, left their friends and neighbors and moved north to what they hoped would be « the promised land[77]. »*

Quelles que soient les vraies motivations qui poussent les Noirs à quitter le Sud pour le Nord considéré comme plus libéral et tolérant, migrer relève effectivement d'un choix volontaire et conscient. En effet, l'expérience montre qu'une personne ne peut pas du jour au lendemain quitter l'environnement dans lequel elle a toujours vécu (parents, amis, alliés, voisins, autres connaissances) si elle n'est pas vraiment motivée. De plus, migrer signifie aller vers l'inconnu, ce qui suscite toujours une certaine crainte. Le lieu de destination sera-t-il meilleur que celui que l'on a quitté ? Sera-t-on la bienvenue ? Ce sont-là quelques-unes des questions qui assaillent tout candidat à la migration. Enfin, migrer signifie aussi et surtout choisir où s'installer, ce qui n'est pas aisé. Quels critères doivent-ils prévaloir dans la

---

[75] Claude Fohlen, *Les Noirs aux États-Unis*, 6è édition (Paris : Presses Universitaires de France, Que sais-je, 1979), p. 34

[76] Ibid., p. 18.

[77] Norman Coombs, *The Black Experience in America,* (version en ligne).

décision finale ? Migrer c'est donc sciemment choisir de se couper de ses racines et de ses relations pour aller s'installer ailleurs et y reconstruire sa vie sur de nouvelles bases. Pourtant, beaucoup de Noirs ont fait ce choix difficile. En effet, « on estime à un demi-million le nombre de ceux qui quittèrent le Sud entre 1910 et 1920, la migration atteignant son maximum en 1916 et 1917 », selon Claude Fohlen[78].

D'autres Noirs viennent aussi de la Jamaïque à l'exemple de Claude McKay, de Porto Rico, de Cuba, des Antilles et même d'Afrique. Beaucoup de ces immigrants élisent domicile à New York, plus particulièrement à Harlem. C'est ainsi que, progressivement, Harlem devient l'endroit au monde avec la densité la plus élevée de Noirs par kilomètre carré[79]. Elle devient par la même occasion le centre de la renaissance culturelle noire jusqu'aux années 1930.

Ainsi durant les années 1920, se développe à Harlem un mouvement littéraire et artistique suite aux différentes migrations et au brassage et dynamisme culturel faisant suite à ce bouleversement démographique. Voici comment un site web définit ce mouvement :

> *From 1920 until about 1930 an unprecedented outburst of creative activity among African-Americans occurred in all fields of art. Beginning as a series of literary discussions in the lower Manhattan (Greenwich Village) and upper Manhattan (Harlem) sections of New York City, this African-American cultural movement became known as "The New Negro Movement" and later as a the Harlem Renaissance*[80].

Les échos de ce mouvement culturel se font entendre au-delà du ghetto. Cette Renaissance de la culture noire se manifeste par un regain d'intérêt prononcé pour la littérature et les arts africains-américains, notamment le théâtre, la musique, la peinture, et la sculpture. Mais, comme relevé plus haut, nous limiterons notre analyse aux seuls écrivains, surtout ceux qui entrent dans le cadre de notre thème et nous permettent de mieux le cerner.

Pourquoi les Noirs choisissent-ils la littérature et les arts pour se faire entendre ? Selon Bayard Rustin, l'un des vétérans de la lutte des

---

[78] Claude Fohlen, *Les Noirs aux États-Unis*, p. 34.

[79] Norman Coombs, *op. cit.*

[80] *http://encarta.msn.com/schoolhouse/harlem/harlem.asp*

Noirs pour l'égalité raciale, les Noirs n'ont aucun autre moyen pour exprimer leurs griefs. Toute tentative de « rébellion », par exemple, est violemment réprimée, en témoignent les émeutes raciales qui ont marqué les premières années du vingtième siècle, émeutes au cours desquelles les Noirs ont payé un lourd tribut. Un autre exemple est les nombreux lynchages dont ils sont fréquemment victimes. De plus, ils ne peuvent pas compter sur les partis politiques. Rustin écrit :

> *Shunned by the political parties, and rejected in the courts, blacks had to look outside the normal channels of democracy to press their cause. But even here the conditions of American society severely limited their options...*
>
> *The totality of repression, terrorism, and political indifference was to render any effort at black collective action impossible. The only alternatives were the utopian fantasies of Marcus Garvey, or some form of personal, artistic, or spiritual outlet. The prevailing sense of hopelessness contributed to the cultural phenomenon in the 1920s known as the Harlem Renaissance. Since blacks could not make revolution, either peaceably or nonpeaceably, they were forced to write about it*[81].

Les Noirs sont dépités par la démocratie américaine tant glorifiée qui ne fonctionne pas pour eux. Alors, il ne leur reste plus qu'à parler d'eux-mêmes, de leur sort, de la colère qu'ils ressentent, et de leurs rêves qu'au travers de ce qu'ils maîtrisent le mieux : la littérature et les arts, c'est-à-dire l'expression culturelle de leur vie quotidienne. C'est vrai que les Noirs ont une tradition d'écrivains depuis l'esclavage jusqu'à la Renaissance. Les écrivains de chaque époque traitent des problèmes préoccupants de leur époque. Nous avons par exemple Frederick Douglass qui a écrit sur les méfaits de l'esclavage et a, naturellement, défendu l'abolition de cette abomination. Donc, il n'est pas surprenant que les Noirs de la Renaissance écrivent sur leurs préoccupations.

En ce qui concerne la littérature, les éditeurs manifestent un intérêt prononcé pour les productions des Africains-Américains. Le public, noir et blanc, demande à lire et à voir les représentations des œuvres des écrivains noirs. Les auteurs eux-mêmes, la plupart du temps

---

[81] Bayard Rustin, *Strategies for Freedom*, pp. 7; 10-11.

jeunes, encouragés par cet intérêt, se mettent à l'œuvre et deviennent très prolifiques. La Renaissance noire de Harlem ainsi perçue est une période de grande créativité littéraire et de grand intérêt pour la culture noire, notamment la littérature.

Divers thèmes reviennent comme un leitmotiv dans cette littérature. D'abord la fierté. Langston Hughes, l'un des écrivains les plus prolifiques de cette période, a écrit qu'il est fier d'être un artiste noir[82]. Il martèle ainsi son message :

> *We Negro artists who create now intend to express our individual dark skinned selves without fear or shame. If white people are pleased, we are glad. If they are not, it doesn't matter. We know we are beautiful and ugly too. If colored are pleased, we are glad. If they are not, their displeasure doesn't matter either. We build our temples for tomorrow, strong as we know how, and we stand on top of the mountain, free within ourselves*[83].

L'un des traits caractéristiques de la Renaissance est donc la fierté d'être Noir (couplée avec l'exaltation de leur héritage culturel). Selon Warrington Hudlin, la fierté en est même le thème numéro un[84]. Fiers, les Africains-Américains le sont et ils le clament fort à qui veut les entendre. Cela nous rappelle le chanteur James Brown qui dit la même chose dans les années 1960 : « Say it loud. I'm black and I'm proud. » Les Noirs n'ont plus honte de la couleur de leur peau.

Depuis la période de l'esclavage tout avait été fait pour qu'ils haïssent la couleur de leur épiderme et leur groupe racial. Mais pendant la Renaissance, les Noirs martèlent la fierté pour leur identité et leur histoire. Ils ont raison, car être Noir ou Blanc n'est pas un choix. On ne choisit pas la couleur de sa peau. Elle nous est imposée par le hasard. Et comme on ne peut pas la changer ou s'en défaire, autant en être fier « pour se sentir dans sa peau ». C'est ce que les Africains-Américains ont fait.

La fierté exprimée par les écrivains de la Renaissance est aussi une arme contre tous ceux qui veulent les abattre sur le plan moral et les

---

[82] Norman Coombs, *op. cit.*

[83] Tiré de « The Renaissance Re-examined » de Warrington Hudlin dans *The Harlem Renaissance Remembered*, Essays edited with a Memoir by Arna Bontemps (New York : Dodd, Mead & Company, 1972), pp. 276-77.

[84] Ibid., p. 271.

dominer. En effet, en insistant sur la couleur de la peau des Noirs ou sur leur prétendue appartenance raciale, les Blancs veulent souligner leur infériorité. L'une des justifications de l'esclavage n'était-elle pas la couleur de la peau, noire, considérée comme sale, inférieure ? Alors en affirmant la fierté d'être Noirs, les Africains-Américains font l'impensable et retirent du même coup une arme puissante à ceux des Blancs qui en font ou comptent encore en faire usage pour les dominer. L'arme de la fierté est donc une stratégie de lutte à l'instar du mouvement de la Négritude lancé par le regretté feu Léopold Senghor du Sénégal. Cette stratégie de la fierté a l'avantage de booster le moral des Noirs et de les aider à faire face à toute agression de la part de leurs compatriotes blancs.

Le deuxième thème développé par les écrivains de la Renaissance est celui de la révolte. Les Noirs se révoltent contre le statut qui leur est réservé et le traitement qui leur est fait dans la société américaine. Depuis l'abolition de l'esclavage, ils n'ont jamais acquis le même statut social que leurs homologues blancs ; ils ont toujours été considérés comme des citoyens de seconde zone : pas de droit de vote, pas de respect, humiliations, ségrégation, discriminations diverses. C'est contre cette situation, ce carcan, que les Noirs entendent se révolter.

Si les années 1920 signalent la prise de conscience des Noirs américains, elles marquent aussi le début d'une période particulière de refus de leur statut et de protestation contre les injustices dont ils sont victimes. En effet, à partir des années 1920 rien ne sera plus comme avant :

> *Ils devinrent méfiants, amers et frondeurs. Ce n'était pas le Noir timoré et docile d'antan qui disait à présent : « La prochaine fois que des Blancs s'en prennent à des Noirs, on verra tomber quelque chose : des cadavres de Blancs. » Lors des émeutes et des affrontements d'après la guerre, les Noirs réagirent avec une audace surprenante. Ils avaient, en outre, à cette époque, acquis des capacités d'expression qui leur permettaient de donner une forme littéraire à leurs sentiments*[85].

[85] John Hope Franklin, *De l'esclavage à la liberté*, pp. 424-425. Le mot « guerre » ici fait référence à la Première Guerre mondiale.

La littérature est un moyen d'exprimer leurs sentiments de révolte. Évidemment, la révolte, qui sous-entend le refus catégorique de la situation existante, peut conduire à l'agressivité. Suite aux émeutes raciales de l'été 1919, qualifié d'« été rouge » à cause du sang des Noirs versé durant ces événements, Claude McKay écrit dans l'un de ses poèmes ces mots poignants et révélateurs de l'atmosphère de la période :

S'il faut mourir, que ce ne soit pas comme des porcs
Pourchassés et parqués dans un infâme enclos
Cernés par les aboiements furieux de chiens affamés,
Tournant en dérision notre groupe maudit.
S'il faut mourir, oh ! Mourons noblement !
Et que notre précieux sang ne coule pas en vain ;
Ainsi les monstres mêmes que nous bravons
Seront contraints de nous honorer bien que morts !
O, mes frères ! Affrontons l'ennemi commun !
Quoique bien moins nombreux, montrons notre vaillance
Et à coups sans nombre répondons d'un unique coup
mortel !
Qu'importe si la tombe est ouverte à nos pieds !
Nous affronterons en hommes la troupe meurtrière et
poltronne,
Dos au mur, en mourant, nous riposterons encore ![86]

L'individu n'est plus mis en avant. C'est la notion de groupe qui prévaut. Les Noirs sont un groupe et doivent se battre en tant que tel. Le poème de Claude McKay le souligne bien. « En tant que groupe, ne nous laissons plus faire. Battons nous vaillamment contre notre ennemi commun », ainsi pourrait-on résumer le poème en question. Cependant, les Noirs précisent, par la plume de Langston Hughes, que leur révolte ne vise pas les idéaux américains, mais plutôt l'injustice et l'inhumanité qui prévalent contre eux[87]. En fait, c'est parce que les idéaux américains de fraternité, de respect, d'égalité, de démocratie, de liberté, etc. ne s'appliquent pas à eux qu'ils se révoltent pour que la situation change positivement.

---

[86] In John Hope Franklin, *op. cit.*, p. 410.
[87] Norman Coombs, *op. cit.*

La Renaissance est aussi l'occasion pour les Noirs d'extérioriser leurs tourments intérieurs. Ils ne récusent pas leur nationalité américaine, mais ils ressentent en leurs fors intérieurs un sentiment de double appartenance et de malaise. Ils sont Noirs et Américains, ce que DuBois a qualifié de « twoness ». Selon DuBois, le Noir dans la société américaine est une personnalité à double facette, situation qui n'est pas facile à vivre. De plus, il se sent aussi rejeté par ses compatriotes blancs.

Ces trois thèmes, à savoir la fierté, la révolte et les tourments intérieurs, concourent à la même cause : le changement du statut du Noir dans la société américaine. Ils sont traités et élaborés par différents écrivains de la Renaissance, sous la forme de romans, de nouvelles, de pièces de théâtre, de poésies, d'autobiographies, et d'essais dans des journaux, revues, etc., dont *The Crisis* (l'organe de propagande du NAACP) et *Opportunity* (celui de la *National Urban League*). En plus de Langston Hughes, Claude McKay et DuBois déjà cités, de nombreuses personnes usent de leurs talents d'écrivains pour défendre la cause du Noir américain. Nous citerons Countee Cullen (1903-1946), poète ; Arna Bontemps (1902-1973), poète, romancier et anthologiste ; Zora Neale Hurston (1903-1960), romancière ; James Weldon Johnson (1871-1938), poète et militant des droits civiques ; Jean Toomer (1894-1967), romancier et poète ; Alain Locke (1889-1954), philosophe, essayiste, et éditeur en 1925 d'un numéro spécial de la revue *Survey Graphic* intitulé « The New Negro : An Interpretation », une collection d'écrits d'auteurs africains-américains qui annoncent la Renaissance de Harlem et du « nouveau Nègre » qui en sera l'objet[88]. D'autres écrivains tels que Jessie Fauset, Wallace Thurman, Harold Jackman, Nella Larsen, Charles S. Johnson, Rudolph Fisher, Richard Wright, Ralph Ellison, Laurence Dunbar et même Marcus Garvey peuvent être cités. Évidemment, la liste des écrivains ne peut être exhaustive.

Ce qu'il faut retenir de la Renaissance de Harlem, c'est la nouvelle prédisposition vis-à-vis de la culture noire par la société américaine et l'émergence du « New Negro ». Les années 1920 sont donc une

---

[88] Kwame Anthony Appiah and Henry Louis Gates, Jr., eds. *The Dictionary of Global Culture*, pp. 412-13.

période de « révolution » culturelle, mais surtout d'affirmation du Noir et de contestation de l'ordre longtemps établi qui maintient le Noir dans un carcan insupportable :

> *More than a literary movement and more than a social revolt against racism, the Harlem Renaissance exalted the unique culture of African-Americans and redefined African-American expression. African-Americans were encouraged to celebrate their heritage and to become "The New Negro," a term coined by sociologist and critic Alain LeRoy Locke*[89].

Le mouvement abolitionniste, les écrits de Booker T. Washington et de William E. B. DuBois, les actions de Marcus Garvey et de Philip Randolph, et la Renaissance de Harlem préparent la voie pour la dure lutte à venir, celle de l'égalité, qui va conduire les Africains-Américains vers de nouveaux horizons qu'ils veulent plus radieux. Le mouvement de masse qu'est le Mouvement des droits civiques n'est pas né *ex nihilo*. Il a été préparé, notamment sur les plans idéologiques et organisationnels, par ceux que nous avons appelés les « précurseurs ». C'est partant de ce que ces derniers ont fait et produit que les militants de la lutte pour l'égalité vont prendre leurs marques.

Tous ces épisodes de l'histoire américaine ont progressivement fait mûrir les Noirs, leur ont inculqué un nouvel esprit et surtout leur ont enseigné que rien ne peut s'acquérir dans l'inaction. S'ils veulent que leur condition d'opprimés change, ils doivent d'abord en prendre conscience. Ensuite, ils doivent se serrer les coudes (la communauté noire et non les individus qui la composent) et se battre avec toutes les armes dont ils disposent. Et comme toute action de cette envergure entraîne inéluctablement des effets collatéraux, ils doivent s'attendre à subir des pertes, notamment en vies humaines, dans cette lutte pour conquérir la place qui leur revient de droit dans la société qu'ils ont contribuée à façonner.

---

[89] *http://encarta.msn.com/schoolhouse/harlem/harlem.asp*

CHAPITRE II

LA LUTTE POUR L'ÉGALITÉ

La lutte des Noirs a toujours été une quête permanente. Elle remonte pratiquement aux premières années de la nation américaine. Depuis les premiers jours de l'esclavage, les Noirs se sont toujours dressés contre les différentes formes d'asservissement et d'exploitation. Beaucoup d'entre eux se sont illustrés durant ces siècles d'opposition au système de caste imposé par les Blancs. Selon les époques, la lutte change de centre d'intérêt. Ainsi, si durant la période de l'esclavage l'objectif premier est l'abolition de ce système barbare, la lutte se tourne ensuite vers la disparition du carcan de la ségrégation et de la discrimination légales, devenues des réalités quotidiennes non seulement dans le Sud mais aussi progressivement dans le Nord.

Dans ce chapitre, nous nous intéressons à la deuxième phase, à savoir la lutte contre toutes les formes de discrimination, censée aboutir à l'égalité pleine et entière avec les Blancs. Nous remonterons aux sources lointaines de cette lutte, à savoir l'échec de la Reconstruction en 1877, Reconstruction qui devait constituer le point de départ d'un nouveau statut et d'une nouvelle vie pour les anciens esclaves. Nous nous intéresserons naturellement aux sources immédiates de ce qu'il est convenu d'appeler le Mouvement des droits civiques ou le mouvement en faveur des droits civiques. Nous exposerons les objectifs du Mouvement de même que les stratégies utilisées. Enfin, nous procéderons à une analyse du bilan de la lutte menée par le Mouvement.

I. ORIGINES DU MOUVEMENT DES DROITS CIVIQUES

Le Mouvement des droits civiques est aussi connu comme la lutte pour l'égalité pleine et entière avec les Blancs. Pour plus de détails, procédons à une définition.

A. Définition

Le Mouvement des droits civiques peut se définir comme ce vaste mouvement de revendication des Noirs face aux différentes pratiques qui ont pour but de les rendre inférieurs aux Blancs, de faire d'eux des citoyens de seconde zone. Ces pratiques sont basées soit sur les habitudes et les croyances, soit elles ont des bases légales. Face à cet état de fait, les Noirs se sont levés comme un seul homme pour dire « non » et « plus jamais ça ». Aucun secteur d'activité et aucune classe sociale ne sont épargnés par ce vaste mouvement social de revendication jamais égalé auparavant. Son ampleur est telle que certains auteurs le qualifient de « révolution noire[90]. » Si elle n'en pas été vraiment une, elle n'a pas été loin de l'être, car elle ne visait ni plus ni moins que l'égalité pleine et entière avec les Blancs.

Selon Benjamin Muse,

> *« Civil rights » had come into universal use in the United States to denote the aim of the Negro movement. The term was applied to all manner of activities related to the movement and to legislation looking toward justice for the Negro...Incidentally, « civil rights » was often translated by European journalists - with substantial accuracy - as « Negro rights. » That is indeed what the agitation was mainly about...but in common parlance in the United States in the 1960's « civil rights » denoted the claim of the Negro to equal status with the white man[91].*

Les termes « droits civiques » s'appliquent au Mouvement qui vise la justice pour les Noirs. Ils désignent aussi la quête d'égalité des droits avec les Blancs. En d'autres termes, le Mouvement vise à faire

---

[90] Benjamin Muse, *The American Negro Revolution : From Nonviolence to Revolution* (New York : Citadel Press, 1970); William Brink et Louis Harris, *La révolution noire aux U.S.A.* (Paris : Editions Denoël, 1964).

[91] Benjamin Muse, op. cit., pp. 17-18.

des Noirs américains des citoyens à part entière, égaux à tous points de vue à leurs compatriotes blancs.

B. Origines

Les origines du Mouvement sont à rechercher dans le « carcan de lois, de règlements et d'habitudes, plus humiliants les uns que les autres[92] » commencés au Sud et qui s'étendirent progressivement au Nord. Ces pratiques, qui rendent la vie impossible aux Noirs, peuvent être considérées comme la suite logique de l'échec de la « Reconstruction ».

1. La « Reconstruction » inachevée

A la fin de la guerre de Sécession (1861-1865), qui a opposé l'Union aux États sécessionnistes du Sud[93], il est instauré une période dite de « Reconstruction ». Cette Reconstruction (1865-1877) est censée reconstruire le pays ravagé par la guerre, c'est-à-dire réconcilier le pays avec lui-même. Cette reconstruction revêt plusieurs aspects.

a) Les caractéristiques de la Reconstruction

La Reconstruction est d'abord morale. La guerre de Sécession peut s'interpréter comme la perte de confiance des Américains les uns dans les autres. L'esclavage qui en est la cause a divisé le pays en deux entités géographiques distinctes, le Nord et le Sud, qui se regardent en ennemis. Ces deux entités s'opposent sur certaines valeurs morales que l'on pourrait résumer sous forme de questions : qu'est-ce qu'un Noir ? Le Noir est-il un animal ou un être humain au même titre que le Blanc ? Le Noir est-il égal au Blanc ? Beaucoup de préjugés ont circulé. C'est parce que les Américains ne s'entendaient pas sur les réponses à apporter à ces questions fondamentales qu'ils en sont venus à prendre les armes les uns contre les autres. La crise de moralité et de confiance nous semble être le plus sérieux des maux auxquels la

---

[92] Claude Fohlen, *Les Noirs aux États-Unis*, p. 18.

[93] L'Alabama, l'Arkansas, la Floride, la Géorgie, la Louisiane, le Mississippi, la Caroline du Nord, la Caroline du Sud, le Tennessee, le Texas, et la Virginia.

Reconstruction doit apporter une solution. Les Américains pouvaient-ils y arriver ? Rien n'est moins sûr vu la durée et la profondeur du problème. John Hope Franklin écrit à ce sujet :

La pierre d'achoppement à laquelle on se heurtait était la haine accumulée pendant une génération marquée par l'âpre rivalité qui avait dressé le Nord et le Sud l'un contre l'autre. Cette animosité était sans doute la blessure la plus difficile à panser, car elle était profondément ancrée dans le cœur des Nordistes comme des Sudistes, et nul ne savait comment guérir cette plaie. On ne pouvait espérer résoudre aucun ... [des]...problèmes tant que ne soufflerait pas un nouvel esprit de réconciliation et de bonne volonté[94].

En fait, la haine ou l'animosité a commencé au dix-septième siècle avec l'introduction de l'esclavage dans les colonies américaines. Progressivement, le fossé entre les deux camps s'est creusé jusqu'à atteindre le point de non-retour, la rupture totale, avec la guerre Sécession. La Reconstruction doit donc réconcilier d'abord les Blancs entre eux et, ensuite, les Blancs avec les Noirs. Elle doit donc opérer le tour de force de réussir une sorte de « réconciliation nationale ».

La Reconstruction est aussi politique. Onze États du Sud ont fait sécession. Il faut donc par tous les moyens ramener ces frères égarés dans le giron familial. Mais en même temps, il faut accorder aux Noirs leurs droits civiques et politiques, ces Noirs qui ont été la cause de ce conflit fratricide. Comment concilier ces deux impératifs apparemment antagoniques? Telle est la quadrature du cercle à laquelle le gouvernement fédéral[95] est confronté.

Le gouvernement fédéral use de la stratégie du bâton et de la carotte. Tantôt il sanctionne, tantôt il se fait doux. Dans un premier temps il montre ses griffes pour effrayer, sinon subjuguer, les frères égarés du Sud en les plaçant en 1867 sous occupation militaire. Probablement cette occupation devait durer juste le temps nécessaire pour les Sudistes de comprendre leur erreur et d'accepter de réintégrer de façon pacifique l'Union. Malheureusement, le président Abraham Lincoln est assassiné le 15 avril 1865, ce qui porte à la présidence, le

[94] John Hope Franklin, *De l'esclavage à la liberté*, p. 269.

[95] Aux États-Unis, le terme « gouvernement fédéral » fait référence aux trois pouvoirs, à savoir l'Exécutif, le Législatif et le Judiciaire.

vice-président Andrew Johnson, un homme originaire du Sud. Ce développement inattendu constituera un coup sérieux pour la Reconstruction.

La Reconstruction est forcément économique. Il s'agit de remettre l'économie du Sud sur les rails afin de lui éviter une débâcle totale. Il s'agit aussi d'insérer les affranchis dans cette économie et de leur assurer une vie décente, bâtie de leurs propres mains, par leur travail. Nous nous intéressons ici particulièrement au sort de ces anciens esclaves. Ils viennent d'être défaits de leurs chaînes et de leurs maîtres, mais ils ne savent pas où aller ou que faire de la liberté qu'ils viennent d'obtenir et à laquelle ils ne sont pas accoutumés. Certains quittent la région et migrent soit au Nord, soit à l'Ouest. Beaucoup d'autres restent mais sans vraiment savoir quoi faire. Or l'indépendance économique est gage de leur liberté véritable. Que faire ?

L'émancipation économique pour les affranchis et les réfugiés va de pair avec l'éducation, car ils ont été maintenus pendant des siècles dans l'ignorance la plus totale. Cette tare est comme un boulet que les affranchis continuent de traîner au pied. La Reconstruction est donc aussi sociale. L'éducation est une nécessité absolue si la liberté nouvellement acquise doit avoir un sens. C'est pourquoi la Reconstruction doit aussi avoir ce contenu social.

La Reconstruction sociale signifie aussi abolir toutes les barrières raciales et psychologiques, et toutes les structures rigides érigées durant l'esclavage qui maintiennent les deux races séparées. Il s'agit de briser toutes ces barrières afin que règne la concorde sociale et que Noirs et Blancs vivent ensemble sans préjugés.

Enfin, la Reconstruction est inévitablement matérielle. En effet, le pays a été détruit physiquement par les longues années de guerre. Des édifices, des routes, des ponts, bref des infrastructures de toutes sortes ont fait les frais de la guerre. Même des champs ont été brûlés par les armées combattantes. Il faut donc reconstruire le pays dans ce sens, à savoir raser tout ce qui a été détruit ou sévèrement endommagé et le remplacer par du neuf. Évidemment, la tâche n'est pas aisée et requiert d'énormes sommes d'argent alors que d'autres priorités tout aussi importantes attendent. Les Américains sont aidés en cela par l'état de l'économie du pays. En effet, la guerre a donné un coup de pouce à l'économie tant au Nord qu'au Sud[96]. La prospérité est donc au rendez-vous. Cette embellie économique leur permet de reconstruire, progressivement, les infrastructures emportées par la guerre.

La Reconstruction est donc tout un programme, un vaste chantier, qui nécessite non seulement des moyens aussi et surtout la volonté politique. Cette volonté existe-t-elle vraiment au niveau des dirigeants ?

b) Les acquis de la Reconstruction

La Reconstruction a connu des acquis, notamment pour les Noirs dans différents domaines Voyons-en quelques-uns.

Sur le plan politique, malgré l'opposition du président Andrew Johnson, successeur du défunt Abraham Lincoln, les choses ont évolué grâce à l'action du Congrès. Ainsi, il adopte plusieurs amendements à la Constitution : le Treizième Amendement en 1865, qui abolit l'esclavage ; le Quatorzième Amendement adopté en 1866 et ratifié deux ans plus tard, qui fait des anciens esclaves des citoyens des États-Unis ; le Quinzième Amendement ratifié en 1870 accorde le droit de vote aux Noirs. Il adopte aussi la loi sur les Droits civiques de 1875 qui interdit toute forme de discrimination dans les lieux publics tels que les théâtres, les hôtels, les parcs de divertissement. En définitive, l'on pourrait dire que la Reconstruction est une bonne période pour les Noirs sur le plan politique, car elle leur a permis d'acquérir des droits qui leur étaient refusés jusque-là.

Les nouveaux droits acquis leur permettent d'élire et de se faire élire. Ainsi ils participent aux élections et même se font élire à des postes de responsabilité. Par exemple, Hiram Revels du Mississippi se fait élire en 1870 comme sénateur au Congrès des États-Unis, le premier sénateur africain-américain. Entre 1870 et 1900, 22 Noirs, dont 13 anciens esclaves, siègent au Congrès[97].

Sur le plan économique, le gouvernement distribue des terres à certains affranchis quand elles sont disponibles. Avec la loi sur les

---

[96] John Hope Franklin, *Reconstruction : After the Civil War,* pp. 174-184.

[97] Harry A. Ploski, James Williams, *The Negro Almanac,* p. 19.

Concessions de terrain dans le Sud de 1866, le gouvernement donne des terres du domaine public en Alabama, au Mississippi et en Floride à tous ceux qui en font la demande, sans distinction de race :

> *Chaque chef de famille avait droit à quatre-vingts acres (32 ha). En moins d'un an, les affranchis prirent possession de 64 385 ha en Floride et occupèrent 116 concessions sur 243 dans l'Arkansas. En 1874, les Noirs de la Georgie détenaient près de 150 000 ha de terre. Le gouvernement n'avait pas fait cadeau à tout un chacun des « quarante acres et une mule » escomptés mais, partout où ce fut possible, les Noirs acquirent des terres dans l'espoir de conquérir la sécurité économique*[98].

Certains affranchis peuvent ainsi, enfin, savourer la joie de posséder un lopin de terre bien à eux qu'ils peuvent gérer à leur guise.

La Reconstruction économique consiste donc à assurer aux anciens esclaves l'indépendance économique. Pour réaliser cet ambitieux programme, il est créé en 1865, peu avant la fin de la guerre, un *Bureau of Refugees, Freedmen, and Abandoned Lands* (bureau des Réfugiés, des Affranchis et des Terres abandonnées). Le rôle assigné au Bureau est d'aider les affranchis et les réfugiés en leur distribuant des rations de nourriture, en leur assurant des soins médicaux, en créant des écoles, et en supervisant les contrats entre les affranchis et leurs employeurs. Il doit aussi gérer les terres confisquées ou abandonnées[99].

En conformité avec son cahier de charges, le Bureau distribue des terres à des anciens esclaves. « Il fonda dans plusieurs États des colonies pour les Noirs infirmes, indigents et vagabonds, auxquelles furent allouées, puis louées des parcelles, à charge pour eux de les mettre en valeur et de les cultiver[100]. » Mais ces distributions parcimonieuses sont loin de satisfaire toutes les demandes. En désespoir de cause, beaucoup de Noirs retournent dans leurs anciennes fermes, à la merci des planteurs. « Ils n'avaient pas d'autre choix que de lier leur sort à celui de leurs anciens maîtres et de les aider à renflouer l'économie du Sud rural[101]. »

---

[98] John Hope Franklin, *De l'esclavage à la liberté,* p. 280.
[99] John Hope Franklin, *Reconstruction,* pp. 36-37.
[100] John Hope Franklin, *De l'esclavage à la liberté,* p. 275.
[101] Ibid., p. 279.

Le Bureau assiste aussi les affranchis dans la rédaction de leurs contrats de travail, chose à laquelle ces derniers ne sont pas habitués. En outre, il s'efforce de les aider à choisir l'employeur de leur convenance et de leur assurer un salaire en relation avec leur travail. Enfin, il les aide à quitter les régions congestionnées dans l'espoir qu'ils auront un emploi dans leur nouvelle résidence et une rémunération conséquente.

Sur le plan social, toujours en conformité avec le rôle à lui confié, le Bureau s'attèle à créer des établissements à vocation éducative. Selon John Hope Franklin, c'est dans le domaine de l'éducation que les succès du Bureau sont les plus éclatants. « Il fonda ou supervisa toutes sortes d'écoles : externats, écoles du soir, écoles du dimanche, écoles techniques et d'enseignement supérieur[102]. » Il travaille avec des associations philanthropiques et religieuses du Nord pour créer de nombreux établissements. Parmi les établissements créés grâce à son action, l'on pourrait citer parmi les plus connus *Howard University*, *Hampton Institute*, *St. Augustine's College*, *Atlanta University*, *Fisk University*, *Storer College* et *Biddle Memorial Institute* (devenu plus tard *Johnson C. Smith University*). Grâce à l'action énergique de scolarisation du Bureau, il y a en 1867 des « écoles dans 'les comtés les plus reculés de tous les États confédérés'...En 1870, lorsque le Bureau cessa son activité éducative, on comptait 247 333 élèves répartis en 4 239 écoles[103]. » Le Bureau a dépensé plus de 5 millions de dollars dans son œuvre de scolarisation des Noirs[104].

Au vu de ce que nous venons de développer, Le bilan du Bureau est largement positif. Cela ne veut pas dire qu'il est exempt de reproches. Mais malgré les imperfections que l'on pourrait lui trouver, il a réussi à s'acquitter de façon honorable de sa tâche, au grand dam des Sudistes opposés à toute action susceptible d'améliorer le sort des Noirs. N'oublions pas que l'environnement lui était hostile. Malheureusement, l'hostilité de l'environnement a pesé de tout son poids et entraîné l'échec de la Reconstruction, laissant un arrière-goût d'inachevé.

---

[102] John Hope Franklin, *De l'esclavage à la liberté,* p. 276 ; *Reconstruction,* p. 38.
[103] *De l'esclavage à la liberté*, p. 276.
[104] Ibid., p. 277.

c) L'échec de la Reconstruction

Le nouveau président ne devait pas être très convaincu de la justesse et de la nécessité de la Reconstruction ou du moins il devait en avoir une vision différente de celle de son prédécesseur. Par exemple, en 1865, il confisque certaines terres dans le Sud. C'est le cas dans le Mississippi, où il installe des Noirs sur lesdites terres. Ensuite, il amnistie les propriétaires et leur rend leurs terres. Il retire aussi des terres en Georgie et en Caroline du Sud. Mais toutes ces terres sont aussi rendues plus tard à leurs propriétaires[105]. Est-ce par souci d'apaisement ? Le président souffle donc le chaud et le froid, très certainement pour garder la confiance de ses frères sudistes.

Plusieurs fois le Congrès, le Parlement des États-Unis, a eu à passer outre son véto pour adopter une importante loi. Par exemple, en 1866, le président oppose son véto à la loi sur les Droits civiques que le Congrès vient d'adopter. Cette loi fait des Noirs des citoyens américains et leur garantit un certain nombre de droits : le droit d'ester en justice ; le droit de témoigner devant un tribunal ; le droit d'acheter, de vendre et d'hériter de biens. Cette loi garantit aussi, bien que vaguement, l'égale et entière protection de la loi[106].

Le président Johnson montre à plusieurs reprises ses penchants sudistes : il cherche par tous les moyens à ménager les Sudistes. En 1867, il use encore de son véto pour tenter de bloquer la première loi sur la Reconstruction. La manœuvre se solde par un échec. Cette loi fait obligation aux États sous occupation de ratifier le Quatorzième Amendement à la Constitution des États-Unis et de garantir le droit de vote aux Noirs[107]. Ledit Amendement fait des anciens esclaves des citoyens des États-Unis et leur accorde l'égale protection de la loi.

On a donc la nette impression que le Congrès a une position nettement différente et radicale de la Reconstruction par rapport à la Présidence. Les deux pouvoirs s'opposent sur le contenu et le rythme de celle-ci. Le Congrès semble avoir l'assentiment de la majorité des

[105] Harry A. Ploski, James Williams, eds., *The Negro Almanac : A Reference Work on the Afro-American*, 4th ed. (New York : John Wiley and Sons, 1983), p. 18.
[106] August Meier, Elliott Rudwick, *From Plantation to Ghetto,* 3rd ed. (New York : Hill and Wang, 1976), p. 183.
[107] Harry A. Ploski, James Williams, eds., op. cit., p. 18.

Américains, en témoignent les élections législatives de l'automne 1866 qui voit la victoire de candidats opposés au programme de Reconstruction du Président. À partir de ce moment, c'est la guerre ouverte entre le Président et le Congrès, une situation préjudiciable pour la Reconstruction.

Ainsi, malgré les avancées politiques incontestables, « en 1865 et 1866, les Blancs du Sud prirent progressivement en main l'administration de leur région. Leur plus grand souci était de tenir les Noirs en lisière[108]. » Par voie de conséquence, ils adoptent des lois destinées à contenir les affranchis, à les maintenir dans un statut d'infériorité. Ces « codes noirs », qui ressemblent beaucoup aux « codes des esclaves », doivent régenter la vie des anciens esclaves. Voici ce qu'en dit John Hope Franklin :

> *Ces lois, appelées « codes noirs », ressemblaient étonnamment aux codes d'esclavage d'avant la guerre et pouvaient difficilement passer pour des mesures respectant les droits des Noirs en tant qu'hommes libres. Plusieurs de ces codes n'autorisaient les Noirs à acheter ou à louer des propriétés que dans certaines zones. Les lois antivagabondage prévoyaient des peines sévères dont le but était d'obliger tous les Noirs à travailler, qu'ils le veuillent ou non. Les employeurs blancs se voyaient attribuer à peu près les mêmes pouvoirs que ceux des propriétaires d'esclaves. Un Noir qui quittait son travail pouvait être arrêté et jeté en prison pour rupture de contrat. Les Noirs n'étaient pas autorisés à déposer devant les tribunaux sauf lorsqu'il s'agissait de leurs frères de race. Les discours séditieux, les gestes ou actes insultants, l'absentéisme dans le travail, la non-observation du couvre-feu et la possession d'armes à feu étaient passibles de multiples amendes. Évidemment, les Noirs étaient privés du droit de vote, et rien n'indiquait que la citoyenneté à part entière et la participation à la vie démocratique puissent leur être reconnues dans l'avenir*[109].

En fait, les Blancs du Sud veulent par ces codes, continuer à garder les quatre millions de Noirs sous contrôle et à les priver des droits élémentaires que la guerre de Sécession était censée leur apporter. Dans ce cas, cette guerre n'aurait alors servi à rien, sinon qu'à

---

[108] John Hope Franklin, *De l'esclavage à la liberté,* p. 271.
[109] Ibid.

perpétuer la domination blanche d'avant-guerre. Or, la politique de Reconstruction du président Johnson va en droite ligne de cette politique conservatrice de domination, car elle soutient les gouvernements opposés à la Reconstruction qui s'installent progressivement dans le Sud. En tout état de cause, ces codes noirs préfigurent déjà les *Jim Crow laws* à venir après la fin de la Reconstruction.

La montée en force dans l'arène politique des affranchis n'est ni du goût de ces gouvernements des États opposés à la Reconstruction, ni de celui des populations du Sud qui font usage de divers stratagèmes pour annihiler le pouvoir politique grandissant des Noirs. Dans un premier temps, ils créent des sociétés secrètes racistes. La première, la plus connue et la plus célèbre, *the Knights of the Ku Klux Klan* (les Chevaliers du Ku Klux Klan), mieux connue sous l'appellation « Ku Klux Klan », est créée en 1865 à Pulaski, dans le Tennessee. Les années qui suivent voient la naissance de nombreuses autres organisations dont les *Knights of White Camelia*, les *Constitutional Union Guards*, les *Pale Faces*, la *White Society*, le *Council of Safety*, la *'76 Association*, La *White League*, la *White Brotherhood*. À ces dernières l'on pourrait ajouter des organisations locales telles la *White League of Louisiana*, la *White Line of Mississippi*, les *Rifle Clubs of South Carolina*, les *Knights of the Rising Sun* du Texas[110].

Ensuite, ces sociétés secrètes se mettent à terroriser et intimider les Noirs et leurs défenseurs en utilisant des moyens illégaux. Ces attitudes visent à empêcher les Noirs de réclamer ou d'exercer leurs droits civiques et politiques nouvellement acquis. John Hope Franklin a écrit à ce sujet :

> *Les Blancs du Sud espéraient ainsi obtenir par des moyens extra-légaux ou ouvertement illégaux ce que la loi leur interdisait : le contrôle absolu des Noirs, leur expulsion ainsi que celle de leurs partisans des centres de commandement et l'établissement de la Suprématie blanche. Ils voulaient à tout prix en finir avec la Reconstruction radicale, et la tactique du terrorisme fut la première étape dans la réalisation de ces objectifs*[111].

---

[110] John Hope Franklin, *De l'esclavage à la liberté,* p. 296 ; *Reconstruction*, pp. 153-155.

[111] John Hope Franklin, *De l'esclavage à la liberté*, p. 296.

Les objectifs des organisations secrètes sont donc clairs : neutraliser les Noirs et leurs partisans ; imposer la domination des Blancs ; en d'autres termes, en finir avec la Reconstruction radicale chevauchée par le Congrès, et qu'elles ne portent pas dans leurs cœurs. Pour y parvenir tous les moyens sont bons : l'intimidation, la force, le licenciement du travail, l'exclusion de la société, la fraude électorale, l'assassinat et l'incendie criminel. Il faut tout faire pour priver les quatre millions de Noirs de l'égalité politique. Ces organisations en font une croisade. Elles demandent aux Noirs de ne pas se rendre aux urnes. Ceux qui s'entêtent sont chassés hors de leur communauté. Quant aux plus récalcitrants, ils sont tout simplement soumis à des sanctions extrêmes : ils sont fouettés, mutilés ou tout simplement pendus[112].

Les moyens utilisés par les organisations secrètes blanches s'avèrent très efficientes. La peur gagne progressivement les Noirs et leurs partisans, et ceux-ci commencent à baisser les bras. Certains sont obligés de déserter leur communauté et quelquefois même la région. Les actions nocives de ces sociétés secrètes, en conjonction avec celles du président (l'absolution accordée aux Blancs du Sud en 1872) et des organisations militant pour le retrait du droit de vote des Noirs, contribuent énormément à la retraite des Noirs de la scène politique et à la victoire des éléments opposés à la Reconstruction radicale. Les régions où les Noirs sont concentrés sont découpées de telle façon à neutraliser leur vote. Des stratégies prétendues légales telles que les cautions financières, les manœuvres électorales, les découpages fréquents des circonscriptions électorales, les taxes électorales, les modes de scrutins compliqués sont aussi utilisées. Toutes ces pratiques privent dans les faits les Noirs du droit de vote.

Les scandales commis par les gouvernements républicains au niveau des États contribuent aussi à l'échec de la Reconstruction radicale. « La corruption discrédita la Reconstruction radicale et la désertion de ses partisans honnêtes mais désabusés rendit possible la restauration de la domination blanche[113]. » Cette restauration commence d'abord par la renaissance, puis par le raz-de-marée

[112] Ibid., p. 297.
[113] Ibid., p. 300.

électoral du parti démocrate, parti farouchement opposé à la Reconstruction radicale. Les scandales en question ternissent l'image des gouvernements républicains et, par la même occasion, discréditent les candidats républicains aux différentes élections. Évidemment, cela conduit à leur défaite inéluctable.

Concomitamment, le Nord aussi commence à baisser les bras. Il semble fatigué d'avoir à lutter pour les Noirs. Même la Cour suprême des États-Unis arrête de soutenir la Reconstruction radicale en ne faisant rien pour en prolonger la durée. C'est donc la fin progressive sinon l'échec garanti pour la Reconstruction, cette période d'après-guerre qui avait fait naître beaucoup d'espoir parmi les quatre millions de Noirs et leurs partisans. Malheureusement, il a fallu déchanter et admettre la triste réalité : les Noirs ne peuvent pas encore avoir dans les faits le même statut, la même considération et les mêmes droits que les Blancs aux États-Unis. Le contexte historique, psychologique, culturel et politique n'est pas encore assez mûr pour cette révolution nécessaire des mentalités.

Au plan économique, malgré les avancées, les choses se sont arrêtées où elles étaient. En effet, l'égalité est toujours une quête non réalisée. De nombreux affranchis se résolvent à accepter de rester travailler chez leurs anciens maîtres :

> *En raison de la parcimonie avec laquelle le gouvernement fédéral leur allouait des terres, les Noirs réintégrèrent peu à peu leurs anciennes fermes et reprirent le travail dans des conditions à peine plus favorables que celles d'avant la guerre. Ils étaient à la merci des planteurs...Ils n'avaient pas d'autres choix que de lier leur sort à celui de leurs anciens maîtres et de les aider à renflouer l'économie du Sud rural*[114].

À la fin de la Reconstruction, les choses ne semblent vraiment pas avoir évolué. Le statut des Noirs n'a pas évolué de façon fondamentale sur le plan social. Bien au contraire, leur nouveau statut est semblable en presque tous les points à l'ancien (cf. les codes noirs). Peu de temps après, la discrimination et la ségrégation vont devenir légales dans tout le Sud. Sur ce plan, la Reconstruction est un échec total et lamentable.

---

[114] John Hope Franklin, *De l'esclavage à la liberté*, p. 279.

La Reconstruction, malgré ses nobles intentions de départ et les progrès enregistrés, a été à bien des égards un échec. Ce résultat a été fortement influencé par, entre autres facteurs, les dissensions entre le président et le Congrès, entre les philanthropes du Nord et les Sudistes attachés au vieil ordre social qui prévalait. Malheureusement, l'échec de la Reconstruction a entraîné dans son sillage la montée de la suprématie blanche.

2. Les « *Jim Crow laws* »

Après l'échec ou la fin de la Reconstruction en 1877, s'ouvre une période difficile pour les Noirs. En effet, le Sud adopte de nouvelles lois qui ont pour objectifs de ramener les affranchis à leur statut d'avant-guerre. Les objectifs sont clairs : à défaut de faire des Noirs des esclaves à part entière, il faut les priver de tous les droits, libertés et privilèges que la guerre et la Reconstruction leur a apportés. En d'autres termes, il faut empêcher les Noirs d'exercer leur droit de vote ; continuer à les faire dépendre des Blancs et garder l'ancienne relation maître-esclave[115] ; enfin, séparer les Noirs des Blancs. Aussi, le Sud imagine des voies pour parvenir à ses fins et il les trouve dans une série de lois et mesures aussi répressives les unes que les autres et qui ne visent qu'à stigmatiser les Noirs et à faire d'eux des « citoyens » marginalisés.

Le Sud bascule peu à peu sous le régime des lois « Jim Crow[116] », nom donné à ces lois discriminatoires et ségrégationnistes. Donc, de façon « légale » et progressive, les États du Sud imposent la discrimination et la ségrégation. Ces pratiques sont, année après année, consignées dans les législations des différents États. Même quand les lois sont muettes sur un aspect des relations entre Noirs et

---

[115] S. Dale McLemore, *Racial and Ethnic Relations in America*, 2nd ed. (Boston : Allyn and Bacon, Inc., 1983), p. 275.

[116] Selon C. Vann Woodward dans son livre *The Strange Career of Jim Crow*, 3rd revised edition (New York : Oxford University Press, 1974) à la page 7, l'origine du terme « Jim Crow » n'est pas assez claire. L'auteur l'attribue à Thomas D. Rice qui, en 1832, écrit une ballade qu'il baptise « Jim Crow ». Le terme est ensuite utilisé comme adjectif en 1838 et fait son entrée dans le *Dictionary of American English* en 1904.

Blancs, l'habitude, et la coutume, pour ne pas dire la culture, se chargent du reste. Voici ce qu'a écrit Claude Fohlen à propos de ces lois :

> *Dans la plupart des États ex-confédérés furent promulguées des lois connues sous l'expression de « lois Jim Crow », Jim Crow étant l'appellation populaire et péjorative pour désigner le Noir. A l'imitation du Tennessee, tout mariage entre gens de races différentes fut interdit dans les États du Sud et les relations sexuelles relevèrent de peines diverses. Noirs et Blancs furent séparés dans les gares, les embarcadères, les chemins de fer et tous moyens de transports publics. Suivit bientôt l'interdiction de toute cohabitation dans les lieux publics : hôtels, restaurants, théâtres, salons de coiffure, églises ou lieux de culte, cabines téléphoniques. Certains États allèrent jusqu'à interdire l'enterrement des morts de race différente dans un même cimetière. Dans les villes, les Noirs ne purent se faire admettre dans des quartiers déjà habités par des Blancs et furent obligés de se loger loin de leur lieu de travail, dans des conditions très misérables. Devant les tribunaux, Noirs et Blancs durent jurer sur des Bibles différentes. Enfin, partout, des lois d'États prescrivirent la séparation obligatoire des écoliers et rendirent nécessaire la construction d'un double système scolaire. Le Noir était condamné à vivre dans un ghetto*[117].

Cette citation résume très bien l'esprit des lois « Jim Crow ». Elles créent de fait la séparation totale entre les deux races. Tous les espaces de vie sont affectés par cette folie de séparation qui s'est emparée des Blancs : les institutions publiques et privées, les lieux publics, la « cohabitation » quotidienne entre les deux groupes, les relations intimes entre individus. Ces lois visent à établir deux sociétés/nations/communautés distinctes, « noire et blanche, séparées, hostiles, inégales », pour emprunter le sous-titre du livre d'Andrew Hacker[118]. Ces deux sociétés doivent vivre côte à côte, comme étrangères l'une à l'autre.

Les conséquences de ces lois discriminatoires sont nombreuses et multiformes pour les Noirs. Le racisme, le manque de respect, les

---

[117] Claude Fohlen, op. cit., pp. 21-22.

[118] Andrew Hacker, *Two Nations : Black and White, Separate, Hostile, Unequal.* (New York : Ballantine Books, 1992.

humiliations multiples, les préjugés, la discrimination, le système de caste en sont quelques exemples.

a) Le racisme

L'inégalité peut aussi se manifester par le racisme et la discrimination sous toutes ses formes. James M. Jones de l'université Harvard définit le racisme comme :

> *The natural process by which the physical and/or cultural characteristics of one group of people (e.g., black Americans) acquire negative social significance in a racially heterogeneous society.*
>
> *Racism puts as much emphasis on the positive attributes of one's own race as on the considered negative attributes of the other*[119].

Le raciste se privilégie de même que le groupe racial auquel il appartient. Tous les attributs de son groupe, qu'ils soient physiques, culturels, ou autres, sont interprétés positivement et considérés supérieurs à ceux de l'autre groupe. Ce dernier groupe est toujours considéré comme inférieur de même que tout ce qui le touche. Ainsi le raciste blanc affirme que la couleur de l'épiderme du Noir, par exemple, est preuve de saleté, que la couleur noire est signe d'infériorité, etc. Le raciste est conscient de ce qu'il dit et fait. Cependant, quelquefois son attitude peut s'expliquer par son ignorance ou par son désir de faire comme les autres (amis, voisins ou membres de la même race que lui).

Le raciste est un être irrationnel. Il ne pense pas avec sa tête mais plutôt avec son cœur. Il ne regarde pas en toute objectivité les faits pour en tirer les conclusions qui s'imposent. Il préfère aller dans le sens de l'objectif qu'il veut atteindre. C'est cet objectif qui lui sert de boussole : il lui indique quel chemin emprunter. Alors le raciste agit au-delà du bon sens auquel tout le monde s'attend. C'est pourquoi on a la nette impression qu'il ne réfléchit pas. Dans la société du Sud des États-Unis de la première moitié du vingtième siècle, le racisme infecte les comportements, les pensées et les relations humaines, à

[119] James M. Jones, *Prejudice and Racism* (Reading, Mass. : Addison-Wesley Publishing Company, 1972), p. 4.

l'image du ver qui détruit le fruit dans lequel il a élu domicile. Les victimes toutes désignées sont les Africains-Américains.

Selon James M. Jones, le racisme peut prendre trois formes : le racisme individuel, le racisme institutionnel, et le racisme culturel.

Le racisme individuel désigne le comportement motivé par des considérations racistes dont nous sommes responsables individuellement. Dans le contexte américain,

> *A racist individual is one who considers that black people as a group are inferior to whites because of physical...traits. He further believes that these physical traits are determinants of social behavior and moral or intellectual qualities, and ultimately presumes that this inferiority is a legitimate basis for inferior social treatment of black people in American society*[120].

Pour ce type de raciste, les traits physiques du Noir américain sont la cause ou la preuve de son infériorité par rapport au Blanc, qui eux-mêmes sont la cause de ses défaillances morales, intellectuelles, culturelles, etc. Ces défaillances à leur tour justifient les traitements inégaux dont les Noirs sont victimes. Il faut tout simplement retenir que l'individu raciste est celui qui agit ou réagit avec des motivations racistes. Ce type de racisme est assez répandu aux États-Unis durant la période « Jim Crow » et il varie d'un individu à l'autre, tant au Nord qu'au Sud.

Quant au racisme institutionnel, il est lié aux institutions. Il peut se définir comme étant la manipulation consciente des institutions à des fins racistes. Avec ce type de racisme, nous avons deux possibilités. Premièrement, le raciste utilise et manipule les « institutions dûment constituées » pour obtenir ou conserver un avantage sur les membres de l'autre groupe racial. Deuxième possibilité : les conséquences, intentionnelles ou non, de certaines pratiques institutionnelles favorisent un groupe racial par rapport à un autre[121]. Nous pourrons citer en exemples les pratiques et habitudes qui créent des inégalités raciales ; certaines lois à l'image des « clauses du grand-père » et des taxes censitaires ; les tests comme le GRE (*Graduate Record*

[120] James M. Jones, op. cit., p. 118.
[121] Ibid., pp. 5-6.

Examination) exigé pour les demandes d'inscription pour les études de troisième cycle ou le SAT (*Scholastic Assessment Test*) utilisés comme critère d'admission dans les écoles supérieures professionnelles, les instituts universitaires, et autres institutions d'enseignement supérieur.

Le racisme culturel, à l'instar des deux autres formes de racisme déjà évoquées, a lui aussi une longue histoire aux États-Unis. James M. Jones définit ce type de racisme comme « the individual and institutional expression of the superiority of one race's cultural heritage over that of another race[122]. » Le racisme culturel consiste à nier ou à interpréter négativement l'héritage culturel d'un groupe racial. Jones donne plus de détails :

> *It is a matter of cultural racism when the achievements of a race of people are fully ignored in education. It is a matter of cultural racism when the expression of cultural differences is unrewarded or is interpreted negatively. It is not just black people who have been victimized by the cultural melting-pot myth, but all ethnic minorities. White Western-European religion, music, philosophy, law, politics, economics, morality, science, and medicine are all without question considered to be the best in the world.*
>
> *Within the United States we are led to believe that black people contributed absolutely nothing to the American expression of these cultural forms...Black Americans are now reacting to cultural racism by asserting their blackness, their African heritage, their cultural uniqueness[123].*

Comme le reconnaît Jones, le racisme culturel s'apparente à l'ethnocentrisme qui est une attitude, un jugement favorable au groupe auquel appartient l'auteur de cette attitude, de ce jugement. L'ethnocentriste considère que son groupe et tous ses attributs sont meilleurs ou supérieurs aux autres. Mais l'ethnocentriste ne devient raciste que quand il commence à se servir de ses jugements comme principes d'action :

---

[122] Ibid., p. 6.
[123] Ibid., pp. 6-7.

Ethnocentrism is a judgment and, like prejudice…is basically an attitude. Ethnocentrism becomes cultural racism when attitudes escalate into behaviors. When ethnocentric judgments become prescriptions for action, and those same ethnocentric judgments serve to justify those actions, cultural racism is the appropriate label. Ethnocentrism is transformed to cultural racism by the accumulation of POWER. The ability to control, through the exercise of power, the lives and destinies of black people becomes cultural racism when those destinies are chained to white ethnocentric standards[124].

Donc, le racisme culturel nécessite l'action, celle qui consiste à mettre en pratique ses jugements ethnocentriques. Retenons du racisme culturel qu'il nie, minimise ou interprète de façon négative la culture des Noirs américains et, à l'opposé, glorifie celle de leurs compatriotes blancs. Cette forme de racisme a été l'une des justifications de l'esclavage. « Les Noirs, venus d'une terre païenne, ignorant des idéaux moraux du christianisme, pouvaient être soumis à une discipline rigide et abaissés, moralement et spirituellement, afin d'assurer la stabilité dans la plantation[125]. » Après l'esclavage, le racisme culturel se poursuit pour pervertir la pensée et la pratique quotidienne des Blancs. C'est pour réagir à cette attitude négative à leur égard et à leur culture que les Noirs lancent le mouvement culturel connu sous l'appellation de « Renaissance de Harlem ».

Le racisme a constitué un facteur important dans la révolte des Noirs aux États-Unis. Quelle que soit sa forme, il a été un puissant vecteur de frustration qui, ajouté à d'autres motifs de rancœur, a suscité un vaste mouvement de protestation et de récrimination parmi les Noirs.

b) Le manque de respect

Une conséquence du racisme est le manque de considération. Le Blanc n'a aucune obligation de respect pour le Noir. Ainsi, il l'appelle par son prénom car le Noir n'a pas droit aux titres tels « monsieur », « madame » et « mademoiselle » comme eux. Selon un jeune Blanc de la classe moyenne de Savannah, en Georgie, « You can't get a white

---

[124] Ibid., pp. 154-155.

[125] John Hope Franklin, *De l'esclavage à la liberté,* pp. 39-40.

man in the South to call them 'Mr.' I don't say 'Mr.' because it makes me feel uncomfortable. I know that's prejudice, but it's instinctive and not reasoning[126]. » Généralement, le Blanc s'adresse au Noir en l'appelant par son prénom ou utilise des mots comme « boy », « uncle », « elder », « aunty », « nigger » ou « darky ». Pour celui qui prétend manifester un semblant de politesse, il exagère en le traitant de « doctor », « lawyer » ou « professor »[127]. En d'autres termes, le Blanc n'a aucune considération pour le Noir quel que soit son âge ou sa classe sociale.

Le Noir doit toujours entrer dans la maison du Blanc par la porte arrière, c'est-à-dire côté jardin. Dans les magasins il doit attendre que tous les clients blancs soient servis. Quand ils osent se plaindre, il se fait traiter de « nègre », de « malpropre » et de bien d'autres noms aussi dégradants les uns que les autres, avant de se voir rappeler son statut et sa place dans la société. Y a-t-il pires humiliations que de tels traitements et agissements devant témoins (épouse, époux, enfants, membres des communautés noires et blanches, etc.) ? Si nous nous mettons à la place de ce Noir, nous comprenons aisément ce qu'il peut ressentir.

c) L'infériorité du Noir

Les traitements et agissements dont nous venons de faire cas plus haut ont pour fondement la soi-disant infériorité du Noir par rapport au Blanc. Ce préjugé remonte jusqu'à la période de l'esclavage et a été transmis de génération en génération jusqu'au dix-neuvième siècle. Ce préjugé racial et bien d'autres inventés de toute pièce par les Blancs pour justifier leurs comportements vis-à-vis des Noirs servent de prétexte au racisme et à la discrimination qui culminent avec le système de caste.

Selon les théoriciens de ce système social, les Noirs constituent une caste, c'est-à-dire un groupe social distinct, bien à part, qui ne doit pas « se mélanger » avec le groupe social composé par les Blancs. En d'autres termes, ils sont tolérés mais ils ne doivent en aucune façon

---

[126] Gunnar Myrdal, *An American Dilemma : The Negro Problem and Modern Democracy*, Vol. II (New York : Pantheon Books, 1962), p. 583.

[127] Ibid., p. 611.

essayer de « se confondre » avec les Blancs. Par conséquent, toute forme de mariage entre Noirs et Blancs est formellement interdite afin de garder les deux groupes bien distincts. Il faut à tout prix garder la pureté de la race blanche. Même la cohabitation intime entre membres des deux groupes est interdite sous peine de sanctions. Cela veut simplement dire que tout contact sexuel interracial est condamné, même si celui entre un homme blanc et une femme noire est seulement « toléré »[128]. « A white woman's relation with a Negro man is met by the full fury of anti-amalgamation sanctions[129]. » Les sanctions peuvent parfois prendre une tournure dramatique.

Il découle des lois « Jim Crow » que les Noirs ne sont pas égaux aux Blancs et ne sont pas dignes d'avoir des relations de quelque nature que se soit avec eux sur une base égalitaire. Ces derniers doivent donc enlever de leur tête toute idée d'égalité. L'idéologie qui sous-tend ces lois discriminatoires est l'infériorité des Noirs par rapport aux Blancs. Une fois que nous intériorisons cette donnée, nous comprenons aisément les attitudes et agissements incongrus des Blancs vis-à-vis des Noirs, à l'instar du lynchage.

d) Le lynchage

Un Noir accusé de relation sexuelle coupable peut être lynché, c'est-à-dire tué par la foule en colère. Plusieurs fois, à tort, des Noirs ont été ainsi « exécutés » sous la fausse accusation d'une femme blanche de relations coupables. Selon un certain Arthur Raper, cité par Gunnar Myrdal, « Case studies of nearly one hundred lynchings since 1929 convince the writer that around a third of the victims were falsely accused[130]. » « *Lynching is a way of punishing Negroes for the white Southerners' own guilt feelings in violating Negro women, or for presumed Negro sexual superiority*[131]. »

Le lynchage est une arme puissante utilisée pour lutter contre le mélange des races. Il y est aussi fait usage à chaque fois que les Blancs pensent qu'un Noir mérite une correction. Ce Noir est tout

---

[128] Gunnar Myrdal, *An American Dilemma,* Vol. 1, pp. 53-57.

[129] Ibid., p. 56

[130] Gunnar Myrdal, Vol. 2, pp. 561.

[131] Ibid., p. 562.

simplement éliminé physiquement pour avoir trop osé : trop osé parler intimement à une femme blanche ; trop osé tenir tête à un Blanc ; trop osé contester un aspect des « codes noirs », le carcan de lois et d'habitudes qui régente la vie des Noirs. « Between 1889 and 1941, 3,811 black people were lynched, for 'crimes' such as threatening to sue a white man, attempting to register to vote, joining labor unions, being 'disrespectful' to a white man, looking at a white woman, or for no reason at all[132]. » Toutes les raisons, même les plus fallacieuses sont bonnes pour violenter les Noirs.

En fait, le lynchage vise à terroriser et à garder les Noirs dans la peur et à tuer en eux tout esprit de révolte et de contestation. Ils doivent être soumis et accepter leur sort. Ils doivent connaître et rester à leur place, c'est-à-dire ne jamais franchir la ligne de démarcation entre les deux groupes. Ceux qui croyaient pouvoir enfreindre cette règle cardinale l'ont très souvent appris à leur dépens ou n'ont pas survécu pour le regretter. Le lynchage a énormément contribué à garder les Noirs sous contrôle. En tout cas, tout était fait pour cela, comme le témoignent les centaines de lynchages horribles et insupportables dont ils ont été les victimes[133].

Pour maintenir la pression sur les Noirs du Sud pour qu'ils se tiennent tranquilles et à leur place, le lynchage n'épargne aucun groupe de la caste noire. Mêmes ceux qu'on n'imagine pas sont touchés. C'est ainsi que beaucoup de soldats noirs de retour de France après leur participation à la Première Guerre mondiale ont été lynchés, quelquefois dans leurs uniformes. La motivation de tels actes inqualifiables est que les soldats en question étaient soupçonnés d'avoir ramené dans leur patrie de « mauvaises idées », pour ne pas dire dangereuses[134]. Sans doute, pendant leur séjour en France, ces hommes ont été exposés aux principes d'égalité et de fraternité, principes qui ne leur étaient pas appliqués aux États-Unis avant leur

[132] The Southern Poverty Law Center, *The Ku Klux Klan : A History of Racism and Violence,* 4th ed. (Montgomery, Ala. : Klanwatch, 1991), p. 25.
[133] Stephan Thernstrom and Abigail Thernstrom, *America in Black and White : One Nation, Indivisible* (New York : Touchstone Books, 1999), pp. 44-46; Gunnar Myrdal, Vol. 2, pp. 560-564.
[134] Gunnar Myrdal, vol. 2, p. 563.

départ. Maintenant qu'ils sont de retour, les Blancs du Sud craignent qu'ils ne transmettent ces idées dangereuses à ceux restés au pays. Le lynchage dans ce cas est une solution radicale visant à tuer dans l'œuf toute velléité de revendication de droits que ces soldats noirs se croyaient dus.

Le lynchage n'est qu'une des multiples formes de violence exercées à l'encontre des Noirs. On peut citer les autres formes d'atteinte à leurs vies, les autres formes d'agressions physiques, les humiliations, les insultes de toutes sortes, la destruction de leurs biens, les vols, les escroqueries dans les transactions commerciales. Toutes ces violences ont pour justification l'inégalité sociale imposée aux Noirs et le manque de considération que nous avons évoqué plus haut.

e) Les relations raciales

Les lois « Jim Crow » régissent la vie des Noirs au Sud. Elles créent de fait la séparation des deux races. Ainsi, Noirs et Blancs vivent dans la même aire géographique mais n'utilisent pas les mêmes espaces.[135] L'interaction raciale, quand elle existe, est superficielle, c'est-à-dire qu'elle ne va pas au-delà du strict minimum indispensable. Or, l'employeur blanc ne peut pas ne pas parler à son employé noir ; la servante de maison noire ne peut pas ne pas s'adresser à sa maîtresse pour recevoir des instructions et lui en rendre compte après exécution. Les invitations à dîner entre membres de groupes différents ou à passer des moments ensemble sont hors de question. Les Blancs surtout veulent éviter tout contact sérieux avec leurs compatriotes d'en face. C'est la règle : deux communautés dans une même sphère géographique, qui se côtoient mais sans jamais s'intégrer.

Même les transports publics, un élément de vie très important pour les Noirs, sont touchés. Ils ont besoin de ces transports dans leur vie de tous les jours pour leurs multiples déplacements (travail, achats, visites…), très peu d'entre eux pouvant s'offrir le luxe d'avoir une voiture personnelle. Le logement, les restaurants, les salles d'attente, les bibliothèques et le système d'éducation sont aussi touchés par cette ségrégation à outrance : les Blancs d'un côté et les Noirs de l'autre.

---

[135] Stephan Thernstrom and Abigail Thernstrom, op. cit., pp. 40-44.

Chaque race a ses espaces de vie et les Noirs ne doivent pas violer le territoire des Blancs sous peine de sanctions.

Les lois Jim Crow instaurent progressivement la suprématie blanche. Les Blancs règnent en maîtres absolus sur tout le Sud et les Noirs n'ont qu'à se plier à leurs exigences : leur faire la courbette, leur céder le passage dans la rue ou la priorité dans les magasins, leur dire « monsieur » ou « madame » à tout moment, ne jamais hausser la voix, etc. Les Blancs décident de tout et les Noirs n'ont qu'à obéir aveuglément. Donc, les lois « Jim Crow » dictent la conduite que les Noirs doivent avoir et tout manquement est sanctionné à la hauteur de la faute. Bref, les Noirs doivent connaître et rester à leur place dans cette société. Même la direction de leur propre vie leur échappe.

En fait de relations raciales, elles sont plutôt unilatérales. En d'autres termes, les Noirs subissent les humeurs et les ordres des Blancs qui leur pèsent dessus avec toutes les conséquences qui y sont liées. Pourquoi de tels comportements ?

L'explication la plus simple que l'on pourrait donner, c'est que suite aux humiliations subies (occupation militaire, imposition de leaders, confiscation de terres, etc.) durant la Reconstruction à cause des Noirs, les Sudistes voulaient prendre leur revanche. Cela était d'autant plus facile qu'ils avaient déjà en main la gestion politique de la région. Il était alors aisé pour eux d'adopter les lois et de décider des mesures qui allaient dans le sens de leurs objectifs, à savoir mettre les Noirs sous tutelle, leur montrer que ce sont les Blancs qui doivent régner en maîtres, faire la loi. Avec cette interprétation il devient facile de comprendre l'acharnement avec lequel les Sudistes s'emploient à biaiser les relations raciales.

f) Le droit de vote

Pour couronner le tout, les Blancs s'évertuent à priver les Noirs de leurs droits politiques, en particulier le droit de vote. Les Sudistes s'attaquent frontalement au droit de vote. Il faut rendre de nul effet ce droit fondamental. A défaut de le leur retirer et de violer le Quinzième Amendement, ils dressent de nombreux obstacles à la jouissance de ce droit, ce qui revient à priver les Noirs, dans les faits, du droit de vote. En effet, les obstacles à l'exercice de la franchise sont si nombreux que, finalement, ils ne peuvent pas en jouir, réduisant ainsi de façon drastique le nombre d'électeurs noirs.

Certains États optent pour l'instauration de la « clause du grand-père ». Celle-ci exige du candidat électeur qu'il prouve que son grand-père avait le droit de vote en 1860[136]. Or, quand on sait que les grands-parents des affranchis étaient des esclaves, cela revient tout simplement à dire que les affranchis ne peuvent pas prouver ce qu'on leur demande. Évidemment, si on n'est pas électeur, on est automatiquement inéligible. D'autres États exigent que le candidat électeur puisse lire et interpréter certains passages de la Constitution des États-Unis ou de l'État concerné. Or, pendant l'esclavage, il était interdit d'apprendre à lire et à écrire aux esclaves.

D'autres États encore requièrent que les Noirs paient des taxes ou qu'ils possèdent des biens avant de pouvoir voter[137]. Quand on sait que les esclaves n'avaient pas le droit de posséder des biens, on comprend l'intention derrière cette mesure. Les affranchis sont pour la plupart démunis et ne peuvent pas réunir les taxes en question, la priorité pour eux étant de pourvoir d'abord aux besoins fondamentaux de leurs familles.

Ainsi, de façon légale, les États du Sud retirent aux Noirs la franchise qu'ils viennent d'acquérir. Ils deviennent impuissants sur le plan politique : de simples figurants pour qui l'on décide tout. Avec les lois « Jim Crow », c'est la suprématie blanche dans tout le Sud et elle affecte toutes les facettes de la vie quotidienne.

Les pratiques discriminatoires imposées par les lois « Jim Crow » qui ont débuté dans le Sud infectent telle une maladie contagieuse, au fil des années, les autres régions du pays. Dans ces endroits, les Noirs sentent la différence de traitement. Dans les villes du Nord par exemple, lieux où certains Noirs s'étaient réfugiés après la guerre de Sécession ou l'échec de la Reconstruction, la vie est progressivement affectée par ces pratiques discriminatoires. Dans les usines, les lieux de travail et bien d'autres endroits, la discrimination raciale et même la ségrégation sont présentes.

---

[136] S. Dale McLemore, *Racial and Ethnic Relations in America*, 2nd ed. (Boston : Allyn and Bacon, Inc., 1983), p. 277.
[137] Ibid.

Au fil des années les frustrations se sont accumulées pour finalement atteindre le point de non-retour. En termes clairs, les Noirs ont été poussés jusqu'à la limite du supportable et, logiquement, ils ont fini par se révolter contre les pratiques inhumaines auxquelles ils étaient soumis.

3. Rosa Parks et la lutte de Montgomery (1955-1956)

Plusieurs fois par le passé, les Noirs avaient montré leur mécontentement face à des cas flagrants de discrimination. Mais les effets de ce mécontentement avaient toujours été limités parce que le contexte n'était pas encore prêt pour une action de grande envergure. Les Blancs continuaient à maltraiter les Noirs allègrement.

La révolte dont Rosa Parks est le déclic en 1955 est différente. La situation est mûre : la communauté noire est prête à se battre, à s'opposer frontalement au système qui les marginalise depuis longtemps. « Mrs. Parks, this is the case we've been looking for. We can break this situation on the bus with your case », déclare E. D. Nixon, le leader de la NAACP dans l'Alabama, à Rosa Parks[138]. Plus tard, il dira la même chose à d'autres membres de la communauté noire : « We have taken this type of thing too long already. I feel that the time has come to boycott the buses. Only through a boycott can we make it clear to the white folks that we will not accept this type of treatment any longer[139]. »

La ville de Montgomery dans l'Alabama, à l'instar des autres villes du Sud, vit sous le régime des lois discriminatoires. Selon Martin Luther, Jr., la communauté noire et la communauté blanche vivent séparées. Les écoles sont ségréguées. Il en est de même pour les taxis, les bus, les logements. Noirs et Blancs fréquentent les mêmes magasins pour leurs achats, mais les Noirs doivent attendre que les clients blancs aient été servis avant qu'on s'occupe d'eux. Ces

---

[138] John Herbers, *The Black Dilemma* (New York : The John Day Company, 1973), p. 20.

[139] Harvard Sitkoff, *The Struggle for Black Equality, 1954-1980* (New York : Hill and Wang, 1981), p. 43. Martin Luther King, Jr. *Stride Toward Freedom : The Montgomery Story* (New York : Ballantine Books, Inc., 1958), p. 35.

domaines relevés ne sont que des exemples pour montrer comment la ville était divisée, les Noirs d'un côté et les Blancs de l'autre.

a) L'arrestation de Rosa Parks

Les ordonnances municipales de Montgomery imposent la ségrégation dans les transports publics, à l'image de la séparation des races qui est en vigueur. En d'autres termes, les sièges à l'avant dans les autobus sont réservés aux passagers blancs et ceux à l'arrière aux passagers noirs. Entre ces deux types de sièges, se trouve une zone neutre dont les sièges peuvent être occupés par des passagers noirs aussi longtemps que tous les passagers blancs ont une place pour s'asseoir[140].

Rosa Parks, une couturière noire, prend l'autobus le 1er décembre 1955 pour rentrer chez elle après une journée de dur labeur. Malheureusement pour elle, ce jour-là des passagers blancs montent quelques arrêts plus loin, après qu'elle se soit assise, et il ne reste plus de place assise. C'est donc tout naturellement que le conducteur de l'autobus lui demande de céder son siège, ce qu'elle refuse. Il insiste mais elle maintient son refus. C'est alors qu'il fait appel à la police qui l'arrête.

b) Le boycott

L'arrestation de Rosa Parks suscite l'indignation dans la communauté noire de Montgomery. Elle prend très mal cette énième arrestation et elle se mobilise, prête à se battre. Cette fois-ci sera la dernière prédisent-ils, car ils pensent se battre pour que cessent de tels traitements. Ils mettent sur pied une structure de combat dénommée « *Montgomery Improvement Association* », et placent à sa tête un jeune pasteur de vingt-six ans, nouvellement arrivé dans la ville, le révérend Dr. Martin Luther King, Jr.

Ils décident le boycott des autobus de la ville jusqu'à la satisfaction de leurs demandes qui sont au nombre de trois : la courtoisie pour les passagers noirs de la part des conducteurs d'autobus ; l'occupation des sièges sur la base du premier venu, les Noirs s'asseyant à partir de

---

[140] Harvard Sitkoff, op. cit., p. 43.

l'arrière du bus vers l'avant et les Blancs à partir de l'avant vers l'arrière ; l'emploi de conducteurs noirs sur les lignes à prédominance noire[141]. Comme on peut le constater, ces doléances sont modérées. Mais les autorités de la ville n'accèdent pas à leurs demandes et le conflit s'enlise.

La lutte dure plus d'une année, avec des hauts et des bas mais ils n'abandonnent jamais. Même les menaces et les intimidations ne les découragent pas. Certains doutent et abandonnent la lutte et retournent emprunter les autobus de la honte. Les autres, les plus nombreux, trouvent un souffle nouveau dans les difficultés qui apparaissent au cours de lutte :

> *Some blacks prominent in the boycott lost their jobs ; many others were threatened with dismissal. Car-pool drivers faced warnings that their licenses would be revoked and their insurance policies cancelled. Many were fined on trumped-up charges of speeding. Indiscriminate arrests for imaginary violations followed. The old fears resurfaced. The car pool lost many of its volunteers. Some blacks climbed back on the rear of the buses. Four days of retaliation by white Montgomery had brought the boycott to the brink of collapse. Then two policemen arrested King for speeding.*
>
> *His jailing revitalized the movement. It rekindled that spark of dynamic determination that had existed at the start of the crusade. Hundreds rushed to the jail to protest*[142].

Le boycott dure 381 jours, signe de la détermination des Noirs de Montgomery de ne pas céder face au refus et aux diverses manœuvres de la compagnie d'autobus et des autorités de Montgomery.

c) Analyse de la victoire

Finalement, le 13 novembre 1956, la Cour suprême des États-Unis déclare les lois de la ville qui imposent la ségrégation à bord des transports publics anticonstitutionnelles. C'est seulement après cette brillante victoire que les Noirs de Montgomery reviennent à leurs autobus, fiers de ce qu'ils ont accompli.

---

[141] Martin Luther King, Jr., *Stride Toward Freedom*, p. 52.
[142] Harvard Sitkoff, *The Struggle for Black Equality, 1954-1980*, p. 53.

Au-delà des aspects anecdotiques de cette lutte, que pouvons-nous en retenir ? Le boycott de Montgomery est plein d'enseignements en relation avec la lutte des Noirs aux États-Unis.

Tout d'abord, soulignons que la communauté noire de Montgomery a fait preuve de clairvoyance et de perspicacité. En effet, elle a compris, dès le début, que cette occasion était la bonne et qu'il fallait s'en saisir pour secouer la communauté blanche et son système d'oppression. Elle a aussi compris que l'heure était venue pour les Noirs d'agir et de faire bouger les choses. Nous qualifierons ce flair et cette justesse d'analyse des événements de la vie comme « avoir le sens de l'histoire ». Sans ce flair et cette capacité d'analyse, l'homme subit les événements, l'histoire. Dans ce cas, il court après l'histoire et ne peut pas lui donner un sens, le sens de ses intérêts.

A Montgomery, les Noirs ont fait l'histoire : ils ont façonné leur avenir, un avenir qui dépend de la présence ou non de la ségrégation raciale et d'autres formes de discrimination. Ils ont donné un sens à leur vie : vivre désormais dans un pays où il n'y aura plus de discrimination entre Noirs et Blancs. C'est en même temps leur objectif pour l'avenir : l'égalité pleine et entière entre tous les Américains quelle que soit leur race.

Montgomery peut être perçue comme une illustration de l'adage selon lequel il y a des limites au supportable. Quand l'être humain ne peut plus supporter l'injustice, la souffrance, l'oppression, les mauvais traitements, les humiliations de toutes sortes, comme c'était le cas à Montgomery, il se lève et se bat pour mettre fin à la situation. Selon les termes même de Martin Luther King, qui a été un élément central dans cette lutte,

> *There comes a time when people get tired of being trampled by oppression. There comes a time when people get tired of being plunged into the abyss of exploitation and nagging injustice. The story of Montgomery is the story of 50,000 such Negroes who were willing to substitute tired feet for tired souls, and walk the streets of Montgomery until the walls of segregation were finally battered by the forces of justice*[143].

[143] Martin Luther King, Jr., *Stride Toward Freedom*, p. 53.

C'est ce que les Noirs de Montgomery ont effectivement fait : ils se sont levés comme un seul homme pour crier « trop c'est trop », leur ras-le-bol. La lutte de Montgomery est donc une lutte contre l'oppression, l'exploitation et l'injustice dont les Noirs ont toujours été victimes.

Montgomery est aussi une lutte pour la dignité et la fierté, et très certainement contre la peur qui avait terrorisé jusqu'à paralyser la communauté noire. Les Noirs subissaient mais ne réagissaient pas, sinon très mollement. Ceci explique en partie pourquoi la situation a perduré. La dignité et la fierté ont été leurs guides durant leur lutte. Ces deux principes sont le fondement de leur lutte et ils leur ont permis d'atteindre la victoire finale le 13 novembre 1956.

Une vieille dame à qui l'on proposait de la déposer répondit fermement en ses termes à ses bienfaiteurs : « I'm not walking for myself. I'm walking for my children and my grandchildren[144]. » Et elle poursuivit sa route à pied. Marcher dans ce contexte de lutte pour cette dame est important. Rien n'est au-dessus de la dignité et de la fierté pour un peuple qu'on a toujours considéré et traité comme moins que rien. Bien sûr, cette dame veut que la situation d'opprimé du peuple noir de Montgomery change. Mais bien plus, elle veut que ses enfants et ses arrières petits-enfants soient fiers d'elle, et de la façon dont elle aura contribué à façonner leur destin, c'est-à-dire dans la dignité.

La victoire à Montgomery peut être aussi comprise comme celle de l'unité, de la mobilisation, de la discipline et de la solidarité contre les forces du mal et de l'injustice. C'est parce que la communauté noire est restée unie, mobilisée, disciplinée et solidaire durant l'année qu'a duré la lutte qu'elle a pu s'en sortir la tête haute. Elle a créé une association (la *Montgomery Improvement Association*) pour canaliser la lutte et assurer la coordination de toutes les activités y afférant. L'Association a organisé et assuré le déplacement des membres de la communauté. Ainsi, les taxis appartenant à des Noirs ont dans un premier temps transporté leurs frères et sœurs au même tarif que les autobus. Ensuite, un pool de voitures de volontaires conduits par des volontaires, hommes et femmes, a pris la relève. La très grande

---

[144] Martin Luther King, Jr., *Stride Toward Freedom*, p. 61.

majorité des membres de la communauté a accepté de suivre les mots d'ordre des leaders de la structure dirigeante, dans la discipline. Les valeurs d'unité, de solidarité et de discipline, et la mobilisation sans faille dont ils ont fait preuve, ont beaucoup contribué au succès de la lutte.

Martin Luther King explique le succès de la lutte par la main de Dieu. Selon l'homme d'Église, toutes les explications que l'on peut donner, notamment le seuil de saturation, les abus subis, l'arrêt (1954) de la Cour suprême dans l'affaire *Brown v. Board of Education* déclarant la ségrégation scolaire inconstitutionnelle, ne permettent pas de cerner Montgomery dans sa globalité. Il n'y a pas d'explication rationnelle qui tienne complètement la route :

> *Every rational explanation breaks down at some point. There is something about the protest that is suprarational; it cannot be explained without a divine dimension... Whatever the name, some extra-human force labors to create a harmony out of the discords of the universe. There is a creative power that works to pull down mountains of evil and level hilltops of injustice. God still works through history His wonders to perform. It seems as though God had decided to use Montgomery as the proving ground for the struggle and triumph of freedom and justice in America. And what better place for it than the leading symbol of the Old South? It is one of the splendid ironies of our day that Montgomery, the Cradle of the Confederacy, is being transformed into Montgomery, the cradle of freedom and justice*[145].

Montgomery est donc l'œuvre de Dieu lui-même sans qui rien n'aurait été possible. Rien de plus normal pour un homme d'Église que de voir la main de Dieu dans les actions des hommes. Privilégier une autre interprétation aurait été surprenant de sa part.

d) Montgomery et l'ascension de Martin Luther King

Montgomery est importante à plus d'un titre pour la suite des événements. Elle marque l'entrée de Martin Luther King dans la lutte des Noirs aux États-Unis et l'introduction d'une nouvelle forme de lutte, la non-violence. King est choisi par la communauté noire de

[145] Martin Luther King, Jr., *Stride Toward Freedom*, p. 54.

Montgomery pour diriger son combat contre l'injustice. C'est peut-être Dieu lui-même qui a guidé le choix de King par cette communauté pour accomplir son dessein. C'est pourquoi Il l'a révélé au monde à ce moment critique de l'histoire de cette communauté.

L'heure de King vient de sonner. Dieu choisit donc de le placer à l'endroit qu'il faut et met dans sa bouche les mots qu'il faut. King affirme que c'est Dieu qui a mis dans sa bouche les mots qu'il a prononcés le 5 décembre 1955, au soir de la première journée de boycott, devant l'assemblée générale de la communauté noire[146]. En effet, il n'avait pas eu le temps matériel pour préparer l'intervention qu'il devait faire au cours de cette importante réunion qui devait décider de la suite des événements : poursuivre ou interrompre le mouvement ? Et pourtant, il a su trouver les mots justes pour galvaniser ses frères et sœurs. Montgomery marque donc la révélation de Martin Luther King aux États-Unis et au monde entier, car avant cet événement très peu de gens le connaissaient même dans sa patrie.

L'émergence de King s'accompagne d'une nouvelle conception de la lutte pour l'égalité et avec elle un nouveau vocabulaire. King affirme dès le début du mouvement de protestation que la philosophie qui prévalait est « l'amour chrétien », tel que prôné par Jésus dans le Sermon sur la Montagne. Et avec le temps, l'inspiration de la méthode non-violente de Gandhi a commencé à se faire sentir.

> *From the beginning a basic philosophy guided the movement. This guiding principle has since been referred to variously as nonviolent resistance, noncoöperation, and passive resistance. But in the first days of the protest none of these expressions was mentioned; the phrase most often heard was "Christian love." It was the Sermon on the Mount, rather than a doctrine of passive resistance, that initially inspired the Negroes of Montgomery to dignified social action. It was Jesus of Nazareth that stirred the Negroes to protest with the creative weapon of love.*
>
> *As the days unfolded, however, the inspiration of Mahatma Gandhi began to exert its influence. I had come to see early that the Christian doctrine of love operating through the Gandhian method of nonviolence was one of the most potent weapons available to the Negro in his struggle for*

[146] Ibid., p. 52.

freedom...People who had never heard of the little brown saint of India were now saying his name with an air of familiarity. Nonviolent resistance had emerged as the technique of the movement, while love stood as the regulating ideal. In other words, Christ furnished the spirit and motivation, while Gandhi furnished the method[147].

La notion de résistance non-violente est introduite par King en tant que leader du mouvement de protestation. C'est lui qui, par sa capacité de persuasion, réussit à mobiliser la communauté noire autour de cette méthode de lutte et à l'utiliser. La citation ci-dessus nous donne deux des sources de l'action non-violente de King : la Bible et Mahatma Gandhi. Comment peut-on définir cette méthode de lutte ?

Durant le boycott des autobus, des partisans indéfectibles de la ségrégation jettent un explosif devant la maison de King, où se trouvent son épouse Coretta et leur fille âgée de quelques semaines. Informé, il part précipitamment chez lui où il trouve une foule en colère, armée, prête à en découdre avec la communauté blanche de la ville. Après avoir constaté que son épouse et leur fille sont indemnes, il s'adresse ainsi à la foule :

Now let's not become panicky. If you have weapons, take them home; if you do not have them, please do not seek to get them. We cannot solve this problem through retaliatory violence. We must meet violence with nonviolence. Remember the words of Jesus: "He who lives by the sword will perish by the sword."...We must love our white brothers, no matter what they do to us. We must make them know that we love them. Jesus still cries out in words that echo across the centuries: "Love your enemies; bless them that curse you; pray for them that despitefully use you." This is what we must live by. We must meet hate with love[148].

La non-violence est donc le refus de recourir à la violence quelles que soient les circonstances. Nous ne devons pas répondre coup pour coup. Nous devons nous abstenir de toute forme de violence, car « la violence est aussi inefficace qu'immorale. » King rejette même la légitime défense parce qu'elle finit par devenir violence offensive.

King demande à la foule venue le soutenir d'aimer ses ennemis, d'être bons avec eux et même de prier pour eux. Assurément, un tel

---

[147] Ibid, p. 67.

[148] Martin Luther King, Jr., *Stride Toward Freedom*, p. 111.

comportement requiert une force morale à toute épreuve. Il n'est pas facile d'aimer celui qui vous veut du mal. Mais quel mérite aurons-nous à aimer ceux qui nous aiment ? L'action non-violente n'est donc pas une arme facile. King en donne les principes, au nombre de six :

1- D'abord il insiste : la résistance non-violente n'est pas une méthode de lutte pour les lâches. On n'y recourt pas parce qu'on ne dispose pas d'arme ou parce qu'on a peur.
2- La non-violence ne cherche pas à vaincre ou à humilier l'adversaire. Elle cherche plutôt à gagner sa compréhension et son amitié. L'objectif de la non-violence est la réconciliation, la création de la communauté fraternelle (« *The Beloved Community* »).
3- La non-violence s'attaque au mal et non aux personnes qui font le mal. La lutte de Montgomery veut la défaite de l'injustice, et non celle des Blancs injustes de cette ville.
4- La lutte non-violente consiste à accepter de souffrir sans réagir, à subir les coups sans y répondre, à supporter la violence sans jamais l'infliger.
5- Le résistant non-violent doit refuser non seulement toute violence physique, mais aussi tout esprit de violence. Il refuse non seulement de tuer son adversaire, mais aussi de le haïr. Au cœur de la non-violence, il y a le principe de l'amour.
6- La résistance non-violente est basée sur la conviction que l'univers est du côté de la justice. C'est pourquoi le résistant non-violent a foi en l'avenir, et c'est cette foi qui lui permet de subir les coups sans y répondre[149].

Avec Martin Luther King, c'est donc une nouvelle conception de la lutte contre l'oppression des Noirs aux États-Unis qui voit le jour. Analysons certains des principes de cette nouvelle forme de lutte.

D'abord, le refus de la violence quelles que soient les circonstances. La forme de lutte prônée par l'homme d'Église est dure à appliquer, car elle nécessite un dépassement de la victime pour ne pas répondre à la violence, quelle que soit sa forme, par la violence, parce que la violence détruit :

[149] Martin Luther King, Jr., *Stride Toward Freedom*, pp. 81-86.

Rendre haine pour haine multiplie la haine, ajoutant une obscurité plus profonde encore à une nuit déjà privée d'étoiles. L'obscurité ne peut chasser l'obscurité ; seule le peut la lumière. La haine ne peut chasser la haine ; seul le peut l'amour. La haine multiplie la haine, la violence multiplie la violence, la brutalité multiplie la brutalité, en une spirale descendante de destruction...La réaction en chaîne du mal — la haine enfantant la haine, les guerres produisant d'autres guerres — doit être brisée, ou nous serons plongés dans les sombres abîmes de l'anéantissement[150].

La victime doit faire violence sur elle-même pour ne pas tomber dans la facilité qui consiste à faire du coup pour coup. Elle doit avoir une force morale élevée pour résister à la tentation de la facilité.

Le second pilier est l'amour. La nouvelle méthode de lutte exige que nous aimions nos ennemis comme Jésus nous l'a demandé. Cette exigence aussi n'est pas facile à appliquer, mais il faut nous y plier si nous voulons « être les enfants de notre Père qui est dans les cieux. » Pour aimer son ennemi, il faut pouvoir lui pardonner pour le mal qu'il a commis. On ne demande pas d'oublier le mal mais de pardonner, c'est-à-dire de faire en sorte que l'acte négatif posé par notre prochain ou ennemi cesse d'être un obstacle à nos relations. « Le pardon est un catalyseur, qui crée l'ambiance nécessaire à un nouveau départ et à un recommencement[151]. » Pardonner, évidemment, n'est pas aisé. Cela suppose que la victime puisse dissocier le mal de son auteur. Aimer la personne qui nous a fait du mal, tout en haïssant le mal qu'il nous a fait.

L'amour suppose l'absence de toute forme de haine vis-à-vis du pécheur, de celui qui nous a fait du tort. Ceci pour les êtres de chair que nous sommes n'est pas du tout aisé. Mais cette attitude qui nous honore constitue l'une des conditions du succès de la non-violence.

Le troisième pilier consiste à s'abstenir d'humilier l'adversaire. La non-violence exige aussi que la victime ne cherche pas à vaincre ou à humilier l'adversaire. Elle doit au contraire chercher à gagner sa compréhension et son amitié. C'est vrai qu'un adversaire vaincu ou humilié garde toujours au fond de lui-même une rancune ou une haine qu'il cherchera tôt ou tard à assouvir. Donc, cet adversaire restera un

---

[150] Martin Luther King, Jr., *La force d'aimer*, p. 68.
[151] Ibid., p. 65.

ennemi à jamais. L'humiliation peut pousser à toutes les folies, car personne n'accepte l'humiliation. C'est peut-être pour éviter ce retour des choses que King a affirmé au terme du boycott de Montgomery, suite à l'arrêt de la Cour suprême :

We must act in such a way as to make possible a coming together of white people and colored people on the basis of a real harmony of interests and understanding. We seek an integration based on mutual respect...As we go back to the buses let us be loving enough to turn an enemy into a friend. We must now move from protest to reconciliation[152].

Si l'adversaire garde rancune, des lendemains douloureux sont en vue et on ne sait quel jour l'orage éclatera. Il faut éviter cet état de haine permanent. L'objectif recherché par la non-violence est l'harmonie, l'entente, la compréhension, la réconciliation, l'amitié, entre la victime et l'auteur du mal. La non-violence doit conduire à la création de la « communauté fraternelle », une communauté où les hommes de toutes origines, de toutes races, et de toutes conditions sociales pourront vivre ensemble, sans crainte. Mais, seul l'amour véritable peut apporter la réconciliation entre ennemis. « L'amour est la seule force capable de transformer un ennemi en ami…Par sa nature même, l'amour crée et construit. L'amour transforme par sa puissance rédemptrice[153]. »

Au cœur de la non-violence il y a l'amour, seule force capable de briser la chaîne de la haine. Il en constitue le pilier central. Tout tourne donc autour de l'amour. Sans l'amour véritable, la non-violence restera lettre morte. Cela est indéniable. Cependant, nous pensons qu'en plus de l'amour, il faut une bonne dose de bonne volonté. La bonne volonté, c'est l'attitude bienveillante d'un individu qui s'engage à adopter un comportement donné en vue d'un objectif louable précis. Dans le contexte qui nous intéresse, l'individu en question, conscient de l'importance des bonnes relations entre les communautés noire et blanche de Montgomery ou des États-Unis, adopte une attitude qui ne porte pas préjudice à l'harmonie entre Noirs et Blancs. Au besoin, il recherche comment à son niveau il peut contribuer à l'amélioration de

---

[152] Martin Luther King, Jr., *Stride Toward Freedom*, pp. 137-38.
[153] Martin Luther King, Jr., *La force d'aimer*, p. 69.

ces relations. Il peut même inciter d'autres membres de sa communauté à en faire de même.

La non-violence est louable dans ses préceptes et objectifs, mais elle requiert en contrepartie du résistant non-violent du courage, de la ténacité et de la conviction pour ne pas céder à la tentation de la facilité. En dernière analyse, il lui faut s'engager résolument. L'Homme peut-il toujours réunir toutes les ressources ou qualités indispensables au succès de la lutte non-violente ? En tout état de cause, King a le mérite d'avoir imaginé et mûri cette méthode, et d'avoir réussi à la faire adopter par la communauté noire de Montgomery.

Avec l'émergence de Martin Luther King et de la non-violence, un nouveau vocabulaire fait son apparition aux États-Unis et pourquoi pas dans le monde. Les termes « amour », « liberté », « non-violence », « non-coopération », « résistance passive », « résistance non-violente », « désobéissance civique », « communauté fraternelle » sont devenus familiers à ceux qui s'intéressent au sort des Noirs américains. D'autres mots comme « haïr », « aimer », « bénir », « Jésus », « fraternité », pardon », « justice », « prochain », « amitié », « compréhension », « paix » et bien d'autres encore font aussi désormais partie du vocabulaire quotidien.

Cependant, il ne faut pas se limiter au nouveau vocabulaire pour apprécier la nouvelle donne. Il faut aussi prendre en compte la nouvelle atmosphère et la nouvelle attitude qui ont commencé à se faire jour. Noirs et Blancs ont commencé à coopérer. En effet, le mouvement de protestation de Montgomery a entraîné un début d'intégration raciale. Noirs et Blancs ont coopéré pour le succès du mouvement de boycott. Montgomery a donc réussi ce qui était inimaginable il n'y a pas encore si longtemps. En cela Montgomery constitue un jalon important dans la lutte des Noirs aux États-Unis. Cette ville est ainsi passée du statut de « berceau de la Confédération » à celui de « berceau de la liberté et de la justice[154]. »

Montgomery est aussi important pour la lutte des Noirs pour l'égalité en ceci qu'elle lui a donné un nouveau souffle dont il avait vraiment besoin. Elle a été le signe avant-coureur du mouvement de

---

[154] Martin Luther King, Jr., *Stride Toward Freedom*, p. 54.

revendication qui va voir le jour peu après, au début des années 1960. Enfin, elle a fourni les instruments dont le mouvement aura besoin : la non-violence, la résistance passive, la mobilisation, l'unité, le dynamisme, la solidarité. Montgomery a donc servi comme un test ou un ballon d'essai pour mieux préparer les luttes ultérieures.

Martin Luther King, de par l'expérience acquise à Montgomery, a compris qu'une lutte digne de ce nom ne peut se mener avec succès sans une structure dirigeante acquise aux enjeux en cause et avec une philosophie claire. C'est pourquoi il crée en 1957 sa propre organisation, la *Southern Christian Leadership Conference* (la Conférence des leaders chrétiens du Sud) pour poursuivre ce qu'il a bien commencé à Montgomery.

Montgomery est donc d'une importance capitale pour la lutte des Noirs. Elle a ouvert la voie pour les luttes futures, a démontré que si les Noirs se mobilisent pour une cause et tiennent bon, la victoire peut être au bout des souffrances qu'ils auront endurées. Elle laisse entrevoir la montée en puissance à venir du Mouvement des droits civiques.

II. Objectifs et stratégies du Mouvement des droits civiques

L'émergence de ce Mouvement a été préparée par les facteurs évoqués tantôt, à savoir l'échec de la Reconstruction, les lois discriminatoires et l'expérience de Montgomery. Elle a été aussi favorisée par l'existence et la création d'organisations dont la finalité était la conquête des droits civiques des Noirs. Enfin, elle a été rendue possible par la longue tradition de lutte développée par les Noirs depuis leur arrivée sur le sol américain.

A. Objectifs

Dans le contexte de ségrégation et de discriminations généralisées surtout dans le Sud et compte tenu de leur longue tradition de lutte, il aurait été surprenant que les Africains-Américains ne créent pas des organisations pour canaliser leurs luttes et pour conquérir leurs droits bafoués sinon déniés par la majorité blanche. En attendant de passer en revue lesdites organisations, analysons d'abord leurs objectifs.

L'objectif ultime et général des organisations de droits civiques et de la lutte des Noirs américains est l'égalité pleine et entière avec leurs homologues blancs. Cependant, cet objectif global pourrait être subdivisé en cinq sous-points, à savoir :

- ✓ l'égalité en ce qui concerne la franchise, c'est-à-dire avoir le droit d'être électeur et éligible comme tout autre citoyen américain ;
- ✓ l'égal accès aux lieux publics tels que les hôtels et les restaurants ;
- ✓ l'égalité en matière d'emploi ;
- ✓ un système d'éducation intégré et accessible à tous ;
- ✓ la possibilité de vivre où l'on veut et selon ses moyens[155].

Ces revendications, qui semblent être évidentes pour nous aujourd'hui, posaient problème quant à leur application dans la société des États-Unis de la fin des années 1950.

Le Quatorzième Amendement (1868) confère « l'égale protection des lois » à tous les citoyens des États-Unis dont les Noirs, et le Quinzième Amendement (1870) accorde aussi à ces derniers le droit de vote, mais la réalité était tout autre. En effet, les « *Jim Crow laws* » ont progressivement rendu de nul effet l'application de ces deux amendements majeurs par des entraves et stratagèmes divers (cf. la section B2 de ce chapitre). Ces pratiques visent évidemment à empêcher les Africains-Américains d'exercer leur droit de vote ou à annihiler leur poids sur l'échiquier politique.

En ce qui concerne les lieux publics tels que les hôtels, les restaurants et les lieux d'aisance, la situation n'était guère meilleure. L'explication se trouve aussi dans les lois discriminatoires. Prenons l'exemple des restaurants. On refuse l'accès des restaurants aux clients noirs. Là où on les accepte, ils doivent s'asseoir derrière des rideaux pour les cacher de la vue des clients blancs[156]. C'est peut-être pour ne pas incommoder ces derniers. Ou encore, quand on les accepte, on s'empresse de leur servir un repas froid ou avarié, pour leur enlever

---

[155] Benjamin Muse, *The American Negro Revolution: From Nonviolence to Black Power* (New York: The Citadel Press, 1970), p. 54.
[156] Daniel Guérin, *De l'Oncle Tom aux Panthères*, p. 60.

toute envie de revenir dans ce restaurant et de se comparer aux Blancs. Les exemples de genre pourraient être multipliés à satiété.

En matière d'emploi, la discrimination est la règle. Les Noirs sont les derniers à être embauchés mais les premiers à être licenciés ou déflatés en cas de difficultés financières au sein de l'entreprise ou de récession économique. Quelle que soit leur qualification technique, la ségrégation économique les empêche d'avoir accès à certains emplois, tout simplement à cause de la couleur de leur épiderme. « La discrimination dans l'emploi est une version moderne de l'esclavage, un moyen de s'assurer une main-d'œuvre non qualifiée, semi-servile et peu coûteuse », affirme Daniel Guérin[157].

La raison de cette discrimination est claire : priver les Noirs d'emplois et ainsi les amener à accepter n'importe quel emploi qui leur serait proposé plus tard, quelles qu'en soient les conditions. Ils sont contraints d'accepter les emplois les plus durs avec des salaires misérables. « En conséquence de la discrimination, les Noirs sont relégués dans les emplois inférieurs les plus grossiers, les plus insalubres, les moins qualifiés, les moins rétribués[158]. » La conséquence de fait est la division des emplois en « negro jobs » et en « white jobs ». Il y a donc des emplois pour Noirs et des emplois pour Blancs.

Quelles que soient les conditions de travail, les employés noirs se tiennent tranquilles et n'osent pas revendiquer de meilleures conditions de peur d'être licenciés et de perdre par voie de conséquence leur gagne-pain. Autant souffrir plutôt que de se retrouver sans emploi.

Une autre conséquence de la discrimination dans l'emploi est le très faible pourcentage des travailleurs noirs dans la main-d'œuvre des États-Unis. Même quand les pouvoirs publics fédéraux tapent du poing sur la table, les employeurs ne s'empressent pas pour embaucher. Quand ils le font, ils se contentent d'embaucher quelques-uns pour donner l'impression qu'ils se plient aux directives des autorités. Daniel Guérin donne l'exemple de deux entreprises : l'une qui emploie 33.000 ouvriers n'a que dix ouvriers noirs ; l'autre n'a

---

[157] Ibid., p. 83.
[158] Ibid., p. 87.

que 55 employés noirs sur un effectif total de 48.000 ouvriers[159]. Au début des années 1960, la *National Urban League* a fait mener des enquêtes sur les dix agences de publicité les plus en vue de New York. Les résultats ont révélé que sur un total de 23.600 employés, seulement 11 sont des Noirs[160].

De façon générale, l'emploi est un sujet sensible vu son importance pour chaque être humain qui veut assurer son indépendance économique. Il est encore plus sensible pour les Africains-Américains qui veulent rattraper leurs homologues blancs, notamment sur le plan économique. Mais la tâche n'est pas aisée vu leur statut économique. En effet, la communauté noire possède peu d'entreprises d'envergure qui peuvent embaucher un nombre appréciable de ses membres. Il n'y a que les entreprises de pompes funèbres où les Noirs sont bien représentés, et ces dernières sont prospères[161]. À en croire Daniel Guérin, dans de nombreuses localités qu'il a eu à visiter « les leaders de la communauté noire étaient entrepreneurs de pompes funèbres : c'est, en effet, dans ce milieu une des professions les plus lucratives, le peuple noir ayant un faible pour les beaux enterrements[162]. » Tout cela pour dire que les Africains Américains ne sont pas bien représentés dans la sphère économique et qu'ils dépendent en très grande partie des entreprises appartenant aux Blancs pour se faire embaucher. Cette dépendance rend leur combat pour l'émancipation économique très difficile : ils dépendent du bon vouloir de leurs « ennemis ». Ceci est donc un problème corsé qui attend une solution urgente et convenable si les Noirs veulent progresser rapidement et effectivement vers l'égalité avec les Blancs.

A l'image des employeurs, les syndicats de travailleurs, surtout ceux organisés sur la base du métier, appliquent la ségrégation, à savoir qu'ils refusent les employés noirs en leur sein. En général, les syndicats blancs s'opposent à l'embauche de travailleurs noirs, pour conserver « la pureté de l'entreprise », sinon pour protéger leurs emplois. En désespoir de cause, quelquefois les ouvriers « de

[159] Daniel Guérin, *De l'Oncle Tom aux Panthères*, p. 89.
[160] Benjamin Muse, *The American Negro Revolution*, p. 61.
[161] Ibid.
[162] Daniel Guérin, op. cit., p. 149.

couleur » se voient dans l'obligation de fonder leurs propres organisations afin de défendre leurs intérêts. C'est ce qu'a fait avec courage, en 1925, A. Philip Randolph en créant la *Brotherhood of Sleeping Car Porters* (l'Association des employés de wagons-Lits). Le préjugé racial est donc bien ancré dans l'économie américaine. En réalité, il est présent partout dans la société, dans tous les secteurs d'activité.

Naturellement, il est aussi présent dans l'éducation. Tout comme dans les autres domaines, il y a été introduit par les tenants de la séparation des races. Il y a des écoles pour les Noirs et des écoles pour les Blancs. Évidemment, malgré l'application de la doctrine *separate but equal* (la séparation dans l'égalité) décidée par la Cour suprême des États-Unis en 1896, les établissements scolaires des deux groupes sont différents à tous points de vue : l'état des locaux et du matériel, la qualité de l'enseignement, les fonds alloués pour le fonctionnement par l'État, etc. La pratique est si absurde qu'une école peut être située à proximité du domicile d'un écolier afro-américain, mais ce dernier ne peut pas la fréquenter, à cause de sa race. Par conséquent, il lui faut parcourir plusieurs kilomètres pour rejoindre une école compatible à la couleur de sa peau. Une telle situation anachronique suscite des frustrations pour l'élève et ses parents et des indignations dans la communauté africaine-américaine qui, de temps en temps, exprime son mécontentement.

C'est devant une telle aberration que la *National Association for the Advancement of Colored People* (NAACP), une organisation des droits civiques, porte le problème de la ségrégation scolaire devant la justice. L'affaire, connue sous l'appellation *Brown v. Board of Education of Topeka*, parvient à la Cour suprême des États-Unis pour décision finale. En mai 1954, celle-ci tranche en déclarant la ségrégation scolaire anticonstitutionnelle et demande aux établissements scolaires d'intégrer immédiatement. Mais au lieu de cela, et comme à leur habitude, les États se mettent à faire de la résistance si bien qu'en 1955 la Haute Cour est obligée d'émettre une deuxième décision connue sous l'appellation de *Brown II.* Cette décision intime l'ordre aux districts scolaires d'intégrer les écoles « dans les délais les plus courts possibles. » Malgré cette nouvelle sortie, les États vont à leur rythme, c'est-à-dire en traînant les pieds[163]. À la fin des années 1950, la ségrégation scolaire a encore de beaux jours devant elle. C'est pourquoi le Mouvement des droits civiques inscrit cette préoccupation parmi ses actions prioritaires.

Le logement aussi est touché par le préjugé racial. C'est également un sujet sensible car non seulement il touche à la cohabitation des races, mais il a aussi des retombées économiques. Intégrer le logement signifie faire vivre côte à côte Noirs et Blancs, dans la bonne entente. Les membres des deux communautés deviendraient des voisins, ce qui suppose la solidarité et l'entraide mutuelle. Les voisins se connaîtraient mieux. De plus, les enfants joueraient ensemble, deviendraient des amis, iraient à la même école. Ceci serait sans aucun doute un gage de meilleure compréhension future entre les deux groupes. Cette intégration est donc un pari pour l'avenir. Voilà ce que sous-entend l'intégration du logement.

Malheureusement, les Blancs n'ont pas une telle noble compréhension de l'intégration du secteur de l'habitat. Pour eux, cette intégration signifie tout simplement accepter les Noirs comme leurs égaux ; ce qui est contraire à leurs mœurs et habitudes forgées au fil des siècles. Pour les Blancs, l'intégration signifierait alors plier l'échine devant les Noirs et leurs défenseurs, leurs ennemis. Intégrer le logement signifie aussi accepter les Noirs comme des êtres humains à part entière, comme eux. Cela beaucoup de racistes blancs ne peuvent encore l'admettre.

En plus de cet aspect social, il ne faut pas omettre l'aspect économique de l'intégration du logement. Là, l'intégration signifie la liberté pour les Noirs de loger où ils veulent et surtout où ils peuvent, financièrement parlant. Ainsi, des familles, noires et blanches, appartenant à la même classe sociale, vivraient côte à côte, dans des habitats de valeur similaire ; ceci, les Blancs ne le veulent pas. Leur raison majeure est que, semble-t-il, l'arrivée des Noirs dans leurs quartiers résidentiels fait chuter les valeurs immobilières dans ces quartiers, un fait qui n'est pas confirmé par les spécialistes du domaine. La vérité est que c'est plutôt la fuite en masse desdits quartiers par les résidents blancs - à cause de l'arrivée de résidents

---

[163] John J. Patrick and Richard C. Remy, *Lessons on the Constitution*, pp. 291-92.

africains-américains - qui fait chuter les valeurs immobilières. De plus, des agences immobilières amplifient la désinformation pour pouvoir racheter à vil prix les logements laissés vacants par les déserteurs[164].

Si l'intégration du logement était acceptée par les deux races, cela serait un pas positif vers l'intégration de la société américaine dans son ensemble. Malheureusement, les Blancs empêchent les Noirs de s'installer dans leurs quartiers résidentiels, quelquefois par la violence. Ils font donc des pieds et des mains pour empêcher l'arrivée des Noirs dans leurs quartiers, par exemple en adoptant des lois dans ce sens. Dans le cas contraire :

> *A défaut de lois, les Blancs empêchaient les Noirs de s'installer dans leurs quartiers résidentiels en signant des contrats mutuels baptisés restrictive covenants. Les signataires s'y engageaient à interdire à « toute personne dont le sang n'est pas entièrement de race caucasienne ou blanche » l'usage ou l'occupation des terrains compris dans un périmètre défini. L'engagement était valable pour plusieurs dizaines d'années et liait, non seulement les signataires, mais leurs successeurs. On parvenait ainsi, sans intervention de la loi, à parquer et, plus grave encore, à entasser les Noirs dans des ghettos et à reproduire la division en deux mondes séparés qui caractérise le Sud*[165].

Ainsi se forment les ghettos à cause de la mauvaise volonté des Blancs qui ne veulent pas vivre à côté de leurs homologues noirs. Soit ils forment des quartiers fermés aux Afro-américains, ce qui contraint ces derniers à aller s'installer dans les quartiers noirs ; soit ils désertent les quartiers où ces derniers viennent emménager, les laissant entre eux. Ainsi naissent les ghettos que le Mouvement des droits civiques va dénoncer plus tard avec véhémence.

Les cinq principaux objectifs du Mouvement sont : la franchise pour les Africains Américains ; l'accès aux lieux publics tels que les hôtels et les restaurants ; l'égalité devant l'emploi ; l'intégration du système éducatif ; et la possibilité pour les Noirs de loger où ils veulent, selon leurs moyens.

---

[164] Benjamin Muse, *The American Negro Revolution*, p. 73.

[165] Daniel Guérin, *De l'Oncle Tom aux Panthères*, pp. 79-80.

B. Les organisations de droits civiques

Sans ces organisations, la lutte des Noirs américains n'aurait pas connu le succès qu'il a eu. Ce sont elles qui ont dirigé ou piloté le mouvement général de protestation de la communauté noire contre les injustices dont elle était victime. C'est pourquoi nous devons les présenter afin de les mieux faire connaître et de pouvoir, ensuite, apprécier leurs contributions.

1. La National Association for the Advance-ment of Colored People (NAACP), 1909

L'Association nationale pour le progrès des gens de couleur est l'une des plus anciennes organisations de masse des États-Unis. Ses origines remontent au *Niagara Movement* du début du vingtième siècle, une organisation noire qui se battait déjà pour les droits des Noirs. Cette organisation a servi de terreau pour la NAACP. William E. B. DuBois joue un rôle appréciable dans la naissance et la survie des deux organisations.

> *...La période moderne de la révolte des noirs date de 1905, année où W. E. B. DuBois, un noir plein de fougue et d'ardeur, forma en compagnie d'un groupe d'intellectuels le « Niagara Movement » qui fut le précurseur de la National Association for the Advancement of Colored People (l'Association nationale pour l'Avancement des Gens de Couleur)*[166].

En fait le « *Niagara Movement* » se réunit pour la première fois en 1905 près des chutes du lac Niagara, sur convocation de DuBois. DuBois et le groupe d'intellectuels protestataires qui l'entourent visent à « inciter les noirs [sic], dans le pays tout entier, à revendiquer leurs droits civiques[167]. » Quelques années plus tard, un groupe de libéraux blancs se joint à eux et le résultat est la naissance de la NAACP, le 12 février 1909, centième anniversaire de la naissance du président Abraham Lincoln. La nouvelle organisation compte parmi ses membres fondateurs « John Dewey, le 'père de l'instruction moderne

[166] William Brink et Louis Harris, *La Révolution noire aux U.S.A.* (Paris : Editions Denoël, 1963), p. 42.
[167] Ibid., p. 43.

progressive', Jane Addams, une des premières femmes à militer en faveur des œuvres sociales, et Lincoln Steffens, un journaliste[168]. » DuBois, le seul Noir du comité directeur, est responsable des services de recherches et de diffusion.

Dès sa naissance, la NAACP se met à la tâche et s'attaque aux entraves qui font du Noir américain un citoyen de seconde zone. C'est ainsi qu'on la retrouve dans les luttes contre les préoccupations du moment : le lynchage, la ségrégation dans les établissements scolaires, l'emploi, le logement, le droit de vote. Sa stratégie de lutte consiste essentiellement à porter les dossiers en litige devant les tribunaux et à y plaider. A cet effet, elle crée le *Legal Defense and Educational Fund* en 1939, destiné à financer et à assurer la défense devant les tribunaux de certains dossiers. « The Fund was established in 1939 for the purpose of separating the bulk of the costly legal work from the Association's lobbying and propaganda activities, thus making contributions to its financial support deductible from income tax[169]. » Cette stratégie s'avère efficace, comme le démontreront les victoires à venir.

Dans les années 1950 et 1960, la NAACP constitue l'un des éléments moteurs du mouvement de revendication pour les droits civiques des Noirs. Elle est présente dans la défense du dossier contre la ségrégation scolaire, *Brown*. C'est grâce à elle que ce dossier est mené à terme avec succès : en 1954, la Cour suprême des États-Unis déclare la ségrégation scolaire anticonstitutionnelle. Elle est aussi présente à Montgomery lors du boycott des autobus de ladite ville. Enfin, elle est présente tout au long des longues luttes qui jalonnent la lutte des Noirs pour l'égalité raciale et surtout aux chaudes heures des luttes des années 1960, dans la rue comme dans les cours de justice. A ce titre, son nom reste intimement lié au Mouvement.

2. La National Urban League (NUL)

Comme son nom l'indique, la NUL s'occupe principalement des problèmes que rencontrent les Noirs qui ont migré des campagnes vers les villes :

---

[168] Ibid., p. 42.

[169] Benjamin Muse, *The American Negro Revolution*, p. 20.

The League was formed in 1910 for the purpose of assisting unadjusted Negroes migrating to the cities...For many years it strove to get even the smallest economic openings for Negro workers. Its activities touched problems of education, home and neighborhood, recreation, vocational guidance, housing, health, and morals, but the primary task for all its branches was to find jobs for Negroes[170].

Les nouveaux migrants des zones rurales du Sud au Nord se trouvent perdus dans un univers qu'ils ne connaissent pas. Aussi, rencontrent-ils d'énormes problèmes dont le moindre n'est pas celui de l'emploi.

Bien qu'étant plus une organisation de service social que de protestation, la League est entraînée dans la vague de protestation et elle s'engage alors dans la lutte pour les droits civiques avec les autres organisations et associations :

While continuing its social service activities, it moved vigorously to take advantage of the new opportunities that civil-rights agitation was opening to Negroes. And at the intellectual level it joined in the fight. Its leaders presented thoughtful and cogent arguments to government, industry, and the public in a campaign « to wipe out the last vestiges and barriers of discrimination[171]. »

Grâce à sa stratégie de négociation et de non confrontation, la League est en général bien accueillie par les Blancs dont beaucoup n'hésitent pas à délier le cordon de la bourse pour financer ses activités. Ses leaders sont écoutés avec respect au Congrès et à la Maison-Blanche où l'on n'hésite pas à demander leurs avis[172]. La NUL est donc respectée et écoutée par la communauté blanche. Ceci lui facilite la tâche pour la mise en œuvre de son programme d'activités. Cependant, il arrive un moment où les solutions individuelles ne suffisent pas à résoudre les nombreux problèmes auxquels font face les bénéficiaires de leurs actions. Ces solutions ne pouvant pas être détachées du contexte général de ségrégation et de discrimination raciales qui prévaut et dont souffraient les Noirs dans leur ensemble, c'est donc logiquement et inévitablement que les bénéficiaires des actions de la *League* rejoignent la masse des Noirs qui ont choisi la rue pour porter leurs revendications. Dans ces

---

[170] Benjamin Muse, *The American Negro Revolution*, pp. 20-21.

[171] Ibid., p. 21.

[172] Ibid.

circonstances, les leaders n'ont plus d'autres choix que de se joindre à la base et de se faire leur porte-voix. C'est ainsi que la League rejoint les autres organisations qui luttent pour les droits civiques des Africains-Américains. On verra ses leaders avec les dirigeants des autres organisations et associations organiser des marches, des sit-in et d'autres formes de manifestations non-violentes.

La *League* constituera l'une des cinq organisations majeures qui seront au cœur des luttes des années 1960 et 1970, portant à la connaissance de toute la société américaine les griefs de la communauté noire.

3. Le Congress of Racial Equality (CORE)

Le Congrès pour l'égalité raciale est l'une des plus anciennes organisations du mouvement en faveur des droits civiques des Noirs aux États-Unis. Ses origines remontent à l'année 1942, année où James Farmer, son fondateur, le porte sur les fonds baptismaux. Dès sa création le Congrès s'affiche comme une organisation non-violente. En fait, il est un pionnier de cette stratégie bien avant sa popularisation quelques années plus tard par Martin Luther King. A l'époque il organisait déjà des actions de résistance passive dont des sit-in.

Peu connu depuis sa création, le CORE occupe soudainement le devant de la scène par son audace affirmée. En effet, en 1961, il organise les « voyages de la liberté » (*Freedom Rides*) pour s'attaquer à la ségrégation dans les transports inter-États. Par cette action qui consiste à faire voyager en autobus des Noirs et des Blancs, assis côte à côte, du Nord au Sud, le CORE veut défier les vieilles pratiques, c'est-à-dire les pratiques ségrégationnistes, qui avaient cours jusque-là. Très bien organisé et structuré, le CORE est présent depuis lors sur tous les fronts chauds. Selon Benjamin Muse, le CORE, le SNCC, et le SCLC constituent les « troupes de choc » de la lutte non-violente[173].

4. La Southern Christian Leadership Conference (SCLC)

Bien que moins bien connue par rapport aux autres organisations engagées dans la lutte pour les droits civiques, la Conférence des

[173] Benjamin Muse, op. cit., p. 21.

leaders chrétiens du Sud a un atout de taille : il est dirigé par le charismatique et incontournable révérend Martin Luther King, Jr. Sa création date de 1957, c'est-à-dire une année après la fin victorieuse du boycott des transports en commun de Montgomery dans l'Alabama, où King servait et qu'il dirigea de main de maître. C'est cette confrontation et ses responsabilités durant ce bras de fer qui lui ont très certainement montré la nécessité d'une organisation propre à lui pour continuer d'appliquer la stratégie de la lutte de masse non-violente développée à Montgomery.

Suite à la lutte de Montgomery, King et d'autres hommes d'église dont le révérend Ralph Abernathy mettent sur pied la *Southern Christian Leadership Conference* pour apporter leur contribution dans le noble combat pour l'égalité raciale aux États-Unis. King en devient le président et Abernathy le vice-président. La SCLC se caractérise par son option résolument non-violente, ce qui lui vaut la sympathie de nombreux Blancs et, à l'opposé, les critiques acerbes de beaucoup de personnes de la communauté africaine-américaine.

5. Le Student Nonviolent Coordinating Committee (SNCC)

Cette organisation estudiantine voit le jour en 1960 avec l'aide bienveillante de Martin Luther King. Elle a pour but de coordonner les actions de protestation du mouvement estudiantin qui vient de naître. En effet, le 1er février 1960, quatre étudiants du *North Carolina Agricultural and Technical College* se rendent dans un drugstore du centre-ville de Greensboro où ils font des achats. Les achats terminés, ils vont au restaurant du supermarché où ils demandent à être servis. Malheureusement, on refuse de les servir en vertu des lois discriminatoires en vigueur. En réaction à cette attitude hostile, les quatre jeunes gens restent assis à leur place jusqu'à la fermeture du supermarché[174]. Le lendemain et les jours suivants, accompagnés d'autres étudiants, ils font le sit-in dans le restaurant et d'autres lieux publics tels que les hôtels, les plages, les bibliothèques, etc., à travers tout le Sud. C'est ainsi que naquit le mouvement d'occupation des

[174] Harvard Sitkoff, *The Struggle for Black Equality, 1954-1980*, pp. 70-71.

lieux publics jusque-là interdits aux Africains-Américains. Le mouvement va progressivement prendre de l'ampleur.

C'est pour éviter que ce jeune mouvement estudiantin ne soit victime de son succès, de son inexpérience et de son inorganisation, qu'en avril 1960 environ deux cents étudiants, en majorité africains américains, se réunissent à Shaw University, à Raleigh, en Caroline du Nord :

> *On April 15-17, 1960, about two hundred people, most of them black students from the South, met at Shaw University, in Raleigh, North Carolina, to discuss the significance of the sit-ins and decide how best to capitalize on the breakthrough. The conference was organized by Ella Baker, the SCLC provided funding, and King was one of the principal speakers*[175].

Selon Clayborne Carson, la réunion se serait plutôt tenue du 16 au 18 avril. Quant à Ella Baker, elle est l'un des proches collaborateurs de Martin Luther King au sein de la SCLC. Cette rencontre initiée par Ella Baker n'est pas la première du genre. En effet, plusieurs tentatives pour réunir les leaders du mouvement de protestation avaient déjà eu lieu mais elles avaient toutes échoué. Celle-ci fut la bonne. Des étudiants représentant 56 universités et lycées de douze États du Sud et Washington, D.C. se retrouvent. Y prennent part, en plus de la SCLC, deux autres organisations pour les droits civiques : le CORE et le *Fellowship of Réconciliation* (FOR), deux organisations qui ont pour stratégie de lutte la non-violence. Prennent également part des observateurs d'organisations estudiantines et de mouvements de réforme sociale. Parmi les groupes estudiantins on peut relever la présence de la *National Student Association* (NSA), de *Students for a Democratic Society* (SDS), et de la *National Student Christian Federation*. Un fait important, rare pour l'époque, mérite d'être souligné : la présence à cette réunion d'organisations estudiantines blanches du Sud[176].

---

[175] Adam Fairclough, *Better Day Coming : Blacks and Equality, 1890-2000* (New York : Penguin Books, 2002), p. 245.

[176] Clayborne Carson, *In Struggle : SNCC and the Black Awakening of the 1960s* (Cambridge, Mass. : Harvard University Press, 1981), pp. 20-21.

La conférence s'achève par la création du *Student Nonviolent Coordinating Committee* (SNCC), avec pour leader John Lewis. Le SNCC (prononcé « snick ») a pour objectif de coordonner le mouvement de protestation des étudiants. Malgré sa jeunesse et son inexpérience, la nouvelle organisation devient rapidement le fer de lance du Mouvement pour les droits civiques[177]. Parlant des militants du SNCC, Adam Fairclough écrit : « Their courage, audacity, and determination soon became legendary. In the face of beatings, shootings, imprisonment, and even death, they refused to give up[178]. » C'est dire que leur engagement est à toute épreuve. Rien ne peut les dévier de leurs revendications, sinon la satisfaction de celles-ci.

La NAACP, la NUL, le CORE, la SCLC et le SNCC constituent les principales organisations du mouvement en faveur des droits civiques. Toutes ensemble, elles couvrent chacune le territoire national et animent la lutte des Africains-Américains pour la justice et l'égalité sur tous les plans. Cependant, d'autres structures de moindre envergure apportent aussi leur contribution. On peut citer en exemples le *Southern Regional Council* (SRC) et les *Black Muslims*.

6. Le Southern Regional Council

Comme son nom l'indique, le *Southern Regional Council* (SRC) ne couvre qu'une région du pays, le Sud. Bien que quelquefois considéré comme une organisation de droits civiques, il n'est engagé dans aucune action directe de protestation. Le SRC a vu le jour en 1944, à partir des cendres d'une organisation précédente, le *Committee on Interracial Cooperation*, impliquée dans l'amélioration des relations raciales depuis 1919. Les membres de cette organisation-mère étaient d'éminentes personnalités noires et blanches du Sud[179].

La contribution du SRC se situe plutôt au niveau de la qualité de ses publications qui sont fiables et objectives. Elle est donc essentiellement intellectuelle. Cependant, celle-ci ne doit pas être minimisée, car ses différentes publications analysent le problème noir

---

[177] Adam Fairclough, *Better Day Coming*, p. 247.

[178] Adam Fairclough, *Martin Luther King, Jr.* (Athens, Georgia : University of Georgia Press, 1995), p. 62.

[179] Benjamin Muse, *The American Negro Revolution*, pp. 23-24.

sous toutes ses facettes et permettent ainsi à l'Amérique de mieux cerner le préjugé racial de même que ses conséquences multiples et multiformes.

En résumé, à travers ses publications, le *SRC* contribue à une meilleure connaissance du problème racial aux États-Unis et par la même occasion favorise une prise de conscience individuelle et collective des Américains.

7. Les Black Muslims

Les *Black Muslims* (Musulmans noirs) sont une organisation essentiellement confessionnelle, en l'occurrence musulmane. Donc, elle ne peut être qualifiée à priori d'organisation de droits civiques[180]. Cependant, son idéologie accorde une place de choix aux relations raciales aux États-Unis. Selon celle-ci, « *les Noirs sont d'origine divine alors que les Blancs sont d'origine démoniaque...L'homme noir a été le premier sur la terre ; il sera aussi le dernier. D'ici là, il ne peut que haïr et mépriser le monstre blanc, cause de tous ses malheurs*[181]. » Cette citation ne nous laisse entrevoir qu'une partie de cette idéologie qui est tout aussi raciste que celle de certains Blancs. Elle est très certainement une réaction de désespoir face à un monde où les Noirs sont marginalisés, opprimés, humiliés et frustrés quotidiennement.

Selon trois universitaires françaises,

> *L'idéologie des Black Muslims est fondée sur une série de mythes qu'il suffit d'énumérer pour mettre en évidence leur portée sociale :*
>
> *— le peuple noir a été le premier à habiter la terre ;*
>
> *— les Blancs sont apparus beaucoup plus récemment, du fait d'une erreur de Yakub, autre dieu comparable à Satan ;*

---

[180] Contrairement à la SCLC née suite à la lutte victorieuse des Noirs pour poursuivre la lutte entamée à Montgomery, les *Black Muslims* à leur création étaient une organisation purement confessionnelle.

[181] Bruno Chenu, *Dieu est noir : histoire, religion et théologie des Noirs américains* (Paris : Editions du Centurion, 1977), p. 208.

— les Blancs sont par nature mauvais ; ils ont établi leur hégémonie sur les peuples de couleur, particulièrement en Amérique où ils ont commis le crime de réduire les Noirs en esclavage ;

— les Noirs sont par nature bons et appelés à être sauvés par Allah à la fin, qui est imminente, d'une période de deux mille ans ; ils viennent originellement d'Asie, de la tribu el-Shabbaz ; leur vraie religion est l'Islam ; les Blancs leur ont fait perdre leur nom, leur religion, leur unité ;

— les Noirs doivent se séparer des Blancs et abhorrer le mariage mixte et le mélange des races. Puisque leur travail a contribué au bien de la nation américaine, celle-ci leur doit réparation, c'est-à-dire l'allocation de terres où ils s'établiraient de façon indépendante[182].

Les Musulmans noirs sont non-violents et ils ne recourent à la violence qu'en cas de légitime défense, c'est-à-dire en cas d'agression d'un des leurs. Les « Fruits de l'Islam », l'armée défensive des Musulmans noirs, peut intervenir en cas d'agression[183]. Malcolm X, la deuxième personnalité des Musulmans noirs, a fait connaître l'organisation à travers tout le pays. En effet, ses déclarations incendiaires, teintées de racisme, ont plusieurs fois mis les Musulmans noirs au devant de l'actualité.

Malgré ce qu'on pourrait reprocher à cette organisation, il faut reconnaître qu'elle participe de façon active aux côtés des autres organisations citées plus haut aux nombreuses luttes pour l'acquisition des droits civiques des Africains-Américains.

C. La stratégie intégrationniste

L'intégration a toujours été la stratégie dominante au sein du mouvement pour les droits civiques. Malgré toutes les souffrances et autres mauvais traitements qu'ils ont endurés des siècles durant, les Noirs américains, dans leur majorité, ont toujours préféré l'intégration, c'est-à-dire, rester aux États-Unis et vivre aux côtés de leurs

---

[182] Sophie Body-Gendrot, Laura Maslow-Armand, Danièle Stewart, *Les Noirs américains aujourd'hui* (Paris : Armand Colin, 1984), pp. 65-66.
[183] Ibid., p. 67.

homologues blancs[184]. Ceci étant, malgré leur désir de rester aux États-Unis, ils ne pouvaient quand même pas accepter le statu quo.

Avec Booker T. Washington l'intégration signifie vivre avec la ségrégation raciale. Ne conseille-t-il pas à ses congénères de rester séparés des Blancs, de se consacrer au travail manuel et de ne pas se mêler de politique ? DuBois et d'autres avec lui s'opposent à cette approche qu'ils considèrent comme inacceptable. Ils proposent, en lieu et place, l'acquisition de tous les droits et pour tous. Par exemple, dans les années 1960, nous avons le gradualisme de la NAACP qui consiste à compter sur la bonne volonté des tribunaux et des gouvernements fédéral et des États, et des institutions pour mettre fin au préjugé racial et aux pratiques inhumaines qui en découlent.

Depuis sa création en 1909 sur les cendres du *Niagara Movement*, la NAACP a toujours usé de cette stratégie qui lui a permis de remporter de nombreuses victoires dont *Brown* en 1954. Malgré ces victoires devant les tribunaux et la compréhension de certaines administrations, le sort des Noirs n'a connu aucune amélioration notable, vu le refus des Blancs de traduire dans les faits les différentes décisions de justice.

Face à cette situation, les leaders noirs changent de stratégie : ils passent à la désobéissance de masse non-violente. D'abord Philip Randolph et ensuite le révérend Martin Luther King en sont les plus éminents défenseurs. Ici il ne s'agit pas de rejoindre une quelconque patrie autre que les États-Unis, le pays qu'ils ont fidèlement servi depuis leur arrivée. L'idée qui sous-tend cette philosophie est que les Noirs sont des Américains à part entière au même titre que les Blancs. Il découle de cette prémisse qu'ils doivent avoir les mêmes droits que les autres Américains de quelque origine qu'ils soient. Si tel n'est pas le cas, ils ont le droit, sinon le devoir, d'user de toutes les possibilités que leur offre la Constitution américaine pour recouvrer lesdits droits. En d'autres termes, il faut utiliser le système existant pour combattre les failles et les faiblesses de ce même système. Parce que la Constitution garantit la liberté de se rassembler, de manifester, de protester, Martin Luther King et les autres leaders qui partagent cette

---

[184] Seule une minorité de leaders tels Marcus Garvey et Malcolm X et les Musulmans noirs ont prôné le retour en Afrique ou la séparation d'avec les Blancs.

vision veulent utiliser ces droits constitutionnels pour combattre la ségrégation et la discrimination raciales dont les Africains-Américains sont les victimes.

La stratégie de la désobéissance de masse requiert la participation massive et non-violente des victimes du système, ce qui suppose leur adhésion consciente au Mouvement. Le boycott des transports publics de Montgomery en est un exemple. Il a été suivi de plusieurs autres manifestations du même genre et avec les mêmes objectifs : mettre fin au système inique et cynique de marginalisation des Africains-Américains. La manifestation la plus mémorable, celle que les livres d'histoire ont retenue, reste la Marche sur Washington le 28 août 1963. Cette manifestation, qui a conduit dans la capitale fédérale une foule estimée à un quart de million de personnes, démontre sans aucun doute l'adhésion des masses noires aux objectifs du Mouvement pour les droits civiques. De plus, les organisations majeures de droits civiques y étaient présentes. D'ailleurs des Américains blancs étaient aussi venus apporter leur soutien à la cause du Mouvement.

Cette Marche a été l'occasion pour le leader du Mouvement, Martin Luther King, de réaffirmer leurs objectifs : « *Je rêve qu'un jour...les fils des anciens esclaves et les fils des anciens propriétaires d'esclaves pourront s'asseoir ensemble à la table de la fraternité.* » Il ajoute : « *Je rêve que mes quatre jeunes enfants vivront un jour dans une nation où ils ne seront pas jugés sur la couleur de leur peau, mais sur leur personnalité*[185]. » Ces lignes résument parfaitement la stratégie intégrationniste telle que comprise dans les années 1960. Il s'agit tout simplement de rester aux États-Unis et d'y vivre dans la même société que les Américains blancs, dans l'égalité de droits et de considération.

De plus, cette stratégie ne diabolise pas non plus les Blancs. Noirs et Blancs sont considérés comme des frères, créés par le même Créateur. D'ailleurs, elle reconnaît que certains Blancs sont bons et qu'ils peuvent aider à faire avancer la cause des Noirs. Ceci explique sans nul doute la présence de Blancs dans les organisations pour les droits civiques et le financement que certains apportent à ces

[185] Stephen B. Oates, *Martin Luther King, Jr.* (Paris: Éditions du Centurion, 1985), p. 294.

structures. Ces organisations sont biraciales, à part les Musulmans noirs. Lors des différentes manifestations contre les différentes formes de discrimination, on remarque la présence physique de certains Blancs. Bref, le mouvement intégrationniste n'est pas anti-Blancs, et il condamne aussi fermement la séparation des races.

On peut mettre au compte de cette stratégie les nombreuses victoires remportées par les organisations des droits civiques. Citons en exemple la lutte de la NAACP devant les tribunaux, dont *Brown*. Par différents recours devant les tribunaux, la NAACP compte progressivement vaincre la discrimination, c'est-à-dire utiliser les ressources qu'offre le système pour faire évoluer positivement la société américaine. Malheureusement, la NAACP semble avoir minimisé ou négligé le facteur humain, élément indispensable pour tout changement de cette envergure. Les hommes étant ce qu'ils sont, ils ne changent pas aussi rapidement qu'on le souhaiterait quelquefois. Le changement des mentalités prend du temps. C'est pourquoi les nombreuses victoires de la NAACP ne se sont pas traduites par le démantèlement et la disparition immédiate des structures et pratiques nées des lois « Jim Crow » et par l'acceptation des Noirs par les Blancs. En fait, tout a continué comme si rien ne s'était passé. Noirs et Blancs vivent toujours séparés, envoient leurs enfants dans des écoles séparées, n'utilisent pas les mêmes infrastructures publiques, etc.

La stratégie intégrationniste ne fait pas violence aux Blancs. Elle pense à priori que ceux-ci vont comprendre d'eux-mêmes que les temps ont changé et qu'ils doivent eux-mêmes changer. Malheureusement, ce ne fut pas le cas pour la très grande majorité d'entre eux et il a fallu recourir à des moyens coercitifs en l'occurrence les sit-in et autres manifestations de désobéissance de masse, signe de mécontentement des Noirs face au statut et traitements qu'on leur impose.

Durant les années 1960, la stratégie intégrationniste domine le Mouvement des droits civiques. Martin Luther King, de part sa carrure et son charisme, semble avoir convaincu la communauté africaine-américaine que cette stratégie est la plus appropriée à l'étape d'alors de la lutte. La communauté le suit dans ses différents mots d'ordre. Ainsi il y a des manifestations diverses et multiformes dans de nombreuses villes dont Selma, Birmingham, Harlem (New York),

Chicago, Philadelphie, Los Angeles. Malgré les réactions violentes et démesurées de la police dont celle dirigée par Eugene « Bull » Connor qui fait usage de ses chiens-policiers, les manifestants tiennent bon et s'en tiennent toujours à la non-violence prônée par King. Mais combien de temps peuvent-ils tenir ?

Le caractère non-violent donne plus de crédibilité au Mouvement, ce qui lui vaut le soutien moral et financier de nombreux sympathisants blancs. Il a même ses entrées à la Maison-Blanche et au Congrès. La lutte farouche ajoutée au changement progressif des mentalités des décideurs et d'une partie de la population américaine contribuent à la prise de certaines décisions clés. Parmi les plus connues nous pouvons citer la loi sur les Droits civiques de 1964 et la loi sur le Droit de vote de 1965.

La loi sur les Droits civiques de 1964 constitue une étape importante vers l'égalité des droits. En effet, elle rend illégale toute forme de discrimination fondée sur la race, l'origine nationale, le sexe, etc. et permet de recourir aux tribunaux en cas de non-respect de l'esprit et de la lettre de cette loi. Le progrès est remarquable : une loi qui autorise les Noirs, tout comme les Blancs, à porter plainte devant les tribunaux en cas de violation de leurs droits notamment civiques. Il a fallu la révolte des années 1960 pour que cela soit.

La loi sur le Droit de vote, quant à elle, accorde enfin le droit de vote aux Africains-Américains. Le Quinzième Amendement (1870) avait accordé le droit de vote aux anciens esclaves, mais les États, surtout du Sud, avaient progressivement annihilé l'application de cet amendement à la Constitution par des stratagèmes divers dont la « clause du grand-père » et les taxes électorales. Par voie de conséquence, les Africains-Américains ne pouvaient pas exercer ce droit précieux. La loi sur le Droit de vote de 1965 est donc venue comme la loi d'application de cet amendement vieux de près d'un siècle.

Toujours en relation avec le droit de vote, le Vingt-quatrième Amendement (1964) a rendu illégale la perception d'une taxe quelconque auprès d'un électeur avant de lui permettre de voter. Cet amendement accorde ainsi à n'importe quel Américain, quelles que soient la couleur de sa peau et sa classe sociale, de pouvoir voter.

Ces lois et amendements et la décision de déségrégation scolaire issue de l'affaire Brown (1954) donnent non seulement un coup de fouet décisif à la lutte des Noirs, mais leur font croire également que le changement tant souhaité depuis longtemps est enfin possible. Ils constituent donc des signes encourageants pour l'avenir immédiat, voire lointain. Évidemment, ces résultats positifs ne doivent pas être mis à l'actif de la seule stratégie intégrationniste. Il faut aussi reconnaître la contribution inestimable des nationalistes, ceux-là même que certains pourraient qualifier de faucons.

D. La stratégie séparatiste ou nationaliste

Cette vision de la lutte des Noirs américains peut se résumer en un mot : la non collaboration ou la non coexistence avec les Blancs. Elle rejette toute forme d'intégration avec ces derniers, considérés comme des ennemis à combattre. Cette stratégie a été définie comme suit par un penseur africain-américain :

> *Nationalist thinkers have rejected the American side of their identity and affirmed the African side, saying "No, we can't be both." They have contended that 244 years of slavery, followed by legal segregation, social degradation, political disfranchisement, and economic exploitation means that blacks will never be recognized as human beings in white society. America isn't for blacks; blacks can't be for America. The nationalists argue that blacks don't belong with whites, that whites are killing blacks, generation after generation. Blacks should, therefore, separate from America, either by returning to Africa or by going to some other place where they can create sociopolitical structures that are derived from their own history and culture*[186].

La vision séparatiste est une vision pessimiste des relations entre Noirs et Blancs aux États-Unis. Cependant, elle se fonde sur l'expérience vécue par les Africains depuis leur arrivée dans ce pays : esclavage, discrimination et ségrégation légales sous toutes ses formes, déni de leurs droits et de justice, lynchages, violences diverses et autres mauvais traitements divers. Se basant sur cette expérience vieille de plusieurs siècles, les nationalistes tirent la conclusion que les Blancs ne peuvent pas changer. Ils voudront toujours dominer et

---

[186] James H. Cone, *Martin & Malcolm & America : A Dream or a Nightmare* (Maryknoll, New York : Orbis Books, 1992), p. 4.

garder sous leur joug les Noirs. Les deux races ne peuvent donc pas vivre ensemble, coexister. C'est pourquoi les Noirs doivent, soit retourner en Afrique, soit se regrouper sur une partie du territoire des États-Unis qui serait le leur et où ils pourraient vivre entre eux selon leur culture. Il existe plusieurs versions de cette vision mais elles ont toutes en commun le pessimisme tiré de l'expérience douloureuse des Noirs sur le sol américain.

Cette stratégie a toujours été présente aux côtés de la stratégie intégrationniste. Marcus Garvey et son UNIA en sont un exemple. Garvey et son organisation *défendent la pureté de la race noire et le retour à la mère Afrique*[187]*. Bien avant Garvey, Henry* McNeal Turner, un homme d'Église noir originaire de la Caroline du Sud, ayant lui-même vécu les mêmes réalités que ses compatriotes noirs, était parvenu à la même conclusion, à savoir que les Noirs n'atteindront jamais l'égalité avec les Blancs et qu'ils doivent par voie de conséquence émigrer en Afrique. « *There is no more doubt in my mind that we have ultimately to return to Africa than there is of the existence of God*[188] », a-t-il affirmé.

Quant à Marcus Garvey, nous avons déjà décrit sa lutte et ses idées. C'est pourquoi nous nous contenterons de rappeler qu'il joue plutôt sur la fierté raciale pour mobiliser les Africains-Américains et les faire adhérer à son nationalisme. Et il y a réussi si bien que le gouvernement américain et les leaders africains-américains intégrationnistes l'ont considéré comme un danger (il apporte la preuve qu'une autre voie est possible) et ont tout fait pour se débarrasser de lui en l'expulsant des États-Unis et en le déportant vers sa Jamaïque natale.

Plus récemment le séparatisme a eu d'autres défenseurs dont les Musulmans noirs, Malcolm X, le *Black Power*, et les *Black Panthers*. Nous ne reviendrons plus sur les idées des Musulmans noirs, organisation religieuse dont Malcolm X fut pendant longtemps membre avant d'en être exclu en 1964. Cependant, il sied d'analyser

---

[187] Sophie Body-Gendrot, Laura Maslow-Armand, Danièle Stewart, *Les Noirs américains aujourd'hui*, pp. 64-65.

[188] James H. Cone, op. cit., p. 12.

les idées et la personnalité du nationaliste Malcolm X, tant il a marqué d'un sceau indélébile le Mouvement pour les droits civiques.

1. Malcolm X et le nationalisme

Malcolm X se fait remarquer par ses prises de position qui ne passent pas inaperçues, car elles tranchent d'avec les idées dominantes du Mouvement. En effet, elles sont marquées du sceau du radicalisme sans concession. Voici un extrait de ses déclarations :

> *Il n'existe pas de révolution pacifique. Il n'existe pas de révolution où l'on tende la joue gauche. Une révolution non violente, ça n'existe pas. La seule espèce de révolution qui soit non violente, c'est la révolution nègre. La seule révolution où le but soit d'aimer son ennemi, c'est la révolution nègre. C'est la seule qui ait pour but la déségrégation des comptoirs de restaurants, des cinémas, des jardins publics, des toilettes : oui, vous pouvez vous asseoir à côté d'un Blanc, sur le siège des cabinets ! Ce n'est pas une révolution !*[189]

La critique de la stratégie dominante du moment est claire. Pour lui, il n'y a pas lieu de collaborer avec l'ennemi sinon la lutte n'a pas de sens. La « révolution nègre » doit se départir de tout ce qui peut donner l'impression que les Noirs ne peuvent pas se passer des Blancs, ceux-là mêmes, qui les ont privés pendant longtemps de leurs « droits inaliénables » selon les termes mêmes de la Déclaration d'Indépendance des États-Unis — le document juridique et politique fondateur du pays.

L'évolution idéologique de l'homme a été marquée par quelques repères : son enfance, son séjour en prison, la rencontre avec les Musulmans noirs, sa vie au sein de cette institution religieuse, sa rupture d'avec Elijah Muhammad, le leader des Musulmans noirs et son père spirituel, et son pèlerinage à la Mecque.

La vie et le parcours de Malcolm X ne pouvaient que le conduire à la conclusion que l'Amérique est un « cauchemar » pour les Noirs. Un jour, en classe, l'un de ses professeurs lui demande ce qu'il souhaiterait faire plus tard. Le jeune garçon, fort de ses résultats

---

[189] Sophie Body-Gendrot, Laura Maslow-Armand, Danièle Stewart, *Les Noirs américains aujourd'hui*, p. 81.

scolaires, répond qu'il voudrait devenir avocat. Le professeur en question brise son cœur et son rêve en lui disant qu'il lui faut être réaliste (vu sa race et l'influence que celle-ci peut avoir sur son avenir) et penser plutôt à un métier manuel tel que la menuiserie :

> *Malcolm, one of life's first needs is for us to be realistic. Don't misunderstand me, now. We all here like you, you know that. But you've got to be realistic about being a nigger. A lawyer — that's no realistic goal for a nigger. You need to think about something you can be. You're good with your hands — making things. Everybody admires your carpentry shop work. Why don't you plan on carpentry ?*[190]

À l'époque, un Noir n'avait pas le droit de rêver : il devait plutôt se contenter des métiers manuels, les plus difficiles et les moins bien payés. Pourtant le jeune Malcolm était l'un des meilleurs élèves de sa classe. Quelle que soit leur intelligence, les Noirs n'avaient pas d'avenir prometteur aux États-Unis à cause du préjugé racial. Ils étaient toujours considérés comme inférieurs à n'importe quel Blanc et ils devaient, par voie de conséquence, exécuter les travaux « inférieurs ». Malcolm a dû apprendre brutalement cette triste réalité alors qu'enfant il rêvait, comme tous les autres enfants, d'un sort meilleur à celui de ses parents. Le rêve américain - selon lequel toute personne résidant aux États-Unis peut améliorer sa situation - n'était pas pour les descendants des anciens esclaves. Il ne fallait donc pas rêver, mais être « réaliste » lui a-t-on fait comprendre.

Malcolm Little, de son vrai nom, est issu d'une famille noire aux conditions modestes. Pire, celle-ci subit à l'instar des autres les affres du préjudice racial. La famille de Malcolm X a eu plusieurs fois maille à partir avec le Ku Klux Klan, la célèbre organisation raciste qui use de violence pour faire taire ses adversaires. J. Early Little, le père de Malcolm, était un nationaliste qui partageait les idées de Marcus Garvey. Mieux, il était un militant actif de l'UNIA. En effet, il était le président de la section de l'UNIA de leur ville, Omaha. La mère de Malcolm en était aussi une militante active[191]. La famille Little constituait donc, aux yeux du Ku Klux Klan, un mauvais exemple qui

---

[190] Malcolm X, *The Autobiography of Malcolm X* (New York : Grove Press, 1966), p. 36.
[191] James H. Cone, *Martin & Malcolm & America*, pp. 41-42.

pouvait contaminer d'autres membres d'autres familles. Alors il fallait lui donner une leçon, et du même coup ôter aux autres Noirs toute envie de rêver et de s'opposer à la suprématie blanche. C'est ainsi que peu de temps avant la naissance de Malcolm, le Ku Klux Klan attaque la maison des Little en l'absence du père de famille. Finalement, l'organisation raciste réussit à faire quitter la famille Little de la ville d'Omaha quand Malcolm est toujours enfant. À Lansing dans le Michigan où elle s'est réfugiée, elle continue d'être la cible d'une autre organisation raciste, les *Black Legionnaires*, qui brûle leur maison[192]. Cela se passe alors que le jeune garçon n'a que quatre ans. Un an plus tard, son père meurt, tué par un tramway. Il est fort possible que cela ait été l'œuvre d'un Blanc.

De telles expériences avec la violence raciste ne pouvaient qu'influencer la vision de la vie aux États-Unis du jeune homme et avoir des répercussions sur son idéologie future. Elles faisaient de lui une proie facile pour n'importe quel « sauveur ». C'est dans ce contexte qu'il fait la connaissance des Musulmans noirs lors de son séjour en prison où il purge une peine pour avoir été mêlé à la pègre et à des trafics de drogue. Les Musulmans noirs lui apparaissent alors comme la bouée de sauvetage qu'il attendait depuis longtemps. C'est au sein de cette organisation religieuse qu'il va progressivement se forger une idéologie et une personnalité qui vont marquer sa vie jusqu'à son assassinat en 1965.

Ces différents événements, expériences personnelles et le contexte social que Malcolm a vécus et connus lui servent de support pour analyser la situation des Noirs aux États-Unis. Il parvient aux principales conclusions suivantes que nous paraphrasons :

1. Le Blanc a de tout temps dominé le Noir, à travers l'esclavage et ses multiples conséquences encore visibles. Donc il est foncièrement mauvais et méchant.
2. Le Blanc hait le Noir, en témoignent le racisme, la discrimination sous toutes ses formes, la ségrégation, la violence, etc. Tous ces traitements inhumains montrent que le Blanc rend la vie impossible au Noir dans ce pays. Ce dernier

[192] Ibid., p. 42.

3. Le Noir ne peut pas et ne doit pas compter sur le Blanc qui est son ennemi malgré le langage trompeur qu'il tient.
4. La solution au problème noir, c'est la révolution. Pas une révolution telle que préconisée par les intégrationnistes, c'est-à-dire une révolution « pacifique », « non violente », où l'on pactise avec l'ennemi. Non. Il faut plutôt une vraie révolution où l'on rend coup pour coup, où l'on se défend « par quelques moyens que se soient ». Il précise : « Le prix à payer pour forcer les autres à respecter vos droits humains est la mort. Vous devez être prêts à mourir ou vous devez être prêts à supprimer les autres[193]. » Les « droits inaliénables » ont donc un prix et quelquefois ils se paient au prix fort. En témoignent les nombreux assassinats de valeureux militants des droits civiques tombés sous les balles de la police ou de racistes invétérés à l'image des militants du Ku Klux Klan. C'est peut-être pour cette raison qu'il défend l'idée de l'autodéfense.

Malcolm a une vision pessimiste des relations entre Noirs et Blancs, vision forgée à partir de sa propre expérience et de ce qui se passe autour de lui. Selon lui, les deux groupes ne peuvent pas coexister sinon ce serait l'affrontement. Comme les Blancs tiennent à garder les Noirs sous leur joug, en leur imposant la discrimination, la ségrégation, la violence, alors ces derniers doivent être prêts à riposter par tous les moyens dont ils disposent.

C'est cette propension à répondre à la violence par la violence qui lui a valu l'appellation de « boutefeu », c'est-à-dire celui qui défend ou justifie l'utilisation de la violence par les Noirs. Mais l'utilisation de la violence par les Noirs ne se justifie-t-elle pas ?

2. Nationalisme et violence

Il paraît évident qu'il faut bannir l'utilisation de la force dans les relations humaines. Ses conséquences sont légion. La violence fausse les relations et leur donne un goût de contrainte. Or, si la contrainte dure et que la victime n'a pas le choix, elle ne peut que se plier au

[193] Sophie Body-Gendrot, Laura Maslow-Armand, Danièle Stewart, op. cit., p. 79.

diktat de celui qui use de la violence contre elle. Mais sitôt qu'elle reprend sa liberté de mouvement, de pensée et de parole, elle est prête à se débarrasser de tout ce qui lui est imposé sous la contrainte et la violence. La victime reprend sa liberté, c'est-à-dire qu'elle peut agir à sa guise. D'ailleurs un « pacte » ou un comportement imposé par la contrainte a-t-elle une valeur légale ?

De plus, la violence fait inéluctablement des victimes innocentes qui pourraient inclure des partisans de la cause des Noirs, et ses conséquences sont incommensurables (matérielles, financières, humaines, psychologiques…). Durant les émeutes des années soixante, les pillages concernent non seulement les magasins des Blancs mais aussi ceux des Noirs[194]. Et à chaque émeute, il y a des morts des deux côtés. Quelquefois ce sont des vies entières qui sont brisées et qu'il faut tenter de reconstruire si cela est vraiment possible.

La première réaction passée on en vient à se demander : « pourquoi les Noirs recourent-ils à la violence alors qu'ils ne représentent que 12% de la population totale des États-Unis. Ils constituent une minorité, même si c'est la plus importante. En d'autres termes, si la majorité blanche réagissait, ils seraient les principales victimes. Ils n'ignorent certainement pas cette réalité et pourtant certains se font les chantres de la violence et quelquefois se risquent à faire usage de la violence. Comment peut-on expliquer cette attitude à la limite suicidaire ?

La première explication est historique. Les Blancs ont de tout temps utilisé la violence contre les Noirs, surtout quand ils se montraient combatifs. Ils l'ont fait depuis des siècles, depuis l'arrivée des premiers Africains sur le sol américain. Ils continuent à user de moyens violents, même aujourd'hui, pendant que le Mouvement des droits civiques essaie, tant bien que mal, de canaliser la lutte revendicative sur des voies pacifiques et non violentes. Donc les Noirs ne font que suivre la voie tracée par les Blancs, eux qui ont toujours utilisé la violence pour faire taire tout esprit de rébellion susceptible de contaminer d'autres personnes et, à terme, de remettre en cause leur mainmise. La famille de Malcolm peut en témoigner, elle qui a été contrainte à la dislocation par la violence raciste blanche.

---

[194] Sophie Body-Gendrot, Laura Maslow-Armand, Danièle Stewart, op. cit., p. 85.

L'adage « œil pour œil, dent pour dent » pourrait résumer la seconde explication. Ayant longtemps subi la violence raciste, les Noirs veulent maintenant répondre coup pour coup. En cela ils s'opposent au mot d'ordre des intégrationnistes, à savoir la non-violence. L'aile modérée du Mouvement dirigée par Martin Luther King s'interdit de répondre à la violence des Blancs, même quand elle aboutit à la perte de vies humaines et à des blessures. La violence policière destinée à protéger l'ordre ancien peut servir d'exemple. La police, tout comme les racistes blancs, brutalise les militants non-violents des droits civiques. Les « voyages de la liberté » se sont toujours terminés par l'agression des participants et la mise à feu de leurs moyens de transport. Au vu de cette passivité excessive qui frise la peur et de ce qu'elle coûte sur le plan humain, certains Noirs ont décidé de répondre à la violence raciste par la violence militante qu'ils considèrent comme légitime. Il faut les comprendre : l'on a beau être non-violent et calme face à la brutalité et à l'inhumanité excessives et choquantes (en témoignent les images montrées à la télévision et qu'on retrouve dans les livres et autres documents sur le Mouvement des droits civiques), l'on finit par sombrer soi-même dans la violence, surtout que les auteurs d'actes violents s'en tirent généralement à bon compte.

La troisième explication de l'utilisation de la violence est le manque de perspective dans la lutte revendicative. En effet, face aux demandes fondées de la communauté noire, le gouvernement[195] et la majorité blanche font de la résistance. Peut-être qu'ils espèrent ainsi les avoir à l'usure. Ils ne cèdent sur certains points de revendication qu'en désespoir de cause. Cette tactique fait croire qu'il faut pousser les Blancs à bout pour espérer obtenir d'eux quelques concessions. Il en a toujours été ainsi. Le gouvernement ne veut pas donner l'impression d'être faible ou frileux. Il faut qu'il soit poussé à bout pour réagir positivement. Il a fallu que les Noirs de Montgomery se rebellent pour que la Cour suprême reconnaisse l'anti-constitutionnalité des lois ségrégationnistes appliquées dans les transports en commun de cette ville. Il a aussi fallu organiser des

---

[195] Aux États-Unis, par « gouvernement » il faut comprendre les trois branches du gouvernement : l'Exécutif, le Législatif, et le Judiciaire.

marches (dont la Marche sur Washington en 1963) et de nombreuses autres manifestations pour que le Congrès en vienne à adopter la loi sur les Droits civiques et celle sur le Droit de vote.

Quant aux autres Blancs — ceux qui ne sont pas membres du gouvernement — ils ne veulent pas lâcher les avantages acquis et cumulés durant des siècles grâce au système d'exploitation que leurs devanciers ont savamment orchestré (esclavage, discrimination et ségrégation légales, lynchages…). Ils veulent tout simplement continuer de vivre comme avant, c'est-à-dire se considérer toujours supérieurs aux Noirs, les empêcher d'utiliser les mêmes infrastructures publiques qu'eux, les traiter comme de petits enfants en tous lieux et en toutes circonstances. Cet immobilisme et cet ordre vieux de plusieurs siècles, les Noirs ne peuvent les accepter indéfiniment. C'est pourquoi ils sont prêts à se faire entendre « par tous les moyens nécessaires », y compris par la violence suicidaire.

La violence est aussi une façon pour les Noirs de s'affirmer. Pendant trop longtemps ils ont subi les humeurs des Blancs. Avec le Mouvement des droits civiques, ils sont devenus des acteurs. Ils ont ainsi la possibilité de crier leur ras-le-bol à toute l'Amérique et de montrer qu'ils peuvent aussi faire peur. Et comme la peur semble avoir changé de camp, alors ils tiennent à en profiter. Ils brandissent alors l'épouvantail de la violence : les émeutes urbaines. A chaque fois que se produisent des évènements négatifs à leur goût, les Noirs, surtout la jeunesse, plus combative, portent leur mécontentement et la lutte dans la rue. Selon Daniel Guérin, il y a eu en 1964, *15 révoltes urbaines, 9 en 1965, 38 en 1966, 128 en 1967, 131 au cours du premier semestre de 1968, dont beaucoup éclatèrent à la suite de l'assassinat de Martin Luther King. En 1964, ce furent, notamment, les révoltes de Harlem, de Rochester et Philadelphie ; en 1965, de Watts (ghetto noir de Los Angeles), Cleveland, Chicago ; en 1967 de Newark, de Detroit. Ce fut, au cours de ces 'longs étés brûlants', comme on les a appelés, l'explosion spontanée d'une haine longtemps contenue et silencieuse*[196].

Les émeutes urbaines, occasion de violence aveugle, permettent aux casseurs s'assouvir leur besoin d'affirmation, peu importe qui en

[196] Daniel Guérin, *De l'Oncle Tom aux Panthères*, p. 245.

paie le prix. Ce qui importe c'est que les Blancs comprennent que les Noirs sont capables de réagir et qu'ils ne vont pas continuer à subir le joug des Blancs. Alors que les Blancs comprennent ce changement d'attitude.

C'est pour toutes ces raisons, à savoir l'immobilisme, la légitime défense, l'affirmation de soi, et le manque de perspective, que certains Noirs se sont résolus à recourir à la violence, tout en sachant bien qu'avec le retour du bâton ils pourraient en être les premières victimes. Mais qu'ont-ils à perdre devant une situation sans issue ? Pas grand-chose en effet, quand la situation est bloquée. Qu'ont-ils à gagner dans une Amérique qui les considère toujours comme des sous-hommes, des citoyens de seconde zone ? Que gagnent-ils à vivre dans une Amérique où leur sort n'est pas meilleur à celui de leurs ancêtres ? Enfin, quel avantage tirent-ils d'une Amérique qui leur dénie tous les droits et attributs de l'être humain ? Si l'Amérique n'entreprend pas les réformes et changements nécessaires, alors les Noirs n'ont rien à gagner dans un tel pays. C'est pourquoi, que l'Amérique brûle ou pas, cela ne change rien à leur sort. Le pessimisme est donc sous-jacent dans une telle attitude.

On pourrait aussi y entrevoir l'égoïsme. Il peut se résumer ainsi : « Si moi je ne tire rien des États-Unis, toi tu ne dois rien en tirer. Alors, que nous perdions tous les deux ». C'est peut-être de cette façon que raisonnent ces Noirs violents. C'est cela aussi la nature humaine. À un moment donné, si l'on se rend compte que l'on ne peut pas gagner la bataille, l'on peut tout faire pour que l'adversaire ne la remporte pas aussi. Il ne doit pas tirer avantage de l'issue de cette bataille. En d'autres termes, si la lutte pour l'égalité et la dignité s'avère sans issue ou sans perspective heureuse pour les Noirs, pourquoi laisser les Blancs continuer de jouir des bienfaits que procure le système du pays ? Alors, que les États-Unis brûlent et que les Blancs et les Noirs perdent. En tout cas, la violence est utilisée comme une alternative, une sorte d'épouvantail, quand les Noirs n'ont plus d'espoir quant à l'évolution positive de leur situation. La violence doit être comprise dans ce sens : effrayer au maximum le camp adverse pour faire bouger les choses.

La position de Malcolm X doit est être aussi comprise dans ce sens. Il ne défend pas la violence pour la violence. Il la propose tout simplement face à une situation de blocage, où la majorité blanche se cramponne à ses acquis et ne veut faire aucune concession digne de ce nom susceptible de calmer la colère et la haine longtemps contenue et silencieuse de la communauté noire. Si la majorité blanche avait reconnu au prime abord le bien fondé des revendications de la minorité noire, la violence physique et verbale émanant de cette dernière aurait sans doute pu être évitée. Mais malgré les campagnes non-violentes à l'échelle de tout le pays, rien n'y fit. Alors que faire ? Accepter le statu quo et continuer de subir les humiliations et la dérision de la part de n'importe quel Blanc ? Accepter l'infériorité imposée et pour combien de temps ? Accepter de continuer à vivre dans des quartiers réservés uniquement aux Noirs, quelquefois délabrés et sans infrastructures dignes de ce nom ? Les réponses s'imposent d'elles-mêmes. Alors il faut faire quelque chose. La violence est envisagée comme une solution pour débloquer la situation.

C'est ainsi qu'avec le temps, des groupuscules violents voient le jour notamment « le Pouvoir noir » et les Panthères noires. Cette évolution était inévitable car les personnes à la base de ces entités ou groupuscules sont des étudiants avides de changement qui n'ont pas la patience de leurs parents. Ils veulent tout simplement que le statut des Africains-Américains évolue rapidement et positivement.

E. Black Power

Le *Black Power* (Pouvoir noir) a été lancé en 1966 par Stokely Carmichael, le leader du *Student Nonviolent Coordinating Committee* (Comité non-violent de coordination des étudiants)[197]. Ce qui va devenir le *Black Power Movement* (Mouvement du Pouvoir noir) démarre à partir d'un slogan lancé le 24 juin 1966 par Stokely

[197] Cette organisation va se muer entretemps en *Student National Coordinating Committee* (Comité national de coordination des étudiants) quand elle va adopter une position radicale.

Carmichael lors de la « marche contre la peur » de Memphis à Jackson dans l'État du Mississippi (*The Meredith March Against Fear*)[198].

Le « Pouvoir noir » est un cri de désespoir suscité par le manque d'opportunités pour sortir le Noir de sa situation. Le Mouvement des droits civiques a suscité tellement d'espoir que la communauté noire a cru que les choses allaient bouger de façon sensible. Au lieu de cela, certains Noirs ont plutôt eu l'impression que les choses traînaient en longueur, sinon que la majorité blanche n'était pas prête à changer l'ordre ancien. Pire, elle s'attaque aux militants du Mouvement des droits civiques, les agresse physiquement et même verbalement. Les jeunes étudiants regroupés au sein du SNCC n'ayant pas la patience de leurs parents ont alors pensé au slogan du « Pouvoir noir » comme moyen de mobilisation non seulement de la jeunesse, mais aussi de tous les Noirs qui ont commencé à perdre espoir et patience.

1. Son idéologie

C'est parce que le « Pouvoir noir » est né à partir d'un slogan que, peut-être, son géniteur a trouvé nécessaire d'expliciter le concept, avec l'aide d'un spécialiste de sciences politiques, dans un livre[199]. Selon Stokely Carmichael et Charles V. Hamilton, les Noirs sont « une colonie intérieure » des États-Unis, c'est-à-dire qu'ils sont dominés et soumis par les Blancs. Cette domination peut s'observer au triple plan politique, économique et social.

Au plan politique, toutes les décisions concernant les Noirs sont prises par les Blancs, les autorités blanches, ceux qu'ils appellent la « *white power structure* ». Ceux-ci gouvernent indirectement la communauté noire à travers les leaders locaux noirs qui leur rendent

---

[198] James Meredith est un Noir qui voulait montrer à ses frères noirs qu'il ne fallait pas avoir peur dans la lutte pour les droits civiques. Pour cela il entreprit une marche solitaire dans l'un des États les plus racistes du Sud et des États-Unis, le Mississippi. La marche à peine commencée un Blanc lui tira dessus. Pour poursuivre l'œuvre entamée par James Meredith et dans le même esprit, les leaders du Mouvement pour les droits décidèrent de poursuivre la marche jusqu'à la destination finale prévue par l'initiateur.

[199] Stokely Carmichael, Charles V. Hamilton, *Black Power : The Politics of Liberation in America* (New York : Vintage Books, 1967).

compte (« *indirect rule* »). Ces derniers sont des leaders fantoches sans réel pouvoir, sinon qu'ils n'ont que le pouvoir que leurs maîtres blancs veulent bien leur accorder.

Au plan économique, la communauté noire joue le rôle de toute colonie, à savoir enrichir le colonisateur, la mère patrie. Elle constitue une source de matières premières et un marché où le colonisateur vient vendre ses produits finis. Il en est de même de la communauté noire. Les ghettos sont saignés à blanc par les exploiteurs blancs qui se présentent comme leurs amis. Les agences d'aide publiques et privées et le système de crédit sont des exemples de circuits d'exploitation conçus à cet effet. La conséquence est la dépendance économique des Noirs vis-à-vis des Blancs.

Au plan social, les Noirs sont relégués à un statut de subordonnés dans la société américaine. L'esclavage a joué un rôle important dans ce processus d'infériorisation. Le pire est que les Noirs eux-mêmes en sont venus à croire en leur infériorité et à douter de leur statut d'êtres humains. C'est cela l'objectif recherché par toute colonisation : amener le colonisé à se haïr lui-même et à douter de son humanité. L'homme blanc s'y est si bien pris que sa prétendue supériorité a perverti le subconscient américain.

Au vu de cette analyse, nos auteurs concluent qu'il faut un « Pouvoir noir ». Mais que faut-il comprendre par « Pouvoir noir » ? Voici comment ils le définissent :

> *The concept of Black Power…is a call for black people in this country to unite, to recognize their heritage, to build a sense of community. It is a call for black people to begin to define their own goals, to lead their own organizations and to support those organizations. It is a call to reject the racist institutions and values of this society*[200].

Ils précisent que les Noirs doivent cultiver une solidarité de groupe. Ceci est une nécessité dans une société plurielle, car l'histoire des États-Unis montre que chaque groupe/nationalité a toujours voté pour ses propres frères. De plus, les Noirs doivent diriger sinon prendre le contrôle de leurs organisations. Seuls les Noirs savent de quoi ils ont besoin et sont les seuls qui peuvent insuffler le souffle nécessaire et

---

[200]Stokely Carmichael, Charles V. Hamilton, *Black Power*, p. 44.

stimuler la conscience noire. Dans les localités où les Noirs représentent la majorité, ils doivent avoir le contrôle de celles-ci. Là où ils sont minoritaires, ils doivent avoir une représentation équitable. Le « Pouvoir noir » sonne le ralliement de tous les Noirs afin qu'ils puissent négocier à partir d'une position de force.

Cependant, Stokely Carmichael et Charles V. Hamilton font les mises en garde suivantes. Premièrement, le « Pouvoir noir » ne veut pas dire mettre simplement des faces noires au pouvoir :

> *It does not mean merely putting black faces into office. Black visibility is not Black Power. Most of the black politicians around the country today are not examples of Black Power. The power must be that of a community, and emanate from there. The black politicians must start from there. The black politicians must stop being representatives of "downtown" machines, whatever the cost might be in terms of lost patronage and holiday handouts*[201].

Deuxièmement, le « Pouvoir noir » n'est pas du « racisme à rebours » (« *racism in reverse* ») ou de la « suprématie noire » (« *black supremacy* »). Il est plutôt un appel à « l'auto identification » et à « l'autodétermination », c'est-à-dire, à une prise de conscience indispensable.

Troisièmement, l'objectif du « Pouvoir noir » n'est ni la domination ni l'exploitation des autres groupes « ethniques », mais un partage équitable du pouvoir et la pleine participation des Noirs au pouvoir dans la société américaine. Les Noirs veulent simplement avoir la part de pouvoir qui leur revient.

Le « Pouvoir noir » est donc, selon ses idéologues, une nouvelle approche des relations raciales aux États-Unis. En cela elle rejette la vieille rhétorique des intégrationnistes qui utilise des termes tels que progrès, non-violence, intégration et peur de la réaction des Blancs. Cette nouvelle approche requiert inévitablement un nouveau langage. Désormais on parlera d'intégrité culturelle, d'identité noire et d'héritage. Le peuple noir doit se définir lui-même, imposer sa propre perception de lui-même. D'ailleurs, il rejette le terme « nègre » que ses oppresseurs lui ont donné, car ce terme correspond à l'image que

---

[201] Stokely Carmichael, Charles V. Hamilton, op. cit., pp. 46-47.

ces derniers ont de lui. Il lui préfère les termes « Africain-Américain », « Afro-américain » ou « Noir ». L'accent est donc mis sur l'héritage culturel et l'identité culturelle des Noirs.

2. Analyse de son idéologie

Le « Pouvoir noir » est un slogan qui sonne bien et qui, de prime abord, donne l'impression que l'on détient un certain pouvoir. Son premier effet est psychologique. Pour des gens qui sont restés impuissants pendant longtemps et sous la peur des Blancs, leur dire tout d'un coup qu'ils peuvent et doivent avoir un certain pouvoir, c'est comme s'ils revenaient à la vie. Affirmer aux sans voix, aux méprisés, aux déshérités, aux sans pouvoir, qu'ils doivent avoir un certain pouvoir, c'est déjà leur donner un pouvoir, celui de parler, de réclamer. C'est pourquoi dès son lancement le « Pouvoir noir » a connu un énorme succès, surtout auprès de la jeunesse urbaine et des ghettos, car il a une force mobilisatrice.

Le « Pouvoir noir » réclame le pouvoir pour les Noirs : un pouvoir politique, un pouvoir économique, géré par les Noirs eux-mêmes dans l'intérêt de la communauté noire. Ce qui n'était pas encore le cas jusque-là. Maintenant les données doivent changer. Les théoriciens du « Pouvoir noir » l'exigent, car sans une parcelle de pouvoir le statut des Noirs n'évoluera pas positivement. Bien qu'un slogan de mobilisation, le « Pouvoir noir » se fonde sur une réalité vécue, indéniable. C'est ce qui explique le soutien massif qu'il a reçu des Noirs.

Le « Pouvoir noir » est une forme d'auto-affirmation. Par ce cri, les Noirs réaffirment non seulement leur existence, mais ils soulignent par la même occasion leur humanité. La société américaine a toujours considéré le Noir comme une chose, et non comme une personne, qui doit être utilisée pour atteindre un objectif, à savoir les intérêts de la majorité blanche. L'exemple de l'esclavage le démontre bien amplement. De plus, ce système d'exploitation et d'oppression crée aussi une dépendance du Noir vis-à-vis du Blanc. La personne qui dépend n'est rien sans son maître, cela est connu. Ce sont ces types de relations de dépendance que le « Pouvoir noir » dénonce et auxquels il veut mettre fin. L'affirmation de soi et de son humanité suppose qu'on est différent de l'autre et qu'on est une entité indépendante. C'est cette révolution à laquelle le « Pouvoir noir » appelle. C'est donc une libération totale (mentale, psychologique, culturelle, politique, économique...) à laquelle le « Pouvoir noir », convie le Noir.

Le Pouvoir noir est aussi une invitation faite aux Noirs pour se prendre en charge eux-mêmes. Ils ne doivent plus compter sur leurs soi-disant alliés blancs pour diriger leurs organisations. Cela est une critique à peine voilée de certaines organisations au sein du Mouvement pour les droits civiques. Ils doivent aussi décider par eux-mêmes ce qui est bon pour eux. En d'autres termes, ils doivent conquérir le pouvoir pour l'exercer dans leur intérêt. Le pouvoir est la solution à certains de leurs maux. Il peut leur permettre d'avoir une voix qui compte et d'être écouté. Il peut leur assurer le respect.

Enfin, le « Pouvoir noir » appelle à la solidarité de groupe. Les Noirs doivent agir en tant que groupe et se soutenir mutuellement. Si le pouvoir est conquis, il doit être exercé dans l'intérêt du groupe. Les autres groupes « ethniques » ont pu bénéficier du rêve américain parce qu'ils ont joué sur la solidarité et la cohésion de groupe. Il ne peut pas en être autrement pour les Noirs. Il faut qu'ils adoptent la même stratégie s'ils veulent s'en sortir. Le « Pouvoir noir » appelle à cette prise de conscience salutaire. Mais les Noirs sauront-ils le comprendre et jouer la partition qui convient ? À première vue, le slogan contient de nombreux éléments positifs qui peuvent être exploités.

3. Attaques contre le « Pouvoir noir »

Malheureusement, le Pouvoir noir a été attaqué à l'intérieur même du Mouvement pour les droits civiques par des leaders tels Martin Luther King, Roy Wilkins de la NAACP, Bayard Rustin, Whitney Young de la *National Urban League*. Roy Wilkins, par exemple, affirme : « No matter how endlessly they try to explain it, the term 'black power' means anti-white power[202]. » Carmichael et le SNCC sont accusés d'être anti-Blancs. Les leaders modérés du Mouvement pour les droits civiques s'opposent vigoureusement à ce slogan et à

[202] Clayborne Carson, *In Struggle : SNCC and the Black Awakening of the 1960s* (Cambridge, Mass. : Harvard University Press, 1981), p. 219.

son contenu. Par exemple, lorsque le SNCC annonce qu'il entend manifester le 6 août 1966, au mariage de la fille du président Johnson, contre la guerre du Vietnam, Roy Wilkins, Whitney Young, Martin Luther King et A. Phillip Randolph s'empressent de lui envoyer un télégramme lui demandant de renoncer à son projet[203]. Ils ne veulent pas que les Américains associent le nom du Mouvement pour les droits civiques à cette manifestation. En fait, ils ne veulent pas que leurs noms soient associés à la manifestation d'une organisation, soit-elle membre du Mouvement, qui défend des idées qu'eux n'approuvent pas.

Martin Luther King est l'un des opposants les plus farouches au « Pouvoir noir ». Il consacre tout un chapitre de son livre *Where Do We Go from Here* au « Pouvoir noir », ce qui dénote de l'importance du sujet et de la place qu'il occupe dans le débat au sein du Mouvement pour les droits civiques à cette époque. King admet que le slogan a des aspects positifs dont la dénonciation de l'immobilisme de la condition des Noirs, des promesses non tenues par les autorités fédérales, du militarisme du gouvernement (cf. la guerre du Vietnam). Il approuve aussi l'appel fait au peuple noir pour conquérir le pouvoir politique et économique afin d'atteindre ses objectifs légitimes. Il affirme même que l'un des problèmes majeurs auxquels les Noirs doivent faire face est le manque de pouvoir[204]. Il est d'accord avec la libération à laquelle le « Pouvoir noir » fait référence :

> *Out of the soil of slavery came the psychological roots of the Black Power cry...Black Power is a psychological reaction to the psychological indoctrination that led to the creation of the perfect slave...As long as the mind is enslaved the body can never be free. Psychological freedom, a firm sense of self-esteem, is the most powerful weapon against the long night of physical slavery*[205].

Les Noirs doivent se libérer de l'esclavage et de ses séquelles qui continuent de les maintenir dans la dépendance vis-à-vis des Blancs, et s'affirmer comme des êtres humains à part entière, égaux aux Blancs.

---

203 Ibid., p. 220.

204 Martin Luther King, Jr. *Where Do We Go from Here : Chaos or Community?* (Boston : Beacon Press, 1968), p. 36.

205 Ibid., pp. 40; 43.

Après avoir reconnu les aspects qu'il considère positifs, Martin Luther King s'attache à démontrer la menace que représente le « Pouvoir noir ». Tout d'abord, il le considère comme étant « une philosophie négativiste née de la conviction que le Noir ne peut pas gagner[206] », une philosophie fataliste. Cette conviction est née du désespoir dans lequel les Noirs sont plongés : ils ne croient plus au rêve américain qui, pour eux, semble s'être transformé en cauchemar.

King condamne aussi le séparatisme implicite et explicite qui transparaît dans le slogan. Selon lui, le séparatisme signifie qu'il y a une voie à part (séparée) pour les Noirs et une autre pour les Blancs. Or, affirme-t-il, il n'y a pas de salut pour les Noirs dans l'isolation. Les Noirs ont besoin des Blancs tout comme les Blancs ont besoin des Noirs. Pour lui, les Noirs doivent continuer de créer des coalitions, des alliances, avec les Blancs favorables à leur cause.

Dans le même esprit, la conquête du pouvoir politique ne peut se faire dans le séparatisme. Le peu de districts où les Noirs sont majoritaires ne sont pas à même de créer une représentativité suffisante pour influer sur les décisions concernant la communauté africaine-américaine. Le pouvoir politique et même économique ne peut se conquérir sans le soutien des Blancs, le groupe majoritaire. Les alliances ou coalitions avec les Blancs sont donc une nécessité :

> *In a multiracial society no group can make it alone. It is a myth to believe that the Irish, the Italians and the Jews — the ethnic groups that Black Power advocates cite as justification for their views — rose to power through separatism. It is true that they stuck together. But their group unity was always enlarged by joining in alliances with other groups such as political machines and trade unions. To succeed in a pluralistic society, and an often hostile one at that, the Negro obviously needs organized strength, but that strength will only be effective when it is consolidated through constructive alliances with the majority group...In the final analysis the weakness of Black Power is its failure to see that the black man needs the white man and the white man needs the black man*[207].

---

[206] Ibid., p. 44.
[207] Ibid., pp. 50 et 52.

Cette citation résume bien la position de King sur la question des alliances et de la séparation : le sort des Noirs et des Blancs est intimement lié. Il en est profondément convaincu.

En ce qui concerne le problème de l'identité et de l'héritage culturel, King affirme que l'Africain-Américain appartient à deux continents : l'Afrique et l'Amérique. « The American Negro is neither totally African nor totally Western. He is Afro-American, a true hybrid, a combination of two cultures[208]. » Donc, il ne sert à rien de débattre de son avenir par rapport à l'Afrique, car son destin est lié à celui de l'Amérique. L'Amérique est sa patrie, une patrie qu'il a contribué à bâtir avec son sang, sa sueur et ses larmes. Il n'est donc pas question de créer une nation noire à l'intérieur de la nation américaine.

Ensuite King aborde le problème de la violence, et il s'évertue à montrer ses effets négatifs[209]. Il reconnaît que la violence est défendue par ceux qui ont perdu foi dans la non-violence, les déçus du mouvement de la lutte pour l'égalité raciale qui a cours depuis des années, mais dont les résultats ne semblent pas être à la hauteur de leurs attentes. Cependant, la violence n'est pas la solution à l'objectif recherché, à savoir la liberté, l'égalité. Les Noirs sont une minorité face à une majorité bien armée dont certains membres fanatiques de droite prendraient un malin plaisir à les exterminer. La violence est donc, en dernière analyse, dangereuse : elle conduirait à l'autodestruction, à une sorte de suicide pour les Noirs. La solution appropriée, selon lui, réside dans la non-violence. Cette dernière a déjà fait ses preuves en permettant à la communauté noire de remporter de nombreuses victoires, et il les énumère :

> *It is not overlooking the limitations of nonviolence and the distance we have yet to go to point out the remarkable record of achievements that have already come through nonviolent action. The 1960 sit-ins desegregated lunch counters in more than 150 cities within a year. The 1961 Freedom Rides put an end to segregation in interstate travel. The 1956 bus boycott in Montgomery, Alabama, ended segregation on the buses not only of that city but in practically every city of the South. The*

---

[208] Ibid., p. 53.
[209] Ibid., pp. 54-61.

1963 Birmingham movement and the climatic March on Washington won passage of the most powerful civil rights law in a century. The 1965 Selma movement brought enactment of the Voting Rights Law. Our nonviolent marches in Chicago last summer brought about a housing agreement which, if implemented, will be the strongest step toward open housing taken in any city in the nation. Most significant is the fact that this progress occurred with minimum human sacrifice and loss of life. Fewer people have been killed in ten years of nonviolent demonstrations across the South than were killed in one night of rioting in Watts[210].

Évidemment, il est facile pour l'apôtre de la non-violence d'attribuer toutes ces victoires uniquement à la fraction modérée du Mouvement des droits civiques. C'est certainement vrai qu'elle y a contribué de façon indiscutable, voire décisive, mais il serait injuste de passer sous silence la contribution des radicaux. Cependant, il faut reconnaître que cette approche est de bonne guerre. Les deux fractions du Mouvement ne sont-elles pas en compétition ? De plus, mettre en avant le rôle joué par les modérés du Mouvement permet par la même occasion de discréditer les radicaux du « Pouvoir noir » et indirectement les radicaux de tous bords, de toutes tendances.

Enfin, King en vient au problème de l'intégration qu'il considère comme lié à la libération des Noirs. « There is no theoretical or sociological divorce between liberation and integration », affirme-t-il. Et il ajoute : « In our kind of society liberation cannot come without integration and integration cannot come without liberation. » Il précise sa pensée en donnant sa définition du terme intégration : « I speak here of integration in both the ethical and the political senses. On the one hand, integration is true intergroup, interpersonal living. On the other hand, it is the mutual sharing of power[211]. » Ainsi définie, il est difficile de refuser l'intégration des Noirs dans la société américaine.

King rejette ainsi la position des théoriciens du « Pouvoir noir » qui, eux, s'opposent à l'intégration. Pour ces derniers, jusqu'à présent l'intégration a été sélective, et elle consiste à sélectionner les Noirs « acceptables » et à les insérer dans la communauté blanche de classe moyenne des environs. En cela les objectifs des intégrationnistes sont

---

210 Ibid., p. 58.
211 Ibid., pp. 61-62.

de nature de classe moyenne. Ils visent à soustraire les Noirs qui appartiennent à la classe moyenne ou qui aspirent à y entrer. Ainsi la grande majorité des Noirs serait laissée de côté. Pire, selon les idéologues, cela signifie que, pour avoir une habitation acceptable ou une éducation décente, les Noirs doivent déménager dans un quartier blanc ou fréquenter une école blanche. Ce qui par la même occasion crédibilise la croyance selon laquelle le Blanc est supérieur au Noir. En conclusion, l'intégration tant prônée est un subterfuge, un marché de dupes, pour renforcer et maintenir la suprématie blanche[212].

Pour toutes ces raisons, Martin Luther King ne peut pas adhérer aux idées du « Pouvoir noir » qu'il trouve en définitive dangereuses pour la cause des Noirs. De façon générale, l'aile intégrationniste du Mouvement des droits civiques s'est opposée au slogan « Pouvoir noir » et au mouvement qui en a résulté. C'est dommage qu'elle ne prenne pas tout le temps nécessaire pour l'analyser et voir lesquels de ses aspects peuvent être exploités utilement ou de façon constructive. À la limite, certaines réactions sont épidermiques et fermées à tout dialogue avec les leaders du « Pouvoir noir ». « No matter how endlessly they try to explain it, the term 'black power' means anti-white power », a déclaré Roy Wilkins de la NAACP[213]. Avec une attitude aussi figée il est difficile de dialoguer. C'est ce manque de dialogue et de compréhension qui a, en très grande partie, scellé le sort du « Pouvoir noir ».

Le « Pouvoir noir » a été aussi victime de son manque de clarté et de son manque de programme. C'est cette situation ambiguë qui a fait qu'il est resté au niveau de la phraséologie et du slogan. Il est plutôt resté comme un cri de ralliement des militants, surtout de ceux qui sont toujours insatisfaits des résultats de la lutte. Par exemple, le « Pouvoir noir » parle de « révolution noire », mais de quel type de révolution s'agit-il ? Et comment y parvenir ? Une révolution suppose un changement radical, le remplacement des pratiques qui ont cours par de nouveaux comportements plus à même de faire évoluer positivement la situation ou de convenir à la situation présente. Or, le contexte américain est celui d'une démocratie dite bourgeoise où la majorité et surtout les

---

[212] Stokely Carmichael, Charles V. Hamilton, *Black Power*, pp. 54 et 55.
[213] Clayborne Carson, *In Struggle*, p. 219.

plus puissants décident. Les Noirs ne sont qu'une minorité fut-elle la plus importante en nombre, ce qui représente en soi un grand handicap. De plus, ils ne sont pas les plus nantis. Donc ils ne font pas partie des cercles restreints de décision. Ils sont handicapés et par leur nombre et par leur poids décisionnel. On peut rétorquer qu'une minorité peut lancer ou faire une révolution et ensuite avoir l'adhésion de la majorité. Mais pour réussir ce type de révolution, il faut avoir suffisamment d'armes et de combattants acquis à la cause. Or, aux États-Unis, c'est la majorité qui impose les traitements que dénonce le « Pouvoir noir ». C'est aussi cette même majorité qui détient les armes. Tout cet arsenal a de quoi décourager tout esprit de soulèvement révolutionnaire, c'est-à-dire passant par les armes.

Tout semble aller à l'encontre de la révolution professée par le « Pouvoir noir ». Tous les rapports de force sont en sa défaveur. De plus, tous les Africains-Américains ne sont pas de fervents défenseurs de cette révolution. Tous ses facteurs et les faiblesses relevées plus haut ont finalement eu raison du mouvement et entraîné sa perte de vitesse progressive.

F. Le Black Panther Party for Self-Defence

Ce groupe paramilitaire est né dans le feu de l'action au moment où modérés et radicaux n'arrivaient pas à s'entendre sur la meilleure stratégie à adopter pour faire avancer la cause des Noirs.

1. Origines

Le Parti des Panthères noires pour l'autodéfense a vu le jour presqu'au même moment que le mouvement du « Pouvoir noir ». Huey P. Newton et Bobby Seale en sont les géniteurs. C'est à l'université de Berkeley en Californie, où ils poursuivent leurs études, qu'ils se rencontrent. Jeunes, idéalistes et pleins de fougue, ils fondent le 15 octobre 1966 le Parti de la Panthère noire pour lequel ils choisissent comme symbole la panthère noire. Cet animal, semble-t-il, n'attaque jamais le premier, mais il répond sans hésitation à toute agression d'où qu'elle provienne[214]. Huey P.

[214] Sophie Body-Gendrot, Laura Maslow-Armand, Danièle Stewart, *Les Noirs américains aujourd'hui*, p. 87.

Newton, Bobby Seale, à qui vient s'adjoindre Eldridge Cleaver pour former la tête du parti, se réclament de Malcolm X, « leur père spirituel », qu'ils considèrent comme un « rhétoricien »[215]. Malcolm X a théorisé sur la nécessité de la lutte armée, mais il ne l'a jamais mise en pratique. Le Parti de la Panthère noire veut donc mettre en pratique les idées de Malcolm X sur la libération du peuple noir des États-Unis. Pour faire connaître et propager leurs idées et leur vision de la lutte du peuple noir, les fondateurs créent leur propre organe, *The Black Panther*.

Les fondateurs du Parti de la Panthère noire se réclament aussi être les héritiers du « Pouvoir noir » qu'ils entendent « *'sauver'...de ses falsifications pour le ramener à ses origines révolutionnaires.* » En d'autres termes, le « Pouvoir noir » a été dévoyé de ses objectifs, et ils entendent le ramener sur le chemin de ses origines. Tirant leçon des émeutes ou insurrections urbaines passées, qui ont connu la participation de nombreux Africains-Américains des ghettos, ils en ont conclu qu'elles avaient un caractère spontané et inorganisé. C'est ce qui explique, selon eux, pourquoi les résidents ont payé un lourd tribut : la police cernait les ghettos et violentait les résidents comme bon lui semblait[216].

2. Idéologie des Panthères noires

Tout comme les fondateurs du « Pouvoir noir », ceux du Parti de la Panthère noire se réfèrent constamment au livre de l'écrivain martiniquais Frantz Fanon, *Les Damnés de la Terre*. Cet écrivain y défend « *la légitimité de la violence révolutionnaire contre l'oppresseur* », par exemple celle contre le colonisateur. Tout opprimé a le droit sinon le devoir d'user de la violence pour se défendre ou pour conquérir ses droits. Le colonisé a le droit d'utiliser la violence pour se libérer du joug de la mère patrie.

Les géniteurs du Parti de la Panthère noire ont aussi lu *Le Petit Livre rouge* de Mao-Lin Piao, le testament de Che Guevara et le petit manuel de révolution militaire qu'a inspiré Fidel Castro à Régis

---

[215] Daniel Guérin, *De l'Oncle Tom aux Panthères*, pp. 260 et 261.
[216] Ibid., p. 261.

Debray[217]. En fait, ils ont lu toute la littérature révolutionnaire en vogue à l'époque parmi les jeunes, surtout des pays occidentaux et du Tiers-Monde. Évidemment, ils ne pouvaient pas ne pas en être influencés, sinon qu'ils en épousaient les idées principales la plupart du temps.

De même que les théoriciens du « Pouvoir noir », les fondateurs du Parti de la Panthère noire considèrent les ghettos comme des colonies intérieures des États-Unis, où la police règne en maître, soumettant leurs habitants à toutes sortes de vexations. Celle-ci représente « *une véritable armée d'occupation et l'arme principale du pouvoir*[218]. » C'est pourquoi le point 7 de leur programme composé de dix points stipule :

> *Nous croyons qu'il est en notre pouvoir de faire cesser la brutalité policière contre la communauté noire, en organisant des groupes d'autodéfense qui auront pour tâche de défendre notre communauté contre l'oppression et la violence de la police raciste (...) Tous les Noirs doivent s'armer pour l'autodéfense*[219].

Les Panthères noires sont un parti politique doté d'une branche paramilitaire dont le but est de défendre la communauté noire, surtout celle des ghettos, contre les agressions, les vexations et les abus de la police raciste blanche. À toute intervention zélée ou excessive des « forces de répression », les milices d'autodéfense créées à cet effet dans les ghettos doivent intervenir. C'est pourquoi les Panthères effectuent des patrouilles dans le but de protéger et de tranquilliser les habitants des ghettos.

La tenue des Panthères ne laisse pas indifférent. En effet, ils s'habillent en pantalon noir, chaussures noires, veste en cuir noir avec l'emblème de la panthère noire et béret noir. À cela il faut ajouter le fusil et la cartouchière en bandoulière. Cette image fait forte impression sur les jeunes des ghettos habitués à subir l'oppression de la police blanche du pouvoir. Pour une fois, les Africains-Américains peuvent défier les « forces de répression », les armes à la main. Mais les Panthères noires font-ils vraiment le poids devant une police prête

---

[217] Ibid., p. 262.
[218] Sophie Body-Gendrot, Laura Maslow-Armand, Danièle Stewart, op. cit., p. 89.
[219] Daniel Guérin, op. cit. pp. 263-264.

à mettre hors d'état de nuire les « militants », c'est-à-dire les radicaux ?

Selon Daniel Guérin,

> « *les Noirs étaient, enfin, délivrés de la peur. Ils pouvaient désormais relever la tête et regarder les Blancs droit dans les yeux. Dans un premier temps, au moins, cette tactique eut pour résultat une diminution sensible des actes d'arbitraire et de violence de la police*[220]. »

De l'extérieur, c'est l'aspect militaire des Panthères noires qui attire d'abord l'attention. Mais cet aspect doit servir une cause : l'avènement de la révolution — la révolution noire pour libérer les Noirs opprimés des États-Unis. Mais des conflits de théories sur la stratégie à adopter commencent à miner le parti.

3. Conflits idéologiques et faiblesses

Les conflits idéologiques entre les principaux animateurs du parti (Huey P. Newton, Bobby Seale, Eldridge Cleaver, George Jackson, Geronimo, David Hilliard, et bien d'autres), essentiellement divisés en deux camps antagoniques, sèment le trouble parmi les militants et sympathisants. Par publications interposées, ils s'attaquent et se dénigrent. Malheureusement, cette opposition fait des morts dans les deux camps. Au lieu de concentrer toute leur attention et toute leur énergie sur leur ennemi commun — le pouvoir blanc et ses organes d'exploitation et de répression — ils s'entredéchirent. La division interne, cause de diversion, relègue ainsi et progressivement la lutte politique au second plan.

Que veulent au juste les Panthères noires ? Leur programme politique en dix points présente une série d'exigences : la fin du « *pillage de la communauté noire par le capitaliste* » ; le paiement d'un dédommagement aux Noirs à cause de l'asservissement et du génocide subis par les esclaves ; l'exemption des Noirs de l'armée[221] ; la libération de tous les prisonniers noirs ; l'organisation par les

---

[220] Ibid., p. 264.

[221] À cette époque, l'appel sous les drapeaux se faisait par conscription. On y était appelé. Aujourd'hui, l'armée américaine est une armée professionnelle, à savoir qu'on choisit librement d'y faire carrière.

Nations-Unies d'un référendum afin que les Noirs choisissent leur « destinée nationale ». C'est sur les moyens de parvenir à ses objectifs que les Panthères ne s'entendent pas. Par exemple, tous les leaders ne sont pas d'accord sur la séparation, surtout pas sur un éventuel retour en Afrique, l'origine de leurs ancêtres. Ils sont Américains et ils entendent garder ce statut et rester dans ce pays malgré ses défauts et ce qu'on leur y fait subir. Le mythe du retour en Afrique semble avoir perdu de son attrait depuis Marcus Garvey. Il y a donc une divergence sur la stratégie à adopter malgré l'option révolutionnaire affichée et plusieurs fois réaffirmée.

Huey P. Newton était légaliste dès le départ, option dont il ne s'est jamais départi malgré son long séjour en prison, de l'automne 1967 à l'été 1970. Il défend maintenant l'idée d'une « évolution par étapes » : « *Le peuple noir n'était pas encore mûr. Il ne fallait plus être divorcé de la masse*[222]. » En d'autres termes, on est allé trop vite alors que le peuple noir ne suit pas. En fait, à cause de son éloignement forcé pour raison d'incarcération, Huey Newton avait perdu la mainmise sur le comité central du parti. Les divergences entre les leaders conduisent progressivement à une scission idéologique en deux tendances, l'une accusant l'autre de tous les maux. Le débat va jusqu'à se personnaliser et à se rabaisser. La vie privée des uns et des autres est ainsi étalée sur la place publique. La rupture est consommée en février 1971. D'un côté nous avons Huey Newton, David Hilliard et ses supporteurs et de l'autre Bobby Seale, Eldridge Cleaver, Kathleen Cleaver (l'épouse d'Eldridge). Quand l'occasion se présente, chaque clan exclut du parti les militants de l'autre camp.

Une autre faiblesse du parti est « *le caractère ambigu, tantôt réformiste, tantôt utopique de son programme en dix points, rédigé dans un style quelque peu naïf et simpliste par Huey P. Newton et Bobby Seale*[223]. » Le programme contient beaucoup de sous-entendus, et pourtant il ne dit pas de façon explicite comment mettre en pratique le contenu des dix points. C'est pourquoi il a fait l'objet de plusieurs interprétations : Bobby Seale parle de « socialisme » et d' « internationalisme prolétarien », Eldridge Cleaver de « socialisme

[222] Daniel Guérin, *De l'Oncle Tom aux Panthères*, pp. 298-99.

[223] Ibid., p. 280.

à l'américaine », et George Jackson de « marxisme-léninisme ». Quelle ligne choisir dans une telle situation ?

La structure du parti est « autoritaire, hiérarchique, avant-gardiste ». On y pratique aussi le culte de la personnalité, frisant même l'idolâtrie. Newton est qualifié de « génie ». Même Eldridge Cleaver a osé écrire à un moment que « *Malcolm X a précédé Newton comme saint Jean-Baptiste a précédé Jésus-Christ*[224]. » Cette forme d'autosatisfaction conduit forcément à négliger les masses, sinon à se mettre au-dessus des masses pour lesquelles l'on dit se soucier et se battre. C'est ce qui explique cette attitude tendant à oublier le peuple, créant une certaine distance entre les leaders et ce peuple. Le journal du parti, *The Black Panther*, daté du 18 mai 1968 écrit : « *Les masses sont constamment à la recherche d'un guide, d'un messie, capable de les libérer. Le parti d'avant-garde leur doit et se doit d'être ce guide et ce messie*[225]. » Évidemment, le Parti de la Panthère noire est ce parti d'avant-garde et il se doit de guider les masses noires. Pour George Jackson, « *il n'y a jamais eu de révolution spontanée. Elles ont toutes été mises en scène, fabriquées par des gens qui se sont portés à la tête des masses et les ont dirigées*[226]. »

Des différents débats, il transparaît l'impression d'une confiscation du parti par les dirigeants et cela se ressent aussi par les titres pompeux que les membres du comité exécutif se sont affublés. Ils ont tous le titre de ministre : Premier ministre, ministre de la Défense, ministre de l'Information, ministre de l'Éducation, etc. Est-ce la folie des grandeurs ? En tout cas, cela ne fait pas sérieux pour des gens qui prétendent diriger une « révolution prolétarienne ». Ces titres peuvent retirer à ces dirigeants le crédit dont ils bénéficient auprès de certains membres de la communauté africaine-américaine. Ces titres ne laissent-ils pas entrevoir la distanciation qu'ils prendraient une fois parvenus au pouvoir ? Qu'ont-ils de différent par rapport aux partis traditionnels dits bourgeois qui, d'ailleurs, n'ont pas opté pour de tels titres ? En dernière analyse, ces titres pompeux ne font pas bon effet.

---

[224] Ibid., p. 282.
[225] Daniel Guérin, *De l'Oncle Tom aux Panthères*, p. 282.
[226] Ibid., p. 283.

La première impression qui transparaît est que ces gens-là sont assoiffés de pouvoir.

4. La répression policière

Ces lacunes ou faiblesses des Panthères noires n'expliquent qu'en partie leur déclin et leur disparition progressive. La cause majeure de ce déclin nous semble plutôt être la répression féroce dont ils ont été l'objet. En effet, ils ont osé défier les forces de l'ordre sur leur terrain. Oser affirmer qu'ils répliqueraient par la violence à toute agression de la police équivaut à une déclaration de guerre. Leurs adversaires dans le système du « pouvoir blanc » n'attendaient qu'une telle aubaine. La police a saisi cette opportunité pour procéder à une élimination systématique et méthodique des militants et des leaders en vue. Les plus chanceux doivent leur salut à l'exil. « Des agents fédéraux furent adjoints aux polices des divers États pour participer à la répression. Au ministère de la Justice, une équipe spéciale fut chargée de réprimer les Panthères noires. Sans aucun doute un plan fédéral fut établi en vue de les exterminer purement et simplement[227]. »

Divers stratagèmes allant du harcèlement à l'élimination physique en passant par les procès et la détention prolongée sont utilisés. Les militants du parti sont harcelés partout où ils vont afin de les pousser à perdre patience et donner ainsi l'occasion à la police d'agir même en foulant au pied la loi. Le *Federal Bureau of Investigation* (FBI), la police fédérale, se met aussi dans la danse. « *Les Panthères noires furent harcelés, individuellement et collectivement, par la police et le FBI ; ceux qui n'étaient pas tués étaient traduits en justice pour avoir résisté*[228]. » Par exemple, en 1969, le FBI effectue des raids à Denver, Chicago, Salt Lake City. En 1970, la police de Detroit fait usage d'un tank contre quinze personnes.

L'élimination physique fait aussi partie intégrante de la stratégie d'extermination de la police. Certains militants sont assassinés de sang froid, quelquefois même dans leurs lits. Mark Clark et Fred Hampton (président des Panthères de l'Illinois) sont assassinés dans leur

[227] Daniel Guérin, op. cit., p. 291.

[228] Sophie Body-Gendrot, Laura Maslow-Armand, Danièle Stewart, *Les Noirs américains aujourd'hui*, p. 89.

sommeil le 4 décembre 1969. John Huggins, ministre de l'Information, et Alprentice « Bunchy » Carter, ministre de la Défense, en remplacement de Huey P. Newton emprisonné, sont aussi tués le 17 janvier 1969 sur le campus de l'université de Californie à Los Angeles. Évidemment, la liste ne peut pas être exhaustive, un bilan exhaustif et crédible ne pouvant être fait. Cependant, selon l'hebdomadaire *The Nation*, rien qu'en 1969 vingt-huit leaders des Panthères sont assassinés. L'intention est claire : éliminer ceux que le substitut de l'avocat général pour les Droits civiques de l'administration Nixon a qualifiés de « voyous ». En tout cas, la menace est prise très au sérieux et les « forces de répression » s'appliquent à réduire le nombre de ces voyous à leur strict minimum. C'est très certainement ce qui explique les excès constatés de leur part.

Cette atmosphère délétère est entretenue par le tout puissant directeur du FBI, J. Edgar Hoover, par ses déclarations tendancieuses. Pour justifier peut-être cette hystérie policière on parle même de « complot national » préparé par les organisations radicales noires et dirigé par les « communistes[229] » et dont l'objectif est d'assassiner les membres des forces de l'ordre. Pour justifier les excès de la police, on se cache derrière un éventuel complot préparé les organisations noires dites radicales, dont les Panthères. La vérité est que la police en général, le FBI en particulier, ne veut pas que les Panthères, dans le cas qui nous intéresse, puissent servir de mauvais exemple à d'autres groupes ou groupuscules qui seraient tentés par la même aventure. Il veut leur faire comprendre que la cause est perdue d'avance. Une guérilla armée « révolutionnaire » n'a aucune chance de succès aux États-Unis, surtout qu'elle se battrait contre l'armée de la majorité, l'une des mieux armées au monde. En effet, ce fait est un argument de poids qui a de quoi décourager certains militants dont la conviction est encore vacillante.

Certains leaders dont Eldridge Cleaver ont du prendre la route de l'exil pour échapper à la mort. D'autres militants sont arrêtés pour des motifs légers, et gardés pendant de longues périodes préventives. Pour

[229] Nous étions en pleine guerre froide et le communisme était considéré à l'époque comme une menace par les autorités américaines.

le cas où on va jusqu'au jugement, on assiste à des parodies de justice suivies de lourdes condamnations. Pour ceux qui sont condamnés à des peines de prison, ils ne sont pas sûrs d'en sortir vivants. Citons en exemples les cas malheureux des frères Jackson, Jonathan et George, qui ont trouvé la mort en prison, respectivement en août 1970 et août 1971.

Entre 1968 et 1971 l'on assiste à une série de batailles juridiques et de procès. Quand les Panthères arrivent devant les tribunaux, ils utilisent comme élément central de leur arsenal juridique de défense la Constitution des États-Unis qui déclare qu'ils doivent être jugés de façon équitable par des jurys impartiaux, c'est-à-dire non influencés par les préjugés raciaux. Or, dans le contexte américain de l'époque, il est très difficile de parvenir à former de tels jurys. Avec cette stratégie, l'on arrive à un blocage de l'appareil judiciaire car l'on n'arrive pas à trouver des jurés impartiaux. La conséquence est que beaucoup de Panthères accusés de meurtre sont soit libérés soit acquittés purement et simplement. Par exemple, « les procès les plus célèbres, ceux de Huey Newton, des 'Vingt et Un de New York', des 'Quatorze de New Haven', des 'Quinze de Detroit', des 'Douze de New Orléans', se terminèrent tous par l'acquittement de tous les accusés, ou presque, lors d'une série de jugements rendus en 1971[230]. »

Les Panthères ne remettent pas en cause la Constitution des États-Unis, bien au contraire. Ils doutent plutôt de l'impartialité des personnes chargées de son application, notamment la police et les autorités de façon générale. Cette stratégie semble porter de bons fruits puisque les objectifs visés par les autorités en question, à savoir faire taire les Panthères incriminés, ne sont pas toujours atteints. Beaucoup échappent aux châtiments qu'on leur a préparés. Heureusement que les Panthères ont compris que la pratique américaine, qui consiste à se servir de la Constitution et des tribunaux pour défendre leurs droits et à laquelle la NAACP a déjà eu recours à maintes reprises par le passé, peut être exploitée à leur avantage. Cette stratégie leur a évité bien de déboires. Ceci nous fait dire que si la Constitution américaine est appliquée dans son esprit et dans sa lettre,

[230] Sophie Body-Gendrot, Laura Maslow-Armand, Danièle Stewart, op. cit., p. 91.

les droits des groupes qui composent la société du pays devraient être respectés à la satisfaction des intéressés.

Les procès et harcèlements contre les Panthères servent de plateforme d'expression et de publicité à ces derniers. Ils peuvent y dire ce qu'ils veulent : réaffirmer leurs idées politiques, dénoncer le système et les agissements de la police. Ces procès permettent à plus d'Américains de mieux connaître les militants incriminés. Les procès et les harcèlements ont au moins cela de positif et les Panthères en ont très certainement fait bonne exploitation.

La division interne et la répression farouche dont les militants les plus en vue ont été l'objet ont finalement eu raison du Parti des Panthères noires pour l'autodéfense. Vu que le Parti est très centralisé, l'élimination physique ne serait-ce que d'un membre du comité central se fait sentir durement. La police raisonne probablement de cette façon pour procéder à l'affaiblissement minutieux et progressif du Parti. À l'instar du « Pouvoir noir » et usant de méthodes similaires utilisées en son temps contre ce groupe, elle parvient à mettre fin à la menace que semblent représenter les Panthères. Un véritable travail de professionnels de la part de la police : elle connaît les enjeux, le terrain, et, bien sûr, les méthodes les plus efficaces pour ce genre de situation.

Ainsi le « Pouvoir noir » et les Panthères noires ont été réduits progressivement, affaiblis, et finalement éliminés comme menaces potentielles. Les raisons profondes de cette évolution ont été déjà analysées, à savoir le harcèlement, la prison, la fuite, les procès, l'élimination physique. Cependant, cette évolution nous invite à nous poser des questions essentielles : Pourquoi ces deux organisations radicales ont-elles connu le même sort, à savoir une vie fulgurante mais éphémère ? Avaient-elles été vraiment bien mûries avant leur lancement sur la place publique par leurs géniteurs ? Les Noirs étaient-ils capables à l'époque de monter un programme politique radical viable et de le mener à son terme ? Ce sont là quelques questions dont les réponses pourraient servir à ceux des Africains-Américains qui seraient tentés par la même aventure. L'échec des projets politiques du « Pouvoir noir » et des Panthères noires, précédé par celui de Malcolm X pour cause d'assassinat, pourrait faire dire à certains Blancs et Noirs que les Africains-Américains ne peuvent pas se libérer par la violence, le radicalisme ou le nationalisme. En tout état de cause, nous nous devons de réfléchir à la question.

Dans tous les cas, il faut prendre en compte le contexte de l'agitation générale contre la guerre du Vietnam de l'époque où les autorités américaines ne ménageaient aucun effort pour faire taire toute velléité de contestation par les organisations gauchistes ou progressistes. Tous les moyens étaient bons pour parvenir à leurs fins. Cependant, force est d'admettre l'influence que la tendance abusivement appelée « révolutionnaire » a eue sur la jeunesse africaine-américaine, surtout celle des ghettos et les étudiants. Elle leur a ouvert les yeux sur certains aspects de la lutte que la fraction dite modérée du mouvement pour les droits civiques ne mentionne jamais, compte tenu de leur option résolument biraciale et pacifique. Pour cette frange modérée, toutes les actions doivent se mener avec les Blancs sinon avec leur caution — pour avoir le soutien tant matériel, moral que politique des libéraux. C'est pourquoi il faut éviter de les heurter. Or, les « révolutionnaires » refusent les courbettes devant le « maître blanc ». Le refus de la perpétuation de la mentalité d'esclave : telle est l'une des leçons que la stratégie radicale a inculquées à la jeunesse africaine-américaine.

III. Le bilan du Mouvement des droits civiques

Le bilan même partiel du Mouvement des droits civiques ne peut être fait qu'en prenant en compte l'apport complémentaire des deux stratégies dominantes, à savoir la stratégie intégrationniste et la stratégie séparatiste. C'est ensemble que les deux stratégies ont contribué à produire les résultats dont nous pouvons parler aujourd'hui. Tous les acquis sont à interpréter dans cette perspective.

A. L'émergence de certaines personnalités

Tout d'abord, la lutte des Africains-Américains a permis l'émergence de certaines personnalités dont les plus en vue sont Martin Luther King, Malcolm X, Ralph Abernathy, Huey P. Newton, Jesse Louis Jackson, Eldridge Cleaver, Stokely Carmichael, Bayard Rustin, Angela Davis. En vérité, la liste est bien plus longue.

L'émergence de ces personnalités a entraîné un renouvellement de la classe dirigeante, qui apporte et met en pratique sa conception de la lutte des Noirs. Surtout, ces personnalités feront désormais la une des organes d'information et elles seront familières à toute l'Amérique. Il ne se passera plus de jour où on ne parlera pas de l'une ou de l'autre de ces personnes. Cela est dû aux différentes actions qu'elles mènent sur le terrain et auprès des masses.

B. Différentes conceptions et perceptions de la lutte

L'émergence des nouvelles personnalités a entraîné l'apparition de différentes conceptions et perceptions de la lutte, quelquefois opposées. Avec Martin Luther King, il faut pactiser avec les Blancs, considérés comme des frères. Quant à Malcolm X, il a dans un premier temps mis l'accent sur le côté négatif sinon diabolique des Blancs considérés comme des ennemis, avant de revoir son analyse, pour finalement admettre que Noirs et Blancs sont des frères. Après son pélérinage à la Mecque et l'expérience religieuse et humaine qu'il a vécue avec des musulmans de toutes origines et de toutes races, il a été obligé de revoir sa perception des Blancs.

Quant à Huey P. Newton, il opte pour l'utilisation de la stratégie de l'autodéfense. C'est ainsi que sont nées les Panthères noires, pour défendre les quartiers ou ghettos noirs des descentes musclées de la police raciste blanche. Stokely Carmichael et ses camarades ont développé le concept du « Pouvoir noir » basé sur la séparation dans tous les domaines. Les Noirs doivent prendre en main leur destinée : là où ils représentent la majorité, ils doivent avoir le contrôle des instances de décision dans ces zones ou localités.

Cependant, c'est cette opposition salutaire qui a apporté un nouveau dynamisme dans le mouvement pour les droits civiques et qui a maintenu les masses noires mobilisées durant de longues années. Les différentes tendances visaient le même objectif, mais elles différaient seulement sur la manière d'y parvenir. C'est de l'opposition qu'est né un certain dynamisme à même d'influencer les autorités, à quelque niveau qu'elles soient. Voyant la mobilisation soutenue de la communauté noire, ces décideurs ne pouvaient que comprendre que quelque chose devait être fait afin de calmer les esprits et d'éviter que le pays ne sombre dans le chaos.

C. Une nouvelle atmosphère propice au changement

Le Mouvement des droits civiques est aussi responsable de la nouvelle atmosphère, du nouvel climat social, qui s'est finalement installé dans le pays et sans lequel aucun changement digne de ce nom et durable n'est possible. Durant des siècles, les États-Unis ont vécu dans un système à double vitesse : un pour les Noirs et un autre pour les Blancs. L'habitude et le temps aidant, des comportements, des habitudes, des manières de faire et d'agir et des institutions ont été forgés et figés. Il n'était donc pas aisé de renverser la vapeur et de changer les choses dans le sens positif. Cependant, le sérieux des leaders africains-américains et la mobilisation sans faille de la communauté qu'ils dirigeaient ont fini par convaincre les décideurs politiques. À cela, il faut ajouter la brutalité grossière et inhumaine de la police qui a fait voir et comprendre à plus d'un Américain le sort intenable que vivaient les Africains-Américains.

D. Quelques victoires juridiques

C'est dans ce contexte propice à une remise en cause des vieilles habitudes que le Mouvement des droits civiques est intervenu, fort du soutien de la communauté. Les manifestations multiples et multiformes qu'il a organisées ont progressivement convaincu de nombreux Américains de la justesse des revendications des Noirs. De plus, les instances fédérales de décision dont les cours de justice, le Congrès, et la Maison Blanche, etc., se sont aussi mises au pas, en prenant des décisions allant dans le sens du changement tant réclamé et de l'apaisement nécessaire. La décision issue de l'affaire Brown (1954), la loi sur les Droits civiques (1964), la loi sur le Droit de vote (1965), la nouvelle loi sur les Droits civiques (1968), l'abolition des taxes électorales par le 24è Amendement à la Constitution (1964) sont quelques-unes des décisions majeures les plus fréquemment citées.

Le Mouvement des droits civiques a donc permis la remise en cause de l'ordre ancien et entraîné la prise de nouvelles décisions afin de réconcilier le pays avec lui-même. C'est tout simplement ce que les Noirs américains réclamaient : le démantèlement des pratiques et mentalités surannées qui ont survécu à l'abolition de l'esclavage au dix-neuvième siècle. Ils demandaient les mêmes droits que leurs compatriotes, le respect et la même considération qu'eux. Mais pour en a arriver là, il a fallu beaucoup de luttes et de sacrifices, quelquefois inutiles, pourtant les objectifs recherchés étaient clairs et allaient de soi.

*

Le Mouvement des droits civiques a permis des avancées significatives dans la lutte des Noirs aux États-Unis. Cependant, il y a lieu d'insister. Ce vaste mouvement de revendication est lui-même tributaire de ce que ceux que j'ai appelés les « précurseurs » ont fait : leurs idées, leurs actes, etc. Ils ont balisé le terrain pour le Mouvement. Ils lui ont en quelque sorte montré et tracé la voie. Ces précurseurs qui étaient de tous les sexes et de toutes les races (je n'en ai cité qu'un nombre infime) sont donc incontournables dans les progrès que les Noirs ont faits après eux. Il faut le leur reconnaître et relever leur apport.

Les Africains-Américains qui font l'objet de la Deuxième Partie de notre étude sont dans leur grande majorité héritiers du Mouvement des droits civiques : soit parce qu'ils ont été des acteurs directs de ce Mouvement (ils y ont participé), soit parce qu'ils ont tout simplement hérité de ses retombées. Dans tous les cas, la période d'agitation qui s'est accrue avec le boycott des transports publics de Montgomery a laissé des traces indélébiles, et sur les hommes, et sur la société dans son ensemble sur les plans politique, économique, social, psychologique, et relationnel.

Rien qu'à considérer les résultats auxquels les Noirs sont parvenus à la fin de la période qui nous intéresse, à savoir 1990, on peut affirmer que le Mouvement des droits civiques a été un succès, d'autant plus que lesdits résultats répondent aux demandes et exigences d'alors de la communauté noire. Cependant, même si, pris globalement, ces résultats sont positifs, des zones sombres persistent toujours. C'est à l'analyse de ces résultats que va se livrer la Deuxième Partie de notre travail. Nous nous efforcerons de faire ressortir l'évolution en nous basant sur certains exemples.

DEUXIÈME PARTIE

L'ÉVOLUTION ÉCONOMIQUE, SOCIALE ET POLITIQUE

Dans la Première Partie nous avons montré comment le Mouvement des droits civiques des années 1950 et 1960 a secoué les États-Unis jusque dans ses fondements les plus profonds en remettant en cause les préjugés raciaux centenaires. Les marches et les contremarches, les manifestations de masse non-violentes dirigées par les leaders du Mouvement des droits civiques et les diverses autres expressions de mauvaise humeur exprimées par la communauté noire avaient alors fini par convaincre l'Amérique que quelque chose n'allait pas et qu'elle devait prendre des décisions vigoureuses et appropriées. Celles-ci devaient avoir pour objectif, dans un premier temps, de calmer la situation mais aussi et surtout d'améliorer le sort et la condition des Noirs, en particulier dans le Sud où résidait au moins la moitié de cette population. Le gouvernement et la société américaine dans sa grande majorité suivirent le mouvement de changement. C'est pourquoi nous assistâmes à une série de décisions censées apporter le changement tant souhaité et réclamé à cor et à cri. Par-dessus tout, il faut retenir le changement de mentalité intervenu au sein de la société américaine suite au soulèvement de sa frange noire.

Cette évolution de la société et ce changement des mentalités permirent, apparemment, des avancées indéniables. Cependant, les nombreux acquis ont-ils véritablement amélioré la condition de la minorité noire ? C'est la question fondamentale à laquelle nous tenterons d'apporter une réponse, en nous fondant sur des exemples sur les plans économique, social, et politique. On s'en doute, la réponse n'est ni donnée, ni aisée. Notre tâche dans cette Deuxième Partie consiste à voir si l'égalité, objectif ultime du Mouvement des droits civiques, a été atteinte. En d'autres termes, il s'agit de voir si entre 1960 et 1990 ce rêve d'égalité est devenu réalité.

Évaluer les progrès réalisés dans les domaines économique, social et politique nécessite un certain discernement. C'est une évolution multiforme dont l'analyse exige tout d'abord d'étudier les chiffres et les statistiques et de les interpréter. Ensuite, elle commande d'aller au-delà de ces chiffres et statistiques, car ceux-ci ne suffisent pas pour traduire toutes les réalités de l'évolution.

CHAPITRE I

L'ÉVOLUTION ÉCONOMIQUE

Le domaine économique est très important dans l'évaluation du statut d'un individu ou d'une société. C'est notre situation économique qui nous permet de nous sentir à l'aise ou pas, de mener un certain style de vie, d'habiter dans tel quartier plutôt que dans tel autre. Notre statut économique peut aussi influer sur l'image que les autres ont de nous. Tout cela est vrai pour les Africains-Américains, eux qui ont pendant très longtemps été à la traîne de leurs homologues blancs. D'ailleurs ces derniers n'ont toujours pas une image positive d'eux en ce qui concerne le plan économique. Nous verrons si cette perception est fondée ou pas.

I. LA FORTUNE DES AFRICAINS-AMÉRICAINS

Parler de fortune en ce qui concerne les Africains-Américains semble être un paradoxe d'autant plus que pour un grand nombre d'Américains les termes « Africains-Américains », « Noirs » « Noirs américains » et « Afro-Américains » riment avec pauvreté, misère, ghetto, crime, clochardisation et bien d'autres images négatives. Beaucoup d'Américains ne s'imaginent pas que les Africains-Américains peuvent effectivement posséder une certaine fortune, aussi minime soit-elle. Malheureusement, la triste réalité ne leur donne pas totalement tort.

Malgré les effets hautement positifs de la lutte du Mouvement des droits civiques, Noirs et Blancs restent toujours inégaux sur le plan crucial de la fortune. Que disent les statistiques en 1990 ? Tout d'abord, une remarque : le terme anglais « wealth » se traduit difficilement en français. Il ne peut pas tout le temps se traduire par un seul et même mot. Tout dépend du contexte dans lequel il est utilisé. Dans le sens de possession, il peut se comprendre comme « fortune », « richesses », « patrimoine ». Dans d'autres situations, il peut se traduire par « richesse » ou « ressources ». Dans notre contexte, nous nous contenterons des termes « fortune », « richesses », « patrimoine », « biens » ou « avoirs ». Pour le moment, considérons qu'ils sont tous synonymes et qu'ils expriment tous la même idée, la même réalité.

Qu'est-ce que la fortune ? En général, la fortune de quelqu'un se définit comme l'ensemble des biens que cette personne possède à un moment donné de sa vie. Elle peut prendre différentes formes : comptes en banque, actions dans des sociétés, biens mobiliers et immobiliers, voitures, argent liquide en sa possession, etc. Mais quelle est la définition des spécialistes?

> *Wealth is the total extent, at a given moment, of an individual's accumulated assets and access to resources, and it refers to the net value of assets (e.g., ownership of stocks, money in the bank, real estate, business ownership, etc.) less debt held at one time. Wealth is anything of economic value bought, sold, stocked for future disposition, or invested to bring an economic return*[231].

Cette définition correspond exactement à celle du patrimoine donnée par d'autres spécialistes. Ces derniers définissent le patrimoine comme étant l'état des avoirs et des dettes d'une personne, d'un ménage ou d'une famille à un moment donné. Ces avoirs sont composés d'actifs financiers et d'actifs non financiers (physiques ou incorporels). Le patrimoine des ménages — c'est le cas qui nous intéresse ici — se compose donc de deux éléments essentiels : les actifs (les avoirs financiers et non financiers) et le passif (les dettes). Les actifs financiers se subdivisent en épargne bancaire liquide ou à court terme (livrets d'épargne, épargne logement, comptes à terme, bons…), en valeurs mobilières (actions, obligations…), en placements

---

[231] Melvin L. Oliver, Thomas M. Shapiro, *Black Wealth/White Wealth : A New Perspective on Racial Inequality* (New York : Routledge, 1997), p. 30.

agricoles (terres, bois, cheptel…), et en placements divers (comptes courants d'associés, or, diamants, placements d'assurances, objets d'art…). Quant aux actifs non financiers, ils se composent essentiellement de biens immobiliers (immeubles, appartements, logements). Le patrimoine passif peut se résumer par le terme « dettes » : par exemple les prêts à l'habitat, les crédits de trésorerie[232].

Cette définition du patrimoine est identique à celle de la fortune que nous avons relevée plus haut ; par conséquent, nous utiliserons les termes « fortune », « patrimoine », « avoirs » ou « biens » pour parler de la même réalité. Si des précisions supplémentaires s'imposent, nous les ferons en temps opportun.

Chaque année, aux États-Unis, deux publications sont toujours très attendues. La première publication révèle les noms des personnalités les mieux payées du pays ou qui gagnent le plus d'argent. Chaque citoyen, Blanc ou Noir, veut savoir où se situe l'une de ses connaissances, une personne qui lui est proche ou, tout simplement, qui sont les heureux « élus ». Depuis un certain temps, sur cette liste figurent des noms d'Africains-Américains évoluant dans divers domaines d'activités tels que le sport, les arts du spectacle, la musique, la télévision, etc. On y trouve les noms d'illustres personnalités comme Earvin ("Magic") Johnson, Michael Jordan, Mike Tyson, Dwight Gooden, Darryl Strawberry, Eddie Murphy, Bill Cosby, Michael et Janet Jackson, Whitney Houston, Tina Turner, Bryant Gumbel, Oprah Winfrey. Leurs salaires ou revenus annuels s'élèvent à des millions de dollars. Au début de la décennie 1990, cinq Africains-Américains figurent parmi les dix premières personnalités les mieux payées aux États-Unis[233].

La seconde publication est *Forbes* magazine. Elle divulgue les noms des 400 plus grosses fortunes des États-Unis. Contrairement à la première, très peu d'Africains-Américains figurent sur cette liste. Quelle est l'explication à cela ? A la lecture des deux listes on en vient

---

[232] Michel Bialès, Rémi Leurion, Jean-Louis Rivaud, *Économie générale* (Paris : Éditions Fouchier, Collection Tertiaire, 1993), pp. 136, 142-143.

[233] Melvin L. Oliver, Thomas M. Shapiro, *Black Wealth/White Wealth*, p. 1; Andrew Hacker, *Two Nations : Black and White, Separate, Hostile, Unequal* (New York: Ballantine Books, 1993), p. 107.

à se demander où passent les revenus ou salaires élevés que gagnent certains Noirs. En d'autres termes, pourquoi ces gros salaires ne figurent-ils presque pas parmi les plus grosses fortunes des États-Unis ? La réponse n'est pas aisée.

A. Les racines de la situation financière des Noirs

Melvin L. Oliver et Thomas M. Shapiro ont écrit un excellent livre, *Black Wealth/White Wealth*, dans lequel ils analysent l'inégalité entre Noirs et Blancs sur le plan de la fortune. Nous sommes d'accord avec leur explication historique et leur analyse et nous les faisons nôtres. Selon ces deux chercheurs,

> *Disparities in wealth between blacks and whites are not the product of haphazard events, inborn traits, isolated incidents or solely contemporary individual accomplishments. Rather, wealth inequality has been structured over many generations through the same systemic barriers that have hampered blacks throughout their history in American society: slavery, Jim Crow, so-called de jure discrimination, and institutionalized racism*[234].

Plus loin ils explicitent leur thèse :

> *The inheritance of accumulated disadvantages over generations has, in many ways, shortchanged African Americans of the rather dramatic mobility gains they have achieved. While blacks have made stunning educational strides, entered middle-class occupations at an impressive rate, and moved into political positions in numbers unheard of a quarter of a century ago, they have been unable to surmount the historical obstacles that inhibit their accumulation of wealth. Still today, they bear the brunt of the sedimentation of racial inequality*[235].

Les disparités entre les fortunes des Noirs et celles des Blancs ne peuvent pas se comprendre en dehors de l'histoire des États-Unis : l'esclavage et ses séquelles. A la fin de l'esclavage, quatre millions de Noirs intègrent la société américaine sans aucun bien personnel. De l'état de bétail, ils deviennent soudainement des citoyens, mais des citoyens aux mains vides. Les « 40 acres de terre et une mule » tant

---

[234] Melvin L. Oliver, Thomas M. Shapiro, op. cit., pp. 12-13.
[235] Ibid., p. 175.

promis par les autorités de la Reconstruction et réclamés par les anciens esclaves eux-mêmes ne leur sont pas distribués malgré la *Southern Homestead Act* de 1866 qui prévoit la distribution de 46 millions d'acres de terre. Si cette distribution conduite par *le Freedmen's Bureau* avait été menée à son terme, beaucoup parmi les anciens esclaves seraient devenus des propriétaires terriens. Malheureusement, l'application de cette loi a été un échec de même que la Reconstruction dont elle est partie prenante. La loi de 1866 n'impose aucune restriction concernant les bénéficiaires éventuels. Ainsi toutes les personnes intéressées peuvent postuler. Pour cela il leur suffit de jurer qu'elles n'ont jamais pris les armes contre les États-Unis, ni apporté un soutien quelconque à ses ennemis. En conséquence, les terres destinées en premier lieu aux anciens esclaves passent aux mains des Blancs. Ainsi, 77,1 % des postulants, soit plus des trois-quarts, sont des Blancs. Donc la *Southern Homestead Act* de 1866 comporte des insuffisances préjudiciables aux esclaves affranchis. Malgré les limites de cette loi, en 1900 un quart des Noirs du Sud sont propriétaires des terres qu'ils cultivent[236].

Un autre facteur ayant joué en leur défaveur est l'état des domaines attribués. En effet, ceux-ci sont majoritairement des terrains marécageux. Il est donc difficile pour les Noirs de les viabiliser. De plus, « *What is more important, blacks had to face the extra burden of racial prejudice and discrimination along with the charging of illegal fees, expressly discriminatory court challenges and court decisions, and land speculators*[237]. » Michael Lanza, cité par Melvin L. Oliver et Thomas M. Shapiro, résume la situation en ces termes : « *The freedmen's badge of color and previous servitude complicated matters to almost incomprehensible proportions*[238]. » Les espoirs placés en cette opération de redistribution de terres sont donc déçus, car les promesses ne sont pas tenues. Seulement quelques Noirs ont la chance de bénéficier de terres. En d'autres termes, au sortir de l'esclavage, la très grande majorité des Noirs se retrouvent sans biens dignes de ce nom — sans un lopin de terre à leurs noms.

---

[236] Melvin L. Oliver, Thomas M. Shapiro, op. cit., pp. 14-15.
[237] Ibid., p. 14.
[238] Ibid., p. 16.

Or, à cette époque, il n'y a pas d'autres biens que le Noir nouvellement affranchi puisse acquérir. Le seul bien à sa portée est essentiellement foncier. Sortir de l'esclavage les mains vides ne permet pas de créer, par exemple, sa propre entreprise et d'ailleurs avec quels moyens ? C'est pourquoi, nous soutenons que si le Noir n'est pas attributaire de terre, il est totalement démuni, sans biens.

Au vingtième siècle, les choses ne s'améliorent nullement, car le gouvernement fédéral adopte une politique globale tendant à favoriser le développement des banlieues. Aussi, en plus des séquelles de l'esclavage, les politiques fédérales en matière de fiscalité vis-à-vis des entreprises, de transport et de l'habitat viennent rendre la situation des Africains-Américains encore plus difficile. En effet, le gouvernement fédéral accorde des avantages fiscaux aux entreprises qui s'installent dans les banlieues plutôt que dans les centres-villes. Cette option fiscale éloigne du même coup les emplois des Africains-Américains qui, généralement, résident dans les villes ou les grands centres urbains.

Dans le domaine des transports, le gouvernement fédéral encourage la construction d'autoroutes, subventionne le carburant et la fabrication en série d'automobiles. Toutes ces facilités rendent du même coup la vie en banlieue plus attrayante et supportable sur le plan financier, lieu où effectivement habitent les Blancs.

Quant à la politique fédérale de l'habitat, elle consiste en des mesures incitatives, notamment financières, pour pousser les gens à aller s'installer dans les banlieues. En tout état de cause, elle facilite l'acquisition de logements dans ces zones. Cependant, évaluant ces trois niveaux politiques (fiscalité des entreprises, transport, habitat), Melvin L. Oliver et Thomas M. Shapiro écrivent :

> *While these governmental policies collectively enabled over thirty-five million families between 1933 and 1978 to participate in homeowner equity accumulation, they also had the adverse effect of constraining black Americans' residential opportunities to central-city ghettos of major U.S. metropolitan communities and denying them access to one of the most successful generators of wealth in American history — the suburban tract home*[239].

[239] Melvin L. Oliver, Thomas M. Shapiro, op. cit., p. 16.

La politique du gouvernement fédéral influe largement et négativement sur les opportunités d'acquisition de biens par les Africains-Américains, surtout l'acquisition de maison ou de parcelle habitable, considérée comme une véritable source de richesse. Ces opportunités sont entravées et par la pratique gouvernementale et par la discrimination raciale ambiante dans le pays.

Toujours dans le cadre de la politique de l'habitat du gouvernement fédéral, soulignons le rôle négatif de la *Federal Housing Authority* (FHA). Créée en 1934, elle avait pour but de soutenir l'économie américaine et de promouvoir l'emploi par son action dans le secteur du bâtiment qui battait de l'aile, vu le contexte économique. En effet, la crise économique de 1929 avait frappé durement l'économie des États-Unis et le gouvernement avait dû intervenir afin d'éviter la banqueroute totale. Les effets de la crise se faisaient toujours sentir dans tous les secteurs d'activité, y compris celui du bâtiment. C'est pourquoi le président Franklin Delano Roosevelt eut cette astuce pour relancer cette branche de l'économie. En effet, la FHA était censée relancer le bâtiment à un moment où pour tout un chacun la survie primait sur toute autre considération. Ce faisant, l'achat d'une maison apparaissait soit comme un luxe, soit comme un rêve à reporter à plus tard — quand la situation financière de la famille deviendrait plus viable. Mais la FHA trouva des mesures incitatives pour permettre aux personnes intéressées de s'acheter une maison. Elle établit pour cela un système de prêt souple qui ne pouvait qu'attirer les clients : « *The FHA ushered in the modern mortgage system that enabled people to buy homes on small down payments and at reasonable interest rates, with lengthy repayment periods and full loan amortization*[240]. » Évidemment, ce fut un succès, car les clients ne manquèrent pas, vu que les conditions de remboursement étaient acceptables sinon supportables. Aux dires même de certains clients, il était devenu plus avantageux de s'acheter une maison que de louer une[241].

Cependant, dans la pratique, les actions de la FHA favorisèrent la banlieue et les Blancs. La FHA finançait prioritairement les maisons familiales individuelles. Elle préférait aussi financer la construction de

---

[240] Melvin L. Oliver, Thomas M. Shapiro, op. cit., p. 17.

[241] Ibid.

nouvelles maisons plutôt que la réfection des anciennes en mauvais état. Or, semble-t-il, ces nouvelles constructions ne pouvaient pas se faire dans les villes, vu l'absence d'espaces vacants appropriés. L'argument du manque d'espace n'était qu'un prétexte car selon les critères établis par la FHA, les dossiers de financement de personnes ayant l'intention de construire dans les anciennes résidences et communautés où vivaient des Africains-Américains considérés comme des « indésirables » étaient susceptibles d'être rejetés. Aussi, si les Africains-Américains voulaient que leurs maisons soient financées, devaient-ils aller dans des zones où la race ne pouvait pas servir de prétexte de rejet.

Beaucoup pourrait être dit sur les pratiques discriminatoires de la FHA. En effet, se basant sur de soi-disant critères professionnels équitables (« unbiased professional estimate »), elle rejetait de nombreux dossiers déposés par des Africains-Américains. Rien qu'à la lecture de son *Underwriting Manual*, son manuel de travail, on comprend beaucoup de choses. On peut y lire par exemple ce qui suit : « *If a neighborhood is to retain stability, it is necessary that properties shall continue to be occupied by the same social and racial classes.* » La FHA est persuadée que si l'on n'établit pas une séparation rigide entre les races, une sorte d'apartheid à l'américaine, les valeurs immobilières baisseraient. En termes clairs, il faut appliquer la ségrégation résidentielle. Pour arriver à cela, elle conseille aux résidents blancs d'une zone donnée d'appliquer des « restrictive covenants », c'est-à-dire des conventions par lesquelles les signataires s'engagent individuellement à ne pas laisser un non-Blanc s'installer dans cette zone. Elle leur fournit même un modèle de convention non susceptible d'être attaquée devant les tribunaux : « *The FHA's official handbook even went so far as to provide a model 'restrictive covenant' that would pass court scrutiny to prospective white homebuyers. Such policies gave support to white neighborhoods*[242]... » Charles Abrams cité par Melvin L. Oliver et Thomas M. Shapiro d'ajouter « *From its inception FHA set itself up as the protector of the all-white neighborhood. It sent its agents into the field to keep Negroes and other minorities from buying houses in white*

[242] Melvin L. Oliver, Thomas M. Shapiro, op. cit., p. 39.

neighborhoods[243]. » La ségrégation résidentielle, la politique officielle de la FHA, justifie les pratiques discriminatoires qui causèrent tant de torts aux Africains-Américains sur le plan de l'acquisition d'un logement.

Un autre exemple de racisme institutionnel a contribué à empêcher les Noirs de posséder une maison. Les banques, sous le motif fallacieux de « considérations financières », jouent leur partition. Elles rejettent trop fréquemment les demandes de prêts pour l'achat d'une maison provenant de postulants africains-américains. Le vrai motif n'est pas que les postulants en question ne peuvent pas rembourser le prêt sollicité, mais plutôt une discrimination raciale déguisée. En effet, quand un Noir et un Blanc ayant le même profil économique, c'est-à-dire les mêmes capacités financières, déposent chacun un dossier auprès de la même institution bancaire en vue d'un emprunt logement, le client noir a plus de malchance de voir son dossier rejeté que son homologue blanc. Une étude réalisée par la *Federal Reserve* en 1991 révèle la persistance de ce type de discrimination :

> *A 1991 Federal Reserve study of 6.4 million home mortgage applications by race and income confirmed suspicions of bias in lending by reporting a widespread and systemic pattern of institutional discrimination in the nation's banking system. This study disclosed that commercial banks rejected black applicants twice as often as whites nationwide. In some cities, like Boston, Philadelphia, Chicago, and Minneapolis, it is reported a more pronounced pattern of minority loan rejections, with blacks being rejected three times more often than whites...The poorest white applicant, according to this report, was more likely to get a mortgage loan approved than a black in the highest income bracket*[244].

Ainsi, à la suite de la FHA, les banques à leur tour tournent le dos aux Africains-Américains et refusent de les aider à acquérir ce dont ils ont tant besoin : un logement qui leur appartient et d'où ils ne pourraient pas être expulsés pour une raison quelconque. Les raisons les plus fréquemment avancées par les bailleurs ne sont que des alibis : non-paiement du loyer, mauvais entretien de la maison, besoin

---

243 Ibid., p. 16.

244 Melvin L. Oliver, Thomas M. Shapiro, op. cit., pp. 19-20.

du bâtiment pour d'autres utilisations, etc. Tous les motifs sont bons quand le propriétaire blanc veut se débarrasser de son locataire noir.

Le refus des banques ne se limite pas au seul emprunt logement. Il touche aussi les prêts pour la réfection des maisons en mauvais état. Là aussi, la même étude révèle la présence de discrimination raciale dans les décisions de rejet ou d'acceptation. « *Across the country a strikingly similar pattern emerged regarding home-repair loans. Banks redlined extensive sections of minority communities, denying people not only access to home mortgages but access to home-repair loans as well*[245]. » En résumé, les institutions bancaires aussi refusent d'aider les Noirs à s'acheter une maison ou à réparer celles qu'ils possèdent déjà.

Comme nous l'avons vu au travers des explications et arguments de Melvin L. Oliver et Thomas M. Shapiro, le gouvernement fédéral, les institutions et le secteur privé ont, chacun à sa façon, empêché les Africains-Américains d'acquérir des biens et d'améliorer par voie de conséquence leur niveau de vie. Cet état de chose leur a fait prendre un retard considérable sur leurs homologues blancs. Or, comme le relèvent si justement nos deux chercheurs,

> *...Disparities in access to housing created differential opportunities for blacks and whites to take advantage of new and more lucrative opportunities to secure the good life. White families who were able to secure title to land in the nineteenth century were much more likely to finance education for their children, provide resources for their own or their children's self-employment, or secure their political rights through political lobbies and the electoral process. Blocked from low-interest government-backed loans, redlined out by financial institutions, or barred from home ownership by banks, black families have been denied the benefits of housing inflation and the subsequent vast increase in home equity assets. Black Americans who failed to secure this economic base were much less likely to be able to provide education access for their children, secure the necessary financial resources for self-employment, or participate effectively in the political process*[246].

---

[245] Melvin L. Oliver, Thomas M. Shapiro, op. cit., p. 21.
[246] Ibid., pp. 22-23.

La possession d'une maison est donc un facteur important qui affecte non seulement la vie du propriétaire mais aussi celle de ses enfants, c'est-à-dire ses héritiers. En posséder une donne une longueur d'avance à la famille propriétaire tant dans le présent que dans le futur.

Voilà résumé comment on peut expliquer en partie les disparités qui continuent d'exister entre Noirs et Blancs sur le plan de la possession de biens divers ou de fortune, et même dans d'autres domaines tels que l'éducation et la politique. Les Noirs ne sont pas entièrement responsables de l'état de leurs fortunes entre 1960 et 1990. Les causes sont à rechercher dans l'histoire même des États-Unis. Hier explique aujourd'hui.

B. La réalité financière des Noirs de 1960 à 1990

Malgré les avancées économiques que les Noirs ont connues depuis les années 1960, période de contestation contre leur statut d'infériorité, force est de constater que sur le plan de la fortune ou du patrimoine ils sont toujours très en retard sur leurs homologues blancs. Le tableau ci-dessous, monté à partir d'informations datées de l'année 1988, est très révélateur à ce sujet.

Tableau 2.1 : Fortune et race (1988)[247]

Race	**Revenu médian**	**Médiane de la valeur nette** (a)	**Moyenne de la valeur nette** (a)	**Médiane des actifs nets financiers** (b)	**Moyenne des actifs nets financiers** (b)
Blancs	$25,384	$43,800	$95,667	$6,999	$47,347
Noirs	15,630	3,700	23,818	0	5,209
Ratio	0.62	0.08	0.25	0.0	0.11

(a) Net worth = valeur nette
(b) Net financial assets = actifs nets financiers

Que constatons-nous ? Les chiffres parlent d'eux-mêmes : la fortune moyenne des deux groupes raciaux est incomparable, vu le fossé qui les sépare. Les auteurs de ce tableau utilisent deux concepts

247 Melvin L. Oliver, Thomas M. Shapiro, op. cit., p. 86.

différents, à savoir la « valeur nette » (NW) et les « actifs nets financiers » (NFA), pour cerner les avoirs réels de chaque groupe. La valeur nette est définie comme la valeur totale ou globale de tous les biens acquis par un ménage ou une famille et dont on a soustrait les dettes. Elle inclut les maisons, les véhicules et tous les autres biens même financiers qu'un ménage ou une famille possède. « *Net worth gives a comprehensive picture of all assets and debts*[248]. » Comme telle, elle correspond à la définition du patrimoine. Par conséquent, à partir de maintenant, nous considérerons « la valeur nette » (net worth) comme étant l'équivalent anglais du mot français « patrimoine ». La valeur nette reflète plus ce qu'une famille est susceptible de laisser en héritage à sa postérité.

Quant au concept d'« actifs nets financiers » (net financial assets), il peut se définir comme l'ensemble de toutes les ressources financières disponibles ou susceptibles d'être converties en liquidités immédiatement utilisables en cas de besoin. Les actifs nets financiers ne prennent pas en compte les maisons et les véhicules : « *Net financial assets...are those financial assets normally available for present or future conversion into ready cash...Net financial assets consists of more readily liquid sources of income and wealth that can be used for a family's immediate well-being*[249]. » Les actifs nets financiers peuvent être considérés comme l'épargne. La famille peut y puiser pour ses besoins ou pour résoudre les problèmes qui viendraient à se poser à elle à un moment quelconque de sa vie. La nourriture, l'habillement, les dépenses de culture et de loisirs, etc., sont financés à partir des actifs nets financiers. Bref, c'est avec les actifs nets financiers que nous vivons et que nous nous donnons un certain style ou niveau de vie. Pour conclure, « *The specific difference between net worth and net financial assets is that equity in vehicles and homes is excluded from the latter, although debts are subtracted from NFA*[250]. » Pour nous résumer, la valeur nette correspond à la définition du patrimoine et nous allons l'utiliser dans ce sens. Quant aux actifs nets

---

[248] Melvin L. Oliver and Thomas M. Shapiro, op. cit., p. 58.
[249] Ibid, p. 60.
[250] Ibid.

financiers, ils répondent plus aux actifs financiers du patrimoine desquels on a soustrait les dettes éventuelles.

À la lecture du tableau 2.1 nous sommes atterré devant le grand écart entre Noirs et Blancs. La « valeur nette médiane » (Médian NW) pour les ménages blancs s'élève à 43.800 dollars alors que celle des Noirs plafonne à 3700 dollars, soit 12 fois moins. Si nous prenons maintenant la « médiane des actifs nets financiers » (Median NFA) par ménage comme base de comparaison, là aussi, la situation est pire : alors qu'en moyenne chaque famille blanche s'en sort avec 6.999 dollars, la famille noire n'a rien comme actifs nets financiers. En d'autres termes, la valeur de ses actifs nets financiers est négative. La famille noire vit dans une situation précaire, et en cas d'imprévus sérieux, elle ne peut pas y faire face. Sa situation financière est donc fragile, sinon très inquiétante.

La disparité entre les deux groupes se voit aussi au niveau du patrimoine amassé par famille. Ainsi 16% des foyers blancs ont moins de 1000 dollars en valeur nette alors que 41% des foyers noirs sont dans cette situation. 30% pour les blancs et 6% pour les Noirs sont les pourcentages des foyers qui ont plus de 100.000 dollars de valeur nette. Si nous prenons maintenant les actifs nets financiers (actifs financiers moins les dettes) comme référence, on constate que 28% des ménages blancs ont des actifs nets financiers de valeur négative et 24% des actifs nets financiers de plus de 50.000 dollars. À l'opposé, 63,2% des ménages noirs ont des actifs nets financiers de valeur négative et seulement 3,3% ont des actifs nets financiers de plus 50.000 dollars. Ces chiffres confirment ce que nous disions plus haut, à savoir que la différence entre ménages noirs et ménages blancs est nette sur le plan de la fortune ou des avoirs, que ce soit en valeur nette ou en actifs nets financiers.

Deuxièmement, les Noirs n'ont pas d'avoirs financiers dignes de ce nom susceptibles d'être utilisés en cas de nécessité. Si le flot régulier du revenu tel le salaire s'arrête, alors c'est la catastrophe. A partir d'un licenciement ou d'une mise au chômage temporaire, la famille peut sombrer, ses réserves financières étant très limitées.

Tableau 2.2 : Revenus et fortunes détenus par les Blancs et les Noirs[251]

Blancs		**Noirs**	
Revenu	Pourcentage	Revenu	Pourcentage
Moins de $11.612	21%	Moins de $11.612	39%
Entre $11.612 et $24.999	29%	Entre $11.612 et $24.999	31%
Entre $25.000 et $49.999	34%	Entre $25.000 et $49.999	24%
Plus de $50.000	16%	Plus de $50.000	6%

Blancs		**Noirs**	
Valeur nette	Pourcentage	Valeur nette	Pourcentage
Moins de $1000	16%	Moins de $1000	41%
Entre $1000 et $18.859	20%	Entre $1000 et $18.859	26%
Entre $18.860 et $100.000	34%	Entre $18.860 et $100.000	27%
Plus de $100.000	30%	Plus de $100.000	6%

Blancs

Actifs nets financiers	Pourcentage
Moins de $0	28%
Entre $0 et $1000	8,5%
Entre $1000 et $50.000	39,8%
Plus de $50.000	23,7%

Noirs

Actifs nets financiers	Pourcentage
Moins de $0	63,2%
Entre $0 et $1000	12,5%
Entre $1000 et $50.000	21%
Plus de $50.000	3,3%

L'évolution des fortunes entre 1967 et 1988 montre toujours des disparités persistantes entre les deux groupes. On pourrait caricaturer en disant que les Noirs avancent mais sans se presser. Entre 1967 et

[251] Melvin L. Oliver and Thomas M. Shapiro, *Black Wealth/White Wealth*, p. 102.

1988, la fortune moyenne des familles blanches est passée de 20.000 à 96.000 dollars alors que celle de leurs homologues noires est passée de 4.000 à 24.000 dollars seulement. Dans la même période, l'écart en valeur nette (NW) est passé de 16.000 à 72.000 dollars : un véritable gouffre. L'accroissement de ces deux types de fortunes a été progressif. Mais la progression a été très faible chez les Noirs, passant de 4.000 dollars en 1967 à 20.000 en 1984, et finalement à 24.000 en 1988. Certes, il y a eu un progrès mais il est limité. Il y a comme un essoufflement. A cette allure il faudrait de nombreuses décennies avant que les Noirs ne puissent atteindre la parité avec les Blancs.

Tableau 2.3 : Accumulation de fortune par race en valeur nette moyenne (a), 1967-1988[252]

Années	Blancs	Noirs	Différences
1967	$20,000	$4000	$16.000
1984	$76,000	$20.000	$57.000
1988	$96,000	$24.000	$72.000

(a) Mean net worth (valeur nette moyenne)

La faiblesse du niveau de fortune des Noirs est indiscutable. Mais quels sont les biens qui composent les fortunes des familles noires et des familles blanches ? En d'autres termes, que possède réellement chacune de ces deux types de famille ? Le tableau 2.4 ci-dessous nous donne la réponse.

[252] Melvin L. Oliver and Thomas M. Shapiro, *op. cit.*, p. 100.

Tableau 2.4 : Biens détenus par les Noirs et les Blancs1988[253].

Type de biens	Pourcentage des actifs détenus		Pourcentage de ménage		Médiane des valeurs des actifs par ménage	
	Blancs	Noirs	Blancs	Noirs	Blancs	Noirs
Actifs circulants						
Maison personnelle	43,3	62,5	65,6	41,6	$45.000	$31.000
Voiture	5,7	10,1	86,5	62,2	$4.700	$2.750
Sous-total	**49,0**	**72,5**				
Actifs financiers						
Investissement immobilier	11,3	10,2	18,8	9,0	$29.000	$10.000
Affaires	7,6	4,3	10,9	2,4	$25.239	$10.000
Banques	16,0	7,5	75,6	42,8	$5.000	$1.000
Actions en bourse	8,5	1,2	23,0	6,8	$5.990	$2.800
Fonds de pension	3,8	1,8	27,1	6,3	$9.000	$4.000
Obligations, hypothèques, etc.	3,8	2,5	60,2	32,3	$700	$500
Sous-total	**51,0**	**27,5**				

Note : Le Tableau 2.4 exclut les familles ayant déclaré ne détenir aucun type de biens.

Le tableau 2.4 présente une vue générale des biens que détiennent les familles noires et blanches en 1988. D'abord un constat s'impose : les Noirs sont plus enclins à investir dans les biens consommables que les Blancs, soit 72,5% contre 49%. A l'opposé, les familles blanches investissent plus leur argent dans des opérations financières susceptibles de rapporter des intérêts, 51% contre 27,5% pour les familles noires. Si l'on s'en tient aux opérations strictement financières, c'est-à-dire les dépôts bancaires, les mutuelles, les actions dans des sociétés, etc., l'on se rend compte qu'en fait les Noirs n'y investissent que 13% de leurs avoirs contre 32,1% pour les Blancs.

Cette attitude envers les investissements tournés vers la génération d'intérêts est frappante. Ne disposent-ils pas des informations utiles et indispensables pour les pousser à épargner pour l'avenir, ou, est-ce un choix délibéré ? La question est difficile à répondre, mais tout laisse à penser que c'est peut-être par manque de conseillers qui pourraient

[253] Ibid. p. 106.

leur faire comprendre toute l'importance de ce type d'investissement. Bien sûr ils n'ignorent pas l'importance de l'épargne, mais comment faire les bons placements ? Les actions financières ne sont pas à la portée du premier venu même si l'on a fait des études supérieures. La solution est peut-être de s'adresser à des spécialistes, c'est-à-dire à des agences de placement. Malheureusement, cela a un coût qui effraie en général ceux qui n'ont pas beaucoup d'argent.

Selon Melvin L. Oliver et Thomas M. Shapiro, « Results drawn on SIPP data [...] generally show that as their income increases, blacks place larger shares of their resources in income-producing assets. Homes and vehicles make up over 90 percent of the assets held by poor black households[254]. » Or, en moyenne environ un tiers (31,9%) des Africains-Américains et 29,3% des familles africaines-américaines vivaient sous le seuil de pauvreté en 1990[255]. Certains Africains-Américains aimeraient faire des placements productifs de leurs revenus, mais ils n'ont soit pas de revenus, soit pas de revenus suffisants pour ce genre d'opérations financières.

Cela n'explique peut-être pas tout. Selon les personnes interviewées par Melvin L. Oliver et Thomas M. Shapiro, il y aurait beaucoup à dire sur la façon dont les informations sur les investissements sont transmises. En effet, aux dires de ces Africains-Américains, les informations sont transmises de façon informelle. De plus, certains affirment que les informations relatives aux opportunités d'investissement ne sont pas accessibles à la communauté noire de sorte que « *African Americans as a group are seen as 'isolated' from basic knowledge pertaining to investment instruments, business opportunities, and financial markets*[256]. » Tout se passe comme si l'on ne voulait pas qu'ils aient les informations, les bonnes informations, c'est-à-dire celles susceptibles de les aider à améliorer leur sort. Comme nous venions de le dire, le problème de l'information est très crucial. Sans informations, les Africains-Américains ne peuvent pas investir quelle que soit leur bonne volonté. On pourrait nous rétorquer qu'ils doivent aller chercher les informations où elles se trouvent.

---

254 Melvin L. Oliver and Thomas M. Shapiro, op. cit., p. 107.

255 Andrew Hacker, *Two Nations*, p. 100.

256 Melvin L. Oliver and Thomas M. Shapiro, op. cit., p. 191.

Cette remarque est juste et pertinente mais quand on n'est pas un habitué des transactions financières, il n'est pas aisé de faire spontanément le premier pas vers les institutions financières. Nous pensons qu'il revient en partie à ces institutions financières, dans le cadre de la recherche de clients d'approcher le maximum d'Africains-Américains à travers leurs structures organisées. Elles pourraient organiser aussi fréquemment que nécessaire et partout où cela s'impose des réunions ou rencontres d'information. Cela va dans le sens des intérêts de ces institutions : plus elles mobilisent l'épargne des Américains de façon générale, mieux cela vaut pour leurs affaires. Si elles ne le font pas ou pas suffisamment, c'est qu'elles n'y trouvent pas un intérêt pour leurs affaires.

En plus de la question de l'information financière, certaines des personnes interrogées ont soulevé un autre paramètre important : le rôle de l'école. Elles accusent l'école de ne pas les préparer aux affaires, de ne pas leur inculquer l'esprit d'entreprenariat. « *Many worry that the kind of education that prepares one to take advantage of investment and business opportunities is not available in the black community as it is elsewhere.* » Ils affirment même crûment : *« People are not taught about entrepreneurship...in the universities...to go into business for themselves...In school we learn how to add and subtract and divide and all that, but you really aren't taught...about finances*[257]. »

L'enseignement dispensé ne serait pas adapté. Ils ont peut-être raison. Mais peut-on enseigner à tous les étudiants de toutes les universités les rudiments nécessaires pour se lancer dans les affaires ? On pourrait peut-être, selon les filières, tailler sur mesure un ou des cours pour répondre aux inquiétudes soulevées par certains des interviewés. Mais ces cours à eux seuls ne pourraient pas résoudre définitivement le problème. Il faudrait que les étudiants s'y intéressent et qu'ils les choisissent.

Le tableau 2.4 nous montre que les ménages noirs investissent en priorité dans l'achat d'une résidence ; ce qui se comprend aisément quand on sait que les Noirs ne sont à l'abri d'aucune sorte de discrimination. Dans cette éventualité, ne vaut-il pas mieux garantir

---

[257] Ibid.

son logement, un endroit où l'on peut entrer, sortir et se coucher sans problème ? En tout état de cause, il vaut mieux ne pas courir le risque de se retrouver dans la rue, parce que le bailleur blanc peut à tout moment réclamer sa maison. Nous voulons tout simplement dire que si les Africains-Américains ont donc tendance à investir en priorité dans l'achat de leurs logements, c'est très certainement pour se prémunir de désagréments de la part de bailleurs peu scrupuleux.

Une autre explication est que la maison est tout un symbole. En effet, la maison d'habitation représente quelque chose de concret. A moins d'être aveugle ou de mauvaise foi, on ne peut pas dire qu'elle n'existe pas, puisque son existence peut être vérifiée à tout moment. De plus, de par leur histoire, les Africains-Américains n'ont pas une tradition de possession, surtout pas de leur logis. Le maître pourvoyait la cabane dans laquelle l'esclave dormait. Ensuite, la promesse de distribuer des lopins de terre aux esclaves affranchis n'a été qu'un bluff. Depuis lors, progressivement, ceux qui en ont eu les moyens s'achètent ce précieux logement, preuve inéluctable d'une certaine réussite sociale. Pour rien au monde un Africain-Américain ne vendrait sa maison, c'est-à-dire celle dans laquelle il vit avec sa famille. Seul un divorce ou des problèmes financiers insurmontables pourraient le contraindre à cette décision extrême.

Enfin, une maison résiste au temps et aux intempéries. Elle peut survivre des décennies, à moins que ne survienne une catastrophe naturelle du genre tremblement de terre pour l'emporter. Ainsi, la maison peut constituer un bon héritage pour les enfants : un souvenir difficile à effacer et, surtout, quelque chose de concret à partir de laquelle ils pourraient commencer à bâtir leur avenir. Toutes ces raisons pourraient justifier pourquoi les Africains-Américains ont plus tendance à investir dans l'achat d'une maison.

Pour convaincre de l'inégalité des fortunes entre Noirs et Blancs, passons maintenant à la répartition de celles-ci selon l'âge.

Tableau 2.5 : Âge et fortune par race (Age and Wealth by Race) (1988)[258]

Âge du chef de ménage				
	<36	**36 à 49**	**50 à 64**	**>64**
Revenu				
Blancs	$27.412	$34.984	$29.538	$12.172
Noirs	$15.277	$19.700	$19.816	$9.792
Ratio	0,56	0,56	0,67	0,76
Valeur nette				
Blancs	$8.320	$50.950	$88.356	$77.020
Noirs	$500	$4.800	$18.039	$15.774
Ratio	0,06	0,09	0,09	0,20
Médiane des actifs nets financiers				
Blancs	$150	$7.199	$25.120	$22.902
Noirs	0	0	0	0
Ratio	-	-	-	-
Moyenne des actifs nets financiers				
Blancs	$11.791	$44.195	$72.188	$71.510
Noirs	$535	$6.446	$9.730	$6.640
Ratio	0,05	0,15	0,14	0,09

De façon générale, l'âge est un paramètre important dans l'acquisition d'une fortune, d'avoirs. Plus l'on avance en âge, plus l'on est sensé en accumuler. Le jeune homme ou la jeune dame de moins de 36 ans ne peut pas se comparer au retraité ou à la retraitée qui a la soixantaine, que se soit en valeur nette (patrimoine) ou en actifs nets financiers. C'est seulement après 64 ans que la fortune commence à baisser et cela est vrai pour les deux groupes raciaux. Cela peut se comprendre. C'est la période où le chef de famille, généralement le plus grand pourvoyeur de ressources, est à la retraite et les rentrées de ressources diminuent. Il va donc de soi qu'à partir de 65 ans la fortune de la famille diminue en conséquence. La comparaison que nous venons de faire n'est pas toujours vrai dans

[258] Melvin L. Oliver and Thomas M. Shapiro, op. cit., p. 198.

l'absolu mais, en général, le facteur âge joue un rôle non négligeable dans l'acquisition de la fortune.

A la lecture du tableau 2.5, l'on constate toujours des disparités énormes et même choquantes entre Noirs et Blancs. Les différents ratios reflètent cet état de fait : nulle part les Noirs ne possèdent au moins 1% des avoirs des Blancs. Les ratios vont de 0 à 0,09%, le plus élevé. Quand bien même les avoirs des Noirs s'améliorent avec l'âge, cela reste insignifiant. Comment expliquer cette situation ? De nombreux facteurs sur lesquels nous reviendrons plus tard dans cette Deuxième Partie peuvent entrer en ligne de compte : le niveau d'éducation, le revenu, l'emploi. Mais ici, nous nous contenterons de rappeler que la fortune qu'une personne ou une famille possède à un moment donné est aussi fonction des facteurs évoqués plus haut. N'ayant pas les mêmes rentrées de ressources, revenus ou salaires, Noirs et Blancs ne peuvent pas accumuler de la même façon. Or, ces facteurs sont influencés par les longues années d'oppression que les Noirs ont subies et le préjugé racial défavorable qui les suit partout où ils vont, quoi qu'ils fassent.

Malheureusement, beaucoup d'Américains, surtout blancs, continuent de croire que parce que la légalité a été rétablie — l'esclavage est abolie, la ségrégation et la discrimination raciales sont devenues illégales de même que le racisme qui est une forme de discrimination — Noirs et Blancs sont sur le même pied d'égalité et ont les mêmes chances dans la vie. C'est ce que pense, par exemple, Dinesh D'Souza, ancien immigrant originaire de l'Inde, aujourd'hui enseignant et directeur de recherches à la *Hoover Institution* de *Stanford University*. Selon lui, le Mouvement des droits civiques a mené pendant des décennies une campagne de revendication nécessaire qui s'est soldée par un succès. « *Les lois furent votées et les Noirs atteignirent leur but : la citoyenneté pleine et entière*[259]. » Maintenant ils doivent se battre à l'image des immigrés noirs originaires des Antilles, d'Haïti et du Nigeria. Il poursuit parlant de ces immigrés noirs :

---

[259] Dinesh D'Souza, *Pourquoi il faut aimer l'Amérique* (Paris : Bernard Grasset, 2004), p. 194.

Ils sont tous plus noirs que les Noirs américains, mais le racisme blanc ne paraît pas les arrêter. Ils savent que le racisme, de nos jours, n'est pas systématique, mais épisodique, et ils sont capables de contourner ses obstacles. Même les immigrés qui partent du bas de l'échelle font des progrès rapides pour dépasser les Noirs et avoir leur part du rêve américain[260].

Pour Dinesh D'Souza, le racisme n'est plus un obstacle, Noirs et Blancs ayant les mêmes droits. Selon lui, la lutte que mènent les leaders tels que Jesse Jackson en mettant en avant le racisme est d'arrière-garde.

Enfin, un fait important à relever : la communauté africaine-américaine en tant qu'entité ne détient qu'une part infime des sociétés industrielles productrices. Même quand elle en possède, celles-ci n'ont pas une capacité financière suffisante qui leur permettrait de s'imposer sur le marché. Premièrement, on peut relever que dans les ghettos urbains, les Noirs représentent près de 75% de la population, mais ils n'y détiennent que 20 à 40% des entreprises[261]. Deuxièmement, les compagnies des Noirs apparaissent très loin dans le classement général des entreprises aux États-Unis. Le politologue Marcus D. Pohlman écrit à ce sujet :

Although impressive given the historical obstacles they had to overcome, such firms are a mere drop in the very large bucket of American corporate capital. For example, while General Motors was making $102 billion in sales, only one black-owned business in the entire country had sales exceeding even $1 billion. And although TLC Beatrice had enough annual sales to have put it among the Fortune 500, the second largest black-owned firm, Johnson Publishing, would have had to more than double its sales in order to have entered the ranks of the nation's top 500 manufacturers. And if the sales of the top 100 black firms had been combined, they would still have ranked only 110th - far lower yet when nonmanufacturers are added to the list[262].

---

[260] Ibid., pp. 195-196.

[261] Marcus D. Pohlman, *Black Politics in Conservative America* (New York and London : Longman, 1990), p. 62.

[262] Ibid.

Triste réalité et répétition : les Noirs n'ont pas la capacité financière nécessaire pour acheter et posséder les industries qui sont les fondements de l'économie américaine. Cela veut dire que les Noirs sont de fait exclus des grandes décisions qui affectent le devenir de la nation, car l'argent fait le pouvoir surtout dans la société capitaliste des États-Unis. La deuxième conséquence est que les Noirs dépendent, pour la plupart, des entreprises blanches pour leur emploi. Enfin, la faiblesse financière des entreprises noires ou leur inexistence constitue un handicap sérieux pour l'égalité économique et le progrès des Noirs. L'existence de plus d'entreprises noires aurait permis de réduire le taux de chômage de la communauté noire, car ces dernières auraient embauché des travailleurs noirs.

Beaucoup d'autres points sur la fortune mériteraient d'être abordés, mais les aspects traités semblent suffire à montrer la réalité de la situation financière des Noirs dans la période de l'étude. Pour nous résumer, rappelons que, malgré les avancées constatées, les Noirs n'ont pas atteint la parité avec leurs compatriotes blancs sur le plan de la fortune dans la période de l'étude. Beaucoup de facteurs peuvent expliquer cet état de fait. L'histoire des Noirs aux États-Unis y a joué un grand rôle. Les politiques gouvernementales ont aussi leur part de responsabilité. À cela il faut ajouter d'autres facteurs relevés par Melvin L. Oliver et Thomas M. Shapiro : l'éducation, la profession, l'expérience et la stabilité professionnelles, le revenu, le statut marital, le nombre d'enfants, le genre, l'âge et le lieu de résidence. Mais, selon eux, la race est le facteur qui a le plus joué en défaveur des Africains-Américains dans l'accumulation de fortune aux États-Unis. La race a défavorisé les Africains-Américains et ils continuent d'en subir les conséquences. Comme nous l'avons relevé plus haut, nous nous sommes basé essentiellement sur les éléments d'appréciation produits par Melvin L. Oliver et Thomas M. Shapiro, les plus exhaustifs disponibles. Affirmer que les Noirs sont devenus des citoyens à part entière entre 1960 et 1990 est juste, mais la pratique quotidienne n'a pas toujours été en phase avec les textes juridiques.

II. L'EMPLOI

Commençons par faire un rappel historique par rapport à l'emploi.

A. Genèse de la situation des Noirs

Sous le régime de l'esclavage, les Noirs ne pouvaient acquérir une spécialisation professionnelle particulière. Ils faisaient le travail que leur confiaient leurs maîtres. Ainsi l'écrasante majorité se retrouvait dans des plantations de coton, de tabac, et de canne à sucre. Les autres étaient confinés aux travaux domestiques, qui consistaient à entretenir la maison du maître, à être à l'écoute de la maisonnée, y compris des enfants, à faire la cuisine, à s'occuper du jardin quand il y en avait, etc. En d'autres termes, l'esclave noir n'était pas maître de son destin sur le plan du travail et de l'emploi : il exécutait ce que le maître et les membres de sa famille (épouse, enfants ou toute autre personne vivant sous le même toit que le maître) lui ordonnaient de faire. Évidemment, il ne recevait aucun salaire pour ces tâches qu'il avait obligation de faire. C'est d'ailleurs la raison même pour laquelle le maître s'achetait des esclaves : exécuter ses travaux sans avoir à débourser le moindre dollar.

Après l'Émancipation et la Reconstruction qui l'a suivie, l'esclave affranchi pouvait décider, théoriquement au moins, de ce qu'il voulait faire. Mais la réalité ne lui permettait pas d'exercer avec toute la latitude requise cette liberté de choix. En effet, pendant toute la durée de l'esclavage, le Noir n'avait appris aucun métier particulier. Il ne savait faire que les travaux champêtres et les travaux domestiques auxquels on l'avait habitué. Maintenant qu'il était libre, que pouvait-il faire d'autre ? C'est pourquoi après l'échec de la Reconstruction d'attribuer à chacun des anciens esclaves « 40 acres et une mule », ces derniers s'étaient retrouvés « à la merci » de leurs anciens maîtres, travaillant pour ces derniers contre une rémunération insignifiante quand elle existait. La nouvelle situation des anciens esclaves était paradoxale en ce sens qu'ils étaient libres de s'en aller et d'aller chercher de nouveaux emplois, mais ils ne le faisaient parce qu'ils n'avaient pas de qualification et, surtout, parce qu'ils se sentaient liés d'une certaine façon à leurs anciens maîtres. Quand ils étaient métayers et qu'ils avaient un besoin d'argent, ils empruntaient auprès de leurs nouveaux employeurs de sorte qu'ils étaient perpétuellement endettés envers ces derniers et ainsi ils ne pouvaient pas les quitter même si l'envie leur venait.

Ceux qui ne voulaient pas de cette nouvelle forme d'asservissement se déplaçaient dans d'autres régions autres que le Sud. En général, ils allaient au Nord, quelquefois à l'Ouest, sans aucune qualification professionnelle. Ce manque de qualification rendait leur insertion professionnelle très difficile. Les emplois qu'ils trouvaient étaient donc parmi les moins bien payés. En partie pour faciliter l'insertion de ces travailleurs noirs dans les villes, la *National Urban League* vit le jour au début du vingtième siècle.

Aller, surtout au Nord, était une bonne décision qui permettait à l'ancien esclave de couper le cordon ombilical qui le liait au Sud et au système d'asservissement dont il avait été victime. C'était aussi matérialiser sa liberté retrouvée. Sur le plan psychologique, cela était indispensable car permettant à l'affranchi de se libérer mentalement du statut d'esclavage. Rester sur place, dans la même région, avec son ancien maître et oppresseur, dans le même environnement physique et humain, équivalait au statu quo. Il fallait cette libération symbolique.

Cependant, la liberté retrouvée ne signifiait pas que le préjugé racial avait disparu. Les préjugés racistes qui avaient soutenu « l'institution particulière » restaient toujours vivaces chez les Blancs. C'est pourquoi, rechercher un emploi n'était pas chose aisée. Et lorsqu'ils en trouvaient, le traitement tant physique que pécuniaire du travailleur n'était pas satisfaisant. Travailleurs noirs et travailleurs blancs avaient des traitements différents. En d'autres termes, la discrimination était toujours la règle.

L'abolition des lois « Jim Crow » avec l'arrêt issu de *Brown* en 1954 avait laissé entrevoir moins de discrimination dans l'emploi. Mais très peu de choses et de comportements figés par le temps changèrent vraiment. C'est ce manque de changement réel qui poussa le Congrès, sous l'instigation du Mouvement des droits civiques, à adopter en 1964 la loi sur les Droits civiques. Celle-ci rend illégale toute discrimination dans l'emploi basée sur « la race, la religion, le sexe ou l'origine nationale ». Cette loi va sûrement contribuer à aider les Noirs dans la recherche d'un emploi et dans leur vie sur leur lieu de travail. Elle constitue en ce sens une grande avancée : elle reconnaît l'existence de la discrimination et se donne pour objectif de l'enrayer.

Ces faits historiques sont une donnée fondamentale dans toute analyse du progrès des Noirs sur le plan de l'emploi. Ils permettent de mieux apprécier certaines réalités, surtout de montrer que les Noirs viennent de très loin en matière d'emploi et qu'ils doivent fournir plus d'efforts que leurs homologues blancs s'ils veulent atteindre la parité avec ces derniers.

B. La situation des Noirs de 1960 à 1990

Malgré les avancées consécutives aux luttes farouches et sans répit des années 1950 et 1960, le problème de l'emploi reste encore très préoccupant à la fin de l'année 1990. Il n'est pas toujours facile pour les Noirs d'avoir un emploi. Tout d'abord, voyons leur représentativité sur le marché de l'emploi. Faire partie du marché de l'emploi signifie soit qu'on exerce un emploi, soit qu'on en cherche un de façon active. Les retraités ne sont pas pris en compte. N'en font pas aussi partie les étudiants et les personnes qui restent à la maison pour s'occuper de leur maison et des travaux domestiques, par exemple les ménagères comme nous les appelons en Afrique. Il faut être aussi valide, c'est-à-dire bien portant, et être à la recherche d'un emploi pour être comptabilisé dans le marché de l'emploi.

Après de longues et infructueuses recherches et démarches pour l'obtention d'un emploi, beaucoup de personnes finissent par baisser les bras et à essayer de survivre ou subsister du mieux qu'elles peuvent. Ces personnes sont connues sous le vocable de « discouraged workers ». « A person who spends six months earnestly searching for a job, finds nothing, and then gives up the search will be classified as out of the labor force rather than as unemployed[263]. » C'est de cette façon que Farley voit le « travailleur découragé ». Plutôt que d'être considéré comme chômeur, les statistiques officielles ne le prennent plus en compte, c'est-à-dire qu'elles ne le comptent plus parmi les actifs. Ils sont nombreux les Noirs qui se résignent à ne plus chercher un emploi. Selon le *U.S. Bureau of Labor Statistics*, en 1990, environ 30% de ces travailleurs « découragés »

---

[263] Reynolds Farley, *Blacks and Whites : Narrowing the Gap?* (Cambridge, Mass. : Harvard University Press, 1984), p. 38.

ou « résignés » sont noirs[264]. Il n'est pas facile de se trouver dans une situation de recherche perpétuelle d'emploi. L'on finit par se lasser des incessants va-et-vient qui épuisent les petites économies réalisées péniblement. Ainsi, les mains vides et les recherches toujours infructueuses, les candidats à l'emploi se découragent et « jettent l'éponge », et se tournent vers les « petits boulots » pour essayer de survivre du mieux qu'ils peuvent.

La part qu'occupent les Noirs sur le marché de l'emploi reste nettement inférieure à celle des Blancs : 10,1% alors que la population afro-américaine représente 12,1 % de la population totale des États-Unis en 1990[265]. En d'autres termes, la place qu'occupent effectivement les Noirs sur le marché de l'emploi est inférieure à leur pourcentage dans la population américaine. Ceci est un élément qui mérite d'être relevé. Cet écart pourrait s'expliquer par le fait que bon nombre de Noirs sortent du marché de l'emploi après de vaines et infructueuses recherches.

Les emplois que les Noirs exercent sont généralement moins bien payés, moins prestigieux et surtout plus difficiles que ceux des Blancs. Quels sont ces emplois ? Le tableau ci-dessous nous en donne la réponse.

Tableau 2.6 : Emplois occupés par les Noirs[266]
(Les Noirs représentent 10,1 % de la main-d'œuvre)
Emplois où les Noirs sont surreprésentés

Aides-soignants	30,7 %
Chauffeurs de taxi	25,5 %
Employés des Postes	25,1 %
Femmes de chambre et domestiques	24,8%
Chauffeurs d'autobus	23,4 %
Laveurs de voitures	23,0 %
Gardes de sécurité pénitentiaire	22,8 %
Gardiens et agents de nettoyage	21,8 %
Travailleurs sociaux	21,8 %
Gardes de sécurité	21,2 %
Standardistes	19,7 %
Agents de saisie de données informatiques	19,5 %
Infirmiers	17,6 %

264 Andrew Hacker, *Two Nations*, p. 105.
265 Ibid., p. 94.
266 Ibid., p. 111.

Emplois où les Noirs sont proches de la parité

Employés d'assurances	12,1 %
Boulangers	12,0 %
Garagistes	11,3 %
Techniciens chimistes	10,8 %
Tailleurs	9,9 %
Enseignants du primaire	9,7 %
Vendeurs au detail	9,5 %
Employés d'hôtel	9,5 %

Emplois où les Noirs sont sous-représentés

Serveurs et serveuses	4,7 %
Éditeurs et journalistes	3,8 %
Barmans	3,6 %
Ingénieurs	3,6 %
Avocats	3,2 %
Médecins	3,0 %
Agents immobiliers	3,0 %
Photographes	2,9 %
Orthophonistes	2,8 %
Biologistes	2,7 %
Designers	2,6 %
Chirurgiens dentistes	2,5 %
Architectes	0,9 %

On constate que les Noirs sont en surnombre dans les emplois manuels ou les plus pénibles et certainement les moins bien rétribués. Ces emplois sont aussi probablement « rejetés » par les Blancs. Les Noirs sont agents de nettoyage, chauffeurs de taxis et d'autobus, standardistes, gardes de sécurité pénitentiaire, travailleurs sociaux, employés de maison ou d'hôtel, etc. Les trois groupes qui ont les pourcentages les plus élevés sont, dans l'ordre, les aides-soignants (nursing aides and orderlies), les chauffeurs de taxi, et les employés des Postes (postal clerks), soit respectivement 30,7%, 25,5% et 25,1%. Arrivent juste après les femmes de chambre et domestiques avec 24,8%. En général, ces emplois exigent beaucoup de courbettes de la part de l'employé : « merci, monsieur », « bienvenue, madame », « à votre service, monsieur », « je suis désolé, madame », etc. L'employé en question est tenu de répéter à longueur de journée ces formules de politesse, même s'il n'est pas sincère dans ses déclamations. Ce sont des emplois pénibles qui, en outre, requièrent que l'employé fasse tout pour essayer de satisfaire les caprices de la clientèle, généralement blanche. Pire, dans ces emplois, en général les clients n'ont ni considération, ni respect pour l'employé en question qui fait pourtant de son mieux pour les satisfaire. Évidemment, si les Noirs américains sont surreprésentés dans ces emplois, c'est que les Blancs les dédaignent. Et, à l'image du système des vases communicants, les Noirs s'insèrent progressivement dans ces occupations que les Blancs délaissent.

Le second groupe d'emplois est celui où les Noirs approchent une certaine parité en comparaison de leur pourcentage total sur le marché de l'emploi, c'est-à-dire 10,1%. Dans ce groupe, ils représentent 12,1% des employés d'assurances (insurance adjusters), 12% des boulangers, 11,3% des garagistes, 9,7% des enseignants du primaire, etc. Ces emplois sont moins salissants et moins pénibles.

Le troisième groupe d'emplois est celui où les Noirs sont sous-représentés. On constate qu'en général ces emplois sont bien payés, quelquefois très bien payés et considérés. Cependant, on relève que les Noirs représentent 4,7% des serveurs et serveuses. Ce bas pourcentage surprend quelque peu. En effet, les Noirs constituent 24,8% des hommes et femmes de chambre, un emploi qui est proche de celui de serveur. Les deux emplois consistent à servir et à s'occuper d'une clientèle majoritairement blanche. La différence notable est que les serveurs et serveuses s'occupent de nourritures et de boissons. Le bas pourcentage des serveurs et serveuses noirs laisse à penser que les clients blancs rechignent à laisser manipuler leurs nourritures et leurs boissons par des employés noirs, sinon comment expliquer cette attitude ambivalente face des emplois presque similaires ? À moins que les Noirs eux-mêmes rechignent à exercer ces emplois ?

Les Africains-Américains ne représentent que 3,8% des éditeurs et journalistes, 3,6% des ingénieurs, et 3,2% des avocats. Les pourcentages sont encore plus bas pour les médecins, les chirurgiens dentistes (dental hygienists), les photographes, les biologistes, etc. Le pourcentage des architectes reste insignifiant (0,9%). De façon générale, les Africains-Américains ne sont pas bien représentés dans les emplois prestigieux et les mieux rémunérés. Ce triste constat signifie que les Noirs ont encore beaucoup de chemin à parcourir en matière d'emplois de ce genre pour atteindre la parité avec leurs concitoyens blancs. C'est ce genre de disparité criarde qui peut entraîner certaines personnes à penser que les Noirs sont inférieurs aux Blancs, tout simplement parce qu'ils n'occupent pas des emplois qui font appel à un certain niveau intellectuel.

Les grands constats qui découlent du tableau 2.6 sont confirmés par des statistiques du *Bureau of Labor Statistics* qui portent sur l'année 1986. Les Noirs sont surreprésentés dans les emplois les plus pénibles ou manuels et les moins bien rémunérés. Par contre, ils sont presqu'absents des emplois prestigieux et bien payés[267]. Ce constat semble donc être une constance tout au long des trois décennies 1960-1990.

Malgré les progrès accomplis dans le domaine de l'emploi de façon générale depuis la « révolution » des années 1960, l'inégalité persiste à tous les niveaux. En témoigne le tableau 2.6. Des emplois qui leur étaient « fermés » leur sont maintenant accessibles en 1990. D'autres emplois, par contre, qui leur semblaient « réservés » leur sont disputés par les Blancs et les nouveaux immigrés qui seraient prêts à faire toute sorte d'emplois et à n'importe quel salaire afin de réaliser leur « rêve américain ». Donc, la compétition est quelquefois très âpre non seulement avec les Blancs mais aussi avec ces nouveaux immigrés, issus en général du Tiers-Monde. Cependant, pris globalement, les progrès faits en matière d'emploi semblent énormes surtout si nous prenons comme point de repère la période des lois « Jim Crow », qui avaient été instaurées suite à la faillite de la Reconstruction et qui avaient déterminé et figé la « place » et le statut des Noirs.

C. État de santé de l'économie et taux de chômage

La société américaine est une société à économie capitaliste basée sur la loi du marché. Or, ce type d'économie ne peut pas fournir assez d'emplois à tous les travailleurs qui le désirent et au moment où ils le

[267] *The State of Black America 1988*. (New York : National Urban League, 1988), p. 148.

veulent. C'est dire que, par moment, certains travailleurs se retrouvent sans emploi, ou sont tout simplement licenciés. La deuxième remarque est que la disponibilité des emplois est fonction de la santé de l'économie américaine. Aucune économie ne peut croître de façon continue — sans interruption — sans avoir à faire face de temps en temps à des problèmes. Nous avons en mémoire la Grande Dépression de 1929 qui a « malmené » l'économie des États-Unis, causant la faillite de milliers d'entreprises et faisant du même coup des milliers, sinon des millions, de chômeurs. Nous avons aussi fraîchement en mémoire la crise financière débutée en 2007 aux États-Unis qui trouve son origine dans le secteur des prêts hypothécaires à risque, connue son l'appellation de crise des subprimes (subprime mortgage crisis)[268]. Cette crise a eu aussi des effets dévastateurs pour de nombreux travailleurs.

La santé de l'économie américaine est donc un élément-clé dans la création d'emplois et le maintien de ceux existants. Quand l'économie se porte bien, alors il est plus aisé de trouver un emploi. Dans le cas contraire, c'est la croix et la bannière. Le taux de chômage suit donc l'évolution de cette économie. Les spécialistes ne s'entendent pas sur le contenu exact du « taux de chômage ». Selon le Bureau international du travail (BIT), un chômeur est une personne en âge de travailler (15 ans ou plus) qui cumule les trois caractéristiques suivantes :

- ✓ être sans emploi, c'est-à-dire ne pas avoir travaillé, ne serait-ce qu'une heure, durant une semaine de référence ;
- ✓ être disponible pour prendre un emploi dans les 15 jours ;
- ✓ chercher activement un emploi ou en avoir trouvé un qui commence ultérieurement[269].

Pour nous résumer, selon le BIT, un chômeur est une personne qui est sans emploi et qui en recherche activement un. Aux États-Unis, les mêmes divergences sur le contenu de « taux de chômage » existent. Selon une définition,

---

[268] « Crise des subprimes », <http://fr.wikipedia.org/wiki/Crise_des_subprimes>, consulté le 30/04/2010.

[269] *Le Guide, spécial cours, Sciences économiques et sociales Term ES obl. & spé.* (Paris : Nathan/VUEF, 2003), p. 42.

A person is classified as unemployed if he does not have a job but made a specific effort to find work within the last four weeks. Such efforts are broadly defined and include checking with friends or answering help-wanted advertisements in the newspaper. People are also unemployed if they are waiting to be recalled to their jobs or if they intend to begin a new job within a month[270].

L'une des définitions les plus courantes est que « *the labor force consists of those who are working and those who are seeking work. The unemployment rate indicates the proportion of the labor force that is currently not working but looking for work*[271]. » Le taux de chômage reflète donc, selon cette définition, le rapport entre le nombre de chômeurs et le nombre d'actifs. C'est cette réalité que nous aurons à l'esprit quand nous parlerons de taux de chômage.

De façon générale, les Noirs tout comme les Blancs et les autres citoyens américains subissent les effets de l'évolution de l'état de santé de l'économie américaine. C'est le constat fait par Farley :

For both races, unemployment rates fluctuated with general economic conditions. They sank to low levels during the late 1960s, when the nation had a booming domestic economy and carried out a war in Asia. In the mid-1970s and again at the start of the 1980s, the nation experienced a recession and unemployment rose to high levels[272].

Cependant, l'on constate que quel que soit l'état de santé de cette économie, Noirs et Blancs ne sont pas égaux. En période de croissance, les Noirs tirent moins de dividendes alors qu'en période de récession ils en subissent plus de contrecoups. En général, le taux de chômage des Noirs est toujours plus élevé que celui des Blancs. Le tableau ci-dessous ne fait que confirmer notre assertion.

Ce constat peut s'interpréter comme une preuve de la fragilité des Noirs dans le domaine de l'emploi. Le tableau ci-dessous, qui couvre entièrement la période 1960-1990, nous permet de voir l'évolution du taux de chômage sur trente ans, une période assez longue à partir de laquelle l'on peut tirer quelques leçons.

---

[270] Reynolds Farley, *Blacks and Whites : Narrowing the Gap?*, p. 37.
[271] Ibid., p. 38.
[272] Ibid., p. 39.

Tableau 2.7 : TAUX DE CHÔMAGE[273]

Année	Blancs	Noirs	Ratio
1960	4,9	10,2	2,08
1961	6,0	12,4	2,07
1962	4,9	10,9	2,22
1963	5,0	10,8	2,16
1964	4,6	9,6	2,09
1965	4,1	8,1	1,98
1966	3,3	7,3	2,21
1967	3,4	7,4	2,18
1968	3,2	6,7	2,09
1969	3,1	6,4	2,06
Ratio moyen de la décennie		**2,11**	
1970	4,4	8,2	1,86
1971	5,4	9,9	1,83
1972	5,0	10,0	2,0
1973	4,3	8,9	2,07
1974	5,0	9,9	1,98
1975	7,8	14,8	1,90
1976	7,0	13,1	1,87
1977	6,2	13,1	2,11
1978	5,2	11,9	2,29
1979	5,1	11,3	2,22
Ratio moyen de la décennie		**2,01**	
1980	6,3	14,3	2,27
1981	6,7	14,2	2,12
1982	8,6	18,9	2,20
1983	8,4	19,5	2,32
1984	6,5	15,9	2,45
1985	6,2	15,1	2,44
1986	6,0	14,5	2,42
1987	5,3	13,0	2,45
1988	4,7	11,7	2,49
1989	4,5	11,4	2,53
Ratio moyen de la décennie		**2,37**	
1990	4,1	11,3	2,76

[273] Andrew Hacker, *Two Nations*, p. 103.

En plus du constat du taux de chômage toujours plus élevé chez les Noirs que chez les Blancs, on peut aussi relever que ce taux est la plupart du temps le double de celui de leurs compatriotes blancs. Enfin, il est à deux chiffres sur 20 des 30 années couvertes par le tableau. En d'autres termes, la situation des Noirs face à l'emploi est préoccupante, malgré les diverses actions menées et dirigées par le mouvement pour les droits civiques dans les années 1960 et 1970 (The 1963 March on Washington for Peace and Jobs) et qui ont contribué à améliorer de façon significative la condition des Noirs. Cependant, leur taux de chômage avoisine quelquefois 20%, à l'exemple des années 1982 (18,9%) et 1983 (19,5%), c'est-à-dire en pleine crise économique, peut-être l'une des plus graves que le pays ait connues depuis la fin de la Seconde Guerre mondiale. Dans tous les cas de figures, les Noirs sont plus durement frappés par le chômage quelle que soit la période considérée. Ce fait est attesté par les statistiques quelles que soient leurs sources[274].

Cette vérité accablante, pour ne pas dire triste, s'est toujours vérifiée pour les jeunes gens des deux sexes. Par exemple, en 1970, 1975 et 1979, le taux de chômage pour les jeunes Noirs (16-19 ans) est respectivement de 29,1%, 36,9% et 33,5%. Quant à celui des jeunes Blancs de la même tranche d'âge, il est de 13,5%, 17,9% et 13,9% dans l'ordre[275]. En 1986, le taux de chômage moyen des Noirs est de 14,5% contre 6% pour les Blancs. La même année, le taux de chômage des jeunes Noirs (teenagers) s'élève à 39,3% et seulement 15,6% pour leurs homologues blancs. En 1987, la même disparité ou inégalité devant le chômage persiste. En effet, pendant les sept premiers mois de l'année 1987, le taux de chômage moyen des Blancs s'élève à 5,5% alors que celui des Noirs plafonne à 13,5%, soit plus du double de celui des Blancs[276].

---

[274] John Hope Franklin, *From Slavery to Freedom*, pp. 479, 494; *The State of Black America 1984*, pp. 45 et 100; *U.S. News and World Report*, August 29, 1983, p. 47; R. Ertel, G. Fabre, Elise Marienstras, *En Marge : les minorités aux États-Unis* (Paris : François Maspéro, 1974), p. 356. Selon les sources, il arrive que les statistiques divergent.

[275] Alphonso Pinkney, *The Myth of Black Progress* (Cambridge : Cambridge University Press, 1984), p. 116.

[276] *The State of Black America 1988*, p. 144.

Si nous faisons la distinction entre hommes et femmes, l'on s'aperçoit que l'inégalité est plus criarde. Pour les sept premiers mois de 1987, le taux de chômage moyen des Noirs est de 11,7% pour les hommes adultes et de 12% pour les femmes adultes. A l'opposé, celui des Blancs adultes s'élève à 5% et 4,7% respectivement[277]. Au vu de ces chiffres on peut en déduire que les hommes adultes noirs sont 2,34% plus susceptibles d'être au chômage que leurs compatriotes blancs. Pour ce qui est des femmes adultes noires, le taux de risque de chômage est encore plus élevé : 2,55%.

Quelle que soit la région du pays considérée, l'inégalité devant le chômage se vérifie également. En 1986, elle est plus prononcée dans le Midwest avec 19.8% de taux de chômage alors qu'il est de 11,3% pour le Nord-Est, 13,9% pour le Sud et l'Ouest. Pendant les six années précédant 1986, il est de 23% alors qu'il varie entre 15% et 15,6% pour les autres régions (le Sud, l'Ouest, le Nord-Est) pendant la même période. En ce qui concerne les Blancs, les chiffres sont nettement moins alarmants : par exemple, 6,2% pour le Midwest, soit au moins trois fois moins que celui des Noirs. Bien que le taux de chômage des Noirs soit plus faible pour les autres régions que le Midwest, il reste toujours plus du double de celui des Blancs[278]. Donc, on peut affirmer que l'inégalité des Noirs devant le chômage persiste quelle que soit la région du pays.

Au vu de ce qui précède, on peut tirer les conclusions suivantes :

- ✓ Quel que soit l'état de santé de l'économie des États-Unis, les Africains-Américains sont toujours en retard par rapport à leurs homologues blancs.
- ✓ Quand cette économie va mal, les Africains-Américains en paient le plus lourd tribut. Ils sont licenciés en plus grand nombre et, évidemment, cela affecte leur statut économique global.
- ✓ Le chômage des Africains-Américains n'a fait que croître au fil des années, atteignant parfois des proportions inquiétantes : il représente au moins deux fois celui de leurs concitoyens blancs. Le cas des femmes mérite aussi considération.

---

277 Ibid.

278 Ibid., pp. 144-145.

- ✓ Le chômage des jeunes est une véritable plaie sociale (39,3%) alors que ceux-ci représentent une part importante de la population totale du pays.
- ✓ De plus, il n'est pas superflu de relever que cette frange de la population représente l'avenir du pays.

Le statut des Africains-Américains devant l'emploi est précaire. En effet, il est largement reconnu qu'ils sont les derniers à être embauchés, mais les premiers à être licenciés (« last hired, first fired »)[279]. C'est de cette triste réalité dont nous parlions et que vit ou subit le Noir américain. Quand il a un emploi, il ne sait pas jusqu'à quand il pourra le garder : licenciement pour n'importe quel motif ; dégraissage ; situation financière de l'entreprise ; etc.

D. Du salaire des Noirs entre 1960 et 1990

Même quand l'Africain-Américain a un emploi, il n'est pas des mieux rétribués. En effet, en 1960 et 1990, 62,8% et 48,3% respectivement des emplois subalternes (« blue collar ») sont occupés par des hommes noirs (de sexe masculin), 54,2% et 39,4% pour les hommes blancs. Pour ce qui est des emplois « supérieurs » (« white collar »), c'est-à-dire les mieux payés, les taux des Noirs sont de 12,1% et 30,4% pour les mêmes années (36,0% et 47,2% pour les hommes blancs)[280].

En ce qui concerne les femmes, la situation semble plus reluisante. En effet, la proportion des emplois subalternes occupés par des femmes noires est passée de 15,2% en 1960 à 14,5% en 1990, soit une légère baisse (18,4% à 9,9% pour les femmes blanches). Par contre celle des femmes noires ayant un emploi « white collar » a littéralement grimpé, passant de 18,2% à 57,7% (58,1% à 72,5% pour leurs homologues blanches).[281] Si la proportion de femmes noires dans les emplois subalternes a légèrement baissé, c'est au niveau des emplois les mieux rétribués que les progrès sont les plus remarquables : de 18,2% à 57,7%. Les femmes noires ont amélioré

[279] Andrew Hacker, *Two Nations*, p. 102.
[280] Ibid., p. 233.
[281] Ibid.

plus rapidement le niveau de leurs emplois, du même coup leurs salaires, par rapport à leurs hommes. Cette percée s'explique par leur entrée en grand nombre sur le marché de l'emploi.

L'inégalité des Noirs sur le plan de l'emploi persiste de manière incontestable. Cependant, des progrès notables ont été faits par endroits, comme l'atteste le taux des femmes noires dans les emplois « white collar ». Nous l'avons déjà dit plus haut : certains emplois longtemps « fermés » aux Africains-Américains le leur sont maintenant accessibles[282]. Ceci explique l'amélioration progressive de la qualité de leurs emplois. Nous parlons d'amélioration et non d'égalité sur le plan de l'emploi. D'ailleurs les taux de chômage sont là pour modérer notre enthousiasme. En 1990, les Noirs sont toujours à la traîne de leurs concitoyens blancs.

E. Les causes de l'inégalité devant l'emploi

Comment peut-on expliquer cette inégalité raciale devant l'emploi et cette moindre participation au marché de l'emploi ? Beaucoup de thèses sont avancées par les spécialistes en la matière. Certains analystes soutiennent que l'accroissement rapide de la population américaine en âge de travailler est à blâmer. Celle-ci s'est accrue de 14% entre 1960 et 1970 et de 23% entre 1970 et 1980. Dans le même temps, le taux de participation des femmes est passé de 42,7% à 50,9%. Il a même continué de s'accroître pour atteindre 55,3% entre 1980 et 1986. Nous avons alors deux facteurs importants qu'il faut prendre en compte : l'accroissement global de la population active et l'entrée en force des femmes sur le marché de l'emploi. La conjonction de ces deux facteurs a entraîné un fort accroissement de la main-d'œuvre disponible. C'est ainsi que la main-d'œuvre civile a vu l'entrée de 35.063.000 nouveaux travailleurs entre 1970 et 1986, soit une augmentation de 42%, alors que les dix-sept années précédentes elle ne s'était accrue que de 28%, soit 17.779.000 nouveaux travailleurs[283].

---

[282] Reynolds Farley, *Blacks and Whites*, p. 49.

[283] *The State of Black America 1988*, p. 139.

Un tel développement a forcément des conséquences incontestables pour les Noirs. La première conséquence est que la compétition pour obtenir un emploi devient plus dure et plus âpre. Les Noirs doivent rivaliser d'abord entre eux pour les mêmes emplois, ensuite contre les Blancs, et enfin contre les femmes noires et blanches. Et pourquoi pas avec les nouveaux immigrés venus du Tiers-Monde ? Cette rivalité influe nécessairement sur le taux de chômage des Noirs et sur le taux d'emploi surtout des hommes. Se disputant les mêmes emplois, dont, du reste, le nombre n'est pas suffisant, il va de soi que tous les candidats ne puissent pas être satisfaits. Alphonso Pinkney relève que les femmes blanches sont généralement mieux éduquées et mieux formées que les jeunes Noirs[284] ; ceci réduit inévitablement les chances de ces derniers dans la recherche d'un emploi. De plus, il semble que les employeurs blancs préfèrent les femmes noires par rapport aux hommes noirs. En voici les raisons :

If and when organizations feel compelled to hire more black workers, they generally prefer to take on black women rather than black men. Black women, like all women, are perceived as being less assertive and more accommodating. Thus there is the hope that black women will show less resentment or hostility, and will be less apt to present themselves as "black" in demeanor and appearance. A further concern of white employers, albeit not one openly stated, is that black men and white women work together might lead to familiar relationships that could either be misunderstood or have some grounding in fact.

In addition, black and white women tend to mingle more easily in workplace settings. This is partly because women tend to feel less tense about race. But there is also evidence that women can ignore racial lines in acknowledging common experiences, at least to a far greater extent than men are willing to do. At restaurants near their place of work, groups of black and white women can be seen enjoying lunch together. Far less frequently - if at all - does one encounter similar parties of men. Circumstances like these are not lost on employers, who may conclude that if they must have racially mixed workforces, things will go better if they consist largely of women[285].

---

[284] Alphonso Pinkney, *The Myth of Black Progress*, p. 121.
[285] Andrew Hacker, *Two Nations*, p. 115-16.

Donc, les hommes noirs partent défavorisés face à leurs épouses ou sœurs qui, à qualification égale, sont susceptibles d'être recrutées en priorité.

Une thèse, proche de la précédente, soutient que l'entrée en force des Noirs sur le marché de l'emploi est responsable de leur taux élevé de chômage[286]. Leur nombre s'est accru si rapidement que l'économie américaine est incapable de les absorber tous. Ici, c'est l'économie américaine qui est mise en cause pour son incapacité à satisfaire tous les demandeurs d'emplois. En effet, quand la demande est forte, sinon très forte, les employeurs ont un vaste pool de candidats dans lequel ils peuvent puiser à volonté. Ils peuvent même se permettre de satisfaire certaines de leurs caprices. Une fois la qualification technique satisfaite par les candidats, les employeurs peuvent recruter qui ils veulent, et même faire jouer des critères subjectifs. Dans tous les cas, ils ont un large éventail de choix et la décision finale leur revient. D'ailleurs, les employeurs blancs font maintenant beaucoup attention avant de recruter aussi des employés noirs. Dans les années 1950, la place des Noirs était connue : les emplois subalternes, quel que soit leur niveau d'éducation. Entre 1960 et 1990 la situation a bien évolué. Avec les acquis de la lutte âpre menée par le mouvement pour les droits civiques, les Noirs doivent être embauchés et, une fois embauchés, doivent être traités comme tous les autres travailleurs, c'est-à-dire avec équité. La loi est désormais là pour les protéger, ainsi que l'explique Reynolds Farley :

> *Thirty-five years ago, blacks with advanced degrees were hired to plump pillows on sleeping cars or to sort mail in the post office. Today, however, employers may scrutinize the credentials of black applicants* ***very carefully****. (emphasis mine) If they do not treat the blacks they hire the same way they treat similar whites, they may be sued or cited for violating civil rights laws. This situation greatly improves opportunities and pay rates among employed blacks, but it may make it more difficult for some blacks to get that first job*[287].

Avec l'évolution, les travailleurs noirs ont les mêmes droits que leurs homologues blancs. Ils sont promus de la même façon et ont les

[286] Alphonso Pinkney, *The Myth of Black Progress*, p. 96.
[287] Reynolds Farley, *Blacks and Whites*, p. 55.

mêmes égards. Un Noir peut avoir sous son commandement des travailleurs blancs, chose impensable il y a de cela seulement quelques décennies. Certains employeurs blancs ont cependant encore du mal à l'accepter ; ce qui justifie que certains Noirs éprouvent encore des difficultés à trouver un emploi, à la hauteur de leurs qualifications.

Une autre explication de l'inégalité des Noirs devant l'emploi affirme que les Noirs ne sont pas assez qualifiés pour décrocher des emplois de haut niveau. L'économie américaine a subi une mutation rapide passant d'une économie dominée par l'agriculture à une dominée par l'industrie (*manufacturing*), puis à une économie des services et de la technologie de pointe (*high technology*). Selon les tenants de cette thèse, la qualification des Noirs n'a pas suivi cette évolution et beaucoup d'entre eux en sont encore à des formations non spécialisées. Or, l'économie américaine a dépassé ce stade : elle requiert maintenant des travailleurs de plus en plus spécialisés[288]. Le niveau d'éducation joue désormais un rôle important dans les chances d'embauche de n'importe quelle personne en quête d'emploi. Parfois, le niveau d'éducation n'est pas suffisant en lui-même : il faut y adjoindre une certaine spécialisation. C'est le prix à payer pour pouvoir s'intégrer dans le marché de l'emploi. Or, les Noirs, compte tenu de leur passé, ont beaucoup de retard sur leurs concitoyens blancs dans le domaine de l'éducation et de la formation professionnelle. Évidemment, cela les défavorise d'une façon ou d'une autre sur un marché de l'emploi où la concurrence est dure.

D'aucuns mettent aussi en cause certains programmes sociaux. En effet, certains programmes sociaux de la Sécurité Sociale sont si avantageux qu'ils n'incitent pas certains hommes à travailler, surtout si le bénéficiaire peut cumuler plusieurs programmes à la fois. Un analyste rapporte :

> «*...in many states the head of a family can receive food stamps, unemployment benefits, and welfare that just about equals the income from a moderate-pay job. 'Why should someone work forty hours a week,*

[288] Ibid., p. 52.

fifty weeks a year for, say, $8,000 when it should be possible not to work at all for, say, $6,000?'[289] »

Les lois fédérales destinées à venir en aide aux pauvres — d'autres exemples de programmes sociaux — ne seraient pas non plus sans reproches.

« *Federal laws intended to improve the welfare of the poor may also limit the employment of black men. Minimum wage laws, for example, may produce higher rates of unemployment or non-participation in the labor force*[290]. »

Selon les tenants de la thèse des programmes sociaux, ces lois en question causeraient des taux de chômage plus élevés et entraîneraient aussi une plus faible participation au marché du travail. Pour inciter quelqu'un à travailler, il faudrait qu'il y trouve un intérêt ou des avantages avérés. L'exercice d'un emploi induit tant de sacrifices, de privations et d'efforts qu'il faut que le candidat y trouve des avantages réels dépassant ceux liés au statut de chômage, avant de se décider à en accepter. Cela est vrai surtout pour les emplois subalternes et peu rémunérés. Certains travailleurs noirs dans cette situation pourraient effectivement être tentés de se déclarer sans emploi et bénéficier de certains avantages sociaux. Les salaires devraient être assez alléchants pour éviter la tentation de la solution de la Sécurité Sociale qui constitue une perte pour la nation, car cette dernière ne peut pas dans ce cas prélever des impôts. C'est plutôt elle qui dépense pour les personnes sans emploi en leur faisant bénéficier de programmes sociaux.

La discrimination raciale peut être aussi considérée comme une cause non négligeable de l'inégalité devant l'emploi[291]. Quand on aborde ce sujet, beaucoup de gens se dressent, prêts à réagir. Pourtant, les préjugés raciaux ont la vie dure aux États-Unis et ont encore de beaux jours devant eux. Malgré les énormes progrès accomplis suite à l'évolution des mentalités, la discrimination raciale persiste. Elle serait

---

[289] Ibid., p. 53.

[290] Ibid., p. 54.

[291] Nous avons déjà évoqué le préjugé racial à propos de l'emploi durant la période « Jim Crow ». Il joue aussi un rôle en ce qui concerne l'emploi.

à la base de certains chômages. Un jeune chômeur noir de Watts, un quartier de Los Angeles, affirme qu'en matière d'embauche, la priorité est accordée aux jeunes Blancs. Un autre renchérit :

« *Even if you had training and know how to do the job, once you show up and ask for the machine operating job, and the man sees you, he wants to give you a broom and start you sweeping. Well, I'd rather not work than sweep no floor*[292]. »

Les exemples de ce genre sont légion. Plus qu'ils ne veulent l'admettre, les Blancs ont tendance à favoriser les gens issus du même groupe racial qu'eux. Les États-Unis ont une longue tradition raciste qui a duré plusieurs siècles et ce n'est pas parce que les lois ont été changées pour formaliser l'équité et l'évolution des mentalités que, tout d'un coup, comme par magie, les comportements forgés au fil du temps vont disparaître. Tout changement de cette nature et de cette ampleur requiert du temps. D'ailleurs, certains penchants naturels ont du mal à disparaître malgré le temps et ils peuvent ressurgir à n'importe quel moment si le contexte s'y prête. Les préjugés raciaux font partie de ces penchants naturels.

Stephan et Abigail Thernstrom s'inscrivent en faux contre l'idée selon laquelle la discrimination raciale serait la cause du taux élevé de chômage et du bas taux de participation des jeunes Noirs au marché de l'emploi. Selon eux, il faut plutôt accuser la délocalisation des emplois des centres-villes vers les banlieues. Or, les Noirs ont tendance à résider dans les centres urbains. En d'autres termes, les emplois dont ils ont tant besoin s'éloignent de leurs lieux de résidence. La formule vulgaire « les Noirs ne sont pas où les emplois sont » pourrait bien résumer l'idée. C'est ce que les spécialistes appellent « spatial mismatch ». Voici comment nos deux chercheurs expliquent le concept :

« Spatial mismatch » refers not only to the problem of African Americans looking for work in Detroit, while HELP WANTED signs go up in Phoenix. It is also a matter of how people and jobs are distributed between the central cities and the suburbs within metropolitan areas. In nearly all of the country's urban centers, employment opportunities have

[292] Alphonso Pinkney, *The Myth of Black Progress*, p. 119.

been drying up in the inner-city core in the past three decades, and have been expanding in suburban locations on the periphery. The trend toward "decentralization" of economic activity in metropolitan areas is the result of technological and social changes that have made it cheaper to do business outside of central cities than within them. Advances in transportation and communication made many firms less dependent upon a central location, and allowed them to move to suburbia, where land has been cheaper, the crime rate lower, and taxes less burdensome. With the black population more centralized than the distribution of jobs, the shift has limited black economic opportunity[293].

C'est donc la distribution démographique ou résidentielle des Noirs qui serait plutôt la cause de leur malheur sur le plan de l'emploi : ils ne s'adaptent pas à l'évolution géographique des unités industrielles. Prenons d'abord le cas de Detroit dans l'État du Michigan. Dans les années 1940 et 1950, des dizaines de milliers de Noirs vinrent s'installer à la faveur de l'industrie automobile qui florissait à l'époque. En 1965 le taux de chômage des Noirs à Detroit n'était que de 3,4%. Malheureusement, quelques années plus tard, cette industrie qui autrefois faisait la fierté de la ville a commencé à décliner. Par voie de conséquence, la population de la ville s'est mise à se réduire de façon drastique : entre 1960 et 1990, elle a diminué de 38%. Cette réduction est essentiellement due au départ des Blancs. Detroit est devenue en 1990 la plus noire des grandes villes américaines, avec 76% de sa population composée de Noirs. Elle est aussi devenue l'une des premières villes en ce qui concerne les taux de chômage (20%), de pauvreté (32,4%), et de criminalité[294].

À l'opposé de Detroit nous avons San Diego en Californie, où les opportunités économiques et donc pour l'emploi sont meilleures. La population de la ville a doublé presque entre 1960 et 1990, mais les Noirs représentaient moins de 10% des habitants. Les taux de pauvreté et de chômage sont aussi nettement plus bas qu'à Detroit[295]. Comme pour résumer leurs idées, Abigail et Stephan Thernstrom écrivent :

---

[293] Stephan Thernstrom and Abigail Thernstrom, *America in Black and White*, pp. 248-249.
[294] Ibid.
[295] Ibid., p. 248.

The more dynamic urban centers are much more heavily white. In other words, in the cities in which blacks are concentrated, jobs tend to be scarce, and there is a surplus of labor...

A substantial proportion of the black population of the nation currently resides in the stagnant and decaying inner-city neighborhoods of places like Detroit, Chicago, Cleveland, and St. Louis. Their concentration in communities like this is one reason for the decline in black labor-force participation rates and high levels of black unemployment. Not many blacks reside in the urban centers whose economies have generated the most new jobs and attracted the most newcomers since the 1960s[296].

À en croire les Thernstrom, il y aurait comme une sorte de contradiction dans l'attitude des Africains-Américains, une incapacité de leur part à comprendre l'évolution économique des États-Unis et à s'y adapter. L'on est en droit de se demander pourquoi ils ne suivent pas les emplois dans leur déplacement ?

L'inégalité des Africains-Américains devant l'emploi ne peut avoir une seule et unique explication. Seule la combinaison de plusieurs facteurs peut permettre de mieux la cerner. Mais il est clair qu'en 1990 cette inégalité demeure une réalité, malgré les énormes progrès faits. Les efforts doivent être encore poursuivis et de façon vigoureuse.

III. Le revenu

Le revenu des Africains-Américains est intimement lié à leur situation devant l'emploi et aux types d'emplois qu'ils exercent. Ceci veut dire que la santé de l'économie américaine est un élément qui influe sur le revenu des Africains-Américains. En période faste, il n'y a pas de problèmes majeurs. Les employeurs sont plus ouverts et sont même quelquefois disposés à augmenter les salaires de leurs employés. Mais en période de récession, ils deviennent plutôt radins et allergiques à toute idée d'embauche et d'augmentation des salaires. Le revenu est aussi lié à d'autres facteurs tels que l'emploi exercé, l'expérience, la race, l'âge et le niveau d'éducation, c'est-à-dire le diplôme ou la formation reçue. Nous devons toujours garder à l'esprit tous ces éléments quand nous parlons du revenu des Noirs.

[296] Ibid., pp. 247- 248.

Évidemment, les travailleurs américains ne sont pas tous des salariés mais ils le sont dans leur très grande majorité. C'est aussi une donnée à prendre en compte.

L'emploi exercé justifie le salaire que l'on perçoit, en d'autres termes, le salaire est fonction de ce que l'on fait. Un travailleur à « col blanc » (white collar) est forcément mieux payé qu'un travailleur à « col bleu », subalterne « blue collar ». Or, nous l'avons déjà vu, les Noirs occupent généralement des emplois moins prestigieux que ceux de leurs collègues blancs. On peut en déduire, à ce stade, que les Noirs ont généralement un revenu inférieur à celui des Blancs, quelques particularités mises à part.

A. Le revenu des familles noires

Selon des statistiques du *Bureau of Labor Statistics*, la part qu'occupent les familles noires dans le revenu global de tous les ménages américains pris dans leur ensemble est négligeable.

Tableau 2.8 : Part des familles noires
dans le revenu total des familles américaines[297]

1947	4,7%
1959	5,4%
1969	6,1%
1974	6,5%
1979	6,8%
1984	6,9%
1989	7,2%

Deux constats s'imposent. Premièrement, la progression de la part des familles noires est lente, sinon trop lente. Deuxièmement, cette part est trop faible (5,4% en 1959 et 7,2% en 1989) comparée au taux des Noirs dans la population totale des États-Unis qui est de 12% dans les années 1980. Ce tableau nous dit aussi que les familles noires ne pèsent pas grand-chose en termes de revenu : la part de revenu qu'elles représentent est minime sinon insignifiante. La répartition

[297] Andrew Hacker, *Two Nations*, p. 233.

comparative des revenus des familles blanches et des familles noires en 1970 et 1990 donne une image plus complète des différences.

Tableau 2.9 : Répartition des revenus (en dollars valeur de 1990)[298]

FAMILLES BLANCHES	**1970**	**1990**
Plus de $50,000	24,1%	32,5%
Entre $35.000 et $50.000	24,1%	20,8%
Entre $25.000 et $35.000	20,6%	16,5%
Entre $15.000 et $25.000	16,9%	16,0%
Moins de $15.000	14,3%	14,2%
Revenu médian	$34.481	$36.915
FAMILLES NOIRES	**1970**	**1990**
Plus de $50.000	9,9%	14,5%
Entre $35.000 et $50.000	13,9%	15,0%
Entre $25.000 et 35.000	17,6%	14,0%
Entre $15.000 et $25.000	24,0%	19,5%
Moins de $15.000	34,6%	37,0%
Revenu médian	$21.151	$21.423

La différence entre les revenus des deux groupes est frappante. Ceux des familles noires prennent la forme d'une véritable pyramide : une base large se rétrécissant progressivement avec les revenus les plus élevés. A l'opposé, les revenus des familles blanches présentent une forme inverse : les revenus les plus élevés sont plus représentés. La différence est donc saisissante. Plus d'un tiers (34,6% et 37,0%) des familles noires gagnent moins de 15.000 dollars par an, alors que cela est le cas pour seulement moins d'un cinquième des familles blanches (14,3% et 14,2%). Dans tous les cas de figures, les familles noires sont à la traîne de leurs homologues blanches. Malgré les progrès accomplis, les familles noires n'ont pas encore atteint la parité avec les familles blanches.

B. Le revenu des individus

Que pouvons-nous dire du revenu des individus ? Au niveau des individus, on ne peut non plus encore parler d'égalité complète et entière. En effet, les statistiques indiquent des avancées notables dans

---

[298] Andrew Hacker, op. cit., p. 98.

certains domaines mais, de façon générale, les Noirs sont toujours à la traîne des Blancs. Le tableau 2.10 indique que et les hommes et les femmes noirs gagnent moins que leurs compatriotes blancs en 1990. Les femmes s'en sortent mieux que les hommes : celles qui sont effectivement employées frôlent la parité : $907 contre $1000 en 1990. Mais l'arbre ne doit pas cacher la forêt. Les autres chiffres montrent bien le fossé qui continue d'exister entre Noirs et Blancs.

Tableau 2.10 : SALAIRES DES TRAVAILLEURS NOIRS
(pour chaque $1000 gagnés par les Blancs)[299]

	Hommes	**Femmes**
1939	$450	$379
1950	$613	$369
1960	$669	$696
1970	$704	$851
1980	$751	$917
1990	$731	$900

Le tableau 2.10, qui porte sur les personnes qui exercent effectivement un emploi, indique que les femmes dans ce domaine sont mieux loties que leurs homologues masculins. Évidemment le tableau compare les hommes avec les hommes et les femmes avec les femmes. Les femmes et les hommes ont suivi une évolution régulière et positive, mais entre 1980 et 1990 il y a eu baisse du salaire moyen : celui des femmes passant de 917 à 900 dollars et celui des hommes de 751 à 731 dollars. Cette baisse pourrait s'expliquer par la crise économique que le pays a traversée dans la décennie 1980.

Selon Andrew Hacker, si les femmes noires gagnent plus que leurs hommes et que leur situation s'est améliorée plus rapidement, cela est imputable au fait qu'elles ont abandonné le travail domestique pour des emplois mieux rémunérés comme le montre le tableau 2.11. Cette permutation a pu se faire aussi à la faveur du changement d'attitude des employeurs blancs Les femmes noires ont saisi la chance qui leur était offerte pour s'engouffrer dans les professions libérales et dans les positions de cadres et de techniciens. C'est là un progrès indéniable

[299] Andrew Hacker, *Two Nations*, p. 101.

dont l'ensemble des travailleurs noirs aurait dû tirer profit. Mais, malheureusement, les hommes noirs n'ont pas eu la même opportunité et leur situation devant l'emploi et leurs revenus n'ont pas suivi la même évolution que celle de leurs femmes.

Cependant, « à quelque chose malheur est bon » dit le dicton populaire. Les travailleurs noirs (les hommes) vindicatifs et moins accommodants constituaient la mauvaise conscience de l'Amérique en général et celle de ces employeurs blancs en particulier. Ce sont ces travailleurs-là qui, quelquefois en conjonction avec des collègues blancs et/ou des organisations de droits civiques, rappelaient à l'Amérique le long chemin qui restait encore à parcourir avant d'atteindre l'égalité raciale au pays de Thomas Jefferson, auteur de la Déclaration d'indépendance, un révolutionnaire qui y a écrit que « *tous les hommes naissent égaux* ».

Tableau 2.11 : Emplois occupés par les femmes[300]

% de femmes	Parmi les travailleurs blancs	Parmi les travailleurs noirs
Taux d'emploi	44,7%	50,6%
Professions libérales	50,6%	63,8%
Cadres	39,1%	55,0%
Techniciens	47,7%	62,6%
Ouvriers	24,5%	27,6%
Officiers militaires	10,1%	20,5%
Simples soldats	8,9%	14,5%

Les femmes noires représentent une bonne proportion parmi les travailleurs noirs dans leur ensemble en 1990 : 63,8% des travailleurs noirs dans les professions libérales et 55,0% au niveau des cadres (managerial). Les emplois et les positions que les femmes noires occupent expliquent pourquoi elles gagnent plus que leurs hommes et qu'elles sont proches de la parité avec leurs homologues blanches. De plus, elles sont entrées massivement sur le marché de l'emploi entre 1960 et 1990. C'est peut-être pour ces raisons que leur salaire moyen s'est amélioré plus rapidement. Bien sûr, le salaire moyen n'est que

[300] Andrew Hacker, *Two Nations*, p. 115

théorique et cache certaines disparités criardes dans la communauté noire.

Cette communauté noire comprend des gens de toutes les catégories sociales : des gens très riches, des gens riches, des gens à revenu moyen, des basses classes, des pauvres et des très pauvres. En 1990, grâce aux actions antérieures du Mouvement pour les droits civiques, le sort de beaucoup de gens au sein de la communauté noire s'était amélioré. Par voie de conséquence, de nouvelles personnes ont fait leur entrée dans la classe moyenne. L'émergence de cette nouvelle classe moyenne a fait l'objet d'une abondante littérature. Qu'en est-il au juste ?

C. De la classe moyenne noire

Pendant longtemps, pour beaucoup d'Américains être « Africain-Américain » signifiait être pauvre. Même les publications ne s'intéressaient qu'aux conditions des Noirs pauvres dans les centres-villes et les ghettos. Ceci donnait l'impression que tous les Noirs étaient tous pauvres[301]. Un Noir ne pouvait pas être autre chose. Mais grâce à la conjonction de deux facteurs, une classe moyenne a émergé et s'est affirmée : la prospérité économique et le Mouvement des droits civiques.

Les années 1950 étaient des années d'une telle prospérité que certains chercheurs et autres spécialistes ont pu écrire qu'elles étaient une ère d'opulence[302]. Les revenus étaient élevés, le taux de chômage bas. L'optimisme était alors de rigueur. Mais l'arsenal juridique qui aurait pu contribuer à l'amélioration du sort des Noirs faisait défaut. C'est pourquoi l'on peut affirmer que c'était aussi l'ère de la discrimination active et nocive.

Le second facteur qui a favorisé l'émergence d'une classe moyenne est le mouvement pour les droits civiques qui s'est battu bec et ongle pour que les Noirs soient considérés au même niveau que les Blancs. Ce mouvement a été par moments critiqué par certains radicaux comme menant une lutte au bénéfice de la seule classe moyenne. Ils

---

[301] Bart Landry, *The New Black Middle Class* (Berkeley : University of California Press, 1988), p. íx.

[302] John Kenneth Galbraith, *L'ère de l'opulence* (Paris : Calmann-Lévy, 1970).

lui reprochaient d'être dirigés par des gens issus de la classe moyenne et de ne se battre que pour des objectifs qui ne profiteraient qu'à la classe moyenne noire. Ils avaient en partie raison. En effet, l'ouverture des lieux publics tels que les hôtels, les motels, les restaurants, les logements dans les quartiers blancs ou huppés, etc., ne concernait pas la majorité des Noirs car ceux-ci n'avaient pas les moyens d'y aller. Par contre le droit de vote, la non discrimination dans l'emploi, la fin des humiliations multiples, par exemple, concernaient tous les membres de la communauté. Donc prétendre que le Mouvement des droits civiques n'avait que des objectifs de classe moyenne n'était pas fondé. De tels propos ne pouvaient que démobiliser les militants et retarder les victoires éventuelles. Heureusement que le découragement n'a pas gagné les militants et qu'ils ont continué à suivre les mots d'ordre de leurs leaders. C'est cette mobilisation à toute épreuve qui a finalement permis d'arracher des acquis importants dont la non-discrimination dans l'emploi, l'accès aux emplois qui leur étaient interdits jusqu'alors, le droit de vote, l'abolition des taxes censitaires.

Avant de poursuivre, la classe moyenne en question mérite d'être définie. Que faut-il comprendre par « classe moyenne » ? Selon Stephan et Abigail Thernstrom, il y a plusieurs façons de définir la « classe moyenne », mais un indicateur commun à toutes ces définitions est l'emploi occupé[303]. Donc la classe moyenne doit se comprendre en termes de revenu et de salaire. Bart Landry, lui, insiste qu'il faut aussi prendre en compte le niveau d'éducation[304]. Mais la classe moyenne n'est pas homogène car elle peut se subdiviser en deux couches : inférieure et supérieure. En d'autres termes, bien qu'appartenant à la même classe sociale, certaines personnes sont plus aisées que d'autres. Ainsi les cadres d'entreprise (corporate executives), les propriétaires d'entreprise, les médecins, et les ingénieurs sont considérés comme constituant la couche supérieure de la classe moyenne qui inclut aussi les salariés à « col blanc », les petits opérateurs économiques, les enseignants, les infirmiers, les employés de bureau et de banque, les travailleurs non manuels, les sapeurs

[303] Stephan Thernstom and Abigail Thernstrom, *America in Black and White*, p. 184.
[304] Bart Landry, *The New Black Middle Class*, p. 5.

pompiers, les agents de police, les attachés de santé en odontostomatologie, les vendeurs dans les magasins, etc[305].

La taille de la classe moyenne africaine-américaine dépend du contexte économique. La prospérité économique est un facteur favorable à son expansion. Par contre, une récession lui est nuisible. Dans notre cas, c'est la conjonction de deux facteurs (la prospérité économique des États-Unis et le Mouvement des droits civiques) qui a entraîné l'émergence de cette nouvelle classe moyenne noire (cf. le titre du livre de Bart Landry). Voyons l'évolution du pourcentage de Noirs dans les emplois considérés comme de classe moyenne :

Tableau 2.12 : Pourcentage de Noirs occupant des emplois de classe moyenne, 1940-1990[306]

Hommes	**1940**	**1970**	**1990**
Professions libérales	1,8	7,8	9,4
Propriétaires, cadres, officiels	1,3	4,7	6,7
Employés de bureau et vendeurs	2,1	9,2	15,9
% total des travailleurs à « col blanc »	5,2	21,7	32,0
Femmes			
Professions libérales	4,3	10,8	15,9
Propriétaires, cadres, officiels	0,7	1,9	7,6
Employés de bureau et vendeurs	1,4	23,4	35,4
% total des travailleurs à « col blanc »	6,4	36,1	58,9

Le premier constat est la progression plus rapide des femmes dans les différents emplois considérés. Ainsi elles passent de 10,8% à 15,9% pour les professions libérales entre 1970 et 1990 (7,8% à 9,4% pour les hommes). La progression la plus spectaculaire se situe au niveau des employées de bureau et des vendeuses : de 23,4% à 35,4% pour la même période. Le second constat est que les hommes progressent mais pas au point d'attirer vraiment l'attention. En d'autres termes, les hommes vont à un rythme plus lent, ce qui s'explique probablement par la préférence des employeurs pour les femmes, comme expliqué plus haut. Malgré cette déconvenue du côté

[305] Ibid., pp. 10-11.

[306] Stephan Thernstom and Abigail Thernstrom, op. cit., p. 185.

des hommes, une nouvelle classe moyenne noire a émergé suite aux luttes des années soixante et s'est consolidée progressivement. Elle est venue rejoindre l'ancienne, essentiellement composée de membres du clergé qui représentaient trois fois le nombre des médecins et des avocats. En 1990, la tendance s'est inversée : il y a au moins deux fois plus de médecins et d'avocats qu'il y a de membres du clergé. Le tableau 2.13 nous donne plus de détails sur l'évolution dans les différents emplois.

Tableau 2.13 : Nombre et pourcentage de Noirs dans certaines professions, 1940-1990[307]

	1940		1970		1990	
	Nombre	Pourcentage	Nombre	Pourcentage	Nombre	Pourcentage
Médecins	4.160	2,5	6.044	2,2	20.874	4,5
Avocats	1.000	0,5	3.703	1,3	27.320	3,5
Clergé	18.400	13,7	13.739	6,2	21.488	6,6
Ingénieurs	300	0,1	14.955	1,2	59.226	3,5
Éditeurs, reporters, et écrivains	620	1,1	3.835	2,1	20.384	4,1
Enseignants du supérieur	2.680	3,5	16.582	3,4	37.867	4,8
Enseignants du primaire et du secondaire	67.580	6,4	227.788	8,2	435.558	9,6
Travailleurs sociaux	2.860	3,9	42.685	15,5	145.894	18,0
Infirmiers	7.880	2,2	66.400	7,8	165.520	8,9

On constate que le clergé qui constituait l'essentiel de l'ancienne classe moyenne est devenu en 1990 presqu'insignifiant. La composition de la nouvelle classe moyenne est plus large, donc plus solide. D'autres entités sont venues s'y ajouter, le gros lot se situant dans l'enseignement et le social. Or ces emplois, l'enseignement supérieur exclu, sont les plus féminisés et les moins bien payés, ce qui va forcément avoir un impact sur le revenu de ceux qui y exercent.

[307] Stephan Thernstom and Abigail Thernstrom, op. cit., p. 187.

On remarque aussi une avancée dans d'autres secteurs dont les médecins, les magistrats, les hommes de média et les enseignants du supérieur. Ces emplois ont l'avantage de permettre une certaine autonomie à la communauté noire et de faire entendre et voir son point de vue tant dans les média, les amphithéâtres des universités que les revues spécialisées de leurs professions. En tout état de cause, ces emplois dénotent d'une réelle avancée car ils nécessitent un certain niveau d'éducation. Donc, les Noirs avancent mais peut-être à un rythme lent pour certains. Cependant, il faut reconnaître que plus l'on avance, plus le chemin qui reste à parcourir pour atteindre la parité devient ardu et l'on a même quelquefois l'impression que l'on n'avance plus, sinon que l'on fait du surplace. Cela ne doit pas empêcher de reconnaître l'existence d'une classe moyenne noire et d'un certain progrès sur le plan du revenu. D'ailleurs, de plus en plus de Noirs n'hésitent pas à se reconnaître comme appartenant à la classe moyenne, comme le montre le tableau 2.14.

Tableau 2.14 : Pourcentage de Noirs et de Blancs qui affirment appartenir à la classe moyenne, 1949-1991[308]

	Noirs	Blancs	Ratio Noirs/Blancs
1956-58	14	41	34
1966-68	15	46	33
1976-78	22	50	44
1988-91	30	51	59

En 1988-1991, 30% des Noirs se disent appartenir à la classe moyenne, c'est-à-dire à peu près trois sur dix. Ceci est très certainement en dessous de la réalité car très peu de personnes admettent spontanément leur classe réelle. En général, elles se mettent dans une classe inférieure, peut-être par humilité ou pour « se cacher ». Le fait que certains Noirs osent affirmer appartenir à la classe moyenne confirme une fois de plus l'existence indubitable de cette classe. La base et l'étendue de celle-ci se sont accrues offrant

[308] Stephan Thernstom and Abigail Thernstrom, op. cit., p. 200. Ce tableau a été modifié pour n'en garder que les années qui nous intéressent.

ainsi plus de possibilités de leadership au sein de la communauté noire.

En résumé, le revenu des Noirs, à l'image de leur statut, s'est amélioré. Les emplois occupés se sont améliorés même s'ils sont à la traîne de celui des Blancs et ne sont pas toujours les emplois les mieux rémunérés. Ainsi, des progrès indiscutables ont été accomplis par la communauté africaine-américaine sur le plan du revenu, même si la parité avec la majorité blanche se fait toujours attendre. Les derniers kilomètres semblent être les plus ardus à parcourir. Malgré les progrès, une tâche noire demeure : la pauvreté.

IV. La pauvreté

Depuis plusieurs décennies, il est généralement admis que les États-Unis sont le pays le plus riche au monde. Cependant, vivent dans ce pays des dizaines de millions de pauvres. L'attention du peuple américain avait été attirée sur ce phénomène en 1964 par le président Lyndon B. Johnson. L'administration Johnson avait fait les comptes et était parvenu à la conclusion que près de 20% des Américains vivaient dans la pauvreté, soit 36 millions de personnes. Tirant leçon de ce constat, le président lança une « guerre contre la pauvreté ». Depuis lors les administrations successives se sont crues obligées de publier, par l'intermédiaire du Bureau du recensement, les statistiques sur ces personnes indigentes. C'est par ce canal officiel et bien d'autres que nous pouvons suivre l'évolution de la pauvreté aux États-Unis.

Comment la pauvreté africaine-américaine a-t-elle évolué entre 1960 et 1990 ? Avant de répondre à cette question, tentons de donner une définition du phénomène.

A. Définition de la pauvreté

Une personne est dite pauvre quand elle n'a pas le minimum vital, c'est-à-dire la nourriture en quantité et en qualité suffisante, un logis et des habits appropriés selon les pays et les climats, et des soins médicaux quand ils s'avèrent nécessaires. Cependant, la pauvreté est relative : un pauvre aux États-Unis n'est pas forcément pauvre au Burkina Faso, le coût de la vie n'étant pas le même partout.

L'état de pauvreté est déclaré par rapport au seuil de pauvreté. La première tentative pour cerner ce seuil en termes financiers a été faite en 1964 par les conseillers économiques du président Lyndon Johnson (*Council of Economic Advisors*). Le seuil de pauvreté est une estimation théorique de ce dont une famille, quelle que soit la taille, a besoin pour pouvoir se procurer une nourriture complète et appropriée en se fondant sur le fait que cette famille n'investit pas plus du tiers de son revenu dans son alimentation[309]. Le seuil de pauvreté pour une famille composée d'une personne est différent de celui d'une famille de trois personnes. Par exemple, selon les estimations officielles, le seuil de pauvreté pour une personne s'élève à 6.280 dollars en 1990 (9.922 dollars selon d'autres sources). Il est respectivement de 10.560 dollars et 21.260 dollars pour une famille de trois personnes et une de huit la même année[310]. « *The official poverty measure should be interpreted as a statistical yardstick rather than as a complete description of what people and families need to live*[311]. » Le seuil de pauvreté est juste un budget estimatif de survie. Il est réajusté chaque année pour prendre en compte l'inflation et d'autres réalités économiques.

B. L'état de la pauvreté

En 1964, quand le président Johnson a déclaré la guerre contre la pauvreté, il y avait 36 millions de pauvres aux États-Unis, soit près de 20% de la population. En 1990, près d'un Américain sur huit vit en dessous du seuil de pauvreté[312]. Parmi ces indigents, il y avait et il y a toujours, en 1990, un grand nombre de Noirs. Voyons l'évolution de la pauvreté dans la communauté africaine-américaine. Commençons par la pauvreté familiale dans son ensemble. Le tableau 2.15 nous en donne une idée.

---

[309] Leonard Beeghly, *Living Poorly in America* (New York : Praeger, 1983), p. 28.

[310] Paula S. Rothenberg, *Race, Class, and Gender in the United States : An Integrated Study*, 2nd ed. (New York : St. Martin's Press, 1992), p. 137. Les statistiques officielles sont généralement plus basses que celles fournies par les organisations non gouvernementales.

[311] U.S. Census Bureau, *Poverty in the United States : 2002*, September 2003, p. 4.

[312] Paula S. Rothenberg, op. cit., p. 97.

Tableau 2.15 : Pourcentage de familles vivant en dessous du seuil de pauvreté, par race, 1960-1995[313]

	NOIRS	BLANCS
1960	47	13
1970	30	8
1980	29	8
1995	26	9

Le constat s'impose : la différence entre les deux types de famille est frappante. Une bonne proportion des familles noires est toujours écrasée par la pauvreté : 47% en 1960 et 29% en 1980 contre 13% et 8% respectivement pour les blanches. Selon une autre source, le pourcentage des familles noires vivant dans la pauvreté en 1990 est de 29,3% (contre 8,1% pour les familles blanches)[314], ce qui est toujours trop élevé. Il est vrai que le poids de la pauvreté sur les familles noires s'est allégé au fil des ans, mais il reste encore lourd, sinon trop lourd, à porter. Dans tous les cas, l'inégalité dans ce domaine entre Noirs et Blancs est toujours criarde.

La pauvreté frappe aussi durement les femmes noires. Elles ont intégré massivement le monde de l'emploi, mais leurs revenus ne sont toujours pas à la hauteur de leurs attentes et de leurs besoins. En effet, elles n'occupent pas les emplois les mieux rémunérés. Quand elles ont un emploi rémunéré, elles sont généralement femmes de ménage, baby-sitters, cuisinières, aides assistantes sociales[315]. Or, un grand nombre de femmes africaines-américaines vivent seules, c'est-à-dire sans époux. En 1960, 22% des enfants âgés de moins de 18 ans vivaient avec leurs mères. En 1980, ce taux a doublé et est passé à 44%.[316] Dans ces conditions le peu qu'elles gagnent sert à couvrir les dépenses de la famille, vu qu'elles vivent généralement avec un ou plusieurs enfants. Et ce peu est insuffisant pour permettre à cette famille monoparentale de vivre décemment. C'est pourquoi un

[313] Stephan Thernstom and Abigail Thernstrom, op. cit., p. 233. Ce tableau a été adapté pour ne garder que les informations qui nous intéressent.
[314] Andrew Hacker, *Two Nations*, p. 100.
[315] Paula S. Rothenberg, *Race, Class, and Gender in the United States*, p. 131.
[316] Stephan Thernstom and Abigail Thernstrom, op. cit., p. 238.

pourcentage élevé de ce type de familles africaines-américaines vit dans la précarité. Selon Andrew Hacker, ce pourcentage est de 56,1% en 1990[317].

Le sort des femmes et des enfants étant intimement lié, ces derniers souffrent aussi de la pauvreté. En effet, les familles monoparentales noires, c'est-à-dire celles où le père ou l'époux n'est pas présent, représentent une part élevée des familles où vivent des enfants pauvres. Si la mère vit dans la pauvreté, il en va de même pour le ou les enfants à sa charge. Or, comme nous l'avons déjà vu avec le tableau 2.14, le pourcentage de familles noires pauvres est de tout temps élevé quelle que soit l'année. Donc les femmes et les enfants sont durement frappés par la pauvreté, ainsi que l'indique le tableau ci-après.

Tableau 2.16 : Pourcentage des enfants noirs pauvres vivant dans des familles monoparentales où le père est absent, 1959-1994[318]

1959	29
1969	58
1979	77
1995	85

Qu'en est-il de la pauvreté au niveau des individus? La même tendance se dessine. La pauvreté frappe plus durement les Noirs que les Blancs. Son taux est plusieurs fois le multiple de celui des Blancs, comme l'indique le tableau ci-dessous.

Tableau 2.17 : Pourcentage des personnes vivant sous le seuil de pauvreté[319]

	Noirs	Blancs	Noirs/Blancs
1986	31,1	11,0	2,83
1985	31,3	11,4	2,75
1982	35,6	12,0	2,97
1978	30,6	8,7	3,52
1970	33,5	9,9	3,38

317 Andrew Hacker, *Two Nations*, p. 100.
318 Stephan Thernstrom and Abigail Thernstrom, *America in Black and White*, p. 237.
319 National Urban League, *The State of Black America 1988*, p. 137.

Au vu de ces statistiques on peut affirmer que la pauvreté est un fléau pour les Africains-Américains : près d'un tiers d'entre eux est pauvre. Cela est-il acceptable dans un pays aussi riche que les États-Unis ? Quelle que soit la réponse que l'on pourrait donner à cette question, elle ne peut satisfaire ni ceux qui sont victimes de cette précarité, ni la nation américaine. En effet, la pauvreté diminue l'homme qui en souffre et physiquement et mentalement. Les irruptions de violence, les crimes de façon générale, qui apparaissent de temps en temps peuvent en partie s'expliquer par cette pauvreté ambiante. Dans tous les cas, le gouvernement américain prend très au sérieux le problème de la pauvreté. C'est pourquoi, chaque année, le Bureau chargé du recensement publie les statistiques relatives et analyse l'évolution de la pauvreté. Nous reconnaissons qu'il n'y a pas de solution facile mais la publication périodique des chiffres est déjà une étape indispensable vers la résolution du problème.

*

Le bilan du statut économique des Africains-Américains est nuancé. Dans tous les domaines que nous avons analysés — la fortune, l'emploi, le revenu, la pauvreté — nous avons constaté des avancées, quelquefois significatives. Ces avancées constituent la réalité, une réalité indéniable. Toute autre affirmation contraire contribue à perpétuer le mythe du regrès ou de la stagnation. Cette évolution positive est encourageante, mais les progrès doivent se poursuivre si l'égalité dans les domaines relevés doit devenir une réalité palpable.

Malheureusement, dans tous les domaines mentionnés les Africains-Américains sont toujours en retard sur leurs homologues blancs. Cet état de fait se comprend aisément si l'on part d'où les Noirs viennent, c'est-à-dire leur point de départ, pour ensuite mesurer le long chemin parcouru. Alors l'on doit admettre que tout ne peut pas se faire du jour au lendemain.

Le domaine le plus inquiétant est celui de la pauvreté que nous avons qualifié à juste titre de fléau. En effet, il nous est difficile d'admettre l'existence d'un tel niveau de pauvreté dans un pays comme les États-Unis. Évidemment, les raisons ne manquent pas.

Cependant, la plus grosse part de la solution du problème repose sur les épaules des victimes elles-mêmes. Nous pensons que, connaissant le poids de leurs souffrances, elles sont les mieux à même de trouver la porte de sortie qui sied le mieux à leur situation. La tâche n'est pas et ne peut être aisée. Mais leur salut est à ce prix.

CHAPITRE II

L'ÉDUCATION

Le statut social des Africains-Américains repose sur un certain nombre d'éléments parmi lesquels l'éducation tient une place importante. C'est pourquoi nous avons retenu dans ce chapitre l'éducation comme seul sujet d'analyse. Nous nous fonderons sur les différentes étapes historiques qui ont jalonné l'éducation des Noirs afin de mieux faire comprendre pourquoi, entre 1960 et 1990, ces derniers étaient toujours à la traîne par rapport aux Blancs dans ce domaine.

L'éducation a toujours été un élément important durant les longues luttes que les Noirs ont eu à mener, depuis l'esclavage jusqu'au Mouvement des droits civiques des temps modernes. L'éducation de la communauté noire des États-Unis a toujours eu un lien avec le statut racial de cette communauté à chaque étape de son histoire. En effet, à chaque période de l'histoire des Noirs correspond une attitude particulière de la majorité blanche qui met toujours en avant leur statut racial. Elle agit non pas en fonction des intérêts de cette minorité mais de ses propres intérêts de groupe dominant. En d'autres termes, la majorité blanche accorde ou rejette, accepte ou censure le droit à l'éducation des Noirs, décide de son niveau et de sa qualité. Dans de telles conditions, ces derniers ne peuvent pas être satisfaits ni du contenu, ni de la qualité de leur éducation — quand elle leur est dispensée. Une brève remontée à travers le temps illustrera mieux de quoi nous parlons.

I. ESCLAVAGE NE RIME PAS AVEC ÉDUCATION

Parler du peuple noir des États-Unis, c'est évoquer l'histoire de son esclavage, son oppression et sa soumission. Les Noirs sont arrivés en Amérique dans les chaînes et contre leur gré. C'est là une différence fondamentale avec les autres immigrants ou descendants d'immigrants qui composent aujourd'hui la société américaine. Les autres immigrants ont choisi leur terre d'asile : les Noirs y ont été contraints. Cette différence de taille permet de comprendre bien des problèmes auxquels ils ont été et sont confrontés.

L'esclave est considéré comme différent des autres personnes par son maître et les autres Blancs. Aussi, il reçoit un traitement différent. Et comme il est considéré comme inférieur, il n'a pas droit aux mêmes privilèges que les autres. Ainsi dans la pratique, l'esclave noir ne jouit d'aucun des droits universellement reconnus à tout être humain.

Les lois esclavagistes, les tristement célèbres « codes noirs », nient explicitement le droit de l'esclave noir à l'éducation. À cette époque l'éducation est considérée comme le droit exclusif des seuls Blancs. En effet, apprendre à lire et à écrire à un esclave noir, selon les '*Slave Codes*' des états esclavagistes, est considéré comme un crime et doit être réprimé comme tel[320]. Cette interdiction, mis à part l'aspect inhumain et répressif, n'est que l'application de l'idéologie esclavagiste qui soutient la supériorité de la race blanche sur la race noire. Une façon parmi tant d'autres de marquer cette soi-disant supériorité est donc de refuser certains droits à l'homme noir, dont l'éducation.

---

[320] Nathan Glazer cité par Ronald Segal, *The Race War : The Worldwide Conflict of Races* (Penguin Books, 1967), p. 197.
A. Leon Higginbotham, Jr., *In The Matter of Color. Race and The American Legal Process : The Colonial Period*_(Oxford : Oxford Univ. Press, 1980), pp. 198 ; 258;
Kenneth M. Stamp, *The Peculiar Institution: Slavery in the Ante-Bellum South* (New York : Vintage Books, 1956), p. 208.
Eli Ginzberg and Alfred S.Eichner, *The Troublesome Presence : American Democracy and the Negro* (New York : New American Library, 1966), pp. 18; 244;
Gunnar Myrdal, *An American Dilemma : The Negro Problem and American Democracy*, 2 vols. (New York : Pantheon Books, 1972), Vol. 2, p. 887.
N. Degler, *Out of Our Past : The Forces That Shaped Modern America.* 3rd ed. (New York : Harper Colophon Books, 1984), p. 188.

Plus important encore est le fait que les Blancs voient en l'éducation un puissant moyen qui peut anéantir les fondements de l'esclavage s'il est mis à la disposition de l'esclave noir. L'éducation, en armant l'esclave de savoir, le pousserait à se rebeller contre l'oppression et la soumission totale à son maître, car elle lui ferait prendre conscience de sa situation d'exploité et très certainement le ferait se dresser contre l'institution esclavagiste et contre son maître. Un esclave instruit représente donc un danger pour l'ordre social établi par « l'institution particulière », pour emprunter le titre du livre de M. Kenneth M. Stampp[321]. Frederick Douglass, ancien esclave lui-même, résume bien la situation en prêtant ces mots à son maître dans son autobiographie :

> *A nigger should know nothing but to obey his master - to do as he is told to do. Learning would spoil the best nigger in the world. Now, if you teach that nigger (speaking of myself) how to read, there would be no keeping him. It would forever unfit him to be a slave. He would at once become unmanageable, and of no value to his master*[322]*. As to himself, it could do him no good, but a great deal of harm. It would make him discontented and unhappy*[323].

« Malheureux » (discontented) c'est bien le mot qui convient pour décrire l'état de n'importe quel être humain qui, subitement, par la magie du savoir, découvre la négation et la misère morale dans lesquelles il a vécu jusqu'alors. Il se mépriserait lui-même pour avoir accepté si longtemps sa condition de sous-homme. Logiquement, il chercherait par tous les moyens à se libérer. Pire, il commencerait par répandre la « bonne parole » auprès de ses frères de race, ses compagnons d'infortune, avec qui il a toujours partagé le même sort. Avec cette analyse on comprend mieux pourquoi le maître blanc évite que l'esclave noir reçoive une quelconque éducation. Éduquer un esclave, c'est donc courir le risque de le perdre à jamais.

---

[321] Kenneth m. Stampp, *The Peculiar Institution : Slavery in the Ante-Bellum South* (New York : Vintage Books, 1956).

[322] Le maître parle ici de l'auteur. Ce dernier a assisté à l'entretien que son maître a eu avec sa maîtresse et dont cette citation n'est qu'un extrait.

[323] Frederick Douglass, *Narrative of the Life of Frederick Douglass, An American Slave. Written by Himself* (New York : Signet Classic, 1997), p. 47.

Un autre souci qui motive le maître blanc à ne pas éduquer son esclave est la peur maladive de l'interprétation qui peut en être faite et ses conséquences éventuelles. En effet, l'un des piliers de l'esclavage est le mythe de l'infériorité de l'homme noir. Or si l'on prend le temps et le soin d'enseigner quelques rudiments de savoir à l'esclave noir, très vite l'on s'apercevra qu'il est aussi capable que n'importe quel Blanc de les assimiler. L'esclave découvrira par lui-même qu'il n'est pas inférieur à l'homme blanc comme l'on a toujours essayé de lui faire croire. S'il n'est pas inférieur, pourquoi continuer de se soumettre ? Par la même occasion, certains Blancs — honnêtes — qui ont pu être trompés jusqu'alors prendraient conscience de la duperie et iraient très certainement grossir les rangs des anti-esclavagistes. Un tel revirement signerait, à plus court terme, le décès de « l'institution particulière ».

On comprend alors pourquoi le maître blanc a de tout temps nié le droit à l'éducation de son esclave pour le garder dans les ténèbres les plus obscures. Selon l'idéologie esclavagiste donc, éducation et esclavage sont incompatibles. C'est ce qui explique qu'à la veille de la Guerre de Sécession (1861-1865) seule une poignée de Noirs étaient instruits, 5 % en 1860, selon W.E.B. DuBois[324].

II. DES PROGRÈS ENCOURAGEANTS

Durant la Reconstruction, la période durant laquelle le gouvernement fédéral tente de reconstruire le Sud dévasté par la guerre, l'éducation des Noirs connaît une relative amélioration, mais cela au prix de multiples efforts déployés par des organisations, institutions et personnes de bonne volonté, et malgré l'opposition des anciens maîtres. En effet, ces derniers ne peuvent, comme d'un coup de baguette magique, abandonner leurs positions vis-à-vis du problème de l'éducation du Noir. De façon consciente et préméditée, ils s'opposent aux efforts ci-dessus mentionnés.

Après la défaite militaire du Sud, le Congrès des États-Unis vote en 1867 et 1868 une série de quatre lois connues aujourd'hui sous

[324] Cité par Gunnar Myrdal dans *An American Dilemma : The Negro Problem and Modern Democracy*, Vol. 2, p. 887.

l'appellation de lois sur la Reconstruction (*Reconstruction Acts*). Dans leur ensemble elles visent, selon un processus bien établi, le retour des États sécessionnistes[325] dans l'Union et cela dans des conditions déterminées. Par exemple, ils doivent se soumettre aux principes démocratiques inscrits dans la Constitution des États-Unis et ratifier le Quatorzième Amendement[326] qui garantit l'égalité de tous les citoyens devant la loi et fait du Noir un citoyen américain à part entière. Le Treizième Amendement, qui devient partie intégrante de la Constitution en décembre 1865, abolit l'esclavage. Tout cet arsenal juridique et constitutionnel crée une situation favorable à la promotion des anciens esclaves, notamment dans le domaine de l'éducation.

Un autre développement favorable à l'éducation des Noirs est la création du Bureau des Affranchis (*Freedmen's Bureau*), par une loi votée en 1865[327]. Cette institution, placée sous la tutelle du Ministère de la Guerre, est chargée de l'insertion des affranchis. En l'occurrence, son rôle consiste à assister les nouveaux affranchis afin de leur permettre d'assumer leur nouveau statut d'hommes libres. Elle peut intervenir dans les domaines politique (franchise), économique (emplois), social (hôpitaux), culturel (éducation)[328], etc.

En ce qui concerne l'éducation des nouveaux citoyens, il accomplit un travail remarquable. Ainsi, le Bureau crée ou supervise des écoles de toutes sortes : des écoles de jour, des écoles de nuit, des écoles du dimanche, des écoles professionnelles, des « collèges ». Le Bureau subventionne aussi des institutions universitaires noires telles que les universités Howard, Fisk et d'Atlanta, et l'Institut Hampton. Quand il cesse ses activités en 1870, 250.000 anciens esclaves fréquentent 43.000 écoles dans le Sud, et au total plus de 5 millions de dollars ont

---

[325] Ces États étaient au nombre de onze : la Virginie, la Caroline du Nord, la Caroline du Sud, la Géorgie, l'Alabama, la Floride, le Mississipi, l'Arkansas, la Louisiane, le Texas et le Tennessee. Ce dernier État a été réadmis au sein de l'Union en 1866 suite à sa ratification, la même année, du Quatorzième Amendement.

[326] John Hope Franklin, *Reconstruction*, pp. 70-73.

[327] L'appellation complète est le Bureau des Réfugiés, Affranchis, et Terres Abandonnées. Ce nom représente tout un programme.

[328] John Hope Franklin, *Reconstruction*, pp. 36-37.

été ainsi injectés dans le système éducatif[329]. Selon Carl N. Degler, à son apogée le Bureau dirige 4 000 écoles primaires, 74 écoles normales, et 61 écoles professionnelles, pour Noirs[330]. Tous ces chiffres montrent combien le Bureau des Affranchis prend à cœur sa tâche culturelle, convaincu qu'il est que non seulement l'éducation des Noirs est souhaitable, mais qu'elle s'impose comme un impératif pour leur permettre d'assumer leur nouveau statut.

Des groupes religieux, des agences philanthropiques, et des personnes de bonne volonté (Noirs et Blancs) venues pour la plupart du Nord, participent aussi de façon louable à l'effort d'éducation des anciens esclaves[331]. Leurs actions combinées donnent des résultats encourageants. Ainsi, en 1880, le taux d'analphabétisme des Noirs descend à 57 %[332]. Pour mieux apprécier ces résultats, souvenons-nous qu'au début de la Guerre de Sécession seule une infime minorité de Noirs pouvaient se targuer d'être instruits. Selon Manning Marable, moins de 10 % des anciens esclaves étaient alphabétisés en 1865[333].

Les bons résultats ci-dessus mentionnés n'auraient pas pu être atteints sans la participation consciente des intéressés eux-mêmes. En effet, ceux-ci brûlent d'envie d'apprendre. Booker T. Washington a écrit à ce propos que tous les Noirs, jeunes et vieux, veulent s'instruire et que les écoles de jour comme de nuit sont littéralement envahies[334].

Ces résultats auraient pu être meilleurs s'il n'y avait pas eu l'opposition farouche des anciens maîtres. Ici encore, tous les moyens sont utilisés pour barrer la route à la promotion du Noir. Cette opposition revêt plusieurs formes. Dans un premier temps, les adversaires s'opposent à l'institution d'un système public d'éducation, c'est-à-dire financé par le gouvernement, et qui accueillerait les enfants de toutes les races. Certains y voient une promotion accordés

---

[329] Toutes ces informations sont tirées de John Hope Franklin, *Reconstruction*, p. 38 et de Eli Ginzberg and Alfred S. Eichner, *The Troublesome Presence : American Democracy and the Negro*, p. 186.

[330] Carl N. Degler, *Out of Our Past*, p. 246.

[331] John Hope Franklin, *Reconstruction*, pp. 38 ; 108.

[332] Eli Ginzberg and Alfred S. Eichner, op. cit., p. 244.

[333] Manning Marable, *How Capitalism Underdeveloped Black America* (Boston, Massachusetts : South End Press, 1983), p. 215;

[334] Cité dans John Hope Franklin, *Reconstruction*, p. 108.

aux Noirs, d'autres le coût de ce système d'éducation, c'est-à-dire les taxes que le contribuable blanc aurait à payer pour le faire fonctionner, les Noirs étant dans leur grande majorité démunis et donc pas rentables sur le plan des impôts[335]. Nous ne retiendrons ici que l'idée de la résistance à l'éducation des Noirs.

Vu l'échec de leur première tactique (l'école publique), les anciens maîtres se tournent contre l'intégration de ces écoles. C'est ce qui explique l'émergence de fait d'écoles pour Noirs dans tout le Sud. En général, elles sont fondées par des organisations et organismes non originaires du Sud. Relevons le rôle inestimable joué par le Bureau des Affranchis. Comme ces écoles remportent un franc succès, certains partisans acharnés de la suprématie blanche vont jusqu'à prendre pour cibles ces institutions. Ainsi, usant de la violence comme arme d'intimidation, ils incendient des écoles, attaquent des enseignants venus du Nord, des personnes et organisations dévouées à l'éducation des Noirs[336]. Bref, non seulement ils ne font rien pour promouvoir l'éducation des anciens esclaves, mais les tenants de la suprématie blanche mettent aussi tout en œuvre pour faire échouer cette belle œuvre entreprise et/ou parrainée par ceux-là qui ont toujours le bon sens de croire en l'égalité des races.

III. La ségrégation scolaire

À partir de 1877, année de la fin de la Reconstruction, on constate une certaine amélioration du niveau d'instruction des anciens esclaves. Mais, la fin de la Reconstruction apparaît déjà comme un signe avant-coureur de jours difficiles. Elle sonne le glas d'une époque, car la défaite politique des tenants de la Reconstruction signifie l'accession au pouvoir des conservateurs opposés à toute cohabitation avec les Noirs. Elle signifie également la résurgence des thèses qui ont conduit à la Guerre de Sécession. Les Noirs ont de quoi s'inquiéter. En clair, la fin de la Reconstruction signifie le début de nouvelles misères pour les anciens esclaves. L'après-Reconstruction a donc pour noms « ségrégation », « discrimination raciale ». Les tenants de la

[335] Ibid., p. 113.
[336] John Hope Franklin, *Reconstruction*, p. 52.

suprématie blanche résument cette période par la célèbre formule « séparés mais égaux » issue de l'affaire Plessy contre Ferguson en 1896[337]. C'était déjà l'apartheid avant la lettre.

La fin de la Guerre de Sécession (1861-1865) et la Reconstruction (1865-1877) avaient suscité des espoirs légitimes chez le Noir, mais c'était sans compter avec les défenseurs de la suprématie blanche. En effet, comment imaginer un seul instant que ceux qui tirent tous les profits inimaginables de la soit disant infériorité et de la soumission du Noir vont baisser les bras et accepter l'ordre nordiste, c'est-à-dire le point de vue du gouvernement fédéral symbolisé par le Nord où se trouve son siège ?

L'Homme se défait très difficilement, sinon par la force, de ses intérêts, de ce qui l'avantage. Conformément à cette logique égoïste, les suprématistes s'opposent à toute action qui vise à faire du Noir leur égal, à le mettre sur le même pied d'égalité qu'eux, bref, à lui accorder les mêmes chances. L'éducation, l'instrument permettant à tout être humain de connaître ses droits et de mieux les exploiter, devient leur cible privilégiée. C'est conscients de la valeur de l'éducation et tirant les leçons de l'échec de leur posture précédente — le déni à l'ancien esclave de toute forme d'instruction — que les anciens maîtres du Sud adoptent la tactique qui consiste à créer des écoles réservées uniquement aux Noirs. Certains amis des Noirs se sont même laissé prendre au jeu malgré leur bonne foi en encourageant ces types d'écoles.

Pourquoi des écoles pour les Noirs uniquement ? D'aucuns, considérant cette solution comme temporaire, n'hésitent pas à soutenir

---

337 Dans l'affaire Plessy v. Ferguson la Cour Suprême avait à se prononcer sur un cas de ségrégation raciale dans les transports dans l'État de Louisiane où une loi imposait des wagons séparés pour Noirs et pour Blancs dans les chemins de fer. Homer Plessy, agissant au nom d'un Comité de citoyens composé de Noirs, entreprît de tester l'application de cette loi. Il acheta un billet de première classe et alla prendre place sans un wagon réservé aux Blancs. Ayant refusé de rejoindre le wagon affecté aux Noirs comme on le lui demandait, Plessy fut arrêté et l'affaire fut portée devant les instances judiciaires. C'est dans ce cadre que la Cour suprême des États-Unis déclara en 1896 que la loi sur les transports séparés de l'État de Louisiane était conforme à la Constitution, donnant ainsi sa caution à la ségrégation raciale pour le demi-siècle à venir.

cette option. Mais les racistes du Sud savent ce qu'ils font : les écoles réservées aux Noirs ne sont qu'un stratagème. Cette tactique a plusieurs avantages. Premièrement, elle permet aux États du Sud de prétendre respecter la Constitution des États-Unis qui reconnaît implicitement le droit à l'instruction pour tous. Deuxièmement, elle permet à ces mêmes États de contrôler le contenu des enseignements dispensés dans ces écoles car, relevons-le, aux États-Unis d'Amérique l'éducation est un domaine qui relève de la compétence de chaque État membre de l'Union, et les décisions majeures y afférentes sont par conséquent locales[338]. En faisant semblant de garantir l'éducation à tous, les États sudistes peuvent par la même occasion censurer les enseignements à leur guise. Troisièmement, ces États, dirigés par des conservateurs, ont la haute main sur la qualité des enseignements. Cela est d'autant plus facile que c'est eux qui financent ces écoles publiques. Un jeu subtil sur le cordon de la bourse permet d'imposer leur volonté sans en avoir l'air.

Ainsi, la solution de la séparation des écoles n'est en fait qu'une façon voilée de perpétuer la suprématie blanche si chère aux Sudistes. « À situation nouvelle, comportement nouveau » pourrait résumer cette tactique qui, heureusement, n'a pas eu que des retombées négatives. Le taux d'analphabétisme a rapidement baissé : de 44 % en 1900, il est passé à 30 % en 1910. Près de 2 000 Noirs ont reçu des diplômes universitaires durant les trois décennies après la Guerre de Sécession[339]. Nous devons aussi l'existence aujourd'hui d'universités et d'institutions de niveau universitaire célèbres à cette politique de séparation. Nous ne citerons que Howard (Washington, D.C.), Hampton (Virginie), Fisk (Tennessee), Atlanta (Géorgie), Tuskegee (Alabama). Mais le jeu en valait-il vraiment la chandelle ?

A l'épreuve du temps la communauté noire prend conscience des conséquences néfastes de la ségrégation scolaire : locaux délabrés, matériel pédagogique inexistant ou peu fonctionnel, faible qualité des enseignants et enseignements, manque de motivation des enseignants

---

[338] Jean Cazemajou et Jean-Pierre Martin, *La crise du melting-pot : ethnicité et identité aux États-Unis de Kennedy à Reagan* (Paris : Aubier Montaigne, 1983), p. 73.

[339] Eli Ginzberg and Alfred S. Eichner, op. cit., p. 244.

lié à leur rémunération inférieure à celle de leurs collègues blancs, etc. L'exemple des écoles séparées a montré que la doctrine « séparés mais égaux » n'est que pure duperie destinée à garantir ou perpétuer les avantages déjà acquis par la majorité blanche.

Cette doctrine constitue dans les faits la reconnaissance officielle par la Cour suprême des États-Unis des *Jim Crow laws*, c'est-à-dire les lois ségrégationnistes, qui régulent la vie quotidienne des deux races dans le Sud. Bien sûr, cette ségrégation ne se limite pas au seul domaine de l'éducation. Le Sud, encouragé par la caution de la plus haute institution judiciaire, poursuit sinon accroît la ségrégation. Par voie de conséquence, le Noir se voit dépouiller graduellement des attributs de sa citoyenneté, ici le droit à une éducation non liée à la couleur de l'épiderme du bénéficiaire, à une éducation de qualité. Or le système d'éducation pour les Noirs institué dans les anciens États confédérés ignore ces exigences. Pire, les citoyens ne sont pas égaux devant l'éducation, sinon comment comprendre la discrimination faite dans le financement des écoles ? Les États du Sud dépensent moins pour l'éducation des élèves noirs par rapport aux élèves blancs. Par exemple, en 1939-1940, le Mississippi a dépensé cinq fois plus, la Louisiane plus de trois fois plus, l'Alabama et la Géorgie près de trois fois plus, pour chaque élève blanc[340]. Dans ces conditions, les écoles séparées ne peuvent pas être égales les unes aux autres. Forcément celles réservées à la « race inférieure » sont nettement inférieures. A ce constat il faut ajouter les violentes attaques d'intimidation dont sont victimes les élèves, les enseignants, et les locaux de ces institutions scolaires. En un mot, c'est le règne de la terreur dont le Ku Klu Klan[341] est passé maître.

Les luttes multiformes engagées par la communauté noire contre le système d'éducation aboutissent en 1954 à l'intégration scolaire, avec l'affaire « Brown contre le Conseil d'administration scolaire de Topeka » (*Brown v. Board of Education of Topeka*) qu'elle remporte.

[340] Ibid., p. 281.

[341] Le Ku Klux Klan est une organisation raciste fondée en 1865 à Pulaski, Tennessee, dont l'objectif était de défendre par tous les moyens la suprématie de la race blanche. Des anciens soldats de l'armée confédérée en constituaient les principaux membres.

Brown est en fait le regroupement de cinq (5) affaires de ségrégation scolaire impliquant les États de Caroline du Sud, du Kansas, du Delaware et de la Virginie, et de la ville de Washington, D.C., la capitale des États-Unis. Puisqu'elles portent toutes sur le même et unique problème, elles sont jugées de concert par la Cour Suprême[342]. Leur appellation commune, Brown, dérive du nom de monsieur et madame Brown, plaignants dans l'affaire impliquant l'État du Kansas. Les Brown se plaignent de ce que leur fille âgée de sept ans ne peut pas fréquenter l'école la plus proche de chez elle, située à quelques centaines de mètres de son domicile, pour la simple raison que celle-ci est « réservée uniquement aux Blancs », alors que mademoiselle Brown est de race noire. Cette situation oblige la fillette à perdre des heures pour son transport aller et retour. Ne pouvant supporter cette situation au-dessus de la compréhension de toute personne dotée d'un minimum de bon sens, la famille Brown porte plainte contre le Conseil d'administration scolaire de Topeka dont l'école en question relève. Le 17 mai 1954, la Cour Suprême rend son verdict déclarant à l'unanimité que dans le domaine de l'éducation publique, la doctrine « séparés mais égaux » n'a pas sa place, et que les facilités scolaires séparées sont forcément inégales[343].

Cet arrêt est d'une très grande portée historique. Premièrement, il sonne le glas pour la doctrine « séparés mais égaux » pour laquelle il constituait un désaveu cinglant. Deuxièmement, il retire aux États du Sud tout fondement constitutionnel à leur politique ségrégationniste. Désormais, toute action ou décision contraire à l'esprit et à la lettre de l'arrêt de 1954 et du Quatorzième Amendement peut être contestée devant les tribunaux. Troisièmement, il représente la justification constitutionnelle des futures actions du mouvement pour les droits civiques[344], arrêt dont il pourrait demander la traduction concrète dans

---

[342] Pour qu'une affaire soit jugée par la Cour Suprême des États-Unis elle doit soit impliquer un problème constitutionnel, c'est-à-dire liée à l'interprétation de la Constitution, soit impliquer une loi fédérale. D'appels en appels ladite affaire peut achever son parcours juridique sur la table de l'« auguste assemblée ».

[343] Charles E. Silberman, *Crisis in Black and White* (New York : Vintage Books, 1964), p. 286.

[344] Cette victoire n'a pu être remportée que grâce à la NAACP (l'Association Nationale pour le Progrès des Gens de Couleur), une des nombreuses organisations

la vie quotidienne aux plans politique, économique, social, culturel, etc. Enfin, cet arrêt est à l'origine de l'adoption par le Congrès de lois portant sur les droits civiques des Noirs en 1957, 1960, 1964, 1965 et 1968. En cela, il constitue un précédent qui va servir de tremplin pour d'autres victoires qui vont accroître les droits civiques et le pouvoir politique des Noirs.

Bien que Brown soit une victoire éclatante[345], sa traduction dans la vie quotidienne n'a pas été aisée, vu la résistance farouche de la communauté blanche. A l'analyse de l'après Brown, nous sommes tenté de poser la question suivante : Brown, une victoire pour qui ? En effet, l'histoire a quelquefois cette fâcheuse tendance à se répéter. À l'image de l'après-guerre de Sécession, les Noirs jubilent alors que la frange raciste de la communauté blanche, mécontente, prépare sa riposte dans l'ultime but d'annihiler les effets de la décision de la Cour suprême. Cette résistance à l'application de Brown dans les faits prend plusieurs formes. La première consiste à adopter de nouvelles lois pour perpétuer le statu quo. Par exemple, en 1960, en l'espace de quelques semaines, la Louisiane adopte plus de quarante lois dans le but de maintenir la ségrégation à la Nouvelle-Orléans. Toutes ces lois sont contestées devant les cours fédérales qui les annulent[346]. À chaque fois qu'une loi est déclarée nulle, après une longue et coûteuse procédure judiciaire, une nouvelle est adoptée[347]. Cette bataille juridique en dernier ressort profite à l'État raciste impliqué, car non seulement elle revient cher mais également elle retarde l'application de la décision issue de Brown. Et de reports en reports, les mois

---

qui composent le Mouvement des droits civiques. Les Noirs doivent cette victoire aux efforts inlassables de Thurgood Marshall alors qu'il travaillait pour l'Educational and Defense Funds de la N.A.A.C.P. Plus tard il fut nommé juge à la Cour suprême des États-Unis, une reconnaissance de ses qualités professionnelles.

345 Juan Williams, *Enough : The Phony Leaders, Dead-End Movements, and Culture of Failure That Are Undermining Black America—and What We Can Do About It* (New York : Three Rivers Press-Random, 2006).

346 Lawrence Baum, *The Supreme Court* (Washington, D.C. : Congressional Quarterly Press, 1986), pp. 201-202.

347 Harrell R.Rodgers, Jr. and Charles S. Bullock, III, "School Desegregation : A Policy Analysis" *Journal of Black Studies*, Vol. 2, n° 4, June 1972, p. 410.

s'égrènent inexorablement au grand dam de la communauté noire qui en est la grande perdante.

La deuxième forme de résistance est l'intimidation par la violence — une autre répétition de l'histoire. A chaque fois que l'on essaie de traduire Brown dans les faits, des manifestations violentes éclatent. C'est le cas à Little Rock dans l'Arkansas en 1957 où le président s'est contraint d'envoyer la « *National Guard* » pour assurer la sécurité de neuf élèves noirs face à une foule de manifestants blancs hostiles à toute tentative d'intégration scolaire, qui permettrait ainsi à ces élèves de fréquenter une école blanche[348]. C'est aussi le cas à la Nouvelle-Orléans en Louisiane, en 1960, et à Birmingham dans l'Alabama, en 1963. À Clinton dans le Tennessee, une école intégrée est même dynamitée[349]. La violence comme arme d'intimidation est d'autant plus efficace qu'elle jette le trouble et la peur dans l'esprit et le cœur des bénéficiaires de la décision ; ce qui peut conduire au découragement et même au renoncement, objectifs visés par les utilisateurs de cette violence.

Une autre forme de résistance est l'opposition directe : ici on ferme l'école incriminée plutôt que de l'intégrer. L'exemple le plus illustratif est celui du comté de Prince Edward (*Prince Edward County*) en Virginie qui a fermé toutes ses écoles publiques[350]. Les tenants de cette forme de résistance raisonnent probablement comme suit : « si vous voulez nous imposer votre point de vue, nous refuserons de nous y conformer. Puisqu'il n'y a plus d'écoles, il ne peut y avoir d'intégration ». En effet, s'il n'y a pas d'écoles, il ne peut y avoir d'injonction judiciaire obligeant à intégrer. Cette position extrémiste montre bien jusqu'où voulaient et pouvaient aller les États qui n'étaient pas convaincus de la nécessité ou de la justesse de l'intégration raciale et scolaire.

Enfin, la dernière forme que nous mentionnerons est la résistance passive. Ici aussi, c'est le refus de se plier au verdict issu de Brown ou aux injonctions judiciaires. On laisse le statu quo s'installer, car cette situation signifie une victoire pour ces États, un défi lancé aux lois

[348] Charles E. Silberman, op. cit., p. 289.
[349] Harrell R. Rodgers, Jr. and Charles S. Bullock, III, op. cit., p. 411.
[350] Charles E. Silberman, op. cit., p. 289.

fédérales, défi qui peut s'avérer contagieux à la longue s'il n'est pas relevé avec intelligence.

Les conséquences de cette résistance à outrance sont presqu'immédiates. La situation est telle que la Cour suprême des États-Unis s'est vue dans l'obligation de faire en 1955 une mise au point connue aujourd'hui comme « *Brown II* », par opposition à la première décision. Elle constitue en fait une injonction qui demande aux districts scolaires de commencer à intégrer les écoles. Malheureusement, la Cour a ajouté : « à un rythme mesuré » (« at a deliberate speed »), une phrase malheureuse qui, ajoutée à la mauvaise volonté de certains États, a eu pour effet de ralentir énormément le processus d'intégration. Ainsi, dix ans après *Brown*, seulement 1 % des élèves noirs des onze États de l'ancienne Confédération fréquentent une école intégrée. Et même dans ces cas, des classes ségréguées existent au sein de ces écoles[351], ce qui veut dire que ce n'est qu'une intégration de façade. Des exemples individuels d'États du Sud nous permettront de mieux saisir l'ampleur de la situation. Notre année de référence reste toujours 1964 (l'année scolaire 1963-1964), soit une décennie après *Brown*[352].

Tableau 2.18 : Taux d'intégration dans quelques États

ÉTATS	% D'INTÉGRATION
Arkansas	0,3
Floride	1,5
Géorgie	0,1
Louisiane	0,1
Caroline du Nord	0,5
Tennessee	2,7
Texas	5,5
Virginie	1,6

Ce tableau fait apparaître le Texas comme l'État le plus intégré du Sud, du moins en ce qui concerne les États pour lesquels nous

[351] Alphonso Pinkney, *The Myth of Black Progress*, pp. 2-3.
[352] Ce tableau est un extrait sélectif d'un tableau reproduit par Harrell R. Rodgers, Jr. et Charles S. Bullock, III, op. cit., p. 412.

disposons de statistiques. Pour l'Alabama, le Mississippi, et la Caroline du Sud, nous n'avons aucune information chiffrée. Le deuxième constat est que l'intégration reste si insignifiante qu'on ne peut parler que d'intégration symbolique en 1963-1964.

Dans les États limitrophes du Sud, c'est-à-dire les États-charnière entre le Sud et ceux que l'on a pris l'habitude d'appeler le Nord, la situation est meilleure et peut même être qualifiée d'encourageante, car elle montre qu'un réel effort a été fait dans la bonne direction même si le chemin à parcourir reste encore long. Pendant l'année scolaire 1963-1964 le taux d'intégration est de 56,5 % dans le Delaware, 54,4 % dans le Kentucky, 41,8 % dans le Maryland, 42,1 % dans le Missouri, 28 % dans l'Oklahoma, et 58,2 % en Virginie Occidentale[353].

Les longs rappels historiques développés dans cette partie s'imposaient, car ils constituent, en notre sens, les fondements historiques de l'état de l'éducation des Noirs entre 1960 et 1990. Il nous faut retenir de ces rappels une certaine volonté de la majorité blanche d'empêcher la minorité noire d'accéder à l'éducation ; ces rappels relèvent l'importance de l'éducation, source d'émancipation, et de toute promotion sociale véritable. Cela, la communauté noire l'a bien compris qui envoie donc ses enfants à l'école. Et de plus en plus de Noirs en sortent avec un diplôme.

IV. L'INTÉGRATION INACHEVÉE

La deuxième décennie de *Brown* commence en pleine apogée du mouvement pour les droits civiques des Noirs. C'est la période où le pays fait l'expérience d'une effervescence jamais égalée. Les idées et attitudes libérales et progressistes foisonnent. Martin Luther King et d'autres leaders soulèvent les foules. Les sympathisants et les militants en faveur des droits de la minorité noire sont légion. La vague progressiste ou libérale déferle sur l'Amérique, et les trois branches du gouvernement fédéral (exécutif, législatif, et judiciaire) ne peuvent rester en dehors du mouvement général qui réclame des réformes.

---

[353] Harrell R. Rodgers, Jr. and Charles S. Bullock, III, op. cit., p. 412.

A. La lutte pour l'intégration scolaire

C'est en réponse à cette atmosphère que le Congrès adopte deux lois visant à consolider les droits civiques des Noirs : la loi sur les Droits civiques (1964) et la loi sur le Droit de vote (1965).

La loi sur les Droits civiques (*Civil Rights Act*) est d'une importance capitale, car elle abolit toute forme de ségrégation et de discrimination (légale et de fait) et touche presque tous les aspects de la vie. Pour ce qui est de l'éducation,

1. elle bannit la ségrégation scolaire basée sur la race, la couleur, la religion, ou l'origine nationale ;
2. elle autorise le gouvernement fédéral (le Ministère de la Justice en particulier) à poursuivre en justice les écoles et districts scolaires qui se refusent à intégrer ;
3. elle prévoit la suspension des fonds fédéraux à tous les programmes qui pratiquent la discrimination ;
4. enfin, elle autorise l'octroi d'une aide financière et technique aux districts scolaires engagés dans un processus d'intégration[354].

Bref, la loi sur les Droits civiques de 1964, bien que n'étant pas réservée aux seuls Noirs, même s'ils en sont les inspirateurs, se présente comme une arme toute désignée pour lutter contre l'apartheid scolaire. Cette loi a le mérite d'être explicite : elle prévoit tous les mécanismes à mettre en branle pour faire face à la ségrégation.

À l'aube de la deuxième décennie après *Brown*, tout était prêt sur le plan juridique et tout semblait indiquer des progrès substantiels futurs vers l'intégration. Mais, encore une fois, la réalité sur le terrain était autre. Durant l'année scolaire 1966-1967, seulement 12,5 % des élèves noirs dans le Sud fréquentaient des écoles intégrées, et il a fallu prendre des mesures énergiques : 93 poursuites judiciaires, et à la fin de 1967, 156 districts scolaires dans le Sud avaient perdu le bénéfice des subventions fédérales. L'État de l'Alabama, l'un des piliers de la ségrégation, s'est vu infliger une injonction judiciaire lui demandant

---

[354] Alphonso Pinkney, op. cit., p. 4.
Jack C. Plano and Milton Greenberg, *The American Political Dictionary*. 7th ed. (New York : Holt, Rinehart and Winston, 1985), p. 131.

de commencer à intégrer ses écoles au plus tard à l'automne 1967. De surcroît, il lui a été ordonné de mettre sur pied des « programmes compensatoires » pour les élèves de race noire. Une autre injonction fut adressée aux États suivants : Alabama, Géorgie, Floride, Louisiane, Mississippi, Texas. Elle faisait aussi obligation à ces récalcitrants d'intégrer toutes leurs classes au plus tard à l'automne 1967[355]. Ces différentes mesures indiquent que l'administration Lyndon B. Johnson avait pris position pour l'intégration, notamment au niveau des deux ministères directement concernés : celui de la Justice, et celui de la Santé, de l'Éducation et du Bien-être. Ce dernier ministère est chargé de veiller au respect du titre VI de la loi sur les Droits civiques de 1964. Selon ce titre, tout district scolaire qui se refuse à intégrer ses écoles doit perdre le bénéfice des subventions fédérales. Rappelons que toutes les écoles publiques reçoivent des subventions du gouvernement fédéral[356].

On aurait pu penser que la ségrégation se limitait au seul Sud, une région qui a une longue tradition en la matière comme nous l'avons montré. Mais, le contraire a été révélé en 1967 par la Commission des droits civiques des États-Unis (*U.S. Commission on Civil Rights*). Selon le rapport de ladite Commission, la ségrégation scolaire restait toujours préoccupante dans les villes tant du Nord que du Sud. Prenons le cas de quelques villes du Nord pour illustrer le phénomène de la ségrégation dans les écoles primaires[357].

---

[355] Harrell R. Rodgers, Jr., and Charles S. Bullock, III, op. cit., pp. 147-148.
[356] Ibid., p. 416.
[357] Ibid, pp. 418-420.

Tableau 2.19

VILLES ET ANNÉES	NOMBRE D'ÉLÈVES DANS LES ÉCOLES 90-100 % NOIRES	% PAR RAPPORT À L'EFFECTIF TOTAL D'ÉLÈVES NOIRS DANS LES ÉCOLES PRIMAIRES	NOMBRE D'ÉLÈVES DANS LES ÉCOLES À MAJORITÉ NOIRE	% DE L'EF-FECTIF TOTAL NOIR
Cincinnati, Ohio				
1950	3 981	43,7	6 442	70,7
1965	11 155	49,4	19 868	88
Milwaukee, Wisconsin				
1950	1 316	51,2	1 716	66,8
1965	14 344	72,4	17 204	86,8
Philadelphie, Pennsylvanie				
1950	29 555	63,2	39 633	84,8
1960	66 052	72	82 704	90,2
Detroit, Michigan				
1960	62 391	66,9	84 939	91,1
1965	77 654	72,3	98 274	91,5
Springfield, Massachusetts				
1963	0	0	1 989	58,8
1965	567	15,4	2 651	71,9

Bien que portant seulement sur cinq villes, ce tableau atteste que la ségrégation scolaire est toujours une réalité vivante en 1965 dans le Nord et que loin de disparaître, elle s'accroît. Une des explications est la ségrégation de fait des lieux d'habitation qui prévaut dans cette partie du pays causée par « *les règlements de copropriété et les cahiers des charges qui imposaient des restrictions raciales*[358]. »

Ce constat pour le moins surprenant traduit une certaine constance dans le domaine des relations raciales aux États-Unis : le Nord accuse toujours le Sud d'être atteint de la maladie de la discrimination et de la ségrégation, mais il ne prend jamais soin de s'assurer qu'il n'en porte pas lui-même des germes. Cela s'est vérifié pendant l'esclavage : le Nord accusait le Sud d'esclavagisme alors que l'esclavage se

[358] Lauren Robel et Elisabeth Zoller, *Les états des Noirs : fédéralisme et question raciale aux États-Unis*, 1ère édition (Paris : Presses Universitaires de France, 2000), p. 68.

pratiquait dans ses propres villes et campagnes. À la fin du dix-neuvième siècle et dans la première moitié du vingtième siècle, il accusait le Sud d'adopter des lois discriminatoires alors que lui pratiquait la discrimination de fait. Plus d'une décennie après Brown, une période qui était censée voir disparaître toute forme de discrimination, toute la nation découvre avec stupéfaction que le Nord n'est pas aussi « propre » qu'il l'a toujours prétendu. N'est-ce pas lui qui pourvoyait le Mouvement des droits civiques en militants et sympathisants de la cause des Noirs qui allaient assiéger les citadelles ardentes de la ségrégation et de la discrimination dans le Sud ? Pensons à Jackson dans le Mississippi, à Birmingham et Selma dans l'Alabama, etc. Les exemples pourraient être multipliés.

Le rapport de la Commission des droits civiques est intéressant à divers autres titres :

1. Il fait prendre conscience à l'Amérique que le combat contre la ségrégation et la discrimination raciales nécessite plus qu'une simple profession de foi. Il ne suffit pas de proclamer haut et fort que l'on est contre. Il faut poser des actes concrets allant dans le sens de sa profession de foi.
2. Le rapport en question sonne le glas d'un mythe longtemps entretenu, celui du Nord « propre » qui n'a rien à se reprocher et qui peut donner des leçons au Sud « pécheur ».
3. Enfin, il permet de jauger l'immensité de la tâche qui reste à accomplir si l'on veut venir à bout du démon de la ségrégation et de la discrimination.

L'impression laissée par le rapport de la Commission des droits civiques en 1967 est confirmée par un sondage effectué à l'automne 1970, la deuxième année de la première administration Nixon. Selon ce sondage, 60,9 % des élèves noirs dans le Sud et 72,5 % des élèves noirs dans le Nord fréquentent des écoles non intégrées[359]. Un autre sondage effectué par *Gallup* en 1970 pour tâter le pouls de la population blanche à propos de l'intégration est tout aussi révélateur.

[359] Harrell R. Rodgers, Jr. and Charles S. Bullock, III, op. cit., p. 425.

Interrogées pour savoir si le rythme de la déségrégation doit être accéléré, 62 % des personnes blanches ont répondu par la négative[360].

B. Le busing

L'après-*Brown* pourrait alors s'intituler à juste titre « l'intégration inachevée » tant la résistance blanche au système scolaire unitaire était forte, surtout dans le Sud. Vu cette situation, les tribunaux ont dû se mettre à l'ouvrage. Ainsi dans l'affaire *Davis v. School District of Pontiac, Inc.* en février 1970, un tribunal fédéral ordonne l'intégration des écoles de Pontiac dans le Michigan (enseignants, administration et élèves). Tout cela doit être fait au plus tard en septembre de la même année. Par-dessus tout, le tribunal ordonne l'utilisation du *busing* pour arriver à un maximum d'intégration[361]. En avril 1971, dans l'affaire *Swann v. Charlotte-Mecklenburg Board of Education*, la Cour suprême des États-Unis apporte son soutien au *busing* en affirmant qu'il est un moyen constitutionnel pour parvenir à l'intégration. Le *busing* est le transport d'élèves par autobus vers une école située en dehors de leur quartier de résidence habituelle, à l'intérieur d'un même district scolaire, afin de varier la composition ethnique de chaque école. En dernière analyse, il « avait pour objectif de faire entrer la déségrégation scolaire dans les faits en mêlant les enfants de l'Amérique pauvre et de couleur à ceux de l'Amérique riche et blanche[362]. »

Le transport d'élèves et d'écoliers pour intégrer les écoles n'est pas nouveau. Son origine remonte à l'année 1869[363]. Le transport d'élèves dans ce but existait donc avant la décision issue de *Swann* mais l'objectif n'était pas le même. L'existence d'un mode de transport en 1869 se justifiait par une question de distance ou le désir de garder les écoles unicolores par le transport des élèves d'une race donnée vers les écoles réservées aux élèves de cette race. Avant *Swann* le transport

---

[360] Harrell R. Rodgers, and Charles S. Bullock, III, "Political and Racial Attitudes: Black Versus White" *Journal of Black Studies*, Vol. 4, N° 4, June 1974, p. 479.

[361] Joseph T. Durham, "Sense and Nonsense About Busing", *The Journal of Negro Education*, Vol. 42, N° 3, Summer 1973, pp. 322-323.

[362] Jean Cazemajou et Jean-Pierre Martin, *La crise du melting-pot*, p. 94.

[363] Alphonso Pinkney, *The Myth of Black Progress*, p. 138.

servait aussi à éviter aux élèves de marcher de longues distances et quelquefois dans des conditions atmosphériques difficiles. A ce stade la pratique était acceptée sinon tolérée.

Mais quand *Swann* a imposé le *busing*, en cas de besoin, comme un moyen d'accorder les mêmes opportunités à tous les élèves par le biais de l'intégration, alors des voix ont commencé à s'élever tant parmi les citoyens ordinaires autres que les hommes politiques pour affirmer leur opposition farouche : « En 1972, un sondage national révéla que seulement 13% des Blancs approuvaient le *busing* en tant que méthode de déségrégation scolaire[364]. » L'opposition qui a eu le plus d'écho est celle de Richard Nixon en 1968, alors candidat à l'élection présidentielle. En effet, il faisait aussi campagne contre le transport par car scolaire lors de sa campagne électorale. Une fois à la Maison-Blanche, il demande au Département de la Justice de mettre fin à tout effort de déségrégation[365]. Il fait même un discours télévisé adressé à tout le peuple des États-Unis pour exprimer son opposition, opposition qu'il matérialise par l'introduction au Congrès de la *Student Transportation Moratorium Act of 1972*, « *designed to prevent the Supreme Court and the lower federal courts for a time from enforcing 'as they deem necessary, the constitutional right of blacks and other minorities to nonsegregated schools under the 'equal protection' clause of the Fourteenth Amendment'*[366]. En d'autres termes, le *busing* venait de perdre le soutien de l'Exécutif fédéral.

Progressivement, le pouvoir judiciaire fédéral lui emboîte le pas. Depuis les années 1950 les cours fédérales et surtout la Cour suprême ont toujours été en première ligne dans le combat contre la ségrégation sous toutes ses formes. Dans les années 1970 et celles qui suivent, le vent change de direction. L'explication semble être que « *entre 1969 et 1992, des présidents républicains - tous opposés à des solutions énergiques en matière de déségrégation - ont désigné neuf nouveaux juges à la Cour suprême*[367]. » Évidemment un président, quel qu'il

[364] Lauren Robel et Elisabeth Zoller, *Les états des Noirs : fédéralisme et question raciale aux États-Unis*, p. 72.
[365] Ibid., p. 73.
[366] Alphonso Pinkney, *The Myth of Black Progress*, pp. 138-139.
[367] Lauren Robel et Elisabeth Zoller, op. cit., p. 73.

soit, ne nomme pas à ce poste stratégique de décision un juge qui ne partage pas une bonne partie de ses idées. Il faut aussi relever que les juges fédéraux sont nommés à vie et qu'ils sont irrévocables[368]. C'est ce qui explique en partie pourquoi le soutien au *busing* se soit progressivement effrité, par l'entremise de la nomination de juges fédéraux à tous les niveaux du système judiciaire.

À la suite de l'Exécutif et du pouvoir judiciaire, le Législatif (le Congrès) se met aussi à jouer sa partition. Par une série d'amendements constitutionnels et de propositions de lois, le Congrès essaie de rendre le *busing* inconstitutionnel et d'empêcher les cours fédérales de connaître les affaires de déségrégation. Le comble est atteint quand, « en 1972, le Congrès adopta une législation qui interdisait toute affectation de deniers publics fédéraux au *busing*, et qui défendait aux agences fédérales d'obliger les États à affecter une partie de leurs ressources à cette pratique, à moins qu'ils n'y fussent obligés par la Constitution[369]. »

L'opposition du Congrès signifiait véritablement la mort du *busing*. En effet, c'est le Congrès qui vote les lois auxquelles les simples citoyens tout comme les dirigeants sont obligés de se soumettre. S'il n'y a pas de loi qui oblige et les citoyens et les dirigeants à intégrer les écoles de façon énergique, alors les États vont à leur rythme, traînant les pieds. Rappelons que la Constitution américaine laisse à chaque État une entière liberté dans le domaine de l'éducation et, par conséquent, chaque État fait ce qu'il veut. Il décide de la nature et du contenu de son système éducatif[370].

Les mentalités et les comportements ne peuvent évoluer que si les trois branches du gouvernement fédéral et la société dans sa majorité parlent le même langage. Or, nous venons de le voir, le gouvernement fédéral s'est progressivement soustrait à ses responsabilités. Qu'en est-il de la société civile ?

---

[368] À moins de commettre des actes anticonstitutionnels très graves tels la haute trahison ou de démissionner, ils restent à leur poste tant qu'ils croient avoir la force nécessaire d'assumer leur fonction.

[369] Lauren Robel et Elisabeth Zoller, op. cit., p. 73.

[370] André Kaspi et al, *La civilisation américaine*, 2e édition revue et corrigée (Paris : Quadrige/Presses Universitaires de France, 2006), pp. 391 ; 390.

Malheureusement, elle aussi a progressivement changé de position. En effet, selon les enquêtes menées par le *National Opinion Research Center* (NORC), un taux très élevé de Blancs s'opposent au transport d'élèves. En 1972, 87% des personnes interrogées, 87% en 1975, 85% en 1982, 82% en 1985, ont affirmé être contre le *busing.* C'est seulement en 1990 que le taux a fléchi pour se retrouver à 70%[371]. Cependant, l'opposition reste toujours très forte. C'est cette opposition farouche qui explique les émeutes suscitées par le ramassage scolaire et les violences perpétrées contre les autobus scolaires et contre certains élèves. Des autobus ont même été incendiés et des élèves blessés[372]. Cette atmosphère de haine et de violence a fait dire à des élèves noirs que c'est à eux qu'on en veut et non au *busing* et aux autobus : « *It's not the bus ; it's us*[373]. »

Un autre sondage organisé par le même centre de recherche auprès de la population noire révèle les taux d'opposition suivants : 45% pour 1972, 52% pour 1975, 45% pour 1982, 43% pour 1985 et 39% pour 1990[374]. Selon ce sondage, l'opposition est moyenne : plus de la moitié des Noirs semblent favorables à cette stratégie d'intégration[375]. Peut-il en être autrement, eux qui sont censés être les bénéficiaires du *busing ?* Mais cette stratégie peut-elle réussir malgré l'opposition de la majorité blanche ? Difficile d'y croire. En tout cas, elle ne peut que rendre la situation encore plus difficile.

C. Diagnostic de l'éducation des Noirs : intégration, fréquentation, diplômes

L'intégration scolaire est un enjeu important pour l'éducation des Africains-Américains. Mais après des décennies de ségrégation, les choses ne peuvent pas aller aussi vite qu'on le voudrait. Le tableau 2.20 indique le taux d'élèves noirs fréquentant en 1990 des écoles à prédominance blanche dans quelques villes américaines.

---

[371] Howard Schuman et al, *Racial Attitudes in America : Trends and Interpretations* (Cambridge, Massachusetts : Harvard University Press, 1997), pp. 123-124.

[372] Alphonso Pinkney, *The Myth of Black Progress*, p. 138.

[373] Ibid.

[374] Howard Schuman *et al*, pp. 248-249.

[375] Ibid.

Tableau 2.20 : Élèves noirs fréquentant des écoles à prédominance blanche[376]

Colorado Springs	88.6%
San Jose	67.6%
Tucson	63.0%
Albuquerque	51.8%
Toledo	34.2%
Oklahoma City	27.9%
San Diego	26.5%
Seattle	25.8%
Fort Worth	22.1%
Austin	21.8%
Denver	19.0%
Milwaukee	11.8%
Philadelphia	10.6%
El Paso	9.8%
Dade (Miami)	8.2%
New York	6.8%
Los Angeles	4.9%
Dallas	4.6%
Houston	3.4%
Chicago	2.4%
Oakland	1.5%
Newark	1.0%
Jersey City	0.3%
San Francisco	0.0%

Ce tableau atteste que l'intégration des écoles, c'est-à-dire le fait de faire asseoir côte à côte les enfants de tous les groupes ethniques ou raciaux dans les mêmes salles de classe et dans les mêmes écoles, n'est pas aisée. Les préjugés ont la vie dure. Ce n'est que progressivement et avec le temps que les minorités seront acceptées par la majorité blanche. En d'autres termes, entre 1960 et 1990, l'intégration a commencé à rentrer dans les habitudes. Ainsi, en 1990, les écoles sont plus intégrées qu'en 1960 même si les taux varient d'une ville à l'autre, d'un État à l'autre. Le rêve d'intégration de Martin Luther King a commencé à prendre corps. Comme l'indique le tableau 2.20, le taux d'inscription des Africains-Américains dans les

[376] Andrew Hacker, *Two Nations*, p. 234.

écoles dites « déségréguées » reste encore insatisfaisant en 1990. Le même constat peut être fait pour les établissements d'enseignement supérieur, comme le montre le tableau 2.21.

Tableau 2.21 : Taux d'inscription des étudiants noirs en 1990[377]

Établissements privés	**Établissements privés**
Amherst 6,1%	**Californie**
Bates 2,4%	Santa Barbara 3,2%
Bowdoin 3,9%	Santa Cruz 3,0%
Chicago 3,8%	**Michigan**
Columbia 4,6%	Ann Harbor 6,7%
Dartmouth 4,9%	Wayne State 22,5%
Emory 7,7%	**Montana** 0,3%
Harvard 4,9%	**New Hampshire** 0,4%
Reed 1,1%	**New York City**
Smith 4,1%	Brooklyn 18,8%
Stanford 5,6%	Queens 9,2%
Vanderbilt 4,7%	**Oregon** 1,3%
Vassar 7,3%	**Utah** 0,7%
Wesleyan 7,2%	**West Virginia** 2,8%
Yale 5,9%	**Wyoming** 0,8%

Les élèves, de même que le personnel (l'administration, le corps enseignant) de différentes couleurs et origines se côtoient dans les établissements d'enseignement. Mais les progrès accomplis par les Noirs dans le domaine de l'éducation ne se mesurent pas uniquement à la coloration des écoles et des salles de classe. Il faut tenir compte d'autres éléments tels que le taux de scolarisation, le niveau d'instruction, et les acquis de cette instruction.

Un facteur important de l'éducation est la fréquentation, c'est-à-dire le nombre de personnes qui vont à l'école. Le nombre et le taux d'Africains-Américains allant à l'école se sont accrus au fil des ans.

[377] Andrew Hacker, *Two Nations*, p. 152.

Tableau 2.22 : Inscription au pré-primaire de 1970 à 1990[378]

Éléments d'information	1970	1975	1980	1985	1990
Nombre d'enfants (1.000) Population âgée de 3 à 5 ans Nombre total d'inscrits	 10.949 **4.104**	 10.183 **4.954**	 9.284 **4.878**	 10.733 **5.865**	 11.207 **6.659**
Blancs **Noirs**	3.443 586	4.105 731	3.994 725	4.757 919	5.389 964
Taux d'inscription Nombre total d'inscrits	**37,5**	**48,6**	**52,5**	**54,6**	**59,4**
Blancs **Noirs**	37,8 34,9	48,6 48,1	52,7 51,8	54,7 55,8	59,7 57,8

La lecture du tableau nous permet d'affirmer que le nombre des enfants africains-américains âgés de 3 à 5 ans scolarisés s'est accru avec les années, passant de 586.000 en 1970 à 964.000 en 1990. En termes de taux, ces nombres correspondent à 34,9% et 57,8% de la population concernée. Les taux pour ce qui est des Blancs ne sont pas si éloignés : 37,8% et 59,4%. Ces chiffres permettent de dire qu'il y a eu effectivement des progrès dans la scolarisation de des enfants noirs.

Selon le *Digest of Education Statistics*, 57,7% des Noirs non hispaniques[379] âgés de 3 à 34 ans allaient à l'école en 1975. Ce pourcentage est descendu à 54% en 1980, 50,8% en 1985, pour finalement remonter légèrement à 52,2% en 1990. À titre comparatif, les taux des Blancs non hispaniques sont respectivement 53%, 48,8%, 47,8% et 49,8%[380]. Malgré la baisse sur plusieurs décennies, les taux

[378] Le tableau est plus étendu en ce qui concerne les années couvertes et les informations fournies. Aussi, Je n'en ai tiré que les années et les informations qui nous intéressent. Les chiffres sont en milliers et ils incluent tous les élèves du pré-primaire des établissements publics et privés. Ne sont pas pris en compte les enfants âgés de 5 ans inscrits dans le primaire.
Source : *U.S. Census Bureau, Current Population Reports, PPL-148; an*d earlier PPL and P-20 reports; and data published on the Internet. See Internet site <*http://www.census.gov/population/www/socdemo/school.html*>.

[379] Il existe une population hispanique ou hispanophone aux États-Unis qui peut appartenir à n'importe quel groupe racial ou ethnique. Ainsi, nous avons des Noirs qui s'identifient comme hispaniques.

[380] <*http://nces.ed.gov/programs/digest/d95/dtab007.asp*> Site visité le 23/07/2008

de scolarisation des Noirs semblent plus élevés et acceptables vu qu'ils dépassent 50%.

La fréquentation de l'école doit correspondre à un besoin : améliorer le statut social et par la même occasion l'opinion que certaines personnes, surtout blanches, se font des Noirs. Par exemple, si les Noirs obtiennent des diplômes, ils pourraient s'insérer plus facilement dans le marché de l'emploi. Mais, c'est là une autre bataille à mener et à gagner. En effet, les résultats des recensements effectués en 1960, 1970 et 1980 et certains calculs de l'*U.S. Census Bureau* montrent que 20,1% des Noirs étaient nantis d'au moins un diplôme de fin d'études secondaires en 1960, 31,4% en 1970, 51,2% en 1980 et 66,2% en 1990. Pour les Blancs, les chiffres sont respectivement 43,2%, 54,5%, 68,8% et 79,1%[381]. Pour les Noirs, la progression des chiffres est encourageante mais beaucoup reste encore à faire car ils sont toujours à la traîne de ceux de leurs compatriotes blancs.

Si l'on découpe les résultats selon le sexe des récipiendaires, l'on se rend compte que la gent féminine noire a de meilleurs taux que les hommes. Ainsi nous avons 21,8% en 1960, 32,5% en 1970, 51,5% en 1980 et 66,5% en 1990 diplômées du secondaire contre 18,2%, 30,1%, 50,8% et 65,8% pour les hommes noirs au cours des mêmes années[382]. Ces résultats laissent à penser que, peut-être, les jeunes filles prennent plus au sérieux leurs études.

Malheureusement, certains élèves viennent à abandonner leurs études pour une raison ou pour une autre. Aux États-Unis la loi fait obligation à tous les enfants de recevoir une éducation formelle jusqu'à l'âge de seize ans au moins. Après cet âge, l'adolescent est libre de faire ce qu'il veut. Il peut arrêter les études et chercher un emploi par exemple. À part le facteur âge, d'autres raisons peuvent motiver l'abandon : le renvoi pour insuffisance de résultats ou pour mauvais comportement ; raisons personnelles. Malheureusement, trop souvent, des élèves noirs abandonnent les études. Les statistiques

---

[381] U.S. Census Bureau, U.S. Census of Population, 1960, 1970, and 1980, Summary File 3; and Current Population reports and data published on the Internet. *<http://www.census.gov/population/www/socdemo/educ-attn.html>*, site consulté le 3 mars 2008.

[382] Ibid.

indiquent clairement que les pourcentages d'élèves noirs qui ont abandonné leurs études entre 1967 et 1990 sont toujours trop élevés. En ce qui concerne la tranche d'âge 16-24 ans, 28,6% des élèves noirs non hispaniques ont abandonné les études secondaires en 1967, 27,9% en 1970, 22,9% en 1975, 19,1% en 1980, 15,2% en 1985, et 13,2% en 1990. À l'opposé, pour les Blancs non hispaniques, les pourcentages sont respectivement 15,4%, 13,2%, 11,4%, 11,4%, 10,4% et 9% pour les mêmes années et la même tranche d'âge[383]. Ainsi, nous constatons que les taux de déperdition des élèves noirs sont toujours plus élevés que ceux de leurs compatriotes blancs du même statut. Mais les taux des élèves noirs qui ont abandonné les études secondaires ont été divisés au moins par deux entre 1967 et 1990, ce qui représente un progrès remarquable. Cependant, un taux d'abandon n'excédant pas 5%, ou mieux, proche de 0%, serait souhaitable.

La baisse progressive du taux d'abandon pourrait s'interpréter comme une prise de conscience de l'importance de l'éducation : les Africains-Américains auraient mieux compris son importance dans une éventuelle amélioration de leur statut social. Ainsi au niveau du supérieur, de plus en plus d'Africains-Américains titulaires d'un diplôme de fin d'études secondaires s'inscrivent pour poursuivre les études. En 1976 ils étaient 320.000. Leur nombre est ensuite passé à 361.000 en 1980, 333.000 en 1985 et 341.000 en 1990[384]. Malgré les fluctuations, les chiffres restent élevés. Il n'est donc pas étonnant que le pourcentage de la population noire âgée de 25 ans et plus titulaire d'au moins un *Bachelor's Degree* soit allé en crescendo. Il était de 3,5% en 1960, 4,4% en 1970, 8,4% en 1980 et 11,4% en 1990. Pour les Blancs, les taux étaient respectivement les suivants pour les mêmes années : 8,1%, 11,3%, 17,1% et 21,5%[385]. Le faussé semble encore important surtout en 1990 où la différence est à deux chiffres.

---

383 Digest of Education Statistics, <*http://nces.ed.gov/programs/digest/d95/dtab101.asp*> Site visité le 23/07/2008.

384 Digest of Education Statistics, <*http://nces.ed.gov/programs/digest/d95/dtab177.asp*> Site visité le 1/08/2008.

385 U.S. Census Bureau, *Decennial Census of Population, 1940 to 2000*. Internet Release Date : April 6, 2006.

Apparemment en ce qui concerne l'éducation, les Noirs ont accompli des progrès substantiels entre 1960 et 1990, même s'ils sont toujours à la traîne de leurs compatriotes blancs. Cette avancée se fait sentir au niveau de l'intelligentsia africaine-américaine qui a pris de l'envergure. Ils sont nombreux les intellectuels qui sont connus et du grand public et des cercles académiques. Et ils sont de toutes les tendances idéologiques. Citons juste quelques-uns pour soutenir nos propos : Molefi Asante, géniteur de l'afrocentrisme ; William Julius Wilson, sociologue ; Alphonso Pinkney ; Manning Marable ; Amiri Baraka devenu Leroi Jones ; Derrick Bell ; Thomas Sowell, économiste à la *Hoover Institute* ; Harold Cruse ; John Hope Franklin, historien ; Toni Morison, écrivain ; Henry Louis Gates ; Kwame Anthony Appiah ; Mary Frances Berry, historienne. A l'instar donc des élèves et des étudiants, les parents, représentés par les intellectuels, ont aussi fait d'énormes progrès de leur côté.

Malgré l'évolution positive relevée par plusieurs observateurs[386], les Noirs devraient continuer leurs efforts. Néanmoins, ils doivent sensibiliser leurs enfants, qui doivent comprendre que l'éducation est la clé incontournable de tout progrès, surtout dans une société aussi développée que celle des États-Unis, où cet outil permet de gravir plus facilement les marches de l'échelle sociale. Selon Jean Cazemajou et Jean-Pierre Martin, écrivant à propos de ce pays, « l'éducation est, bien évidemment, un des moyens d'accès à la réussite sociale[387]. » Sans éducation, rien ne peut se faire. Sans éducation digne de ce nom, l'accès à un emploi bien rémunéré est impossible aux États-Unis. Si les Noirs veulent donc atteindre un jour l'égalité avec les Blancs, ils doivent mettre un accent particulier sur l'éducation.

Beaucoup de leaders l'ont compris et ils ne laissent passer aucune occasion pour le rappeler à leurs frères et sœurs. D'ailleurs, certaines personnalités s'inquiètent de l'attitude des Noirs par rapport à l'éducation. « *What the hell good is Brown v. Board of Education if*

---

[386] Sophie Body-Gendrot, Laura Maslow-Armand, Danièle Stewart, *Les Noirs américains aujourd'hui*, p. 13.

[387] Jean Cazemajou et Jean-Pierre Martin, *La crise du melting-pot*, p. 95.

nobody wants it ?[388] », s'est exclamé le célèbre comédien Bill Cosby lors d'une allocution prononcée à l'occasion du cinquantenaire de la décision de la Cour suprême[389]. Pour clarifier son dépit, il poursuit : « *Well, Brown v. Board of Education, where are we today ? It's there. They [civil rights leaders of fifty years ago] paved the way. What did we do with it? ... Fifty percent dropout rate, rest of them in prison*[390]. » Selon Bill Cosby, les Africains-Américains n'ont pas tiré tous les bénéfices possibles de *Brown*. Peut-être exagère-t-il un peu pour faire prendre conscience à la communauté africaine-américaine. Il est vrai que des progrès énormes ont été faits dans le domaine de l'éducation, mais beaucoup reste encore à faire pour atteindre l'égalité raciale. Il y a, certainement lieu de se remettre en cause : revoir son attitude. Les Africains-Américains devraient comprendre cela et fournir plus d'efforts pour tirer le maximum de bénéfices de l'éducation, sinon faire d'elle l'une des clés de voute pour leur réussite sociale.

L'importance de l'éducation pour les Africains-Américains est si évidente. En effet, elle influe sur bien des aspects de la vie économique, sociale, politique et bien d'autres des Africains-Américains. C'est pourquoi, ces derniers ont commencé à lui accorder plus de place, montrant du même coup qu'ils ont compris. Si tel est vraiment le cas, il faudrait qu'ils le démontrent en y mettant le prix, c'est-à-dire en faisant tous les sacrifices nécessaires pour que leurs enfants aillent à l'école et que ceux-ci aillent le plus loin possible dans leurs études. Le prix n'est pas seulement financier ; c'est également l'effort en matière de suivi des enfants et de leur éducation morale.

Malgré les points sombres et les retards cumulés dus à des aléas historiques, de nombreux observateurs s'accordent pour dire que des progrès énormes ont été accomplis même si l'égalité avec leurs compatriotes blancs reste encore un objectif à atteindre.

---

[388] Juan Williams, *Enough : The Phony Leaders, Dead-End Movements, and Culture of Failure That Are Undermining Black America—and What We Can Do About It* (New York: Three Rivers Press, 2006), p. 86.

[389] En cet anniversaire, la NAACP avait invité Bill Cosby à prononcer un discours le 17 mai 2004 à Constitution Hall à Washington, D.C., la capitale du pays.

[390] Juan Williams, op cit, p. 89.

CHAPITRE III

L'ÉVOLUTION POLITIQUE

La politique est aussi l'un des domaines où les Africains-Américains ont accompli des progrès énormes. En effet, depuis la loi historique sur le droit de vote de 1965, ils n'ont cessé de traduire dans les faits de tous les jours l'esprit et la lettre de cette loi. Ils y sont plus ou moins parvenus, réussissant à se faire élire à des postes aussi importants que ceux de maires, représentants (députés) et sénateurs au niveau de certains États. Certains ont même été élus comme représentants et sénateurs au Congrès des États-Unis. Cependant, pour la période 1960-1990, aucun Noir n'a pu se faire élire au Sénat bien que certains aient été nommés à des postes aussi prestigieux que ceux de Secrétaires (ministres), juges fédéraux, diplomates et à bien d'autres postes.

Dans ce chapitre nous nous proposons d'analyser l'évolution de la place et du rôle des Africains-Américains dans le jeu politique américain entre 1960 et 1990. Nous nous limiterons au niveau fédéral.[391] En effet, le niveau fédéral est plus facile à démêler que celui des États, où il y a beaucoup de variations d'un État à l'autre. De plus, le problème de documentation se pose avec acuité.

---

[391] Les États-Unis sont une fédération, c'est-à-dire l'union d'États indépendants. À ce titre, il a deux niveaux de gouvernement. Le gouvernement fédéral ou national est composé de l'Exécutif national, du Législatif (le Congrès) et du Judiciaire. Quant aux États, ils disposent aussi de leurs gouvernements à trois branches.

I. Du Mouvement des droits civiques à l'arène politique

L'entrée des Africains-Américains sur la scène politique américaine n'a pas été brusque. Elle a suivi une longue évolution depuis la période de l'esclavage où, à l'instar des autres domaines, la politique leur était interdite. L'acquisition du droit du droit de vote est le fruit d'un long combat. À la fin de la guerre de Sécession, le Quinzième Amendement (1870) avait accordé le droit de vote aux anciens esclaves. Il stipule en l'occurrence que : « *Le droit de vote des citoyens des États-Unis ne sera dénié ou limité par les États-Unis, ou par quelque État que ce soit, pour des raisons de race, de couleur ou de condition antérieure de servitude*[392]. » Mais accorder le droit de vote ne veut pas dire sa mise en pratique automatique. La période de ségrégation et de discrimination légales qui a suivi l'échec de la Reconstruction a été un obstacle à la jouissance de ce droit fondamental. Donc, il a fallu se battre pour le traduire dans les faits. Cela s'est fait par l'entremise du Mouvement des droits civiques.

Le Mouvement des droits civiques a joué un grand rôle dans l'évolution du statut des Africains-Américains. D'abord, il leur a permis de comprendre et d'être conscientisés sur leurs droits. Les différentes luttes ont montré à ceux des leurs qui ne le comprenaient toujours pas, que seule la lutte pouvait leur faire acquérir les droits humains que les Blancs leur déniaient. Les nombreuses marches et autres manifestations ont effectivement permis à la communauté noire de signifier à l'Amérique son impatience face au statu quo (cf. Chapitre 2 de la Première Partie).

Ensuite, le Mouvement des droits civiques a permis aux Africains-Américains d'acquérir leurs droits politiques, victoire symbolisée par le Vingt-quatrième Amendement et la loi sur le Droit de vote de 1965. De nombreuses entraves dressées par les Blancs les empêchaient de jouir de ces droits politiques. Par exemple, les *poll taxes* exigeaient que les Noirs paient une certaine somme d'argent ou une certaine taxe pour être autorisés à voter. Cette pratique a été rendue

[392] Cf. Section 1 du Quinzième Amendement à la Constitution des États-Unis. Le Quatorze Amendement (1868) avait déjà fait des anciens esclaves des citoyens américains.

inconstitutionnelle par le Vingt-quatrième Amendement à la Constitution en 1964 qui stipule que :

> *Le droit des citoyens des États-Unis de voter à toute élection primaire ou autre élection du Président ou du Vice-président, des grands électeurs du Président et du Vice-président, ou des sénateurs et représentants au Congrès, ne sera dénié ou restreint ni par les États-Unis, ni par aucun État, pour cause de non-paiement de la taxe électorale ou de tout autre impôt.*

Le Mouvement des droits civiques a aussi attiré l'attention des Africains-Américains sur l'importance de l'arme politique dans l'amélioration de leur statut de façon générale. En effet, ils ne détenaient aucun pouvoir politique, c'est-à-dire le pouvoir qui permet de prendre des décisions qui affecteraient de façon décisive la vie des citoyens. Les Noirs ne détenaient pas ce pouvoir. Tout ce qu'ils pouvaient faire, c'était montrer leur mécontentement par rapport à une situation donnée et manifester au besoin pour soutenir leur cause. Mais la décision finale incombait aux décideurs politiques, surtout à leur bon vouloir. C'est très certainement cette réalisation que leur sort ne dépendait pas véritablement d'eux-mêmes qui leur a ouvert les yeux et leur a fait comprendre que s'ils voulaient que leur statut s'améliore nettement, ils devaient entrer dans le jeu politique. C'est ce qu'ils ont fait de façon progressive jusqu'en 1990, année où ils étaient représentés presqu'à tous les échelons de la vie politique américaine.

Enfin, le Mouvement des droits civiques a mis la communauté noire, plus précisément ses dirigeants, en contact fréquent avec les décideurs politiques du pays. Ce contact continu et soutenu leur a permis de connaître les mécanismes et les subtilités à maîtriser pour évoluer dans l'arène politique. Ce contact leur a permis par la même occasion de prendre goût à la chose politique. C'est donc tout naturellement que quand le Mouvement des droits civiques a commencé à s'essouffler à la fin des années 1960 que certains Noirs, les leaders du Mouvement en tête[393], se sont engouffrés dans la brèche ouverte par la loi sur le Droit de vote.

---

[393] On peut relever comme illustration les exemples de John Lewis et d'Andrew Young.

Si les Africains-Américains se sont résolus à se lancer dans la lutte politique, c'est parce qu'ils ont finalement compris que c'était l'unique voie viable qui leur restait. En effet, le Mouvement des droits civiques s'était progressivement effrité et avait perdu de son ampleur et de son aura. Si les années 1950 et 1960 avaient été celles de revendications plus ou moins violentes, les années 1970 et 1980 ont été celles de l'arme politique. Les marches et contremarches des années 1960 avaient progressivement disparu. Des marches furent organisées en 1983 et 1988[394], mais elles n'ont pas eu l'ampleur de la Marche sur Washington de Martin Luther King en 1963. Le Mouvement des droits civiques ayant faibli, il ne restait pas grand choix aux Africains-Américains s'ils voulaient continuer la lutte pour l'égalité raciale. C'est ainsi qu'ils comprirent que la lutte politique pouvait leur être d'un grand secours et qu'ils recoururent à l'arène politique pour combler le vide laissé par le Mouvement des droits civiques.

En résumé, le Mouvement des droits civiques a servi de tremplin pour de nombreux Africains-Américains pour se lancer dans l'arène politique. Il leur a permis de connaître les rouages des trois branches du gouvernement et de savoir comment traiter avec elles. Surtout, ils ont compris à travers leurs nombreuses luttes comment utiliser le gouvernement en leur faveur, comment en faire un allié. En fait, ils n'ont fait que s'adapter à l'évolution du temps, afin de continuer à défendre et à préserver leurs intérêts.

II. Les Noirs et le système politique : l'importance du vote

L'importance du droit de vote pour les Noirs est évidente. En effet, l'acquisition de ce droit a pour corollaires une plus grande conscience politique, accompagnée d'une inscription plus accrue sur les listes électorales. A ces deux éléments il faut adjoindre une plus grande

[394] Robert Singh, *The Farrakhan Phenomenon : Race, Reaction, and the Paranoid Style in American Politics* (Washington, D.C. : Georgetown University Press, 1997), p. 63.

participation aux élections et le changement de l'attitude des hommes politiques blancs à l'égard des Noirs.

A. Une plus grande conscience politique

Le Mouvement des droits civiques est la machine qui a permis aux Africains-Américains d'engager une lutte sans merci pour l'amélioration de leurs conditions et de leur statut (politique, économique, social, etc.). En plus, il a favorisé l'entrée des Noirs en politique. Cette double évolution n'aurait pas été possible sans un changement des mentalités. Or ce sont les différentes pressions orchestrées par le Mouvement des droits civiques qui ont créé une atmosphère propice au changement des mentalités des Américains dans leur ensemble, mais surtout au niveau des décideurs politiques. Ce changement a favorisé principalement les Noirs :

> *The ongoing lobbying efforts by representatives of the civil rights coalition combined with the massive protest activities by blacks created a national political environment conducive to ameliorative national legislation. Massive protest activities by blacks in Birmingham, Alabama, in 1963 and Selma, Alabama, in 1964 strongly influenced the passage of the two most significant pieces of civil rights legislation since Reconstruction - the Civil Rights Act of 1964 and the Voting Rights Act of 1965. By the enactment of these two measures, both President Lyndon Johnson and Congress acted boldly on behalf of advancing blacks' rights*[395].

Le Mouvement des droits civiques a donc influencé et l'Exécutif et le Législatif au niveau fédéral afin qu'ils s'engagent résolument dans la tendance du changement du dispositif légal et prennent des décisions en faveur des Noirs. C'est ce qui explique entre autres, comme déjà relevé, l'adoption par le Congrès des États-Unis de la loi sur le Droit de vote. Cette loi interdit toute forme de discrimination dans la jouissance du droit de vote basée sur la race. Elle met aussi fin aux nombreuses entraves telles que les tests d'alphabétisation, les découpages des circonscriptions électorales faits sur mesure et à

[395] Huey L. Perry, "A Theoretical Analysis of National Black Politics in the United States" in Huey L. Perry and Wayne Parent, eds., *Blacks and the American Political System* (Gainesville : University Press of Florida, 1995), p. 20.

dessein, et les *poll taxes* que les Blancs avaient imposées pour empêcher les Noirs de voter. Elle prévoit la nomination d'agents fédéraux chargés d'enregistrer les électeurs dans les États ou comtés où 50% de la population en âge de voter n'étaient pas inscrits sur les listes électorales pour voter le 1er novembre 1964. Enfin, elle autorise le ministre de la Justice à engager des poursuites judiciaires devant les cours fédérales dans les localités où les *poll taxes* seraient appliquées[396].

A partir de cette loi, est révolu le temps où les Noirs étaient écartés des consultations électorales par des gymnastiques juridiques et administratives. En d'autres termes, à partir de cette loi les Africains-Américains, à l'instar des autres Américains, jouissent désormais des mêmes droits sur le plan politique. Ils peuvent voter pour les candidats de leur choix ou se porter candidats et demander les voix de leurs concitoyens américains. Rien ne sera plus comme avant.

La loi sur le Droit de vote et son corollaire ci-dessus mentionné ont conduit à une conscience politique plus accrue des Noirs. À partir de cette loi les Noirs vont s'impliquer un peu plus dans la chose politique. Ils vont montrer un plus grand intérêt pour la politique. Cela peut se comprendre, car ils ont trop longtemps été sevrés du droit de vote. Il y a donc comme un désir ardent de rattraper le temps perdu. Un sondage d'opinion effectué en octobre 1984 révèle que 62% des Noirs contre 44% pour les Blancs ont un intérêt accru pour la politique depuis 1980. Cela se traduit par une participation aux meetings politiques (30% contre 17% pour les Blancs), à la distribution des écrits de candidats (17% contre 8%), et surtout à la motivation des gens à s'inscrire sur les listes électorales (30% contre 9%)[397]. La conscience politique suppose une plus grande implication personnelle dans les activités politiques.

---

[396] Huey L. Perry, op. cit., p. 21.

[397] Linda Williams, "Black Political Progress in the 1980s : The Electoral Arena" in Michael B. Preston, Lenneal J. Henderson, Jr. and Paul L. Puryear, eds., *The New Black Politics : The Search for Power* (2nd ed., New York: Longman, 1987), p. 109.

B. Une inscription plus accrue sur les listes électorales

Le grand intérêt des Noirs pour la chose politique s'est manifesté par une plus grande participation. Une plus grande participation nécessite une grande inscription sur les listes électorales et requiert un changement d'attitude de leur part : ils doivent être des acteurs actifs. C'est ce qu'ils ont compris en allant s'inscrire en plus grand nombre sur les listes électorales, surtout dans le Sud : « *The 1965 Voting Rights Act had a dramatic impact on increasing black voter registration in the South : approximately four million new black voters were registered there between 1965 and 1975*[398]. » Rodgers et Bullock, cités par Kay M. Knickrehm et Devin Bent dans un article commun, confirment cette tendance : « *Numerous studies have examined the impact of the expansion of voting rights that occurred in the South with the passage of the 1965 Voting Rights Act. It has been demonstrated that black voter registration and black voting increased and that in turn black office holding increased*[399]. » En fait, l'accroissement du nombre d'électeurs noirs ne se limite pas uniquement au Sud. Cela est aussi vrai pour toutes les parties du pays. Mais celui du Sud[400] est plus frappant car, entre 1960 et 1990, c'est dans cette région que résidait la majorité des Noirs, et c'est également là que les Noirs subissaient le plus de discriminations et d'entraves à la jouissance de leurs droits politiques.

L'accroissement de l'inscription des Noirs sur les listes électorales a pour effet de réduire l'écart de niveau entre Noirs et Blancs, qui passe de 9,2% en 1968 à 3,3% en 1984. Dans le Sud, la réduction de l'écart est encore plus frappante : elle passe de 9,2% à 2,2% pour les mêmes années. Dans plusieurs États du Sud (Mississippi, Caroline du Sud, Louisiane, Californie, Illinois, Tennessee, Arkansas, Michigan,

---

[398] Huey L. Perry and Wayne Parent, "Black Politics in the United States" in Huey L. Perry and Wayne Parent, eds., *Blacks and the American Political System*, p. 6.

[399] Kay M. Knickrehm and Devin Bent, "Voting Rights, Voter Turnout, and Realignment : The Impact of the 1965 Voting Rights Act", *The Journal of Black Studies*, Vol. 18, N° 3, March 1988, p. 283.

[400] Le Sud comprend les États de l'Alabama, de l'Arkansas, de la Floride, de la Géorgie, de la Louisiane, du Mississippi, de la Caroline du Nord, de la Caroline du Sud, du Tennessee, du Texas et de la Virginie.

Ohio), le taux d'inscription des Noirs est plus élevé que celui des Blancs[401]. Ce développement laisse augurer des jours meilleurs.

C. Une plus grande participation aux consultations électorales

L'autre conséquence de la conscience politique plus accrue est une plus grande participation aux consultations électorales. Cette participation s'est accrue de façon soutenue depuis 1972, atteignant 84,2% en 1984. A l'exception de l'Arkansas et de la Californie, le taux de participation des Noirs est partout plus élevé que celui des Blancs[402]. Le taux de participation aux élections s'est accru plus rapidement dans le Sud, bien qu'il soit encore à 5,7% en dessous de celui dans le Nord[403]. Cependant, le taux différentiel de participation Noirs-Blancs est encore plus élevé, en faveur des Blancs, dans le Sud : 10,3% en 1968, 9,2% en 1972, 11,4% en 1976, 9,2% en 1980 et 4,9% en 1984[404].

De façon générale, la participation des Noirs aux consultations électorales depuis les années 1960 s'est accrue. Cependant, pour qu'ils sortent pour voter il faut qu'ils aient des raisons suffisantes de le faire. En d'autres termes, ils doivent avoir un intérêt de voter, soit pour un candidat dont ils partagent les idées et le programme, soit qu'ils ont en face deux candidats diamétralement opposés sur les intérêts des Noirs. Dans ce dernier cas, ils sortent massivement pour défendre leurs intérêts. La candidature de Jesse Jackson aux élections primaires du Parti démocrate en 1984 et 1988 a mobilisé la communauté noire, car elle se reconnaissait en lui et était déterminée à le soutenir. Voici comment le représentant Robin Tallon de Caroline du Sud explique son choix :

> *My choice was Jesse Jackson or Michael Dukakis. Of course, I'm going with Jesse Jackson from South Carolina over Michael Dukakis from Massachusetts. I mean it's pretty doggone obvious what I think any*

---

[401] Linda Williams, "Black Political Progress in the 1980s : The Electoral Arena" in Michael B. Preston, Lenneal J. Henderson, Jr. and Paul L. Puryear, eds., *The New Black Politics : The Search for Power*, p. 103.

[402] Ibid., p. 108.

[403] Ibid.

[404] Ibid., p. 105.

Democrat from South Carolina should do...What would you do? Are you going to go with this fellow from Massachusetts that nobody can identify with or Jesse Jackson, a native son of South Carolina...I don't agree with everything Jesse says, he doesn't agree with everything I say, but we can talk and get along. I can understand and relate to him...There's no choice[405].

Il en a été de même lors de l'élection présidentielle de novembre 1976 où la communauté noire a soutenu Jimmy Carter. En d'autres termes, le taux de participation varie selon les enjeux, notamment la qualité des candidats en course ou ce qu'ils représentent.

Dans un contexte à enjeu, les Noirs se mobilisent pour participer effectivement aux élections. Selon un sondage d'opinion effectué par le Bureau du recensement des États-Unis en 1984, 169.963.000 Américains étaient en âge de voter dont 18.432.000 Noirs, soit 10,8% de la population en âge de voter[406]. Or, la plupart des élections nationales se jouent à 5 points de pourcentage près, ce qui donne donc aux Noirs un potentiel de décision sur les résultats de ces élections[407]. En quelque sorte, ils sont en position d'arbitre. On comprend alors le changement d'attitude des hommes politiques blancs à leur égard.

D. Un changement d'attitude des hommes politiques blancs à l'égard des Noirs

Le nouveau contexte national et politique fait que les Noirs ne sont plus à négliger sur le plan politique. Ils représentent des voix dont ont besoin les candidats aux différentes élections. Ceux-ci les approcheront plus souvent dans l'espoir d'avoir leur confiance. Pour avoir cette confiance, il leur faut établir des relations soutenues empreintes d'humilité avec les Noirs. Une fois la confiance établie, ils les inciteront à s'inscrire sur les listes électorales et à sortir en grand nombre le jour des élections pour aller voter, évidemment pour eux. Cela veut dire que les électeurs africains-américains détiennent une

[405] Carol M. Swain, *Black Faces, Black Interests : The Representation of African Americans in Congress*, Enlarged Edition (Cambridge, Massachusetts : Harvard University Press, 1995), p. 145.
[406] Linda Williams, op. cit., p. 101.
[407] Ibid.

arme redoutable qu'ils peuvent monnayer chèrement à qui veut leur vote.

Le droit de vote est effectivement une arme déterminante pour remporter des victoires électorales, mais également pour d'autres fins. Il peut servir à faire une sorte de « chantage ». Les Noirs pourraient demander à un candidat de prendre un engagement précis par rapport à un problème qui les touche, condition sine qua non pour voter pour ce candidat. Au cas où il refuserait de s'engager, ils voteraient pour un autre plus proche de leurs aspirations. C'est aussi simple que cela : c'est du donnant-donnant. Dans tous les cas, si le candidat blanc veut les voix des électeurs noirs, il doit prendre en compte leurs aspirations :

> *The white representatives of minority-black districts must balance the needs and concerns of a liberal black constituency with those of more conservative whites. How well a white representative balances what Merle Black calls 'the new political algebra of biracial politics will determine his or her electoral success*[408].

Nous voulons tout simplement suggérer que si les Africains-Américains font un bon usage de leur droit de vote, ils peuvent en tirer des dividendes énormes à leur avantage individuel et collectif. Ils peuvent utiliser intelligemment le droit de vote en leur faveur, à l'instar d'autres groupes ethniques :

> *The strategy of the ballot has in fact worked for many ethnic groups in the United States, the assumption that black Americans, once barriers to voting are fully removed, are likely to participate actively in electoral politics, and the faith that America's electoral-representative system can be made to work for black Americans*[409].

Le vote est d'une importance indiscutable pour les Africains-Américains, car il représente un grand pouvoir, le pouvoir politique, celui-là même qui prend les grandes décisions concernant le présent et l'avenir du pays. Les Noirs l'ont compris et l'ont utilisé à bon escient en signant des accords avec des candidats blancs ou autres qui acceptent de prendre en compte leurs préoccupations essentielles. Les

---

[408] Carol M. Swain, *Black Faces, Black Interests*, pp. 145-146.
[409] Linda Williams, op. cit., p. 98.

Africains-Américains représentaient 12% de la population américaine durant la période qui nous intéresse. Compte tenu de leur nombre et de leur pourcentage, ils ne peuvent pas se passer de telles stratégies qui étaient fondamentales. C'est cela aussi la politique : l'art du compromis. Nous y reviendrons.

Particulièrement en ce qui concerne les hommes politiques blancs, ils sont dans l'obligation de se rapprocher de plus en plus des électeurs noirs afin de leur inspirer confiance, comme nous l'avons dit plus haut. Une fois cette confiance établie, ils peuvent négocier les modalités pratiques d'acquisition de leur vote. C'est pourquoi nous disons que les hommes politiques blancs ne peuvent pas continuer à se comporter vis-à-vis des Noirs comme du temps où ces derniers n'avaient pas le droit de vote. Maintenant qu'ils peuvent peser sur les résultats des élections, les hommes politiques blancs sont contraints de compter avec eux. Ceci explique le changement d'attitude dont nous avons fait cas. Cela est une nécessité incontournable s'ils veulent espérer avoir leur vote.

III. LES *BLACK ELECTED OFFICIALS*/LES ÉLUS NOIRS

Si les Noirs ont lutté durement, quelquefois au péril de leurs vies, pour que le droit de vote, entre autres droits, leur soit reconnu, c'est au moins pour deux raisons essentielles. La première est leur amour propre, leur dignité. Pourquoi en tant qu'êtres humains comme les autres Américains n'auraient-ils pas les mêmes droits et privilèges que ceux-ci ? La deuxième raison est d'en tirer des avantages pour la communauté noire, ce qui passe par l'élection des membres de leur communauté à des postes de responsabilités politiques. Ils y ont réussi et leur nombre s'est accru au fil des ans, ainsi que nous nous appliquerons à le montrer.

Tableau 2.23 : Élus noirs, 1960-1990[410]

	Congrès des États-Unis	Congrès des États	Maires	Villes ou comtés	Justice et maintien de l'ordre	Total
1960	4	36	Non disponible	Non disponible	Non disponible	Non disponible
1964	5	94	Non disponible	Non disponible	Non disponible	103
1970	10	169	48	667	213	1,469
1975	18	281	135	1,743	387	3,503
1980	17	309	182	2,650	526	4,607
1985	20	387	286	3,231	661	6,016
1990	24	412	313	4,172	769	7,335

C'est vrai que le nombre des élus noirs s'est accru avec le temps, mais il est resté insuffisant. En effet, avec ses 7.984 élus sur toute l'étendue du territoire américain en 1993, la communauté noire ne détient que 1,6% de tous les élus du pays[411]. Le cas des élus noirs au Congrès des États-Unis nous servira à étayer notre analyse.

A. Caractéristiques des élus noirs au Congrès

Les élus les plus en vue sont les parlementaires, c'est-à-dire les élus au Congrès, au vu de leur niveau de responsabilité politique et sociale. Leur nombre est passé de 4 en 1960 à 24 en 1990[412] sur un total de 538 (438 représentants et 100 sénateurs), soit 4,46% pour la dernière année de référence. Cela paraît peu, mais si nous gardons en mémoire l'histoire des Noirs dans ce pays, nous admettrons qu'ils ont presqu'accompli un prodige. Personne, sinon presque personne, n'aurait pu imaginer un tel progrès, aussi limité soit-il. Mais, bien entendu, ce nombre reste encore très en-deçà des attentes au vu de la réalité démographique.

---

[410] Thernstrom, Stephan and Abigail Thernstrom, *America in Black and White*, p. 289. Ce tableau est extrait d'un tableau qui couvre la période 1960-1995.

[411] Ibid., pp. 288 et 289.

[412] En 1994, leur nombre passera à 41. (Thernstrom, Stephan and Abigail Thernstrom, op. cit., p. 289.)

Une autre faiblesse est que les élus noirs sont des représentants, c'est-à-dire membres de la Chambre des représentants, la chambre basse. Depuis la Reconstruction (1868-1876)[413], période après l'abolition de l'esclavage durant laquelle les premiers Noirs furent élus au Congrès, la très grande majorité de ceux-ci ont toujours été des représentants. Comme on peut le deviner aisément, ceux-ci venaient des États du Sud où le pourcentage de la population noire était élevé. Les seuls sénateurs provenaient du Mississippi, un État à majorité noire à 54% en 1870. Ces sénateurs étaient Hiram R. Revels (1869-1871) et Blanche K. Bruce qui siégea pendant trois législatures (1875-1877 ; 1877-1879 ; 1879-1981)[414]. Après cela il a fallu attendre près d'un siècle pour que le républicain Edward William Brooke soit élu comme sénateur de l'État du Massachusetts, un État à 98% blanc. Il y passa deux mandats (1967-1979)[415].

Les caractéristiques majeures des élus noirs au Congrès est leur nombre réduit et le fait qu'ils siègent presque toujours à la Chambre des représentants. Ces deux faiblesses influent sur leur efficacité et leur visibilité.

B. Le Congressional Black Caucus (CBC)

En vue d'accroître leur efficacité et leur visibilité, les élus noirs du Congrès eurent l'idée au milieu des années 1950 de monter une structure. Les initiateurs étaient Charles Diggs, Adam Clayton Powell et William Dawson. Cependant, elle ne deviendra une organisation structurée qu'en 1971 et prendra le nom de *Congressional Black Caucus*[416]. Cette initiative visait à mieux faire entendre la voix et les préoccupations des Noirs. Voici ce qu'a écrit à ce propos le politologue Marcus D. Pohlman :

---

[413] Carol M. Swain, *Black Faces, Black Interests*, p. 21.

[414] Ibid, pp. 22-23.

[415] The Reader's Digest, *Family Encyclopedia of American History* (Pleasantville, New York : The Reader's Digest Association, Inc., 1975), p. 146.

[416] Richard Champagne and Leroy N. Rieselbach, "The Evolving Congressional Black Caucus : The Reagan-Bush Years" in Huey L. Perry and Wayne Parent, eds., *Blacks and the American Political System*, p. 130.

Beyond organizing legislative efforts in the Congress, the primary functions of the caucus include collecting data, formulating budgetary proposals, initiating investigations (for example, investigating the 1971 police killings of Chicago Black Panthers Mark Clark and Fred Hampton), and pressuring the president...The caucus so functions in order to accomplish at least two stated purposes. It seeks both to provide a black perspective in the Congress and to press for equal opportunities.

First, it intends to lend a black perspective to legislative deliberations. To maintain the uniqueness of that input, in 1975 it rejected the membership of Fortney Stark, Jr., a white California Democrat who represented a district that happened to be 30% minority...

Second, the caucus is committed to equal opportunity in America. Given that its members tend to represent the major black ghettos across the country, its general policy goals were not difficult to define. As then CBC chairman Charles Rangel put it, « We have no permanent friends, no permanent enemies, just permanent interests of black and minority constituents[417]. »

La présence des Noirs au *Capitol* (le siège du Congrès) est importante à plus d'un titre comme déjà relevé dans la citation. Le simple fait d'être présent est susceptible de pousser les autres membres du Congrès à modérer leur langage envers les Noirs. De plus, leur présence ne peut pas être égale à leur absence, c'est-à-dire que les *Black Congressmen* vont défendre bec et ongle les intérêts de leurs électeurs — ceux sans lesquels ils n'auraient pas pu siéger. Enfin, la symbolique n'est pas à négliger. En effet, méprisés, humiliés, et insultés pendant des siècles, les Noirs peuvent enfin siéger aux côtés de ceux-là mêmes qui les couvraient d'opprobre et participer en toute égalité aux délibérations du Congrès. Cela est un progrès important indéniable qui mérite d'être relevé. Cependant, si leur présence est salutaire, le fait demeure que la faiblesse du nombre des élus noirs au Congrès ne leur permettait pas de bien refléter la composition de la population américaine ou de bien défendre les intérêts de leur communauté.

Les parlementaires noirs qui siègent au Congrès sont issus de différents types de districts électoraux : de « districts historiquement

[417] Marcus D. Pohlman, *Black Politics in Conservative America*, p. 182.

noirs », de « nouveaux districts noirs », de « districts hétérogènes » et de « districts à majorité blanche ». Pour compléter le tableau, nous devons souligner que certains parlementaires, blancs, sont élus soit dans des districts à minorité noire, soit dans des districts à majorité noire, avec le soutien des populations noires et blanches de ces localités. Relevons quelques exemples de ces différents cas de figures où les Noirs sont élus.

C. Les districts historiquement noirs

Il faut comprendre par « districts historiquement noirs » (*Historically Black Districts*), les districts à majorité noire qui ont élu de façon continue au Congrès, pendant dix ans ou plus, des parlementaires noirs[418] : « 'Historically black districts,' as here defined, are congressional districts with black voting-age populations of over 50 percent that have had black representation in Congress for ten years or more[419]. »

George Crockett est le représentant du 13ème district de l'État du Michigan, c'est-à-dire Detroit. Il a siégé de 1980 à 1990[420]. En d'autres termes, il s'est fait réélire régulièrement en 1982, 1984, 1986 et 1988 et avec des marges confortables[421]. Avant lui, avait siégé Charles Diggs, Jr. (1955-1980) et, après lui, Barbara Collins à partir de 1991[422].

William Gray III, quant à lui, a représenté le second district de la Pennsylvanie de 1978 à 1990. Depuis sa première élection en 1978, il s'est fait réélire tous les deux ans, avec des marges confortables et quelquefois sans opposants[423]. Ces deux parlementaires étaient des représentants, c'est-à-dire membres de la Chambre des représentants.

---

[418] Carol M. Swain, *Black Faces, Black Interests*, p. 4.
[419] Ibid., p. 47.
[420] Les élections parlementaires se tiennent en début novembre les années paires et les élus prennent fonction au début de l'année impaire qui suit.
[421] Carol M. Swain, op. cit., p. 51.
[422] Ibid., p. 48.
[423] Ibid., p. 62.

D. Les nouveaux districts noirs

Tout d'abord il faut comprendre par « nouveaux districts noirs » (*Newly Black Districts*), les districts qui ont obtenu une majorité noire de date récente[424]. Ces districts sont la plupart du temps nés de redécoupages imposés par les cours de justice et le pourcentage des Noirs en âge de voter n'est pas décisif :

> *Unlike historically black districts, newly black districts are usually the product of court-ordered redistricting plans. Because these districts have voting-age populations that are usually less than 65 percent black, white voters play a decisive role in determining which of several black candidates gets the nomination and, ultimately, the congressional seat*[425].

Pour ces nouveaux districts noirs, nous retiendrons les exemples de Mike Espy et John Lewis[426]. Mike Espy est élu pour la première fois en 1986, dans le second district de l'État du Mississippi. Ensuite, il se fait réélire en 1988 et 1990. En 1990 il n'a même pas d'adversaire[427].

Quant à John Lewis, il est un ancien militant de renom du Mouvement des droits civiques des années 1960. Avec Whitney Young, A. Philip Randolph, James Farmer, Roy Wilkins et Martin Luther King, Jr., il fait partie de ceux qui étaient connus sous l'appellation de « six grands » leaders du Mouvement[428]. Il est l'exemple type du militant du Mouvement des droits civiques reconverti dans le combat politique. Il est élu en 1986 pour représenter le 5ème district de l'État de Géorgie à la Chambre des représentants. Il est réélu en 1988 et 1990, sans opposant ces deux années[429].

E. Les districts hétérogènes

Les districts hétérogènes sont les districts où cohabitent plusieurs (trois ou plus) groupes ethniques sans qu'aucune majorité franche ne

---

[424] Ibid., p. 4.
[425] Ibid., p. 74.
[426] Ibid., pp. 4 et 74.
[427] Ibid., p. 80.
[428] Ibid., p. 90.
[429] Ibid., p. 91.

se dégage en faveur de l'un ou l'autre de ces groupes ethniques[430]. Et dans ce cas, des alliances ou coalitions s'avèrent nécessaires :

> « *Heterogeneous districts, as described here, are composed of three or more racial or ethnic groups, with no single group constituting over 50 percent of the population. Representatives of racially heterogeneous districts must form biracial and multiracial coalitions*[431]. »

Mervyn Dymally est le représentant de l'un de ces districts. Il est élu pour la première fois en 1980 pour représenter le 31ème district (Compton) de l'État de Californie. Ensuite, il se fait réélire en 1982, 1984, 1986 et 1988[432]. En réalité, il servira jusqu'en 1992. Nous avons aussi pour le même État, Julian Dixon, élu du 28ème district (Los Angeles). Il siège au Congrès depuis 1979.

L'État de New York est bien représenté en districts hétérogènes. Floyd Flake est élu pour la première fois en 1986 pour le compte du 6ème district, Queens. Il se fait réélire deux ans plus tard sans adversaire.[433] Pour le même district, nous avons Alton Waldon, Jr., en fonction depuis 1986. Pour le 11ème district (Brooklyn), nous avons Edolphus Towns depuis 1983. Harlem, le 16ème district, est représenté par Charles Rangel depuis 1971. Avant lui avait siégé Adam C. Powell, Jr. (1945-1967, 1969-1970)[434].

D'autres exemples pourraient être cités. Relevons celui de l'État du Texas. La première personne noire à siéger pour le compte du 18ème district (Houston) est Barbara Jordan (1973-1978). Ensuite, Mickey Leland l'a remplacée de 1979 à 1989. Suit à partir de 1990 Craig Washington[435].

F. Les districts à majorité blanche

Comme leur appellation l'indique, ce sont des districts où la population blanche est majoritaire (au moins 50%), mais qui ont élu

[430] Ibid., p. 4.
[431] Ibid., p. 98
[432] Ibid., p. 103.
[433] Ibid., p. 110.
[434] Ibid., p. 99.
[435] Ibid.

des Noirs au Congrès[436]. Les exemples ne manquent pas. Commençons par Alan Wheat, représentant du 5ème district (Kansas City) de l'État du Missouri. Il est élu pour la première fois en 1982. Ensuite, il se fera réélire sans discontinuer en 1984, 1986, 1988 et 1990, année limite de la période qui nous intéresse[437]. Pour le même État, nous avons William Gray, élu du premier district (St. Louis) depuis 1969.

Katie Hall a siégé de 1982 à 1984 pour le compte du premier district (Gary) de l'État de l'Indiana. Nous avons aussi Ronald Dellums qui siège depuis 1971 en tant que représentant du 8ème district (Berkeley) de la Californie. Quant à Harold E. Ford, il siège depuis 1975 pour le compte du 8ème district (Memphis) du Tennessee[438].

Les élus noirs du Congrès proviennent donc de ces différents types de districts. Cependant, leur nombre et pourcentage restent encore en-deçà des attentes de la communauté africaine-américaine.

G. Importance des élus noirs au Congrès

Malgré leur nombre réduit, des représentants noirs ont eu à présider des comités de la chambre basse. Prenons à titre d'exemple le 101ème Congrès (1989-1990). Durant cette législature, le *Congressional Black Caucus* avait 24 membres, tous issus du Parti démocrate et originaires de treize États et du District de Washington, la capitale[439]. Voici ce que dit Carol M. Swain à propos de la place qu'occupaient ces élus à la Chambre des représentants :

> *Overall, CBC members, during the 101st Congress, held the chairmanship of four standing committees, two select committees (Hunger and Narcotics), and sixteen subcommittees. In addition to the Budget (Gray) and Ethics Committees, CBC members chaired the District of Columbia (Dellums) and Government Operations (Conyers)*

---

[436] Ibid., p. 4.

[437] Ibid., p. 119.

[438] Ibid., p. 117.

[439] Richard Champagne and Leroy N. Rieselbach, "The Evolving Congressional Black Caucus : The Reagan-Bush Years" in Huey L. Perry and Wayne Parent, eds., *Blacks and the American Political System*, p. 134.

Committees. CBC subcommittee chairmen were on such "power" committees as Appropriations (Dixon) and Ways and Means (Charles Rangel, N.Y.-16) as well as on important policy committees like Foreign Affairs (George Crockett [Mich.-13] and Mervyn Dymally [Cal.-31], Armed Forces (Dellums), Banking (Fauntroy), and Public Works (Gus Savage, Ill.-2). In sum, by the time of the 101st Congress in 1989-90, CBC members had earned several positions of power and influence in the House committee system[440].

Malgré leur nombre réduit, les représentants occupent des postes de responsabilité au sein du Congrès[441]. Cela leur permet très certainement d'influer sur le processus d'élaboration des lois (voir citation prochaine). Ces responsabilités atténuent-elles les effets de leur nombre ?

Les élus noirs au Congrès entre 1960 et 1990 sont des représentants, c'est-à-dire membres de la chambre basse, à l'exception du sénateur républicain Edward William Brooke (1966-1978) du Massachusetts. De plus, ils appartiennent tous au même parti, le Parti démocrate. Cette appartenance à un seul parti a ses avantages et ses désavantages. Mais elle a permis à certains élus d'occuper des postes de visibilité dans le système organisationnel du parti au Congrès :

By 1989-1990, CBC members had also assumed prominence in the Democratic party organizational hierarchy in Congress. During the 101st Congress, William Gray built on his selection as chairman of the Budget Committee and election as Democratic Caucus chairman to win the party's majority whip position, the third-ranking post in the party leadership in Congress. Charles Rangel was a deputy whip, and Mickey Leland, Mike Espy, John Lewis (Ga.-2), and Kweisi Mfume (Md.-7) were at-large whips. In addition, Gray and Harold Ford (Tenn.-9) served on the Democratic Steering and Policy Committee, a major advisory body to the Speaker with important committee assignment powers in addition. Finally, Leland, Fauntroy, Clay, Dymally, and Espy were members of the House Democratic Congressional Campaign Committee (DCCC), the party's body responsible for promoting election of Democrats to the House[442].

---

[440] Ibid., pp. 135 et 141.

[441] Richard Champagne and Leroy N. Rieselbach, op. cit., pp. 138-140.

[442] Ibid., p. 141.

C'est peut-être là l'un des avantages de leur appartenance au Parti démocrate. Ils sont devenus incontournables si le parti veut refléter sa diversité. L'on pourrait aussi interpréter ses responsabilités comme une façon de récompenser la loyauté des Noirs au parti[443].

Les élus noirs au Congrès jouent donc un grand rôle. De par le simple fait de leur présence, ils influent sur le Congrès qui ne peut pas les ignorer. Ensuite, ils sont le porte-voix de la communauté africaine-américaine au sein de l'instance législative dont l'importance dans les prises de décision n'est plus à démontrer. C'est pour ces raisons et bien d'autres que la faiblesse de la représentation des Noirs est perçue comme un problème, un handicap pour la communauté noire.

Parmi les autres élus noirs, nous avons les parlementaires des États, les gouverneurs, les maires, et bien d'autres. Mais ces élus sont au niveau des États, et ne sont pas d'un intérêt pour notre étude, comme signalé plus haut. Cependant, il faut relever que l'élection de Noirs à ces différents postes, ajoutés à ceux au Congrès, atteste des progrès accomplis dans le domaine politique depuis 1960. Cela s'est confirmé par l'élection historique récente de Mr. Barack Obama, le 4 novembre 2008, comme 44ème président des États-Unis.

Les élus noirs sont la preuve vivante que, mis dans les mêmes conditions que les autres Américains, les Noirs peuvent aussi convaincre de nombreux électeurs de voter pour eux. Mais le chemin à parcourir pour parvenir à ces conditions d'égalité reste encore long et semé d'embûches. Il revient aux Noirs de convaincre plus d'électeurs par le travail qu'ils font au Congrès. Cela leur demandera d'inclure dans leurs programmes de campagne les intérêts d'autres Américains que ceux des seuls Noirs. C'est le prix à payer pour plus d'inclusion et de reconnaissance.

IV. LES *BLACK APPOINTED OFFICIALS*/LES NOIRS NOMMÉS À DES POSTES DE RESPONSABILITÉ DANS L'ADMINISTRATION FÉDÉRALE

En dehors des élus noirs au niveau fédéral, nous avons ceux qui sont nommés à divers postes de responsabilité. Comme avec les élus, nous nous limiterons au niveau fédéral, pour les mêmes raisons

[443] Ibid.

évoquées plus haut. D'abord, intéressons nous aux membres de l'Exécutif. Cette branche du pouvoir a à sa tête le président entouré d'un cabinet ministériel. Pendant la période objet de notre étude, le cabinet est composé de 13 *Secretaries* (ministres) qu'il revient au président de nommer et dont la nomination doit être confirmée par le Sénat, la chambre haute. Chaque président élu vient avec son administration dont le cabinet est une composante. En d'autres termes, une fois au pouvoir, le président remplace tous les responsables des postes-clés et y met des gens acquis à sa vision politique et à ses idées de façon générale. C'est pour cela que l'on parle de l'administration Kennedy, de l'administration Johnson, de l'administration Reagan, etc. Le président a la latitude de nommer qui il veut au poste qu'il veut.

A. Les précurseurs

La présence des Noirs dans l'administration fédérale est récente. En effet, pour des raisons historiques maintes fois évoquées, ils étaient consciemment exclus du pouvoir politique. Le premier Noir de renom à intégrer l'administration fédérale est Ralph Bunche, haut fonctionnaire à la section africaine de *l'Office of Strategic Services* (Bureau d'études stratégiques) qui deviendra plus tard la *Central Intelligence Agency* (Agence centrale d'espionnage). Cela se passe sous l'administration du président Franklin Delano Roosevelt, pendant le New Deal. Son travail consiste à collecter et à mettre à jour les informations sur les anciennes colonies britanniques en Afrique. Plus tard il intègre le Département d'État. En 1945, il joue même le rôle de conseiller au sein de la délégation américaine à la conférence de San Francisco qui rédigera la charte de l'Organisation des Nations-Unies[444].

Avant Ralph Bunche, plus précisément avant la Seconde Guerre mondiale, seulement trois postes fédéraux sont occupés par des Noirs, et uniquement à Washington, la capitale. Ces postes sont considérés comme des emplois pour Noirs (« *Negro jobs* »)[445]. L'insertion

[444] Huey L. Perry, Tracey L. Ambeau and Frederick McBride, "Blacks and the National Executive Branch" in Huey L. Perry and Wayne Parent, eds., *Blacks and the American Political System*, p. 107.

[445] Huey L. Perry, Tracey L. Ambeau and Frederick McBride, op. cit., p. 110.

véritable et irréversible des Noirs dans l'administration fédérale commence dans les années 1960 suite au travail de revendication mené par le Mouvement des droits civiques.

B. L'administration Dwight David Eisenhower (janvier 1953 – janvier 1961)

La période de notre étude commence sous la présidence de Dwight David Eisenhower, mais ne concerne qu'une seule année de son administration, à savoir janvier 1960-janvier 1961. Ce laps de temps est évidemment trop court pour réellement juger un président. C'est pourquoi nous ferons plus référence à ces actions d'avant 1960 pour porter notre appréciation.

Le président Eisenhower prend plusieurs fois position en faveur des Noirs. Relevons quelques exemples. Il nomme dans son administration E. Frederic Morrow comme conseiller économique auprès du Secrétaire au commerce. C'est la première fois qu'un Noir occupe une telle position dans ce département. Morrow est aussi chargé de rédiger des discours pour le président. Il reste à son poste de conseiller au ministère du Commerce jusqu'en 1955, année où le président le nomme comme son *executive assistant* (assistant exécutif)[446]. Eisenhower nomme aussi J. Ernest Wilkins, Sr. comme Secrétaire adjoint (*assistant secretary*) au travail chargé des affaires internationales. Ce dernier devient ainsi le premier Noir à occuper ce poste[447].

En dehors des nominations, le président prend des positions qui dénotent d'une certaine volonté de promouvoir la cause des Noirs. Par exemple, dans l'affaire *Brown v. Board of Education* en 1954, l'administration Eisenhower défend devant la Cour suprême la position selon laquelle la ségrégation dans les écoles publiques est anticonstitutionnelle. Joignant l'acte à la parole, quand en 1957 des opposants farouches à l'arrêt de la Cour suprême issu de cette affaire empêchent des élèves noirs de fréquenter le lycée de Little Rock dans l'Arkansas, le président fait usage de la force en y envoyant des troupes fédérales et la Garde nationale de l'État de l'Arkansas dont il a

---

[446] Ibid.
[447] Ibid.

auparavant pris le contrôle, pour faire intégrer les élèves en question. Cette action vigoureuse a eu pour effet l'intégration des écoles publiques de Little Rock[448].

Toujours en 1957, le président convainc le Congrès d'adopter la loi sur les Droits civiques de 1957, la première législation du genre depuis La Reconstruction. Cette législation crée au sein du ministère de la Justice une division chargée de veiller à l'application de la nouvelle loi sur le Droit de vote. Elle crée aussi une Commission des droits civiques chargée d'étudier les cas de discrimination dans le logement, le vote, et l'éducation. Le président fait aussi voter la loi sur les Droits civiques de 1960. Cependant, compte tenu des lacunes des lois de 1957 et de 1960, celles-ci n'arrivent pas à faire face aux cas de discrimination en ce qui concerne le vote des Noirs dans le Sud. En effet, ces cas doivent être tranchés par des jurys. Or ceux-ci sont composés uniquement de Blancs, et ces derniers se refusent à traduire devant les tribunaux d'autres Blancs[449].

La présidence d'Eisenhower correspond en partie à la période d'effervescence suscitée par le Mouvement des droits civiques. Ceci explique-t-il la bonne volonté manifestée par son administration à promouvoir la cause des Noirs ? En tout cas, la période est favorable à un changement d'attitude de l'Exécutif fédéral. Cependant, en une année, le président Eisenhower n'a pas eu le temps nécessaire pour faire de nombreuses nominations, mais certains actes posés avant 1960 suggèrent que s'il avait eu plus de temps, il aurait pu faire mieux.

C. Les administrations John F. Kennedy (janvier 1961 – 22 novembre 1963) et Lyndon B. Johnson (22 novembre 1963 – janvier 1968)

La première administration à ouvrir la voie des nominations est celle de John Fitzgerald Kennedy. Le président nomme Robert Weaver au Département de l'Intérieur comme conseiller spécial pour

---

[448] Huey L. Perry, Tracey L. Ambeau and Frederick McBride, op. cit., pp. 110 et 111. Le président, en tant que chef suprême des armées, a le pouvoir de réquisitionner la Garde nationale dans chaque État si la situation l'exige.

[449] Ibid., p. 111.

les affaires noires (*Negro affairs*) à l'administrateur de l'Autorité chargée de l'habitat. Il nomme aussi Clifford L. Alexander, Jr. comme fonctionnaire des affaires étrangères pour le compte du Conseil de sécurité nationale[450]. Malheureusement, l'assassinat de John F. Kennedy, le 22 novembre 1963, met fin aux espoirs que ce dernier avait suscités.

Le successeur de Kennedy, le président Lyndon Baines Johnson, poursuit l'œuvre entamée par son prédécesseur. C'est ainsi qu'il décide de faire le grand bond en nommant Robert Weaver à la tête du Département de l'Habitat et du Développement urbain. Ce dernier devient par voie de conséquence le premier Africain-Américain à intégrer un cabinet ministériel[451]. L'autre importante nomination de Lyndon B. Johnson fera aussi date : Thurgood Marshall, précédemment avocat du Fonds d'éducation de la NAACP, est nommé comme juge associé à la Cour suprême en 1967. Il devient aussi le premier Africain-Américain à entrer dans la Haute cour[452]. Avant cette promotion, il était déjà le premier Africain-Américain à occuper le poste de So*licitor General*, c'est-à-dire, conseiller auprès du ministre de la Justice (1965-1967)[453].

Ces premières nominations sont importantes à plus d'un titre. Elles ont une valeur symbolique. Avec ces nominations, rien ne sera plus comme avant. Depuis cette date, tous les présidents se croient moralement obligés de nommer au moins un Africain-Américain dans leur cabinet. La pratique se poursuit encore aujourd'hui, c'est-à-dire après 1990.

D. Les administrations Richard Nixon (janvier 1969 – 9 août 1974) et Gerald Ford (9 août 1974 – janvier 1977)

Le président Nixon, malgré ses positions anti-Noirs, a aussi nommé des Africains-Américains, mais à des postes inférieurs à ceux de ministres :

---

[450] Huey L. Perry, Tracey L. Ambeau and Frederick McBride, op. cit., p. 111.
[451] Ibid., p. 113.
[452] *The Negro Reference Almanach*, p. 327.
[453] The Reader's Digest, *Family Encyclopedia of American History* (Pleasantville, New York : The Reader's Digest Association, Inc., 1975), p. 684.

Moreover, according to one senior analyst of presidential appointments, in its early period the Nixon administration appointed a fairly significant percentage of blacks to subcabinet positions in the executive branch. In 1970, for example, about 13 percent of the Nixon administration's domestic discretionary appointments in the executive departments were black in contrast to about 3 percent of senior civil servants who were black[454].

Avec le temps, l'habitude de nommer des Africains-Américains, soit dans l'administration, soit à des postes ministériels, s'est installée. Même les présidents, comme Nixon, qui ne sont pas des défenseurs acharnés des intérêts des Africains-Américains se sentent une obligation morale de ne pas mettre de côté cette frange non négligeable de la population américaine.

Le président Gerald Ford (1974-1977), qui succède à Nixon, n'a pas eu assez d'opportunités et de temps pour faire des nominations importantes. Cependant, il a pu nommer William Coleman, Jr. au poste de Secrétaire aux transports. Ce dernier devient ainsi le second Africain-Américain à occuper un poste ministériel[455].

E. L'administration Jimmy Carter (janvier 1977 – janvier 1981)

L'administration Carter arrive comme pour combler le manque d'engagement véritable des deux administrations précédentes en ce qui concerne les droits civiques et, de façon générale, les intérêts des Noirs. Parmi les administrations qui se sont succédé entre 1960 et 1990, elle est celle qui s'est le plus engagée dans la promotion des Noirs en les propulsant à des postes importants. En effet, le bilan de ses nominations dépasse de loin celui de ses prédécesseurs pris individuellement. Il n'en aurait pu être autrement, car le président Carter doit en partie son élection aux Noirs qui ont voté massivement pour lui. L'on pourrait interpréter sa politique raciale, peut-être, comme un signe de reconnaissance à l'endroit de la communauté qui a contribué à son élection. En tout cas, il n'oublie pas les Noirs une fois à la Maison-Blanche.

---

[454] Huey L. Perry, Tracey L. Ambeau and Frederick McBride, op. cit., p. 115.

[455] Ibid., p. 116.

Carter nomme de nombreux Noirs dans l'Exécutif fédéral. Par exemple, il nomme Patricia Roberts Harris au poste de Secrétaire à l'habitat et au développement urbain en 1977. Plus tard il la nommera comme Secrétaire à la santé, à l'éducation et au bien-être, poste qu'elle occupera de 1979 à 1981, année de la fin du mandat du président Carter. Patricia Roberts Harris est la première femme noire à occuper un poste ministériel aux États-Unis[456]. Carter nomme Clifford L. Alexander comme Secrétaire de l'armée (*Secretary of the Army*), devenant ainsi le premier Noir à occuper ce poste. Quant à Wade McCree, il est nommé conseiller auprès du ministre de la Justice (*Solicitor General*)[457]. Le président Carter ne s'arrête pas là :

> *Carter's pathbreaking appointments to the federal government were actually at the subcabinet level, including Mary Frances Berry, assistant secretary for education in 1977; Azie Taylor Morton, national director, U.S. Savings Bonds Division of the Treasury; and Terence Todman, assistant secretary of state for Inter-American affairs (responsible for coordinating State Department matters in Caribbean, Central, and South American countries). Todman was the first black appointed to this position*[458].

En complément à la liste contenue dans la citation, l'on pourrait ajouter la nomination de Drew Days nommé comme Secrétaire adjoint à la justice chargé des droits civiques[459].

Carter s'illustre aussi par la nomination d'Andrew Young comme représentant des États-Unis aux Nations-Unies[460]. Andrew Young, à l'image de John Lewis, est un ancien militant du Mouvement des droits civiques reconverti dans la politique. Il a été un proche collaborateur de Martin Luther King dans les années 1960. Il était même aux côtés de ce dernier, le 4 avril 1968, quand son assassin lui a tiré dessus. Avant d'être nommé aux Nations-Unies, Andrew Young siégeait à la Chambre des représentants au compte de l'État de Géorgie. Voici ce qu'il a déclaré après sa nomination : « *Ce sont [les]*

---

456 Huey L. Perry, Tracey L. Ambeau and Frederick McBride, op. cit., p. 117.
457 Ibid.
458 Ibid.
459 « Hommage à Andrew Young », *Progrès* n° 200 du 6 mai 1977, p. 7.
460 Ibid.

électeurs noirs qui ont placé le président Carter à la tête du pays, et c'est le président Carter qui m'a nommé aux Nations Unies [sic]. Nous plaçons beaucoup d'espoirs dans ce gouvernement[461]. » Après qu'Andrew Young ait accepté le poste à lui proposé, le président lui-même a fait la déclaration suivante :

> *J'ai été assez heureux pour arriver [sic] à convaincre M. Andrew Young d'accepter cette nomination aux Nations Unies. Le secrétaire d'État, M. Cyrus Vance, et moi-même souhaitions depuis longtemps obtenir que M. Young devienne notre ambassadeur aux Nations Unies, en raison de l'intérêt qu'il porte depuis longtemps aux affaires internationales, de la haute estime dont il jouit parmi les hommes d'État de toutes les nations, et surtout parce que son caractère et ses qualités innées le désignent pour remplir ces fonctions. M. Young n'a accepté que tout dernièrement d'occuper cette charge importante ; C'est...un homme d'une intégrité indiscutable, et je dirais même qu'il est l'élu le plus remarquable de ce pays...J'ajoute que l'ambassadeur auprès des Nations Unies fera partie de mon* ***cabinet ministériel***[462]**.** (souligné par nous)

Le président élu ne tarit pas d'éloges à l'égard de son nouvel ambassadeur aux Nations-Unies. Plus important encore, ce dernier siégera au conseil des ministres, c'est-à-dire qu'il a rang de ministre, ce qui semble inédit. Cette nomination est donc d'une grande portée, au-delà de la symbolique. Un Noir va représenter les États-Unis dans l'organisation où toutes les nations indépendantes siègent, et parler au nom de l'une des plus puissantes au monde. Assurément, cela représente un pas de géant pour les Noirs.

En tout cas, les Noirs plaçaient beaucoup d'espoirs dans l'administration Carter au vu de ses positions vis-à-vis de leur sort. Ces espoirs se réaliseront seulement en partie compte tenu du fait que Carter ne restera que quatre ans à la tête du pays et, avec son départ, bien de rêves s'envoleront. Néanmoins, le président Carter, de par ses nominations et la considération accordée aux « affaires noires », peut être qualifié dans ce sens de pionnier et d'« ami » des Noirs. Il nomme de nombreux Noirs à des postes jamais occupés par un Noir

---

461 *Progrès*, n° 200 du 6 mai 1977, p. 7.

462 « M. Andrew Young nommé représentant permanent des États-Unis à l'ONU », *Progrès* sans date, p. 4.

auparavant. Est-ce pour cela que les Américains ne lui accorderont pas un second mandat ? Il est difficile de l'affirmer de façon certaine, car beaucoup de facteurs entrent en ligne de compte dans l'élection ou la réélection d'un président. Mais tout laisse à penser que cela y a été pour quelque chose au vu de la lignée de présidents républicains conservateurs qui lui ont succédé au moins jusqu'en 1990, fin de la période couverte par notre étude.

F. L'administration Ronald Reagan (janvier 1981 – janvier 1989)

Suite à l'échec de Jimmy Carter de se faire réélire, le président Ronald Reagan lui succède pour huit années consécutives, c'est-à-dire deux mandats de quatre ans chacun. Ce dernier adopte une posture nettement plus conservatrice. En d'autres termes, il bat en retraite sur de nombreux points, notamment les droits civiques et les nominations. L'explication pourrait être qu'il n'a pas été élu grâce aux voix des Noirs et qu'il ne se sent aucune dette morale ou politique envers eux[463]. Évidemment, l'absence de Noirs à des postes-clés a influencé négativement la politique de cette administration à l'égard de ces derniers. Voici ce qu'a écrit un spécialiste à ce propos :

> *By 1986-1987, the number of African Americans in senior civil service positions increased from 1970, but the percentage of those appointed by the presidential administration decreased even as those of other minorities - Hispanic Americans, Asian Americans, and women increased. The Reagan administration clearly felt none of the symbolic needs that the Nixon administration earlier had for significant African American representation in the Federal executive branch. That undoubtedly reflected the insignificant representation of African Americans in the Reagan constituency, the administration's own political goals, the ascendancy of other minority groups, and the temper of the times which I read as being less sympathetic to the specific concerns of African Americans in the 1980s than was the case in the 1970s*[464].

Le déphasage avec l'administration précédente est incontestable. Le président Ronald Reagan ne fait pas autant que son prédécesseur pour les Noirs. Cependant, il nomme Samuel R. Pierce, Jr. comme

---

[463] Huey L. Perry, Tracey L. Ambeau and Frederick McBride, op. cit., p. 119.
[464] Ibid., pp. 119-120.

Ministre de l'habitat et du développement urbain, qui restera au même poste pendant les deux mandats successifs de Reagan[465]. Il nomme aussi Clarence Thomas, un républicain noir, au poste de président de l'*Equal Employment Opportunity Commission* en mai 1983. Avant sa nomination, cet originaire de Savannah, en Georgie, occupait le poste de Secrétaire adjoint (*assistant secretary*) pour les Droits civiques au département de l'Éducation[466].

Malgré ses réticences, le président Reagan accepte signer deux lois importantes pour les Noirs votées par le Congrès. La première (2 novembre 1983) fait de l'anniversaire de la naissance du regretté Martin Luther King, Jr. une fête légale, un honneur auquel seulement Christophe Colomb (celui qui aurait découvert le continent américain) et George Washington (le premier président des États-Unis) avaient eu droit jusqu'à présent[467]. Voici ce que déclarait le président Reagan lors de la première célébration de la journée Martin Luther King, le 15 janvier 1986 :

> *Le leadership moral et la sagesse politique de Martin Luther ont mobilisé la conscience du peuple américain et engagé les États-Unis sur la voie du changement pacifique. Son souvenir reste gravé dans les cœurs et les esprits de ses concitoyens. Il est juste que nous nous souvenions de lui aujourd'hui et que nous rendions hommage aux idéaux qu'il défendait*[468].

Cet extrait résonne comme un hommage posthume à l'apôtre de la non-violence et explique peut-être les raisons pour lesquelles le président a accepté de signer cette loi.

La seconde loi renouvelle pour 25 ans la durée de la loi sur le Droit de vote de 1965, ce qui en soi est une décision louable. Selon certains auteurs, si le président a signé ces deux lois, ce n'était pas parce qu'il les approuvait : « *Although President Reagan was philosophically opposed to both pieces of legislation, he nonetheless signed them into*

---

[465] Ibid., p. 120.

[466] Ibid., p. 121.

[467] « L'anniversaire de Martin Luther King devient une fête nationale américaine », *Progrès États-Unis Haute- Volta* N° 348 du 30 décembre 1983, première partie, p. 1.

[468] « L'anniversaire de Martin Luther King », *Progrès États-Unis Burkina Faso*, N° 377 du 26 avril 1985, 1ère partie, p. 4.

law because he did not wish to appear insensitive to the desires of blacks to be fully incorporated into the political system, both symbolically and substantively[469]. » Selon cette explication, le président voulait seulement sauver les apparences.

Pour d'autres auteurs, si le président a accepté de signer les deux lois, c'est à cause de l'action exercée par les groupes de pression de droits civiques interraciaux. C'est le point de vue soutenu par Dianne M. Pinderhughes qui le démontre à travers tout un chapitre d'un ouvrage commun[470]. Selon cette thèse, Reagan n'avait pas tellement le choix. Cette explication se tient vu le bilan négatif de l'administration Reagan en ce qui concerne la promotion des intérêts des Noirs. Quelle que soit l'interprétation ou l'explication, l'on doit admettre que ces deux actes du président sont louables, car les deux législations ont contribué à l'avancée des Noirs dans le domaine politique. Il faut reconnaître au président Reagan cette contribution.

Cependant, le président ne peut pas être considéré comme proche des Noirs si l'on se fie à sa politique globale de promotion et vis-à-vis des Noirs. Par exemple, il s'est farouchement opposé à l'action affirmative ou discrimination positive commencée sous la présidence du président John F. Kennedy. C'est cette même politique non favorable aux Noirs que son vice-président George Bush, devenu président, va continuer d'appliquer, mais en y apportant des retouches positives.

G. L'administration George Bush (janvier 1989– janvier 1993)

Le président George Bush n'a eu qu'un mandat de quatre ans. Parmi ces quatre ans, seules deux nous intéressent, c'est-à-dire la période allant de janvier 1989 à janvier 1991. Il faut reconnaître que ce laps de temps est assez court. Mais si la volonté y avait été, le président aurait pu faire de grandes choses pour les Noirs. Selon un numéro de *Progrès*, un journal publié par l'ambassade des États-Unis

---

[469] Huey L. Perry, Tracey L. Ambeau and Frederick McBride, op. cit., p. 121.

[470] Dianne M. Pinderhughes, "Blacks Interest Groups and the 1982 Extension of the Voting Rights Act" in Huey L. Perry and Wayne Parent, eds., *Blacks and the American Political System*, pp. 203-224.

au Burkina Faso, le président Bush a fait beaucoup d'efforts dans la nomination et la promotion des Noirs.

L'unique nomination au rang de Secrétaire est celle de Louis F. Sullivan au Département de la santé et des affaires sociales, précédemment Département de la santé, de l'éducation, et du bien-être. Louis F. Sullivan, médecin, est le second Noir à être nommé à la tête de ce ministère[471]. Ces deux derniers faits sont importants parce qu'ils dénotent peut-être d'un changement de la perception qu'ont les présidents américains des Noirs. Ils semblent avoir compris que les Noirs, à l'instar des Blancs, peuvent et doivent aussi diriger des départements ministériels.

L'autre nomination qui a fait les gros titres de la presse est celle du général Colin L. Powell comme Chef d'état-major interarmes (*chairman of the Joint Chiefs of Staff*) au Ministère de la défense. Elle peut être aussi considérée comme l'un des faits marquants de l'administration Bush. Colin L. Powell devient ainsi le premier Noir à être élevé à ce poste et rang. Il est même reconduit à ce poste après la guerre du Golfe qu'il a mené avec succès[472]. Avant sa nomination à la tête des armées, il occupait le poste de Conseiller à la sécurité nationale.

D'autres personnalités moins connues ont aussi fait l'objet de nomination :

> *Outre ces figures de la haute administration, qui en raison de leurs fonctions et de leurs compétences font fréquemment les gros titres de la presse, un grand nombre d'Afro-Américains républicains, probablement moins connus du grand public, ont été choisis pour occuper des postes de responsabilité. C'est notamment le cas dans les ministères et les agences gouvernementales, aux Nations Unies, ainsi qu'à la Maison-Blanche, dans l'entourage immédiat du chef de l'État.*
>
> *Dans son numéro de juillet 1989, le magazine Ebony a souligné que M. Bush a fait appel aussi bien aux Afro-Américains républicains, qui étaient ses supporters de longue date, qu'aux plus brillants des jeunes diplômés fraîchement émoulus des universités. Selon le magazine, c'est à*

---

[471] *Progrès États-Unis Burkina* Faso du 9 février 1990, première partie, p. 8; Huey L. Perry, Tracey L. Ambeau and Frederick McBride, op. cit., p. 122.

[472] Dianne M. Pinderhughes, op. cit., pp. 203-224.

> *l'occasion de son voyage en Afrique, en 1982, que M. Bush, alors vice-président, fit la connaissance de certains d'entre eux et put apprécier leurs qualités*[473].

Relevons quelques exemples. Thad Garret occupe le poste de représentant adjoint des États-Unis aux Nations-Unies. Toujours dans le domaine diplomatique, certains sont nommés ambassadeurs : Mme Jewel Lafontant, ambassadeur extraordinaire chargé des réfugiés ; Stephen Rhodes au Zimbabwe ; Jerry Moore au Lesotho ; Leonard Spearman, Sr. au Rwanda ; Mme Cynthia Shepard-Perry au Burundi ; Terence Todman en Argentine. M. Edward Perkins, le premier ambassadeur noir en Afrique du Sud, a été nommé comme directeur du corps diplomatique. Il est le premier Noir à occuper ce poste[474], un autre fait marquant.

Au plan social, Arthur Fletcher est nommé à la tête de la Commission des droits civiques. Cette nomination est d'autant importante que la Commission a pour mission l'élimination des « dernières poches de racisme et d'injustice dans le pays. » Arthur Fletcher est un ancien secrétaire adjoint au Travail[475].

Constance Berry Newman et Gwendolyn King font partie des nouvelles promues :

> *Bush's other prominent black appointments to the executive branch included Constance Berry Newman as director of the Office of Personnel Management (OBM), whose responsibilities include formulating policies for all human resource-related issues for the federal government; and Gwendolyn King as commissioner of Social Security, responsible for all federal social security programs, including Old Age Insurance, Survivor's Insurance, Disability Insurance, and Supplementary Security Income for the needy, aged, blind, and disabled*[476].

Constance Berry Newman est la première Africaine-Américaine « *à prendre la tête du Bureau de la gestion du personnel, poste qui lui confère la responsabilité de 2,2 millions de fonctionnaires*[477]. » Elle a

---

[473] *Progrès* du 9 février 1990, première partie, p. 8.
[474] Ibid.
[475] Ibid.
[476] Huey L. Perry, Tracey L. Ambeau and Frederick McBride, op. cit., p. 122.
[477] *Progrès* du 9 février 1990, première partie, p. 8.

eu auparavant à travailler au Département du logement dont elle est devenue par la suite secrétaire adjointe.

En plus des personnalités d'un certain âge, on a vu arriver à la Maison-Blanche, dans l'entourage immédiat du président et de la Première Dame, des élites de la jeune génération qualifiées de *power babies* (les jeunes loups) par le magazine *Ebony*. On peut citer Fred McClure, chargé des relations avec le Congrès ; Anna Perez, secrétaire de presse de Mme Bush ; Joe Watkins, directeur adjoint du Bureau des relations publiques. D'autres, la trentaine, font partie de la *banque des cerveaux*. Citons en exemples Kristin Clark-Taylor, directeur des relations avec les média ; Condoleezza Rice au Conseil national de sécurité ; Leonard Spearman, Jr., sous-directeur du personnel[478].

Ces postes semblent importants au vu des responsabilités des structures fédérales qui les emploient. Mais ces différents responsables noirs pouvaient-ils faire librement leurs tâches respectives et émettre des propositions favorables aux Noirs ? Si oui, ces propositions étaient-elles prises en compte dans la politique de l'Exécutif fédéral ? Une réponse positive à ces questions semble difficile à émettre au vu de la politique générale de l'administration Bush. De plus, le dernier mot revient toujours au chef de l'Exécutif, c'est-à-dire, le président.

Un fait qui a convaincu les organisations de défense des droits civiques de la mauvaise volonté du président est son opposition à la loi sur les Droits civiques de 1990. Il a justifié son véto arguant que la loi en question impose des quotas raciaux pour l'embauche dans le secteur privé. Les organisations de droits civiques ont ensuite fait pression sur le Congrès qui a alors procédé en 1991 à des amendements mineurs, notamment en ce qui concerne le prétendu passage pro-quotas. C'est seulement après cette gymnastique législative que le président a apposé sa signature sur le document qui est devenu ainsi la loi sur les Droits civiques de 1991[479].

Le président Bush a eu le privilège de nommer deux juges à la Cour suprême des États-Unis : David Souter (un Blanc) et Clarence Thomas (un Noir). Cela est un privilège, car tous les présidents n'ont

---

[478] Ibid., p. 9.

[479] Huey L. Perry, Tracey L. Ambeau and Frederick McBride, op. cit., p. 123.

pas cette chance. En effet, quand un jugé fédéral est nommé à la Cour suprême, il y reste durant toute sa vie. Il ne peut être démis de ses fonctions même par celui qui l'a nommé. Il peut, cependant, être démis pour mauvais comportement ou comportement contraire à la Constitution (corruption, haute trahison, blasphème, etc.) après une procédure d'*impeachment*, c'est-à-dire une procédure de destitution. À part ces cas de figure, l'intéressé peut démissionner pour des raisons personnelles : maladie, vieillesse (par exemple Thurgood Marshall), ou incapacité physique ou intellectuelle à exercer ses fonctions.

Le président Bush a nommé Clarence Thomas, en remplacement numérique de Thurgood Marshall (voir la section sur l'administration Reagan), comme juge associé (*Associate Justice*) à la Cour suprême. Il est devenu ainsi le second Noir à occuper ce poste prestigieux après Thurgood Marshall. Il va de soi que les nominations sont basées sur un certain nombre de critères parmi lesquels l'idéologie politique joue un grand rôle. En d'autres termes, le président nomme des personnes qui sont proches de lui idéologiquement ou qui partagent entièrement ses positions politiques. La nomination de Clarence Thomas, un Républicain noir, obéit à cette logique. Après sa prise de fonction, il s'est comporté comme son « bienfaiteur » l'aurait souhaité :

> « *Justice Clarence Thomas is performing as his appointing president, Bush, had hoped in that he consistently takes positions opposed to an expansion of the interests and rights of African Americans and the role of the federal government in racial matters*[480]. »

Le président Bush n'a pas convaincu, en particulier les Noirs, de sa bonne foi. Sa politique à l'égard de ceux-ci laissait à désirer malgré ses nominations. En tout cas, il n'a pas fait suffisamment pour prouver qu'il tenait à cœur leurs intérêts. C'est pourquoi les années Bush peuvent être considérés comme mitigées, sinon, pas très convaincantes en ce qui concerne la promotion des Noirs et la défense de leurs intérêts.

De nombreux Noirs ont été nommés à différentes fonctions au niveau fédéral entre 1960 et 1990 dans les diverses administrations.

---

[480] Michael W. Combs, "The Supreme Court, African Americans, and Public Policy : Changes and Transformations" in Huey L. Perry and Wayne Parent, eds., *Blacks and the American Political System*, p. 167.

Nous nous sommes limité aux exemples les plus saillants pour illustrer l'évolution de la nomination des Noirs par les présidents.

La nomination de Noirs à des postes de responsabilité au sein de l'administration fédérale est importante à plus d'un titre. Elle est la preuve palpable que ceux qui les nomment reconnaissent que les Noirs peuvent faire aussi bien, sinon mieux, que leurs compatriotes blancs. Cependant, nous ne négligeons pas le contexte qui s'y prêtait de même que la force des exemples des précédentes administrations. Ainsi l'on s'achemine progressivement, vers la reconnaissance du mérite et du savoir-faire dont avait rêvé Martin Luther King. Ceci est le signe d'une amorce de changement inéluctable des mentalités jusque dans les plus hautes sphères de décision.

Ensuite, les Noirs nommés représentent un modèle pour les plus jeunes générations de Noirs qui doivent les imiter et ne pas se laisser gagner par le découragement ou le pessimisme. Enfin, s'ils sont à des postes-clés et en nombre élevé, ils peuvent défendre des politiques qui prennent en compte les intérêts des Américains les plus défavorisés dont les Noirs. Mais, malheureusement, entre 1960 et 1990 les Noirs nommés au sein de l'administration fédérale n'ont pas toujours été en nombre suffisant pour véritablement infléchir les politiques des différentes administrations. D'ailleurs, en général, ils partagent les idées conservatrices de leurs présidents (républicains la plupart du temps), ce qui constitue déjà un frein à la promotion de la communauté noire. Cependant, le fait de nommer de plus en plus de Noirs est une évolution positive des mentalités. Aucune administration sans au moins un ministre noir ne pourra plus jamais s'installer aux États-Unis, si l'on se fie à l'évolution constatée jusqu'au président Bush. Ceci en soi est un progrès indéniablement très important, sinon un acquis difficile à remettre en question.

V. Les limites de la stratégie politique

Pour des raisons stratégiques et d'efficacité, les Noirs ont progressivement opté pour l'option politique. Ce choix leur a-t-il véritablement permis de promouvoir les Noirs au plan national et de résoudre les problèmes auxquels ils font face ? Tout d'abord relevons quelques aspects positifs de cette option.

A. Quelques aspects positifs de la stratégie politique

L'entrée des Noirs dans l'arène politique est une bonne chose en soi. Elle leur donne plus de visibilité dans les média. Un Noir ministre ne passe pas inaperçu. Toute la nation le connaît car elle le voit et l'entend régulièrement à la télévision, à la radio et dans la presse. Il en est de même pour un parlementaire. L'habitude aidant, le fait pour un Noir d'être ministre, parlementaire, élu ou nommé à quelque niveau de responsabilité que ce soit, crée un effet de familiarité. C'est véritablement là que commence toute intégration réussie, c'est-à-dire l'acceptation des membres de toutes les composantes de la société sans tenir compte de la couleur de la peau.

Le combat politique a aussi permis de remporter de nombreuses victoires, dont les nominations et les élections à divers postes, que nous avons évoquées plus haut. Ces victoires ont rehaussé l'image des Noirs dans la société américaine. Autrefois considérés comme inférieurs, en 1990 les Noirs sont plus respectés et considérés. À part les membres de groupuscules extrémistes et suprématistes blancs tels que le Ku Klux Klan, peu d'Américains tiennent encore un langage déphasé et dépassé. Les mentalités ont évolué et les préjudices raciaux ont perdu énormément de terrain. Ceci représente une très grande avancée vers l'égalité des groupes raciaux. D'après Eddie Williams du Centre mixte d'études politiques, « *le temps où les Afro-Américains réclamaient le droit de s'asseoir dans les restaurants est révolu : aujourd'hui les sièges qu'ils briguent se trouvent dans les mairies et les résidences des gouverneurs, au Congrès et à la Maison-Blanche*[481]. » Mais cela n'aurait pas été possible sans le changement de mentalités relevé plus haut. A en croire le *Progrès*, « *on ne peut...pas dire que le facteur racial a totalement disparu, mais il n'est plus déterminant*[482]. »

Une autre victoire que l'on peut qualifier d'historique mérite d'être relevée : l'élection d'un Noir à la tête du Parti démocrate, en la personne de Ron Brown[483]. Cela est historique en ce sens que c'est la

[481] « Des succès spectaculaires sur la scène politique », *Progrès* du 9 février 1990, première partie, p. 6.
[482] Ibid.
[483] Ibid.

première fois qu'un parti politique multiracial d'une envergure nationale choisit un Noir comme son leader. Ce choix dénote de l'évolution des mentalités et probablement de l'irréversibilité de cette évolution. Il doit être aussi perçu comme une façon de reconnaitre l'importance de l'électorat noir et de conserver cet électorat. En tout état de cause, ce choix est plein de sens.

Malgré ces avancées, la stratégie politique présente des limites objectives (le nombre limité des Noirs dans les sphères de décision) et subjectives (la peur de certains Blancs de voter pour des candidats noirs).

B. Les limites de la stratégie politique

Le nombre limité des Noirs dans les différentes instances de décision telles que l'Exécutif, le Législatif et le Judiciaire constitue un handicap de taille, car cela limite leur influence sur les décisions de ces instances. Par exemple, au niveau de l'Exécutif, s'il n'y a qu'un seul ministre sur les treize dans le cabinet présidentiel, quels que soient sa carrure et son charisme, il ne peut pas peser suffisamment pour véritablement influencer les décisions-clés. Or, entre 1960 et 1990, les ministres noirs étaient en moyenne au nombre d'un par administration, et les autres Noirs étaient nommés à des échelons inférieurs. La percée a véritablement commencé avec le président Jimmy Carter qui a nommé deux ministres et un représentant auprès des Nations-Unies avec rang de ministre, car siégeant au conseil des ministres. L'on comprend alors les limites objectives de la stratégie politique au niveau de l'Exécutif. Ici, les présidents auraient dû faire plus d'efforts pour que les Noirs soient mieux représentés afin qu'ils soient plus visibles et plus influents.

La représentation des Noirs au niveau du Congrès (24 sur 538) reste aussi encore insuffisante, ce qui limite inéluctablement leur influence, bien que certains élus soient des membres influents de cet autre important centre de décision. Mais ces élus jouent leur partition : ils constituent la conscience du parlement. Ils sont toujours là pour attirer l'attention de leurs collègues sur le sort des Noirs et des minorités en général. Évidemment, leurs points de vue ne sont pas toujours acceptés, mais leur présence au sein du Congrès est une bonne chose car ces élus jouent un rôle actif à la hauteur des attentes de leurs électeurs. Le Congrès n'aurait pas la même considération auprès des citoyens sans leur présence.

Sur le plan judiciaire, nous avons un seul Noir sur les neuf juges qui siègent à la Cour suprême. Or les décisions se prennent à la majorité simple, soit cinq voix sur neuf. Donc, les Noirs comptent plus sur la bonne volonté des membres blancs majoritaires de la haute Cour. Quand la Cour est en majorité libérale, elle est susceptible d'adopter des décisions favorables aux Noirs. Ce fut le cas en 1954 avec l'affaire *Brown v. Board of Education*. Ce fut aussi le cas en 1956 lors du boycott des bus de Montgomery. Dans cette dernière affaire, la Cour avait alors déclaré la discrimination dans les transports municipaux de la ville anticonstitutionnelle. Après le départ de Thurgood Marshall, la donne a changé. Le juge associé noir qui l'a remplacé, Clarence Thomas, adopte en général des positions conservatrices, ce qui n'est pas en faveur des Noirs. Nous voulons dire que la plus haute instance judiciaire qui a été aux côtés des Noirs durant les luttes du Mouvement des droits civiques s'est progressivement détournée de leurs intérêts. C'est vrai que la Cour suprême n'est pas une instance politique, mais ses décisions influent sur les décideurs politiques, car elles s'imposent à eux. Ils doivent les appliquer.

Sur le plan électoral, certains Blancs hésitent encore ou se refusent à voter pour des candidats noirs pour des raisons subjectives[484]. Ils craignent qu'une fois élus ces Noirs n'adoptent des mesures anti-Blancs, c'est-à-dire fassent de la discrimination à rebours. D'autres, quant à eux, pensent que ces élus noirs chercheraient à se venger, vu ce que les Noirs dans leur ensemble ont subi des siècles durant aux mains des Blancs. Ces appréhensions expliquent en partie le nombre limité des élus noirs. La peur est humaine et légitime certes, mais les Noirs sont nettement minoritaires (12% de la population) et, par conséquent, une politique soit de discrimination à rebours, soit de vengeance leur porterait plus préjudice. Heureusement, le nombre des Blancs qui craignent une réaction négative des Noirs s'est progressivement réduit au fil des années. L'élection de Barack Obama

[484] Marcus D. Pohlmann, *Black Politics in Conservative America*, p. 181.

en novembre 2008 est la preuve palpable de ce développement positif. Ce dont l'Amérique a besoin, c'est une société où tous les Américains vivraient ensemble en toute égalité (sans discrimination d'aucune sorte) et en bonne intelligence les uns avec les autres. La confiance réciproque s'impose alors comme incontournable. Mais, malheureusement, il faut nécessairement du temps pour que cette confiance sans faille s'établisse.

Si la stratégie politique est bonne en soi, en ce sens qu'elle accroît la visibilité des Noirs, et leur donne plus de crédit et de considération, elle a forcément ses limites, comme relevé plus haut. La campagne de Jesse Louis Jackson pour les élections primaires du parti démocrate en 1984 et 1988 a montré qu'un Noir peut mener une bonne campagne et convaincre aussi bien des Noirs que des Blancs de voter pour lui. Cependant, ce qui a limité les chances du pasteur, c'est qu'il s'est ouvertement affiché comme étant le candidat des Noirs.

C. Leçons de la stratégie politique

La leçon que l'on peut tirer des deux expériences malheureuses de Jesse Jackson est qu'aux États-Unis un candidat à une élection, issu d'un groupe minoritaire, doit éviter de s'afficher comme étant le candidat de ce groupe. La stratégie politique a beaucoup plus de chance de porter des fruits si le candidat adopte une position inclusive, c'est-à-dire qui prend en compte les préoccupations de la majorité des Américains. Le pasteur l'a appris à ses dépens avec ses déclarations racialement tranchées. « Our time has come », ne cessait-il de clamer. De plus, le candidat en question doit être modéré dans ses propos pour ne pas effrayer et repousser une partie de l'électorat majoritaire blanc.

Ensuite, pour que la stratégie politique ait beaucoup plus de chance de succès, les Noirs ne doivent pas travailler ou lutter de façon isolée. Il faut qu'ils créent des alliances qui vont au-delà de la communauté noire, à l'image de ce que Jesse Jackson appelle une « coalition arc-en-ciel » :

> *I propose to...build a new functional Rainbow Coalition of the Rejected spanning lines of* ***color, sex, age, religion, race, region, and national origin*** *[emphasis is mine]. The old minorities — Blacks, Hispanics, women, peace activists, environmentalists, youth, the elderly, small*

farmers, small businesspersons, poor people, gays, and lesbians - if we remain apart, will continue to be a minority. But, if we come together, the old "minorities" constitute a "new majority"[485].

Les Noirs étant une minorité, ils doivent nécessairement faire des alliances avec d'autres composantes de la société américaine. Ceci suppose qu'ils parlent un langage dans lequel les membres de ces alliances se retrouvent. D'ailleurs, les préoccupations essentielles des Noirs sont aussi celles des autres Américains. Selon l'ancien sénateur républicain noir Edward Brooke[486], *[black] economic interests are clearly aligned with those of the majority of Americans. Inflation, unemployment, inequitable taxation, inadequate health care and housing are not black issues, but issues affecting of Americans who suffer the agonies of our economy without ever sharing its abundance*[487].

A préoccupations communes, luttes communes, pourrait-on ainsi résumer la stratégie de la « coalition arc-en-ciel. » D'ailleurs, ce n'est pas la première fois que les Noirs forment des alliances avec d'autres groupes. L'exemple du Mouvement des droits civiques illustre bien ce phénomène de collaboration et de coopération. Sans ces alliances le Mouvement n'aurait certainement pas remporté les victoires qui ont permis en 1990 à la communauté noire de faire les progrès que nous avons déjà relevés :

The challenge has been to link them [black power, feminist, antiwar, environmental, Hispanic, Native American, New Left, and gay movements] together in pursuit of mutual interests, and certain issues have facilitated that endeavor. For example, many of these groups joined forces in the 1950s and 1960s to press for passage of the Civil Rights and Voting Rights acts, and Martin Luther King's subsequent Poor People's Campaign was one of the best examples of such an alliance. Thereafter, the neoconservative backlash embodied by the likes of Richard Nixon and Ronald Reagan fueled the fires in the 1970s and 1980s. An increasing number of these groups pulled together to defeat the Supreme Court

---

[485] Marcus D. Pohlmann, *Black Politics in Conservative America*, p. 230.

[486] Edward William Brooke est originaire du Massachusetts. Il a été élu comme sénateur, pour le compte du Parti républicain, pour deux mandats (1966-1978) dans un État à 98% blanc. Cf. *Family Encyclopedia of American History*, p. 146.

[487] Marcus D. Pohlmann, op. cit., p. 230.

nominations of archconservatives Harold Carswell, Clement Haynesworth, and Robert Bork and to protest against unemployment, the nuclear arms race, and U.S. foreign policy in South Africa and Central America...

Out of such efforts came progressive multigroup organizations like the Southern Organizing Committee, the Center for Third World Organization, Theology in the Americas, the National Coalition, the All-Peoples' Congress, the North American Farm Alliance, and the People's Institute for Survival and Beyond[488].

Pour plus de succès, en plus de se regrouper, les divers acteurs de la société civile[489] doivent mettre la pression sur les différents décideurs politiques afin qu'ils aient toujours à l'esprit les préoccupations des membres de la coalition. Cela peut se faire au travers de lettres, télégrammes et même d'appels téléphoniques[490]. Si cela s'avère nécessaire, la coalition peut menacer de mobiliser les électeurs afin qu'ils ne votent pas pour ceux de ces acteurs qui sont candidats à des postes électifs.

Les bonnes vieilles méthodes du Mouvement des droits civiques qui ont fait leur preuve ne sont pas à négliger. Les marches, les protestations de masse, les « sit-in », les boycotts des compagnies et sociétés qui se refusent à embaucher plus de travailleurs ou de promouvoir ceux déjà en fonction, etc., peuvent être toujours remis au goût du jour. Si ces méthodes ne donnent pas les résultats escomptés, la solution juridique, qui a aussi plusieurs fois fait ses preuves, peut être utilisée. Quelle que soit la solution adoptée, elle nécessite une très forte mobilisation des Noirs à l'image des années 1950, 1960 et 1970.

D. Difficultés

Évidemment, bien que l'idée de former des alliances soit attrayante sur le plan théorique, sa mise en pratique ne va pas sans obstacles ou

---

[488] Marcus D. Pohlmann, op. cit., p. 231.

[489] Ils sont connus dans le jargon politique américain sous le vocable de « groupes d'intérêts » ou encore « lobbys ».

[490] Marcus D. Pohlmann, op. cit., p. 232; James Q. Wilson, *American Government : Institutions and Policies*, 3rd ed. (Lexington, Mass. : D. C. Heath and Company, 1986), p. 222.

difficultés. Une coalition suppose une diversité de groupes épars et d'intérêts quelquefois divergents qu'il faut arriver à unir sur la base d'intérêts communs. Former un front commun durable n'est pas chose aisée. Il est plus facile de s'accorder de façon ponctuelle sur certains problèmes. En d'autres termes, une coalition nécessite une négociation continue et renouvelée pour s'accorder sur chaque étape de la lutte.

Un autre problème est que la plupart du temps les hommes blancs ont tendance à dominer les coalitions[491]. Cela peut susciter des frustrations et des dissensions ou des luttes internes pour le leadership. Cela peut aussi conduire à la perte d'énergie en des querelles intestines inutiles, et à l'oubli de sa raison d'être. C'est là l'une des difficultés qui affectent la formation de coalitions viables.

L'argent joue un rôle important dans le domaine politique. Toutes les activités qui y sont liées nécessitent de l'argent. Si un candidat n'a pas le soutien des classes aisées, il part défavorisé. En effet, ces dernières peuvent investir d'énormes sommes d'argent pour soutenir le candidat qu'elles supportent. Évidemment, cela limite les chances des autres candidats[492]. Les média sont aussi conditionnés pour ne pas prendre au sérieux les coalitions[493]. Est-ce en raison des relations que les média entretiennent avec les classes possédantes ? Cette hypothèse n'est pas à exclure.

Au vu de l'évolution politique des Noirs aux États-Unis entre 1960 et 1990, l'on peut affirmer que leur entrée dans l'arène politique a été fulgurante. En effet, durant cette période, ils sont progressivement entrés dans toutes les instances de décision, même s'ils y sont en nombre limité. Cela n'a été possible que grâce aux luttes menées, sans relâche, pendant des décennies sinon des siècles, leur ténacité et leur foi inébranlable en ce qu'ils faisaient. Ce sont là les clés des progrès qu'ils ont pu accomplir. Cette dynamique doit être poursuivie, si les Noirs veulent voir un jour se réaliser le rêve de Martin Luther King, Jr., à savoir une société où ils ne seront plus jugés sur la couleur de leur peau, mais sur leur savoir-faire et leur compétence.

---

[491] Marcus D. Pohlmann, op. cit., p. 232.

[492]Ibid.

[493] Ibid.

L'évolution des relations raciales entre 1960 et 1990 constitue un élément important de mesure des progrès faits par les Noirs aux États-Unis durant cette période. En effet, la façon dont ils sont perçus et traités au fil du temps permet de savoir s'ils sont acceptés comme des citoyens égaux aux autres Américains et aux Blancs en particulier. Une évolution lente, progressive et positive a effectivement eu lieu depuis 1960. Cependant, à la fin de l'année 1990, le chemin qui reste encore à parcourir est assez long, car les séquelles de trois cents ans d'esclavage ne peuvent pas disparaître comme d'un coup de baguette magique.

*

A l'analyse des éléments développés dans la Deuxième Partie de notre étude, des avancées sur les plans sociaux, politiques et même économiques, attestent que les Noirs ont effectivement fait des progrès. Cependant, d'autres exemples à l'image de la pauvreté criarde et persistente contribuent à soutenir le mythe de l'inégalité des Noirs. En d'autres termes, certains éléments — les plus nombreux — montrent que les Noirs ont fait des progrès incontestables, tandis que d'autres tendent à faire croire le contraire. Donc, le mythe et la réalité se côtoient.

TROISIÈME PARTIE

LES RELATIONS RACIALES

CHAPITRE I

ÊTRE NOIR AUX ÉTATS-UNIS

Être Noir aux États-Unis au cours de la période 1960-1990 n'a pas été chose aisée compte tenu des antécédents historiques des Noirs, c'est-à-dire l'esclavage et ses séquelles multiples. Cette condition antérieure a énormément influencé la perception et le traitement des Noirs dans la société américaine. Marian Wright Edelman résume cette situation en ces termes : « *It is utterly exhausting being Black in America — physically, mentally, and emotionally..... There is no respite or escape from your badge of color*[494] ».

Dans le contexte américain, le passé rime presque systématiquement avec l'esclavage. La très grande majorité des Africains arrivés avant 1865 étaient des esclaves. La condition d'esclave est marquée par le manque de liberté de mouvement ou de choix et l'appartenance à un maître qui dispose de la vie de l'esclave comme il l'entend. En général, le maître achète des esclaves pour qu'ils fassent à sa place les tâches qu'il ne veut pas ou ne peut pas faire. C'est ainsi que ces esclaves sont des ouvriers agricoles dans les plantations ou employés de maison pour les plus chanceux.

Le traitement infligé aux esclaves est des plus inhumains. Ils travaillent du lever au coucher du soleil, presque sans pause :

> *On average, from sunup to sundown, enslaved blacks did everything from hoeing to cooking and carpentry to weaving. During harvest time, all slaves — whether house or field — usually were put to work gathering*

[494] Marian Wright Edelman, *The Measure of Our Success : A Letter to my Children and Yours* (New York : Harper, 1993), p. 23.

and preparing a variety of cash crops for market. A day's labor then could easily stretch to 14 hours. Those slaves assigned to labor in the urban dwellings or plantation « Big House » of wealthy slaveholders are traditionally described as « privileged ». Their duties could entail crack-of-dawn marketing, ironing, cleaning, and a host of other tasks that sometimes ended with their serving late night parties. Rarely were these servants not « on call ». But the vast majority of slaves worked outside, locked in a perennial cycle of planting, weeding, and harvesting[495].

De plus, le maître n'hésite pas à flageller tout esclave qui se montre paresseux ou qui se refuse à lui obéir au doigt et à l'œil, en présence des membres de sa famille et des autres esclaves afin que cela leur serve de leçon et de dissuasion. Donc, les esclaves sont soumis à des souffrances physiques insupportables. Voici la description qu'un esclave fait du fouet utilisé pour les corriger et les rendre dociles :

The staff is about 22 inches in length, with a large and heavy head, which is often loaded with a quarter or half a pound of lead wrapped in cat gut, and securely fastened on, so that nothing but the greatest violence can separate it from the staff. The lash is ten feet long, made of small strips of buckskin, tanned so as to be dry and hard, and plaited carefully and closely together, of the thickness, in the largest part, of a man's little finger, but quite small at each extremity. At the farthest end of this throng is attached a cracker, nine inches in length, made of strong sewing silk, twisted and knotted, until it feels as firm as the hardest twine[496].

Ainsi, il arrive que le maître ou le contremaître blanc, à force de vouloir corriger un esclave, le blesse sévèrement, le mutile ou le tue[497]. Cependant, l'auteur de ces atrocités n'en pait pas le prix.

En plus de la punition corporelle, il y a le manque de considération pour l'esclave. Il est considéré comme une propriété privée bien qu'elle soit humaine[498]. C'est que pour le maître, l'esclave n'est pas un être

---

[495] Norrece T. Jones, Jr., "In Search of Freedom : Slave Life and Culture in the Antebellum South" in William R. Scott and William G. Shade, eds., *Essays on African-American History, Culture and Society* (Washington, D.C. : U.S. Department of State, 2005), p. 83.
[496] Norrece T. Jones, Jr., op. cit., p. 84.
[497] S. Dale McLemore, *Racial and Ethnic Relations in America*, (2nd ed.; Boston : Allyn and Bacon, Inc., 1983), p. 263.
[498] Ibid., p. 262.

humain à part entière, c'est-à-dire égal à lui à tout point de vue. C'est un être inférieur[499], et par conséquent, il ne mérite que la place et le traitement dus à son rang. Avec l'esclavage s'est progressivement installée une société à double vitesse, une blanche et l'autre noire. Par voie de conséquence, les membres de la communauté des esclaves sont stigmatisés du fait de la couleur de leur peau : la couleur noire signifie esclavage et infériorité. C'est pourquoi les blancs s'adressent à eux en appelant « garçons », « filles » ou tout simplement « nègres ».

Les esclaves n'ont donc pas de droits, même les plus élémentaires, que le maître et les autres Blancs sont tenus de respecter : pas de liberté ; pas de droit à la vie, le maître ayant le droit de vie et de mort sur son esclave[500] (il peut séparer une famille quand et comme il le veut) ; pas de droit à l'éducation ; etc. C'est muni de ce statut de non-droits que l'esclave acquiert la liberté avec l'abolition de l'esclavage en 1865.

Les relations entre le maître et l'esclave sont celles de dominateur à dominé, d'oppresseur à oppressé, d'exploiteur à exploité. Le premier maintient le second dans la peur constante sous la menace et la terreur quotidiennes. L'esclave a donc fini par intérioriser ces relations inégalitaires et s'y est conformé pour éviter les frictions. Mais l'oppression ne pouvant être acceptée indéfiniment, progressivement les esclaves vont se révolter. D'autres vont s'enfuir pour retrouver la liberté[501]. Le « chemin de fer clandestin » est l'exemple même du désir ardent de se libérer de la servitude de l'esclavage :

> *Sous la conduite de passeurs s'organisa une voie de l'évasion, qui reçut le nom de chemin de fer clandestin ; les endroits où l'on pouvait se cacher étaient des gares. Le plus célèbre de ces passeurs, surnommés chefs de train, fut Harriet Tubman (1821-1913), qui en 19 voyages effectués entre 1849 et 1859 conduisit vers la liberté plus de 300 Noirs qui se réfugièrent au Canada, où ils pouvaient échapper aux chasseurs de prime*[502].

---

[499] William R. Scott and William G. Shade, op. cit., p. 80.

[500] S. Dale McLemore, op. cit., p. 268.

[501] Herbert Aptheker, *Essays in the History of the American Negro*, particulièrement le chapitre 1 ("Negro Slave Revolts, 1526-1860"), pp. 1-70.

[502] « L'histoire des Noirs aux États-Unis », *Progrès* du 9 février 1990, Première Partie, p. 3 ; voir aussi « The Underground Railroad : Spiriting Escaped Slaves to Freedom »,

L'esclavage crée déjà les fondements essentiels des relations raciales entre Noirs et Blancs aux États-Unis. En d'autres termes, l'esclavage, de part le fait qu'il assoie une société dans laquelle chaque race connaît et reste à sa place, peut être considéré comme étant à l'origine du type de relations qui existera jusqu'à la « révolution » des années 1950 et 1960. C'est un système de caste où le Noir ne peut pas tout faire. Il connaît les limites de ce qui lui est permis. Tant que ces fondements tiendront, les relations entre Noirs et Blancs seront biaisées.

La Reconstruction qui a suivi l'esclavage n'a pas pu résoudre de façon définitive le statut de l'homme noir aux États-Unis. Théoriquement, il est devenu libre et a les mêmes droits que les autres Américains, mais dans les faits il ne jouit pas des mêmes droits et de la même considération. Cette situation de semi-esclavage prévaudra jusqu'à la fin de la Reconstruction en 1877.

L'échec de la Reconstruction sonne le début d'une autre ère de déception, à savoir celle connue sous l'appellation de « *Jim Crow* ». Nous avons déjà analysé cette période dans le chapitre II de la Première Partie. Aussi, nous n'entrerons plus dans les détails. Cependant, pour les besoins de notre analyse présente, nous devons relever que cette période porte en elle tous les ingrédients qui vont pousser les Africains-Américains à se soulever contre le traitement auquel ils sont soumis : manque de respect, racisme, ségrégation, discriminations multiples et multiformes, déshumanisation, c'est-à-dire l'esclavage sous une nouvelle forme. C'est toujours la société à deux vitesses qui se poursuit. Durant cette période, les relations entre anciens maîtres et anciens esclaves sont toujours marquées du sceau de l'inégalité. De plus, elles sont nettement conflictuelles : chaque race a « sa place » et les Noirs sont tenus de la respecter rigoureusement. La vie sociale en porte la marque : certains endroits sont réservés pour les Blancs, d'autres pour les Noirs. Les deux groupes sociaux vivent dans le même pays, mais les contacts entre eux sont très limités. C'est l'apartheid[503] à l'américaine.

<*http://www.america.gov/st/diversity-english/2008/December/20090105171226jmnamd...*> consulté le 10 février 2009

[503] L'apartheid est un système raciste qui a existé en Afrique du Sud jusqu'à la libération de Nelson Mandela en 1994. Selon ce système, la minorité blanche, qui vit séparée de la majorité noire, détient tous les pouvoirs. Quant à la majorité noire, elle

Comme l'oppression entraîne inéluctablement réactions et révoltes, les Noirs vont lancer une série d'actions contre leur statut. C'est dans ce contexte que le Mouvement des droits civiques va mener de nombreuses luttes aux fins de créer un nouveau type de relations raciales entre Noirs et Blancs, c'est-à-dire un type dans lequel Noirs et Blancs seront considérés égaux, avec les mêmes droits et les mêmes prérogatives (voir Première Partie). En d'autres termes, le Mouvement se bat pour une société où la couleur de la peau du Noir n'aurait plus de signification particulière : chacun serait jugé sur son savoir-faire, selon le rêve de Martin Luther King.

En plus des séquelles déjà évoquées, l'esclavage a développé des effets psychologiques. Il a créé une relation de supérieur à inférieur. Le maître se considérant comme supérieur à son esclave et aux autres Noirs, cette conception a été transmise de génération en génération jusqu'à la période Jim Crow et même bien au-delà. C'est pourquoi, au début des années 1960, la majorité des Blancs, surtout dans le Sud, continuent encore de traiter les Noirs avec condescendance, car se considérant supérieurs à eux à la manière du maître d'antan. C'est le complexe de supériorité du Blanc.

À l'opposé, les Noirs portent toujours les stigmates de l'esclavage qui a duré au moins deux siècles et qui ne peut pas ne pas avoir des séquelles à long terme sur les descendants des victimes. C'est donc tout naturellement que certains Noirs ont développé, inconsciemment, le complexe d'infériorité et la mentalité qui l'accompagne. Avec le temps, ils ont fini par croire qu'ils sont effectivement inférieurs aux Blancs et à accepter leur « place ». Ils ont même peur des Blancs et, par conséquent, ils font tout pour ne pas avoir de relations sociales ou de contacts avec eux. Les deux communautés vivent séparées ou côte à côte. Elles se méfient l'une de l'autre. Le moindre incident peut avoir des conséquences inimaginables, telles que des émeutes raciales avec leurs lots de violence.

L'existence de ces deux sociétés séparées et inégales va susciter au sein de la communauté noire des hommes et des femmes courageux qui vont conscientiser leurs frères et sœurs sur leur situation et les

---

n'a presque pas de droits et elle est sujette à toutes sortes d'exactions et de vexations à l'image des Noirs aux États-Unis.

inciter à se lever pour réclamer que justice leur soit rendue. (Cf. la Première Partie)

I. L'IMPACT DES DIFFÉRENTES LUTTES SUR LES RELATIONS RACIALES

Les différentes luttes ont eu deux conséquences essentielles sur le plan des relations raciales : un changement de perception des Noirs par les Blancs et vice-versa, et une amorce de nouvelles relations raciales.

A. Une nouvelle perception des Noirs par les Blancs

Nous avons déjà évoqué les impacts des luttes sur d'autres plans (politique, juridique, législatif, etc.). Un autre impact est le nouveau regard que la majorité blanche porte sur la minorité noire. Certains Blancs avaient toujours peur des Noirs pour des raisons personnelles, idéologiques ou psychologiques. Mais les luttes pacifiques menées sous la conduite éclairée du révérend Martin Luther King et ponctuées de termes religieux tirés de la Bible ont contribué à apaiser la peur que beaucoup de Blancs avaient. En conséquence, leur degré d'animosité envers les Noirs a beaucoup décru. Ces derniers ne sont plus vraiment perçus comme inférieurs aux Blancs ou comme leurs ennemis.

Si l'on se fie aux résultats des nombreux sondages effectués au fil des ans, il apparaît clairement une évolution des mentalités de la part des Blancs. Voyons quelques exemples. La question de l'intégration résidentielle est un élément sensible, aussi constitue-t-elle un bon indicateur. À la question de savoir si les Blancs ont le droit d'empêcher les Noirs de s'installer dans les mêmes quartiers qu'eux, 19% des Blancs interrogés en 1963 ont dit être « fortement opposés » à cette idée, 34% en 1970, 38% en 1980, 43% en 1985 et 48% en 1990. Pour les mêmes années, les pourcentages de ceux qui ont affirmé y être « juste opposés » étaient de 20%, 19%, 29%, 30% et 28%. Les premiers pourcentages additionnés aux seconds donnent des résultats encourageants au fil du temps. Par exemple, en 1990 nous avons 76% d'opposants à l'idée d'empêcher les Noirs d'aménager dans les quartiers blancs[504].

---

[504] Howard Schuman et al. *Racial Attitudes in America*, pp. 106-107.

Une question sensible est le mariage mixte. À la question de savoir s'il devait y avoir des lois interdisant les mariages entre Noirs et Blancs, 38% des sondés blancs ont répondu par la négative en 1963, 50% en 1970, 60% en 1975, 68% en 1980, 71% en 1985 et 79% en 1990[505]. Cette évolution est encourageante et laisse entrevoir des jours meilleurs.

Un autre élément que l'on pourrait utiliser pour évaluer l'évolution des mentalités est l'invitation à partager un repas à domicile. À la question de savoir « *si un membre de votre famille invitait un ami noir à diner, y objecteriez-vous de façon véhémente, douce ou pas du tout ?* », 52% des Blancs interrogés ont répondu qu'ils ne s'y opposeraient pas du tout en 1963, 55% en 1966, 65% en 1970, 72% en 1976, 74% en 1980 et 77% en 1985[506].

Au vu des résultats de ces sondages, l'on peut dire qu'il y a effectivement évolution positive de la perception des Noirs par les Blancs. Mais l'on pourrait rétorquer que les sondés ne disent pas toujours ce qu'ils ont au fond du cœur. Cela est un autre débat et pose le problème la fiabilité des résultats des sondages d'opinion. C'est surement pour cette raison que les instituts de sondage prévoient toujours une marge d'erreurs. Mais comment obliger quelqu'un à dire ce qu'il pense vraiment ? Nous n'avons pas d'autres solutions que de lui faire confiance en espérant qu'il dit la vérité. D'ailleurs on n'oblige personne à se prêter à un sondage. L'on ne répond aux questions que si l'on veut. Même si les personnes interrogées ne disaient toujours pas la vérité, les pourcentages ici sont suffisamment élevés pour que nous pensions qu'il y a effectivement une évolution positive des mentalités, même si l'évolution pourrait être moins importante que ne laissent entrevoir les résultats des sondages en question.

B. Une nouvelle perception des Blancs par les Noirs

Si les Blancs ont effectivement et progressivement eu une perception plus positive des Noirs, il en a été de même pour les Noirs par rapport aux Blancs. Ici encore, nos références sont les différents

---

505 Ibid., pp. 142-143.

506 Ibid., pp. 106-107.

sondages effectués par les institutions spécialisées en la matière. Nous prendrons les sondages avec les mêmes types de questions posées plus haut aux Blancs pour faciliter la comparaison.

À la question « *préfériez-vous personnellement habiter dans un quartier entièrement noir, à majorité noire, à majorité blanche, ou mixte moitié-moitié ?* » En 1972, 81% des sondés noirs ont choisi le quartier mixte, en 1976 78%[507]. Nous ne disposons pas d'informations pour les autres années. À la même question, mais au téléphone, 95% des interviewés ont choisi le quartier mixte en 1976 et 92% en 1981[508]. Dans les deux cas, le pourcentage de ceux ayant opté pour le quartier entièrement noir est négligeable : 9% et 10% pour le premier cas de figure ; 3% et 3% pour le second cas.

En ce qui concerne le mariage mixte, la première question demande s'il devrait avoir des lois interdisant le mariage mixte entre Noirs et Blancs. 82% des sondés ont répondu par la négative en 1980, 93% en 1985 et 93% en 1990. La seconde question demande aux interviewés s'ils approuvent ou pas le même genre de mariage. 76% ont répondu par l'affirmative en 1972, 77% en 1978, 77% en 1983 et 77% en 1991[509]. Malheureusement, les pourcentages de ceux qui se disent opposés au mariage mixte reste encore élevé : 24% pour 1972 et 23% pour les autres années.

Passons maintenant au partage d'un repas. À la question « *si un membre de votre famille invitait un ami blanc à diner, y objecteriez-vous de façon véhémente, douce ou pas du tout ?* », 96% des sondés noirs ont répondu « pas du tout » en 1980, 93% en 1982, 96% en 1984 et 97% en 1985[510].

Les résultats des différents sondages laissent entrevoir une évolution positive de la perception des Blancs et des relations raciales par les Noirs. De façon générale, les Noirs semblent en avance sur les questions que nous avons retenues. En d'autres termes, ils semblent être plus pour des relations où la race n'aurait pas beaucoup d'importance. Cela est compréhensible, car ils ont tout à y gagner. Ce

---

507 Howard Schuman et al., op. cit., pp. 254-255.
508 Ibid.
509 Ibid., pp. 242-243.
510 Ibid., pp. 254-255.

type de relation les soulagerait, ne serait-ce que sur le plan psychologique, des siècles d'humiliations, d'oppression et de discrimination.

C. Une amorce de nouvelles relations raciales

Le changement des mentalités que laissent entrevoir les différents sondages d'opinion est l'amorce de nouvelles relations raciales aux États-Unis. Avec ce changement, la vie sociale devrait être plus harmonieuse, moins conflictuelle que dans les années 1960. Ce changement, qui semble irrévocable, est à mettre en grande partie au compte du Mouvement des droits civiques qui a, par ses nombreuses luttes souvent pacifiques, quelquefois violentes (violences engendrées par les irréductibles de la suprématie blanche et la police), amené la grande majorité des Américains à admettre qu'on ne peut vivre dans le même pays et continuer à s'opposer. « *Une maison divisée contre elle-même ne peut tenir debout* », avait déjà reconnu au dix-neuvième siècle le président Abraham Lincoln, « le grand Émancipateur ».

Entre 1960 et 1990, Noirs et Blancs ont tendance à s'adapter plus que par le passé à l'inévitable évolution. C'est comme s'ils avaient fini par comprendre qu'ils sont condamnés à vivre ensemble. Autant faire contre mauvaise fortune, bonne mine. L'histoire les a réunis dans le même pays, alors autant s'accepter mutuellement dans leurs intérêts réciproques. Il semble bien que c'est ce que Noirs et Blancs ont compris. Sinon, comment expliquer les nombreux progrès que les Noirs ont pu accomplir durant les trois décennies, progrès qui n'auraient pas été possibles sans la contribution passive ou active des Blancs ?

Cependant, les relations raciales ne sont pas totalement exemptes de reproches en 1990. Malgré les progrès spectaculaires et indéniables, certains Blancs, heureusement une petite minorité, ont encore du mal à se faire à l'idée que les Noirs ont les mêmes droits qu'eux et qu'ils leurs sont égaux sur tous les plans. C'est ce qui explique la persistance du racisme.

II. La persistance du racisme

Le racisme, nous l'avons déjà dit, est le fait de traiter une personne différemment par rapport à une autre, en raison de sa race. L'élément-clé motivateur d'un tel comportement est la race. Le traitement est défavorable à cette personne. Ce type de traitement, les Africains-Américains le connaissent trop bien pour en avoir été les victimes des siècles durant. Le racisme a toujours été un sujet sensible depuis la période coloniale[511]. Et entre 1960 et 1990, le racisme contre les Noirs continue même de susciter des débats houleux.

A. Le racisme est-il en perte de vitesse ?

Dans son livre *The Declining Significance of Race : Blacks and Changing American Institutions*, publié pour la première fois en 1978, le sociologue noir William Julius Wilson soutient la thèse selon laquelle le facteur race est en perte de vitesse dans les relations raciales dans la société américaine, en particulier dans le domaine de l'emploi. Selon lui, « *trained and educated blacks, especially the younger ones who have recently entered the labor market, are experiencing unprecedented job opportunities that are at least comparable to those of whites with equivalent qualifications*[512]. » Il écrit aussi : « *Race relations in America have undergone fundamental changes in recent years, so much so that now life chances of individual blacks have more to do with their economic class position than with their day-to-day encounters with whites*[513]. » C'est d'ailleurs là sa thèse centrale. La race, en ce qui concerne les Noirs, n'est plus un facteur déterminant. Sur les plans légal et juridique, des lois et des mesures rendant le racisme illégal et le punissant ont été prises. On peut relever la loi sur les Droits civiques de 1964 et celle sur le Droit de vote de 1965. Ces lois et mesures ont permis à des Noirs de

---

[511] "Racism in the United States", *<http://en.wikipedia.org/wiki/Racism>_in_the_United_States*, consulté le 17 février 2009.

[512] William J. Wilson cité par John H. Franklin dans *From Slavery to Freedom*, pp. 494-495.

[513] William J. Wilson, *The Declining Significance of Race : Blacks and Changing American Institutions* (Chicago : University of Chicago Press, 1978), p. 1.

conquérir, en 1975, les mairies de 11 villes d'au moins 100.000 habitants[514]. L'auteur poursuit : « *Given the structural changes in the American economy and the recent political changes that prohibit racial discrimination, the life chances of individual blacks seem indeed to be based far more on their present economic class than on their status as black Americans*[515]. » En d'autres termes, l'appartenance à une classe sociale donnée prime sur la race.

Le livre ne nie pas l'existence du racisme, mais il le minimise. Les Noirs ont fait des progrès dans presque tous les domaines : éducation, économie, politique, etc. La plupart du temps, ces avancées sont plus importantes et plus rapides que celles des Blancs. Cela se comprend aisément, car quand on commence au creux de la vague, la moindre avancée semble significative. Malgré l'acceptation de l'existence du racisme aux États-Unis, le livre a suscité des débats houleux.

Les réactions sont venues de partout. Un symposium a même été organisé par des spécialistes noirs et blancs des sciences sociales pour l'étudier[516]. Cela dénote de l'importance du livre et de la thèse qu'il défend. En d'autres termes, la question de la race ne laisse personne indifférent, et elle reste un sujet controversé.

Wilson et ceux qui soutiennent que le racisme est en perte de vitesse n'ont pas totalement tort si l'on prend comme éléments d'appréciation les sondages d'opinion. Nous avons déjà montré les effets positifs des luttes des Noirs sur différents aspects de la vie aux États-Unis, notamment les relations raciales. Les statistiques penchent en faveur de cette thèse. Les sondages d'opinion de la période du livre (voir section I de ce chapitre) ne contredisent pas les tenants de cette thèse. Ils témoignent d'une libéralisation des attitudes raciales des Blancs envers les Noirs. Prenons trois exemples.

À la question de savoir si les élèves blancs et les élèves noirs devraient fréquenter les mêmes écoles, 50% des interviewés blancs ont répondu par l'affirmative et 50% par la négative en 1956. En

---

[514] William J. Wilson, op. cit., p. 119.

[515] Ibid., p. 111.

[516] Joseph Washington, ed. *A Dialogue among Black and White Social Scientists*, Proceedings of the Fifth Annual Symposium of the Afro-American Studies Program (Philadelphia : University of Pennsylvania Press, 1979).

1965, 70% ont répondu « oui » et 30% « non » ; en 1970, 75% et 25% ; en 1977, 86% et 14%[517]. On constate un effritement constant et progressif des opposants à l'intégration scolaire. Pour l'exprimer en des termes plus optimistes, l'on devrait dire que l'on constate un soutien de plus en plus massif à l'intégration scolaire.

La deuxième question porte sur les élections présidentielles. « Si votre parti choisissait comme candidat aux élections présidentielles une personne qui a les qualifications requises et si cette personne se trouvait être noire, voteriez-vous pour elle ? À cette question, les pourcentages suivants ont été obtenus[518] :

Année	**Oui**	**Non**
1961	50%	50%
1965	58%	42%
1971	71%	29%
1978	78%	22%

Un autre organe de sondage a posé à peu près la même question. Les réponses ici sont encore plus optimistes[519].

Année	**Oui**	**Non**
1972	73%	27%
1975	81%	19%
1978	83%	17%

Malheureusement, les statistiques dont nous disposons ne vont pas au-delà de l'année 1978, ce qui limite quelque peu notre appréciation générale.

Le dernier exemple concerne l'intégration résidentielle. À la question, « *si des Noirs venaient à être vos voisins, déménageriez-vous ?* », les sondés devaient répondre par « non », « oui, il se pourrait » et « oui ». Le sondage a donné les résultats suivants[520] :

517 Howard Schuman et al. *Racial Attitudes in America*, pp. 104-105.
518 Ibid., pp. 106-107.
519 Ibid.
520 Ibid, pp. 140-141.

Année	Non	Oui, il se pourrait	Oui
1963	55%	24%	21%
1965	63%	23%	15%
1966	66%	21%	13%
1967	63%	24%	12%
1978	86%	10%	4%

Cet échantillonnage, qui se limite à l'année de la première parution du livre, donne raison à Wilson et à ses partisans. Les Blancs ont tendance à voir ou à considérer les Noirs sous un angle plus optimiste depuis les années 1960. Ils ont une attitude de plus en plus positive envers eux. En témoignent les nombreux exemples et développements que nous avons relevés plus haut et dans plusieurs domaines.

Aux partisans de la thèse de Wilson, un développement récent, c'est-à-dire à l'époque de la parution du livre (1978), dans le domaine politique tend à donner un autre argument. En effet, des noirs ont été élus maires dans des villes où les Noirs sont minoritaires. C'est le cas de Chicago (39,5%), Los Angeles (17%), Philadelphia (37,8%), Spokane dans l'État de Washington (1,6%), Abilene dans le Kansas (1%), etc.[521]. Cela veut dire que les maires noirs de ces villes et agglomérations ont dû compter sur un soutien de leur candidature par l'électorat blanc majoritaire. Ce développement peut aussi s'interpréter comme la preuve qu'on peut être Noir et être élu maire même dans un contexte démographiquement défavorable. De nombreux Blancs sont disposés à voter pour un candidat noir « *pourvu que le Noir ne menace pas de nous jeter dans le lac ou de brûler nos demeures, comme certains de leurs leaders qu'on voitsouvent à la télévision. Je ne vois pas pourquoi je ne voterais pas pour un Noir...pourvu qu'il soit compétent et dévoué à la cause de tous les habitants.*[522] »

[521] Bakary Konaté, « Le rêve de Martin Luther King, Jr. vingt ans après », *Annales de l'Institut des Sciences Humaines et Sociales et de l'Institut des Langues, des Lettres et des Arts*, université de Ouagadougou, juin 1986, p. 83.

[522] Siradiou Diallo, « Jusqu'où iront les Noirs ? », *Jeune Afrique* n° 1 164 du 27 avril 1983, p. 38.

Les Blancs veulent bien voter pour un candidat noir, mais à trois conditions essentielles. La première est qu'il soit modéré. D'ailleurs certains politiques attribuent les résultats du pasteur Jesse Louis Jackson lors des élections primaires du Parti démocrate en 1984 à son image de candidat d'extrême-gauche. C'est le point de vue de Richard Scammon, politologue de renom et directeur du Centre de recherche sur les élections, à Washington : « *Le problème de M. Jackson n'est pas tellement la couleur, mais son image de candidat d'extrême-gauche, ce qui lui aliène les suffrages des modérés et des conservateurs et rend très difficile le ralliement des électeurs de l'autre bord*[523]. » Selon Richard Scammon, le facteur race importe peu. Pour illustrer son propos, il prend l'exemple de Tom Bradley qui a pu se faire élire par deux fois maire de Los Angeles, « *une ville qui ne compte guère que 15% de Noirs. Mais M. Bradley est un centriste*[524]. »

La seconde condition pour que les Blancs acceptent de voter pour un candidat noir est que ce dernier soit compétent, c'est-à-dire qu'il ait les qualités nécessaires pour bien exécuter le travail afférent au poste pour lequel il postule. En général, les électeurs blancs votent pour quelqu'un qui a déjà fait ses preuves d'une façon ou d'une autre, la preuve de ses compétences. L'expérience peut révéler les capacités du candidat. Nous avons l'exemple des nombreux Noirs élus et réélus pour plusieurs mandats (mairies, Congrès fédéral et des États).

Enfin, la troisième condition essentielle est que le candidat se dévoue au bien-être, sinon aux intérêts, de l'ensemble des habitants, même ceux qui n'ont pas voté pour lui. Ce qui est une façon de faire la paix des braves et de favoriser la concorde entre les diverses communautés.

Ces trois conditions nous semblent normales et compréhensibles. Personne, quelle que soit la couleur de sa peau, n'est prêt à s'allier avec son « ennemi ». Malheureusement, quand bien même elles seraient réunies, certains Blancs, une minorité, hésiteraient à voter ou ne voteraient pas pour un Noir. Cela veut dire que le vent de

---

[523] « Élections 1984 : Seul un centriste peut accéder à la présidence », *Progrès* n° 362 du 20 juillet 1984, 2e partie, p. 4.

[524] Ibid.

libéralisation des attitudes des Blancs envers les Noirs qui semble souffler n'a pas encore réussi à déraciner et pour toujours tous les préjugés raciaux qui nuisent à l'intégration totale de la minorité noire.

De nombreuses personnes voient dans les sondages et les exemples que nous avons relevés plus haut le déclin du facteur race. Les opposants à la thèse de Wilson ont plusieurs raisons pour le faire parmi lesquelles, peut-être, la peur de voir les nombreux programmes en faveur des Noirs menacés, car n'ayant plus leur justification.

B. La mutation du racisme

Quelle que soit l'opinion que l'on peut avoir de la régression du facteur race, force est d'admettre que les relations raciales ont évolué de façon positive entre 1960 et 1990. En effet, beaucoup d'observateurs s'accordent pour souligner que le racisme a progressivement perdu de son intensité, de sa laideur, de sa cruauté et de sa visibilité d'antan. Dans les années 1960 et 1970, les racistes osaient exprimer ouvertement leur ressentiment à l'égard des Noirs, soit par leurs actes ou par leur langage. Ils attaquaient les Noirs dans la rue ou dans tout autre lieu public. Ils n'hésitaient pas aussi à les apostropher sous le vocable de « nègres » ou « négros ».

Dans les années 1980, le racisme s'est mué pour devenir moins abrupte et moins voyant : « *La ségrégation brutale, qui avait provoqué la révolte d'il y a vingt ans, a fait place à des formes de discriminations plus subtiles*[525]. » Cela veut dire que le racisme n'a pas disparu ; il a seulement perdu de son ampleur d'antan ou a subi une mutation. Ceci a pu faire dire à certains analystes que le racisme est en perte de vitesse.

En réalité, le racisme n'a pas disparu, en témoigne l'existence de groupes racistes et fascistes blancs tels que le Ku Klux Klan, la *National Alliance*, la *Aryan Nations* et le *White Order of Thule* pour ne citer que ceux-là[526]. Ces groupes se manifestent de temps à autre. D'ailleurs le racisme sous sa forme subtile peut s'avérer aussi

---

525 Bakary Konaté, « Le rêve de Martin Luther King, Jr. vingt ans après », p. 99.

526 *<http://en.wikipedia.org/wiki/Racism_in_the_United_States>*, consulté le 17 février 2009 ; *<http://en.wikipedia.org/wiki/Ku_Klux_Klan>*, consulté le 23 février 2009.

dangereuse que sous sa forme brutale. En effet, il se tapit dans l'ombre, et lorsque se présente l'occasion, il vient à visage couvert et vous poignarde dans le dos sans vous donner le temps de comprendre ce qui vous arrive. N'est-il pas généralement admis qu'un ennemi déclaré est plus facile à combattre que celui dont on ignore l'existence et qui peut sévir à tout moment ? C'est ce que les Noirs dénoncent comme étant l'hypocrisie des Blancs.

Les Blancs qui tardent à accepter les Noirs comme leurs frères et leurs égaux peuvent être qualifiés de dernières poches de résistance. Or, les dernières poches de résistance sont difficiles à combattre et à convaincre, car elles constituent le bastion des convaincus et des fanatiques à l'image du Ku Klux Klan. Au besoin, elles sont prêtes à mourir pour leur conviction. La tâche qui reste est donc ardue.

Malgré les énormes progrès accomplis dans le domaine des relations raciales, beaucoup reste encore à faire en 1990 pour extirper définitivement le racisme des États-Unis. La ségrégation résidentielle persiste malgré la loi de 1968 qui interdit la discrimination dans la vente des maisons à usage d'habitation. La ségrégation de fait des écoles reste un vécu quotidien. Des agressions à caractère raciste et bien d'autres comportements liés à la race nous rappellent de temps en temps que le racisme est une triste réalité avec laquelle il faudra encore compter dans les années, voire les décennies à venir. Le racisme ayant été semé depuis la période de l'esclavage, il a eu le temps d'étendre ses racines aussi bien horizontalement que verticalement. Dans ces conditions, il est difficile de l'éradiquer définitivement et rapidement. Heureusement, l'Exécutif fédéral a engagé depuis les années 1960 une politique connue sous le nom d'« affirmative action », destinée à minimiser l'impact du racisme.

CHAPITRE II

L'INTÉGRATION ACTIVE[527]

« Affirmative action » peut se traduire de différentes façons : « action affirmative », « action positive », « discrimination positive », « traitement préférentiel », etc.. Bernard Vincent, dans sa traduction du livre de Bernard R. Boxill, *Blacks and Social Justice*, utilise le terme « intégration active ». Nous utiliserons l'un ou l'autre des termes mentionnés plus haut pour parler du même concept.

I. ORIGINES

A. Définition

Que faut-il comprendre par action affirmative ? Commençons par donner quelques définitions émanant de différentes sources. Marquita Sykes définit l'action affirmative comme « the set of public policies and initiatives designed to help eliminate past and present discrimination based on race, color, religion, sex, or national origin[528]. » L'objectif est clair : éliminer la discrimination passée et présente quelle qu'en soit la cause ou la motivation.

---

[527] Bernard R. Boxill, *Blacks and Social Justice* (Totowa, New Jersey : Rowman and Allanheld Publishers, 1984) ; traduction française : *Les Noirs et la justice sociale aux États-Unis* (Nancy : Presses Universitaires de Nancy / Nouveaux Horizons, 1988).

[528] Marquita Sykes, "Origins of Affirmative Action", <http://www.now.org/nnt/08-95/affirmhs.html>, consulté le 19 février 2009.

Quant à Harold Orlans et June O'Neill, ils y voient :

a conscious effort to increase the representation of women and other designated groups in particular organizations, occupations, programs, and a wide range of activities. Such activities include education and training; housing and transportation; and the award of contracts, grants, licenses, degrees, scholarships, honors, and appointments to governing boards and political or judicial posts[529].

Cette définition met plutôt l'accent sur la présence et la représentativité des groupes cibles dont les femmes et les minorités dans les différents secteurs d'activités : elles doivent être accrues. Évidemment, notre préoccupation porte sur les Noirs uniquement.

Selon la Commission américaine des Droits civiques, l'affirmative action est « *any measure, beyond simple termination of a discriminatory practice, adopted to correct or compensate for past or present discrimination or to prevent discrimination from recurring in the future*[530]. » Ici apparaît l'idée de compensation pour les discriminations subies par les Noirs.

Enfin, J. Edward Kellough définit l'affirmative action comme « *a systematic effort to increase the employment representation of groups who have borne the brunt of discrimination and have historically been denied opportunities for employment or advancement*[531]. » L'accent est mis sur l'un des objectifs de l'affirmative action qui est d'accroître la représentativité des Noirs dans l'emploi.

De ces différentes définitions, il apparaît deux aspects : le passé et le présent. Les effets de la discrimination passée sont toujours présents et il s'agit soit de les minimiser, soit de les effacer. Toutes font appel au besoin de compensation pour les dommages subis. Le deuxième aspect, le présent, demande plus de représentativité et de visibilité

---

[529] Harold Orlans and June O'Neill, "Preface" of "Affirmative Action Revisited", *Annals of the American Academy of Political and Social Science*, Vol. 523, September 1992, p. 7.

[530] U.S. Commission on Civil Rights, *Statement on Affirmative Action*, October 1977, in "Affirmative Action Revisited", *Annals of the American Academy of Political and Social Science*, Vol. 523, September 1992, p. 31.

[531] J. Edward Kellough, "Affirmative Action in Government Employment" in "Affirmative Action Revisited", *Annals of the American Academy of Political and Social Science*, p. 118.

pour les groupes cibles ou victimes de cette discrimination. Mais ce traitement particulier de faveur a un objectif qui est d'atteindre plus rapidement l'égalité ou la parité avec les autres composantes de la société, en particulier la majorité blanche. Cette politique ne tolère aucune neutralité face au problème noir ; elle exige plutôt un engagement par l'action pour essayer de le résoudre, une action consciente et positive contrairement à l'action négative ou arguments destructeurs de ses adversaires. Elle est censée aider les Noirs à faire un bond qualitatif en avant avec la mise en chantier de programmes spéciaux en leur faveur.

En résumé, le traitement préférentiel doit donc être compris comme une mesure, une pratique ou une politique tendant à favoriser un groupe ou certains groupes à cause de certaines raisons historiques ou présentes et dont l'objectif ultime est l'égalité pleine et entière pour les groupes cibles. Ces groupes cibles sont les minorités raciales et ethniques (les Noirs non hispaniques, les Noirs et les Blancs hispaniques, les Asiatiques et les natifs des îles du Pacifique, les Indiens d'Amérique et les natifs de l'Alaska), les femmes et les personnes handicapées.[532] Encore une fois nous réitérons notre intérêt pour les Noirs qui font l'objet de cette étude.

B. Origines

Les origines de la discrimination positive aux États-Unis pourraient être situées très loin dans le temps si l'on la comprend comme toute mesure visant à favoriser un groupe donné en vue d'un objectif précis. Mais la discrimination positive telle que pratiquée entre 1960 et 1990 remonte au président John F. Kennedy. En effet, de nombreuses sources attribuent à ce dernier la paternité du terme « affirmative action », notamment à son décret présidentiel n°10925 :

> *Affirmative action in the US began as a tool to address the persisting inequalities for African Americans in the 1960s. This specific term was first used to describe US government policy in 1961. Directed to all government contracting agencies, President Kennedy's Executive Order*

---

[532] Harold Orlans and June O'Neill, "Preface" of "Affirmative Action Revisited", *Annals of the American Academy of Political and Social Science*, p. 7.

10925 mandated « affirmative action to ensure that applicants are employed, and that employees are treated during employment, without regard to their race, creed, color, or national origin »[533].

Le terme « affirmative action » émane donc du président John F. Kennedy. Par le décret ci-dessus cité, il fait obligation aux entreprises bénéficiaires d'un contrat avec le gouvernement fédéral de recruter leurs employés et de les traiter sans discrimination aucune quelles que soient « *leur race, leur religion, leur couleur de peau, ou leur origine nationale.* » Les locataires de la Maison-Blanche qui lui succéderont jusqu'à la fin de la période qui nous intéresse suivront ses pas à des degrés divers.

À la suite de Kennedy, le président Johnson enfourche aussi la trompette de l'action affirmative. Par le décret n°11246 qu'il signe en 1965, il crée l'Office chargé du respect des contrats fédéraux (*Office of Federal Contract Compliance*), rattaché au Ministère du Travail, responsable de l'application du décret. Il signe aussi en 1967 le décret n°11375 qui amende le premier et qui fait obligation aux entreprises et sociétés liées au gouvernement fédéral par des contrats d'adopter des mesures d'action affirmative en mettant sur pied un programme dans ce sens :

The Johnson administration embraced affirmative action in 1965, by issuing U.S. Executive order 11246, later amended by Executive order 11375. The order, as amended, aims « to correct the effects of past and present discrimination ». It prohibits federal contractors and subcontractors from discriminating against any employee or applicant for employment because of race, skin color, religion, gender, or national origin. The order requires that contractors take affirmative action to ensure that « protected class, underutilized applicants » are employed when available, and that employees are treated without negative discriminatory regard to their protected-class status[534].

533 "Affirmative Action in the United States", <*http://en.wikipedia.org/wiki/Affirmative_action_in_the_United_States*>, consulté le 17 février 2009.

534 <*http://en.wikipedia.org/wiki/Affirmative_action_in_the_United_States*>, 17 février 2009.

Le décret n°11375 fait aussi obligation à certains organismes bénéficiant de fonds fédéraux de mettre sur pied des programmes d'action affirmative en vue d'accroître le nombre de leurs employés membres des groupes raciaux ou ethniques cibles et des femmes. Tout contractuel qui reçoit au moins 50 000 dollars par an du gouvernement fédéral doit avoir un plan d'action affirmative écrit. Ce plan doit inclure des objectifs chiffrés et un calendrier permettant d'atteindre ces objectifs qui sont « l'utilisation » complète des femmes et des minorités raciales. Le plan en question fait une analyse du marché de l'emploi et de la disponibilité des femmes et des minorités raciales pouvant intégrer ce marché. Ensuite, le plan décrit la procédure pour arriver à leur utilisation optimale[535] :

> « *The regulations define an AAP [Affirmative Action Program] as a set of specific and result-oriented procedures to which a contractor commits itself (sic) to apply every good faith effort. The AAP is developed by the contractor (with technical assistance from OFCCP if requested) to assist the contractor in a self-audit of its workforce*[536]. »

Les décrets n°11246 et n°11375 représentent un engagement fort de l'administration Johnson en faveur de l'action affirmative. Désormais, l'action affirmative est devenue la politique officielle du gouvernement fédéral. Pour bénéficier de contrats fédéraux, toute structure demandeuse doit mettre sur pied un programme d'action affirmative. L'OFCC rédigea un modèle de programme inspiré d'un plan concernant les entreprises du bâtiment qui existait déjà dans la région métropolitaine de Philadelphie dès 1967, connu sous l'appellation de « Philadelphia Plan ». Le plan de Philadelphie part du principe que la non-discrimination à elle seule ne peut pas mettre fin aux pratiques qui favorisent les Blancs dans l'emploi. Alors, il exige que toute entreprise du bâtiment qui soumissionne pour un contrat

---

535 *<http://en.wikipedia.org/wiki/Affirmative_action_in_the_United_States>*, 17 février 2009.

536 Office of Federal Contract Compliance Programs, "Facts on Executive Order 11246 — Affirmative Action", Revised January 4, 2002. <http://www.dol.gov/esa/ofccp/regs/compliance/aa.htm>, consulté le 23 avril 2009. L'Office of Federal Contract Compliance Programs est la nouvelle appellation de l'Office of Federal Contract Compliance.

soumette au préalable un calendrier d'embauche précisant le nombre de minorités à recruter. L'objectif est d'arriver à une proportion des employés noirs égale à leur pourcentage dans la population active de la région métropolitaine de Philadelphie. Ce pourcentage était alors de 30% à l'époque[537]. Johnson maintient ce plan en vigueur malgré les critiques et les oppositions jusqu'à son départ de la Maison-Blanche en janvier 1969.

Bien que l'action affirmative ait été véritablement établie comme politique gouvernementale par Johnson, son application est attribuée au président Richard Nixon, un républicain bon teint. Son décret n°11478 endosse la politique du traitement préférentiel de son prédécesseur. Pour preuve, il révise le Plan de Philadelphie[538]: « *During the Nixon administration, affirmative action was adopted as a federal mandate for companies with federal contracts and for labor unions whose workers were engaged in those projects. This revised Philadelphia Plan was spearheaded by Labor Department official Arthur Fletcher*[539]. » Nixon institutionnalise les objectifs chiffrés et les calendriers d'embauche[540].

Depuis lors l'action positive est appliquée malgré l'opposition affichée de certains présidents tels que le regretté Ronald Reagan et George Bush, l'ancien vice-président de Reagan. Tantôt cette politique est flexible et l'on parle d'objectifs à atteindre, tantôt elle est rigide et l'on parle de « quotas » ou de « set-asides ». Dans tous les cas, son application concrète dépend de trois éléments clés, à savoir les branches du gouvernement fédéral : l'Exécutif, le Législatif et le Judiciaire.

---

537 Hugh Davis Graham, "The Origins of Affirmative Action : Civil Rights and the Regulatory State" in "Affirmative Action Revisited", *Annals of the American Academy of Political and Social Science*, p. 57.

538 John David Skrentny, *The Ironies of Affirmative Action : Politics, Culture, and Justice in America* (Chicago : University of Chicago Press, 1996), p. 177.

539 *<http://en.wikipedia.org/wiki/Affirmative_action_in_the_United_States>*, 17 février 2009.

540 Hugh Davis Graham, "The Origins of Affirmative Action : Civil Rights and the Regulatory State" in "Affirmative Action Revisited", p. 59.

C. Rôle des trois branches du gouvernement fédéral

Chaque branche du gouvernement fédéral a un rôle spécifique à jouer selon la configuration du système politique américain. C'est à ce titre que chaque branche intervient dans l'application de l'action affirmative.

L'Exécutif, selon la position du locataire de la Maison-Blanche, soutient ou rejette l'action affirmative. L'Exécutif joue un rôle de conception, de suivi, de coordination et d'évaluation. Le président peut signer des décrets, qui ont force de loi, qu'il adresse aux agences fédérales et aux départements ministériels. Il est aidé dans la conception des projets de lois et de décrets par le Bureau de la gestion et du budget (*Office of Management and Budget*)[541]. Pendant ou après l'exécution d'un programme d'action affirmative, l'Exécutif procède à une évaluation pour voir si les objectifs assignés au départ ont été atteints. En cas de non-satisfaction, il analyse les causes et procède aux réaménagements ou retouches qui s'imposent.

En outre, la Maison-Blanche supervise l'action des ministères impliqués dans l'application de la politique de la discrimination positive, à savoir le Ministère de l'Habitat et du Développement urbain, chargé des problèmes d'habitat ; le Ministère du Travail ; le Ministère de l'Éducation ; et le Ministère de la Justice. Ces départements sont chargés de l'exécution de la politique en question dans leur secteur d'activités en liaison avec les agences sous leur tutelle. La Commission pour l'égalité des chances en matière d'emploi, créée par la loi sur les Droits civiques de 1964, mène des enquêtes sur les cas de discrimination dont elle a connaissance. Elle essaie de résoudre les problèmes d'abord par la conciliation, c'est-à-dire l'arrangement à l'amiable. Au cas où cette solution échoue, elle a le pouvoir d'engager des poursuites judiciaires. Conjointement, l'Office pour le respect des contrats fédéraux du Ministère du Travail et la Commission pour l'égalité des chances en matière d'emploi

[541] Bakary Konaté, « L'action positive : Traitement préférentiel ou discrimination à rebours ? », *Annales de l'université de Ouagadougou*, série A sciences humaines et sociales, vol. III, 1990, p. 118.

veillent à l'application de l'action affirmative dans le domaine de l'emploi[542].

La Commission des droits civiques joue un rôle d'évaluation des lois et politiques fédérales en matière de droits civiques en général. Elle transmet ses résultats et recommandations à la Maison-Blanche et au Congrès[543]. Quelquefois, elle n'hésite pas à critiquer l'Exécutif, le Congrès et certaines agences fédérales pour leur inertie ou passivité.

Le fer de lance de la politique des droits civiques, ici la politique de l'action affirmative, reste le Ministère de la Justice. Il a la lourde responsabilité de faire respecter les lois fédérales. En cas de violation de celles-ci, il a le devoir de traduire devant les cours fédérales, au nom de l'Exécutif, les responsables de cette violation. Son rôle est donc capital pour le respect et l'application de l'action affirmative. De la qualité du travail qu'il effectue sur le terrain dépend largement le succès ou l'échec de cette politique.

Le rôle du Congrès, organe législatif, n'est pas à négliger. En effet, on ne peut parler de loi fédérale si elle n'a pas été votée par les députés et les sénateurs. Le Congrès a apparemment un rôle purement législatif. En vérité, elle peut être la cause du succès ou de l'échec de toute politique. L'Exécutif a beau avoir de bonnes idées et proposer des projets de lois conséquents, ces derniers ne peuvent aboutir s'ils n'ont pas l'assentiment du Congrès. Quand le Congrès et l'Exécutif sont en phase, le président peut faire adopter n'importe quel projet de loi. L'Exécutif a besoin du soutien du Congrès pour transcrire sa politique sous forme de lois, car il ne peut pas abuser aussi des décrets. Le soutien du Congrès est donc une caution de taille. Un désaveu peut signifier la fin d'une politique ou de bonnes intentions. Beaucoup d'analystes considèrent la loi sur les Droits civiques de 1964 comme le fondement juridique de l'action affirmative. Si elle n'avait pas été adoptée par les parlementaires, nous n'aurions pas pu parler de cette politique.

Tout aussi capital pour le succès du traitement préférentiel est le rôle de la Cour suprême et des autres cours fédérales, car c'est devant

---

542 Dionne J. Jones, "An Analysis of Affirmative Action", *The Western Journal of Black Studies*, Vol. 1, N° 4, December 1977, p. 278.

543 Ibid., p. 279.

ces instances judiciaires que finissent les litiges. En tant qu'instance judiciaire la plus haute des États-Unis, la Cour suprême tranche les litiges en dernier ressort, c'est-à-dire que ses décisions sont sans appel, sans aucun recours possible. Le rôle de la Cour suprême est donc particulièrement important : une décision contre un programme de traitement préférentiel signifie un coup handicapant sinon mortel pour la politique de discrimination positive. C'est pourquoi sa décision à propos d'un programme de discrimination positive est toujours attendue avec anxiété.

Au vu de ce que nous venons de développer, trois éléments méritent d'être relevés et soulignés :

1. L'engagement du locataire de la Maison-Blanche en faveur du traitement préférentiel est indispensable. Dans le cas contraire, il ne peut, en tant que chef de l'Exécutif, demander aux départements ministériels d'appliquer une politique que lui-même n'approuve pas. Plus il cautionne une politique, plus celle-ci a des chances de connaître le succès.
2. Le Congrès est incontournable en matière de formulation de politique. Son soutien à une politique formulée par la Maison-Blanche lui assure plus de chance de succès. Dans le cas contraire, elle est vouée soit à connaître l'échec, soit à faire face à beaucoup d'embûches.
3. La Cour suprême est un autre maillon important, vu l'impact de ses arrêts sur la vie de toute nation. C'est pourquoi la « coloration », c'est-à-dire la composition, de cette juridiction compte beaucoup : selon qu'elle est « libérale » (progressiste) ou « conservatrice », les droits des Noirs progressent ou régressent. Les différents arrêts successifs de la Haute Cour au fil des siècles en témoignent.

Malgré les bonnes intentions que semblent contenir le traitement préférentiel, il soulève une controverse énorme.

II. La controverse

La politique de la discrimination positive, on s'en doute, ne fait pas l'unanimité au sein de la société américaine. Deux camps antagoniques se dessinent : les partisans et les adversaires, qui rivalisent d'arguments. Les arguments des deux camps sont très proches des justifications que nous avons déjà relevées. Par conséquent, nous nous contenterons de relever ceux que nous considérons comme les plus pertinents. Mais tout d'abord commençons par analyser quelques statistiques.

A. Quelques statistiques

Les instituts de sondage ont au fil des ans essayé de mesurer la position des Américains par rapport au traitement préférentiel. Les résultats des sondages laissent apparaître des positions tranchées.

Un sondage réalisé en mars 1977 par l'institut Gallup révèle que 83% des Américains sont opposés à la politique du traitement préférentiel en faveur des femmes et des minorités dans les domaines de l'enseignement supérieur et de l'emploi. Ils affirment préférer le système du mérite[544].

Un sondage *New York Times-CBS News*, dont les résultats furent publiés en novembre 1977, indique que 60% des Blancs interrogés réprouvent cette politique tandis que 64% des Noirs l'approuvent[545]. Un autre sondage de l'institut Gallup indique que seulement 10% des personnes interrogées pensent que la race, le sexe et l'origine nationale doivent être pris en compte dans les décisions ayant trait à l'emploi ou à l'enseignement supérieur[546].

Des sondages plus récents montrent que loin de baisser, le taux des opposants blancs a tendance à s'élever. Dans une série de sondages réalisés par l'*Institute for Social Research* (ISR), il a été demandé aux

---

[544] David W. Bishop, "The Affirmative Action Cases : Bakke, Weber and Fullilove", *Journal of Negro History*, Vol. 67, N° 3, Fall 1982, pp. 232-233.

[545] Roger L. Pulliam, "Allan Bakke Vs Regents of the University of California : Analysis and Implications", *Western Journal of Black Studies*, Vol. 2, N° 1, March 1978, p. 21.

[546] Diane Ravitch, *The Troubled Crusade : American Education, 1945-1980* (New York : Basic Books, 1983), p. 292.

interviewés de se prononcer sur la réservation d'un certain nombre de places (quotas) pour les candidats noirs à l'inscription dans les institutions d'enseignement supérieur ou dans les universités. Les résultats ont été les suivants[547] :

	1986	1988	1990
Approuve fortement	11%	12%	13%
Approuve quelque peu	18%	16%	17%
Oppose quelque peu	22%	20%	24%
Oppose fortement	49%	52%	46%

Quant aux sondés noirs sur la même question, ils ont répondu de la façon suivante[548] :

	1986	1988	1990
Approuve fortement	63%	68%	64%
Approuve quelque peu	17%	14%	8%
Oppose quelque peu	8%	4%	13%
Oppose fortement	13%	14%	15%

À l'inverse de celui des Blancs, le taux des Noirs en faveur du traitement préférentiel reste plutôt élevé au fil des ans. Cela se comprend car ils en sont les bénéficiaires de ce traitement.

À la question, « *Certaines personnes disent qu'à cause de la discrimination passée, les Noirs devraient bénéficier de traitement préférentiel dans l'embauche et la promotion dans l'emploi. D'autres par contre affirment qu'un tel traitement en faveur des Noirs est mauvaise parce qu'il leur procure des avantages qu'ils n'ont pas mérités. Quelle est votre position — êtes-vous pour ou contre le traitement préférentiel dans l'embauche et la promotion des Noirs dans l'emploi ? (Si vous êtes pour) Approuvez-vous fortement ou approuvez-vous quelque peu? (Si vous êtes contre) Êtes-vous*

[547] Howard Schuman et al, op. cit., pp. 174-175.
[548] Ibid., pp. 268-269.

fortement opposé ou quelque peu opposé ? », les résultats des répondants blancs ont été les suivants[549]:

	1986	**1988**	**1990**
Approuve fortement	5%	6%	8%
Approuve quelque peu	10%	7%	9%
Oppose quelque peu	22%	17%	21%
Oppose fortement	63%	70%	63%

La même question a été posée à des Africains-Américains. Les résultats ont été les suivants[550] :

	1986	**1988**	**1990**
Approuve fortement	49%	55%	63%
Approuve quelque peu	19%	9%	11%
Oppose quelque peu	13%	14%	14%
Oppose fortement	20%	22%	12%

La position des deux groupes raciaux telle que suggérée par les différents sondages reflète une dichotomie nette. Une écrasante majorité de la majorité blanche n'approuve pas la politique de l'action affirmative (au moins 70%). À l'opposé, une écrasante majorité des Africains-Américains y est favorable. Dans les deux camps nous avons des partisans et des opposants. Cependant, on remarque que les Africains-Américains en général, les dirigeants et militants des organisations des droits civiques, les femmes et les libéraux (Noirs et Blancs) la soutiennent. Mais des exceptions existent. Thomas Sowell, un économiste noir de renom, conservateur, est un opposant de proue dans la communauté noire. Il écrit : « *'preferences' and 'discrimination' are...simply the same act expressed in different words. Preferences for A, B, and C constitute discrimination against X, Y, and Z*[551]. »

[549] Howard Schuman et al, op. cit., pp. 174-175.

[550] Howard Schuman et al, op. cit., pp. 174-175.

[551] Thomas Sowell, *The Economics and Politics of Race : An International Perspective* (New York : Quill, 1983), p. 161.

Il en est de même du « libéral » blanc Nathan Glazer, sociologue, lui aussi bien connu pour ses écrits en général. Pour lui, l'action affirmative est tout simplement de la « discrimination à rebours »[552]. Accorder un traitement de faveur aux Noirs n'est rien plus que de la discrimination contre les Blancs.

Malgré la controverse suscitée par le traitement préférentiel, le gouvernement fédéral et les entreprises ont continué d'appliquer cette politique. Elle s'est même poursuivie après 1990[553]. Pourquoi cet « acharnement thérapeutique » au risque de s'aliéner une bonne partie des Américains ? Une réponse toute simple est que le gouvernement et ceux qui soutiennent cette politique croient en son efficacité :

> *Affirmative action is necessary to prevent discrimination and to address stereotypical thinking and biases that still impede employment opportunity...Federal contractors have changed the corporate climate in ways that are not statistically measurable because of the requirements of Executive Order 11246 and other laws enforced by OFCCP. For example, corporations now post job announcements and do not rely solely on word of mouth recruitment. Corporate sensitivity to issues like sex and race, harassment and wage discrimination has increased, as has the awareness of the benefits of a family friendly environment. Employers now view ability, not disability*[554].

Les avis resteront encore pour longtemps partagés sur l'action positive. En tout état de cause, entre 1960 et 1990, la controverse s'est installée et les uns et les autres ont développé leurs arguments.

---

[552] Nathan Glazer, *Affirmative Discrimination : Ethnic Inequality and Public Policy* (New York : Basic Books, 1978).

[553] Office of Federal Contract Compliance Programs, "Facts on Executive Order 11246 — Affirmative Action", *<http://www.dol.gov./esa/ofccp/regs/compliance/aa.htm>*, consulté le 24 février 2009.

[554] Ibid.

B. Les arguments des partisans

Les partisans de l'action affirmative utilisent généralement deux types d'arguments pour la justifier : « l'argument passéiste » et « l'argument futuriste »[555].

Selon l'argument passéiste,

> *les Noirs ont été et continuent d'être lésés par les comportements et les pratiques racistes ; or toute personne qui a subi des torts mérite réparation ; les Noirs méritent donc réparation. Et, comme le traitement préférentiel est une forme appropriée de réparation pour les Noirs, il en découle que ceux-ci méritent de bénéficier du traitement préférentiel en question*[556].

L'argument passéiste justifie le traitement préférentiel par les préjudices passés et présents subis par les Noirs. Le traitement préférentiel est donc la juste compensation pour ces préjudices et injustices[557] ainsi que « la réparation de leurs conséquences ». L'argument passéiste sous-tend aussi l'idée de justice envers les Noirs.

Le président Johnson partage cette conception du traitement préférentiel. Dans un discours prononcé à l'université Howard, une université noire située dans la capitale américaine, en juin 1965, il développe sa compréhension du traitement préférentiel :

> *Nothing is more freighted with meaning for our own destiny than the revolution of the Negro American...In far too many ways American Negroes have been another nation: deprived of freedom, crippled by hatred, the doors of opportunity closed to hope...But freedom is not enough. You do not wipe away the scars of centuries by saying: Now you are free to go where you want, and do as you desire, and choose the leaders you please. You do not take a person who, for years, has been hobbled by chains and liberate him, bring him up to the starting line of a race and then say, 'you are free to compete with all the others,' and still*

---

[555] Ces termes sont empruntés à Bernard R. Boxill dans *Les Noirs et la justice sociale aux États-Unis*, p. 178.

[556] Ibid.

[557] Vivian V. Gordon, "An Analysis of the Legal, Moral, and Practical Aspects of Affirmative Action", *Western Journal of Black Studies*, Vol. 1, N° 4, December 1977, p. 3.

justly believe that you have been completely fair...This is the next and the more profound stage of the battle for civil rights. We seek not just freedom but opportunity. We seek not just legal equity but human ability, ***not just equality as a right and a theory but equality as a result...To this end equal opportunity is essential, but not enough, not enough***[558]***.****[emphasis mine]*

Accorder les droits civiques aux Noirs à travers des textes et des lois est une bonne chose, mais cela n'est pas suffisant en soi. Il faut leur accorder des possibilités de progresser plus rapidement par leurs propres moyens, d'où la nécessité du traitement préférentiel. Et un programme de traitement préférentiel n'est viable que s'il produit des résultats positifs.

Pour les partisans, le traitement préférentiel est une nécessité absolue et l'argument qui revient le plus souvent est que les Africains-Américains vivent dans un état d'arriération dont les racines remontent loin dans l'histoire. En d'autres termes, si les Africains-Américains connaissent un retard par rapport à leurs homologues blancs, c'est à cause de ce qu'ils ont subi tout au long de leur histoire aux États-Unis. En effet, les partisans de l'action affirmative soulignent que les Africains-Américains y ont été amenés contre leur gré et réduits à l'état d'esclaves (cf. le discours ci-dessus cité du président Lyndon Johnson). En d'autres termes, on leur a interdit de s'instruire, de jouir des bienfaits de la société et de la culture dans lesquelles ils étaient contraints de vivre. On leur a aussi interdit de mettre leurs talents au service de leur bien-être et de leur développement (économique, culturel, intellectuel...) et, par conséquent, de faire aussi bien que les Blancs et d'être au même niveau de développement que ces derniers. C'est pourquoi l'on peut affirmer que leur état d'arriération au cours des années 1960 et 1970 remonte à la période de l'esclavage. C'est aussi depuis cette période qu'ils sont victimes de discrimination raciale. En résumé, si les

[558] "Affirmative Action in the United States", *<http://en.wikipedia.org/wiki/Affirmative_action_in_the_United_States>*, 17 février 2009 ; Hugh Davis Graham, "The Origins of Affirmative Action : Civil Rights and the Regulatory State" in "Affirmative Action Revisited", *Annals of the American Academy of Political and Social Science*, p. 56.

Africains-Américains accusent un très grand retard par rapport aux Blancs, cela est essentiellement dû à l'esclavage et à la discrimination raciale qui a suivi.

Selon cet argument passéiste la situation des Noirs ne peut et ne doit être comprise que par rapport aux antécédents historiques évoqués plus haut dont ils continuent de subir les retombées psychologiques, économiques, sociales, culturelles (cf. éducation), etc. Compte tenu de ces antécédents et dont ils ne sont que des victimes, les Noirs méritent respect, reconnaissance et même dédommagement. En clair, ils méritent un « traitement de faveur » car ils subissent les conséquences d'une situation qu'ils n'ont pas créée et dont ils ne sont pas responsables. Du reste, malgré l'exploitation et la soumission de la majorité blanche, ils ont énormément contribué à la grandeur des États-Unis. Certains qualifient ce traitement préférentiel de « coup de pouce » ou de compensation, d'autres le considèrent plutôt comme une faveur. Comme le passé empêche les Noirs de progresser vers l'avenir au même rythme que les Blancs ou rend ce mouvement pénible et lent, il faut leur alléger le poids de ce passé. Une façon de leur faciliter la tâche est l'action positive.

Certains partisans sont d'accord avec l'action affirmative en tant que coup de pouce pour aider à combler le fossé entre l'Amérique noire et l'Amérique blanche. Ils y voient le moyen de hâter l'égalité raciale. Cependant, ils insistent que ce traitement doit être limité dans le temps, c'est-à-dire juste le temps nécessaire pour combler le retard.

Quant à l'argument futuriste, il constate que « les Noirs ont en général un statut, une instruction et des revenus inférieurs à ceux des Blancs. » Le traitement préférentiel est par conséquent un moyen d'améliorer leurs conditions et à terme d'accéder à l'égalité avec les Blancs.[559] L'argument futuriste justifie ce traitement « *en partant de l'idée que celui-ci a des chances d'apporter plus d'égalité et d'accroître l'utilité collective totale.* » Tourné vers le futur, cet argument se préoccupe de l'avenir des Noirs et surtout de la nation américaine. En effet, une société où les écarts entre les différentes composantes sont trop grands est une société en sursis. Car, à tout moment, elle peut flamber du fait de la révolte des déshérités, des

---

[559] Bernard R. Boxill, *Les Noirs et la justice sociale aux États-Unis*, p. 178.

défavorisés ou des laissés pour compte. Or un tel développement n'est pas à l'avantage du pays qui a encore en mémoire les « étés chauds » des années 1960.

Un argument avancé par les partisans est que l'action positive trouve sa justification dans l'insuccès des lois et mesures antidiscriminatoires. L'esclavage et ses séquelles ont laissé des traces indélébiles sur les Noirs que les simples lois et autres décisions gouvernementales ne peuvent pas effacer en un temps relativement court. Malgré les nombreuses luttes menées par le Mouvement des droits civiques et les acquis qui en ont découlé (le célèbre arrêt de la Cour suprême dans l'affaire Brown en 1954 interdisant la ségrégation scolaire, la loi sur les Droits civiques de 1964, la loi sur le Droit de vote de 1965, la loi sur les Droits civiques de 1968 rendant illégale la discrimination dans l'habitat), rien ne semblait bouger véritablement. Le racisme, la xénophobie, la discrimination et la ségrégation continuaient et même persistaient. Les Noirs progressaient à pas de caméléon. Que faire pour que leur situation évolue plus rapidement et plus positivement ? La solution trouvée par le président était d'impliquer un peu plus l'Exécutif fédéral dans la recherche de solutions. Cela s'est traduit par la mise en chantier de la politique de l'action positive. En d'autres termes, l'absence de progrès tangibles de la part des Noirs est la cause fondamentale de la nécessité de l'action affirmative : aller au-delà des simples lois contre la ségrégation et la discrimination. La leçon que l'on peut tirer de cet argument est que quand une stratégie ne donne pas (entièrement) satisfaction, il faut la revoir, l'étoffer peut-être, ou l'abandonner.

Le président Johnson a lui-même déclaré que l'on ne peut pas décider aujourd'hui que ceux qui ont, des siècles durant, été maintenus dans l'oppression, ont les mêmes droits que les autres Américains et penser que l'on est juste (voir plus haut). Dans ces conditions les Noirs ne peuvent pas avoir les mêmes chances que leurs compatriotes blancs. D'où la nécessité d'un « coup de pouce » pour aider les Noirs à avancer plus rapidement vers l'égalité raciale.

Cet argument se fonde sur l'impact positif que l'action affirmative peut avoir sur la communauté noire tout entière. Tout d'abord, la jeunesse noire. Celle-ci a besoin de « modèles » de réussite ou de succès issus de sa propre communauté pour la motiver à faire autant sinon mieux. Or, l'action affirmative ouvre les portes du marché de l'emploi à plus de Noirs et permet à plus de compagnies appartenant à des Noirs d'être adjudicataires de contrats fédéraux qui pourraient faire tourner leurs affaires. En outre, l'action affirmative, en créant un environnement estudiantin hétérogène, permet de motiver les étudiants noirs, d'améliorer leur niveau d'éducation et d'accroître le nombre des diplômés. Par exemple, de 1960 à 1995, le taux des jeunes Noirs diplômés des universités âgés de 25 à 29 ans est passé de 5,4% à 15,4%.[560] Ces nouveaux diplômés pourraient servir de modèles et de stimulants aux autres, mais particulièrement aux plus jeunes.

Un autre exemple est que la qualité des services que reçoit la communauté noire est meilleure quand ils sont prodigués par des membres issus de leur groupe :

> « *Increases in African-American and Hispanic physicians have paralleled a proportional rise in the quality of health care received in communities with higher concentrations of those minorities*[561]. »

A en croire les défenseurs du traitement préférentiel, cette pratique est nécessaire pour des raisons historiques et pratiques. L'Amérique a tout à gagner avec cette politique. Si les écarts entre les composantes de la société sont réduits à leur plus simple expression, l'Amérique peut clamer haut et fort que l'égalité y est une réalité. De plus, les risques de tensions entre groupes seront réduits.

Tous ces arguments sont liés les uns aux autres. En plus de la force de leurs idées et du bon sens qui semble en découler, les partisans du traitement préférentiel ont un avantage indéniable sur leurs adversaires : ils ont la loi, la Cour suprême et tout l'appareil judiciaire fédéral, le Congrès, et les agences fédérales chargées de l'exécution de cette politique. Cependant, les adversaires de cette politique ne s'avouent pas vaincus.

---

[560] "Affirmative Action", *<http:www.u-s-history.com/pages/h1970.html>*, consulté le 23 avril 2009.
[561] Ibid.

C. Les arguments des adversaires

Les adversaires de l'action positive de leur côté ne croisent pas les bras. Ils déploient leur génie intellectuel pour essayer de démonter les thèses de leurs opposants. Nous pensons particulièrement à Nathan Glazer qui y a consacré tout un livre.[562] Il est l'un des chefs de file de cette opposition. D'entrée de jeu, Glazer affirme :

> *I oppose discrimination; I fully support the law; I think there is nothing which so degrades a nation as the exclusion of one group from its opportunities — including employment and education and political participation and access to the multifarious benefits of government — because of race, color, national origin, religion, and, I will add, as the law does, sex, although that is not at issue here*[563].

S'il reconnaît que les Africains-Américains ont été victimes de discrimination, c'est pour s'empresser d'ajouter que des lois appropriées ont été votées, que le racisme a régressé et que les Africains-Américains ont accompli des progrès considérables dans les domaines de l'emploi, des revenus, de l'éducation, etc., sans l'aide d'une quelconque politique de faveur.[564] En d'autres termes, l'action affirmative ne s'impose pas : elle n'est pas indispensable pour l'amélioration de la condition des Africains-Américains.

Le second argument des opposants est l'idée implicite dans cette politique selon laquelle tout employeur est coupable de discrimination. Le simple fait de constater une disproportion entre le nombre des employés blancs et celui des employés noirs est considéré comme un signe de discrimination ce qui, selon eux, n'est pas forcément prouvé[565]. Selon Tomas Sowell, les disparités sont courantes au niveau des groupes raciaux ou ethniques et plusieurs facteurs autres que la discrimination peuvent expliquer cet état de fait[566]. Il se résume en disant :

---

[562] Nathan Glazer, *Affirmative Discrimination : Ethnic Inequality and Public Policy* (New York : Basic Books, 1978).

[563] Ibid., pp. 66-67.

[564] Ibid., pp. 41-43; 68-70.

[565] Thomas Sowell, *Civil Rights : Rhetoric or Reality ?* (New York : Quill, 1984), p. 16.

[566] Ibid., pp. 17-19.

In short, statistical disparities are commonplace among human beings. Many historical and cultural reasons underlie the peculiar patterns observed. But the even « representation » of groups chosen as a baseline for measuring discrimination is a myth rather than an established fact. It is significant that those who have assumed that baseline have seldom, if ever, been challenged to produce evidence[567].

Selon les adversaires, disparité n'est donc pas synonyme de discrimination. En d'autres termes, si des disparités existent entre les Africains-Américains et les Blancs, elles ne sont pas forcément dues à la discrimination comme l'affirment les partisans de l'action affirmative. C'est pourquoi l'imposition d' « objectifs chiffrés et de calendriers » ne doit venir qu'après discrimination dûment constatée, selon la loi sur les Droits civiques de 1964[568].

Les adversaires s'opposent aussi à la séparation rigide des groupes ethniques, une séparation qui tend à accorder la primauté à l'appartenance à un groupe ethnique dans le devenir de l'individu.[569] Ceci sous-entend que l'accent est mis sur le groupe plutôt que sur l'individu et que l'action affirmative nie ou minimise le mérite individuel. L'action affirmative est donc une solution de groupe. D'ailleurs les adversaires doutent que cette politique soit la solution appropriée aux problèmes que connaît la communauté noire : la pauvreté, la baisse du taux des Noirs dans la population active (labor force), le sous-emploi des jeunes, la criminalité, le phénomène des familles monoparentales dirigées par une femme[570]. Pour Nathan Glazer, « The heritage of discrimination, as we could see from the occupational developments of the later 1960s, could be overcome by simply attacking discrimination[571]. » S'attaquer directement à la discrimination, voilà sa solution. Stephen L. Carter dit à peu près la même chose. Pour lui, c'est le « star system » qu'il faut combattre et non faire usage du traitement préférentiel. Mais qu'est-ce que le « star system » ?

---

[567] Ibid., p. 19.
[568] Nathan Glazer, op. cit., p. 58.
[569] Ibid., p. 70.
[570] Ibid., pp. 70-72.
[571] Ibid., p. 197.

The characteristics of the star system are familiar to anyone who has attended college or professional school or has struggled upward on the corporate ladder, and it has analogues in sports, the military, and other arenas. Early in their carriers, a handful of individuals are marked by their teachers or supervisors as having the potential for special success, even greatness. Thereafter, the potential stars are closely watched. Not every person marked early as a possible star becomes one, but the vast majority of those who are never marked will never star. Even very talented individuals who lack entrée to the star system may never gain attention in the places that matter: the hushed and private conference rooms...where money is spent and hiring and promotion decisions are made[572].

Les adversaires de l'action positive la considèrent comme étant néfaste pour les Blancs. Ils parlent même d'injustice et de discrimination envers ces derniers. Si cette politique est bénéfique pour les Noirs, elle est préjudiciable pour les Blancs. Ils affirment qu'elle constitue de la « discrimination à rebours ». Ils prétendent même qu'elle vise l'Anglo-américain mâle de race blanche. Or, insistent-ils, ce dernier n'est pas directement responsable de la discrimination passée contre les minorités raciales et, par conséquent, l'on ne devrait pas lui faire supporter, aujourd'hui, c'est-à-dire les années 1960 et 1970, les conséquences de cette discrimination[573].

En relation avec l'idée de discrimination et d'injustice, les adversaires affirment aussi que les Noirs pourraient souffrir des effets psychologiques de cette politique car ils soutiennent que les bénéficiaires n'ont pas les qualifications requises pour le poste ou le rang que cette politique leur permet d'occuper. Cet état de fait est préjudiciable tant pour la société tout entière que pour les individus concernés. Ces derniers peuvent en arriver à remettre en cause leur « réussite », à douter de leur capacité à réussir d'eux-mêmes. Donc, au lieu de représenter une véritable aide, le traitement préférentiel peut

---

[572] Stephen L. Carter, *Reflections of an Affirmative Action Baby* (New York : BasicBooks, 1991), p. 63.

[573] Vivian Gordon, op. cit., 6; Michael D. Woodard, "Ideological Response to Alterations in the Structure of Oppression: Reverse Discrimination, the Current Racial Ideology in the U.S.", *Western Journal of Black Studies*, Vol. 6, N° 3, 1982, pp. 172-173;

créer chez les bénéficiaires un sentiment de malaise[574]. Stephen L. Carter raconte le malaise qu'il a ressenti après qu'il ait été recruté comme enseignant-chercheur à la faculté de droit de l'université Yale. Le journal de cette université avait fait de l'évènement sa « une », insistant que cela était une première dans cette faculté[575].

Les adversaires du traitement préférentiel la dénoncent aussi comme étant contraire au principe de l'égalité des chances, un principe cher aux libéraux de toutes les nuances. C'est la raison pour laquelle ils font le culte de la « méritocratie »[576], c'est-à-dire un système où seul compte le mérite, où tout est fonction du mérite et des capacités de l'individuel en question. En d'autres termes, la méritocratie est cette vénération qu'ont certains Américains, favorisés à la naissance par leur origine sociale, pour le travail fourni par un individu, les résultats positifs atteints par cet individu dans une situation donnée. Pour les tenants de la méritocratie, tout homme doit être jugé à partir de sa capacité à faire quelque chose, à partir de son savoir faire. Ils soutiennent que chaque individu a le droit d'être jugé sur son mérite[577]. Pour eux, le traitement préférentiel viole les droits des Blancs plus qualifiés non retenus à cause de cette pratique[578].

Certains adversaires ne condamnent pas toute la politique de l'action positive. Ils estiment que les quotas, à savoir la réservation d'un certain nombre de places, sont rigides. C'est pourquoi ils se prononcent plutôt pour des objectifs à atteindre qu'il faut se fixer. Ils préfèrent donc une politique plus flexible. Par exemple, les Juifs s'opposent à l'action affirmative pour la simple raison qu'ils craignent d'en faire les frais, eux qui ont par le passé souffert, tant aux États-

---

[574] Nathan Glazer, op. cit., pp. 69 et 201; Thomas Sowell, *The Economics and Politics of Race*, p. 161; Vivian V. Gordon, "An Analysis of the Moral, and Practical Aspects of Affirmative Action", p. 5; Roger R. Pulliam, "Allan Bakke Vs Regents of the University of California : Analysis and Implications", p. 22; Richard Stengel, "Balancing Act", *Time*, Vol. 129, N° 14, April 6, 1987, p. 19.

[575] Stephen L. Carter, *Reflections of an Affirmative Action Baby*, pp. 54-59.

[576] Ce terme est utilisé par George Davis et Glegg Watson dans *Black Life in Corporate America*, par exemple aux pages 57, 60 et 61.

[577] Richard Stengel, op. cit., p. 19.

[578] Gertrude Ezorsky, *Racism and Justice : The Case for Affirmative Action* (Ithaca and London : Cornell University Press, 1992), p. 88.

Unis qu'en Europe, du *numerus clausus* (quota, limitation). Cette pratique les excluait des écoles professionnelles sous le prétexte fallacieux qu'ils étaient inférieurs :

> *Some analysts refer to numerical remedies as « quotas »; however that label should be avoided. It is true that a numerical goal (or set-aside) does not differ, semantically speaking, from a numerical quota. Nevertheless, tagging AA [affirmative action] numerical remedies as « quotas » is misleading, for that label suggests that such AA measures are relevantly similar to the old quotas that decades ago excluded many Jews from professional schools. But the old exclusionary quotas against Jews were motivated by a false, derogatory notion of their social inferiority, a notion that defined Jews as pushy, vulgar, and mercenary. Those quotas aimed to maintain a professional society restricted by such immoral bias — a society dominated by Christian gentlemen*[579].

La position des Juifs se comprend aisément, vue sous cet angle. Elle se comprend aussi si l'on garde à l'esprit le fait qu'ils ont énormément bénéficié de la « méritocratie ». Les quotas, à savoir le contingentement par groupes ethniques selon leur pourcentage dans la population totale, s'opposent à leurs intérêts[580]. Malheureusement, l'alliance traditionnelle entre les Noirs et les Juifs, qui remonte à la période de la « révolution des droits civiques » des années 1950 et 1960, n'a pas résisté à l'épreuve du traitement préférentiel que les juifs condamnent de façon véhémente de peur d'en faire les frais[581]. La leçon que l'on pourrait tirer de cette expérience est que l'intérêt personnel ou de groupe finit toujours par triompher sur les alliances conjoncturelles de tous genres.

Les thèses développées par les partisans et les adversaires de l'action affirmative laissent apparaître deux groupes aux idées diamétralement opposées. Tantôt ils se placent sur les plans politique, moral, philosophique, tantôt sur le plan purement pratique. Il en ressort que pour les uns, l'action affirmative représente une

---

579 Gertrude Ezorsky, op. cit., p. 38.

580 Roger L. Pulliam, op. cit., p. 20; Thomas Sowell, *Ethnic America*, p. 99; David W. Bishop, "The Affirmative Action Cases: Bakke, Weber and Fullilove", *Journal of Negro History*, Vol. 67, N° 3, Fall 1982, p. 234.

581 David W. Bishop, op. cit., pp. 229-242; Thomas Sowell, *Ethnic America*, pp. 99, 223.

compensation pour les torts subis par les Noirs dans le passé, un traitement préférentiel ou de faveur, pour permettre aux Noirs de surmonter l'impasse dans laquelle ils se trouvent après des décennies de revendication. Pour les autres, elle est perçue comme une discrimination à l'encontre des Blancs et en faveur des Noirs. Ces derniers voient dans cette politique une mesure qui, bien qu'ayant des intentions nobles, ne constitue ni plus ni moins qu'une discrimination, d'où la qualification de « discrimination à rebours ». Tout dépend de la perception qu'on a de cette politique, du côté où l'on se place, de la responsabilité que l'on croit avoir vis-à-vis de la communauté noire et de l'engagement que l'on croit juste de prendre à leur côté. L'affaire Bakke illustre bien tout le climat qui entoure la politique d'intégration active.

CHAPITRE III

LES RELATIONS RACIALES ET SES CONTRADICTIONS

Les relations raciales entre 1960 et 1990 ont connu des avancées significatives. Les nombreuses lois, décisions et mesures, l'émergence des Noirs sur la scène politique, etc. sont quelques exemples qui attestent de cette évolution positive. Cependant, cette évolution n'a pas toujours été linéaire, c'est-à-dire que par moments l'on a l'impression qu'il y a des hauts et des bas. Pour illustrer ce phénomène, somme toute normale vu l'histoire des Noirs aux États-Unis, nous avons choisi l'affaire Bakke.

I. L'affaire Bakke

Au début des années 1970, l'université de Californie met sur pied un programme volontaire d'action positive en vue de faciliter l'accès des minorités à sa faculté de médecine. Ce programme consiste en la réservation d'un certain nombre de places pour les candidats issus des minorités raciales. Seize sur les cent places disponibles à la Faculté de médecine sont réservées pour les candidats issus des minorités. Cependant, pour pouvoir bénéficier de l'une de ces places, le candidat doit spécifier dans sa demande qu'il souhaite que son dossier soit étudié dans le cadre du programme spécial et donner les raisons ou les preuves qui lui font prétendre à ce traitement de faveur.

A. Genèse de l'affaire Bakke

Avant le milieu des années 1970, le nom d'Allan Bakke était inconnu du public américain. Avant cette période il était un Américain ordinaire, anonyme et sans histoire. Mais voilà qu'un jour il décide de faire des études de médecine et de devenir médecin, malgré le diplôme d'ingénieur qu'il a déjà et le confortable emploi qu'il occupe et qui ferait rêver beaucoup de jeunes Américains, Noirs et Blancs. Il pense que là n'est pas sa vocation. Aussi, mettra-t-il tout en œuvre pour atteindre son rêve : faire des études de médecine et devenir médecin.

1. Le rêve de Bakke

Allan Paul Bakke est né le 4 février 1940 à Minneapolis, dans l'État du Minnesota, dans une famille d'origine norvégienne. Son père exerçait la profession de facteur et sa mère celle d'enseignant. Un tel environnement propice aux études a très certainement influencé son avenir. Il obtient un diplôme d'ingénieur à l'université du Minnesota. Après ce succès universitaire, on le retrouve au Vietnam où il passe quatre ans dans le corps des Marines en pleine guerre du Vietnam.

Cette expérience au Vietnam s'avérera crucial pour l'éclosion de son rêve. C'est dans ce pays, au contact des médecins soignant les blessés, qu'il commence à s'intéresser à la médecine[582]. Quand il est déchargé de ses obligations militaires en 1967, il trouve un emploi en tant qu'ingénieur civil à la *National Aeronautics and Space Administration* (NASA), précisément à son Centre de recherches situé à proximité de Palo Alto, en Californie. C'est dans ce temple de la science et de la technologie que Bakke se découvre vraiment une vocation de médecin, une vocation tardive suscitée et stimulée par l'environnement scientifique. En effet, le Centre de recherches en question fait des recherches entre autres domaines sur les effets de la radiation sur les animaux et sur les effets du voyage dans l'espace sur l'homme. Il est tellement attiré par la médecine qu'il commence à s'y

[582] Clarice Stasz, *The American Nightmare : Why Inequality Persists* (New York : Schocken Books, 1983), p. 22.

préparer : il prend des cours de chimie et de biologie et se fait enrôler comme bénévole dans un hôpital[583].

Le rêve s'impose si fortement à lui qu'il passe à la deuxième étape. À l'automne 1972, il envoie des demandes d'inscription à onze universités ou facultés de médecine[584] dont la Faculté de médecine de l'université de Californie à Davis. Cette Faculté le convie à un entretien en mars 1973. En mai de la même année, il reçoit une lettre l'informant que l'institution universitaire en question n'a pas retenu sa candidature. Mais Allan Bakke tient bon, car bien qu'ayant été rejeté aussi par les autres universités, il récidive en août 1973 et envoie une seconde demande d'inscription à l'université de Californie (Davis). Cette fois encore il est refusé, lui qui a été l'un des meilleurs étudiants de sa classe à l'université du Minnesota. C'est alors que, la mort dans l'âme, surtout blessé dans son amour propre de Blanc qui a toujours cru en la méritocratie, Bakke prend la grave résolution d'intenter un procès à l'administration de l'université de Californie.

2. Les minorités et l'université de Californie

A l'instar de bon nombre d'Américains blancs, Allan Paul Bakke croit dur comme fer en la méritocratie. Par exemple, dans le domaine de l'éducation, un élève ou un étudiant sera considéré comme plus méritant s'il obtient de meilleures notes à l'examen que les autres. C'est sur cette considération apparemment logique que repose l'essentiel de l'argumentation de Bakke.

Bakke s'était fait remarquer à l'université du Minnesota pour ses capacités intellectuelles. Il figurait parmi les meilleurs éléments de sa promotion. Les résultats de son *Medical College Admissions Test* (M.C.A.T.), un test qu'exigent presque toutes les facultés de médecine, sont excellents. Il figurait parmi les meilleurs 3 % en

---

583 Roger L. Pulliam, « Allan Bakke vs Regents of the University of California : Analysis and Implications », *Western Journal of Black Studies*, Vol. 2, N° 1, March 1978, p. 18.

584 University of Californie, Los Angeles ; University of California, San Francisco ; Stanford ; University of Minnesota ; the Moyo Medical School ; Wayne State University ; Georgetown ; University of Cincinnati ; Bowman Gray Medical School ; University of South Dakota ; University of California, Davis.

connaissance scientifique, les 4 % en expression orale (élocution), les 6 % en mathématiques, et les 28 % en culture générale. Bakke a donc obtenu à ce test d'excellents résultats, bien au-dessus des résultats des candidats moyens admis à la Faculté de médecine de l'université de Californie à Davis[585].

Avant de prononcer l'acceptation ou le rejet d'un candidat, la faculté tient compte de ses résultats au M.C.A.T., des résultats de ses études secondaires, de sa performance à l'entretien avec un jury, de sa motivation, et de bien d'autres facteurs. A chacun de ces critères, il attribue un nombre de points qui, additionnés, donnent un total général. C'est ce total général qui détermine les chances d'un candidat. Or, nous savons que les résultats de Bakke au M.C.A.T. sont excellents et qu'il est très motivé pour la médecine, sinon comment comprendre qu'avec un diplôme d'ingénieur et un très bon emploi dans l'industrie aérospatiale il veuille se reconvertir dans la médecine ? En 1973 il avait obtenu un total général de 468 points sur 500, mais il ne fut pas retenu. Son nom ne figurait même pas sur la liste d'attente, contrairement à 19 autres candidats qui avaient obtenu le même nombre de points que lui[586]. Le rejet de Bakke peut s'expliquer par plusieurs raisons.

3. Les raisons de la non acceptation de Bakke

Pour des raisons de famille, Bakke avait complété son dossier en retard si bien qu'au moment de son entretien avec la commission d'admission en mars 1973, 123 lettres avec avis favorable pour les 100 places disponibles avaient déjà été envoyées. 2.463 candidats plus lui postulaient pour ces places parmi lesquelles seize étaient d'office réservées aux candidats issus des minorités[587] (Noirs, Hispaniques, Américains d'origine asiatique, Indiens, etc.). Les raisons de son refus sont claires : dépôt tardif de son dossier, nombre élevé de postulants.

En ce qui concerne sa deuxième demande d'inscription, en 1974, elle a été déposée à une période où le mode de recrutement des candidats

---

585 Joel Dreyfuss and Charles Lawrence, III, *The Bakke Case : The Politics of Inequality* (New York : Harcourt Brace Jovanovich, 1979), p. 16.

586 Ibid., p. 21.

587 Ibid., pp. 16-17.

pour les études de médecine avait changé. La Faculté de médecine de l'université de Californie, Davis, avait adhéré entre temps à *l'American Medical College Application System* (A.M.C.A.S.). Désormais, pour postuler à une place dans une faculté de médecine, tout candidat doit remplir un formulaire unique dont copie est adressée à toutes les autres facultés de son choix. Cette nouvelle situation a eu pour effet immédiat d'accroître considérablement le nombre des postulants pour Davis. Au lieu de 2.464 candidats comme en 1973, Davis s'est retrouvée avec 3.737 candidats en 1974 pour les 100 places disponibles[588], réduisant par voie de conséquence les chances de Bakke. Il est alors refusé pour la seconde fois.

Dès son premier refus Bakke s'était posé des questions. Il ne comprenait pas que sa demande fût rejetée en dépit de ses capacités intellectuelles telles que reflétées par ses notes et ses résultats aux différents tests et de sa très grande motivation, surtout par Davis, une très jeune faculté fondée en 1968 et peu connue à l'époque. C'est alors qu'il entreprit de faire des « enquêtes » aux fins de déterminer le ou les causes de son refus. Il savait que son âge n'avait rien à y voir : Davis l'avait assuré que son âge importait peu dès 1971, année où il avait écrit pour demander des renseignements sur une éventuelle inscription.

Dans sa recherche des causes de son rejet, Bakke trouve en Peter Storandt, l'adjoint du directeur du service responsable des affaires estudiantines, un allié. C'est lui qui avait rédigé toutes les correspondances adressées à Bakke. Les deux hommes se sont rencontrés et ont discuté du problème de Bakke. Très certainement ils ont sympathisé car Storandt jouera un rôle inestimable dans la décision du candidat malheureux d'intenter un procès contre l'administration de l'université de Californie. En effet, il enverra à Bakke un descriptif du programme spécial d'admission pour les postulants membres des groupes considérés comme minorités. En plus, il lui fournira des détails très utiles que ce dernier utilisera dans son argumentation : aucun postulant de race blanche n'a été admis par le biais du programme spécial ; les moyennes des notes et les résultats du test (M.C.A.T.) des candidats issus des minorités sont inférieurs à

[588] Joel Dreyfuss and Charles Lawrence, III, op. cit., p. 27.

ceux des candidats blancs ; 16 places sur les 100 disponibles sont d'office réservées pour les minorités. En signe de reconnaissance Bakke lui enverra une lettre de remerciement dans laquelle il écrit :

> « *J'apprécie l'intérêt professionnel que suscite en vous le problème moral et légal posé par les quotas et les admissions préférentielles*[589]. »

L'attitude de Peter Storandt à l'égard d'Allan Paul Bakke, même si elle était dénuée d'arrière pensée, constitue en elle-même un encouragement pour ce dernier à prendre conscience de l' « injustice » dont il a été victime du fait de la couleur de sa peau et à y réagir, notamment en portant le problème devant les instances judiciaires. En réalité, l'attitude de Storandt n'était pas innocente[590]. Storandt était connu pour son opposition au programme spécial qui, selon lui, discriminait contre les non-minorités. De plus, il avait la réputation d'être un contestataire qui n'hésitait pas à prendre le parti des étudiants dans les situations controversées[591]. En possession de toutes les informations que Storandt lui a fournies et à l'instigation de ce dernier[592] après le rejet de sa première candidature, Bakke décide d'intenter un procès. Mais pour mettre toutes les chances de son côté, il dépose une nouvelle demande d'inscription. Celle-ci connait le même sort que la précédente, en 1974. Il ne lui reste plus d'autres alternatives que de mettre à exécution sa résolution.

4. Les griefs de Bakke contre l'université de Californie

Les griefs de Bakke contre la Faculté de médecine peuvent se résumer ainsi qu'il suit. L'institution d'un quota de 16 places réservées aux seuls candidats issus des minorités viole ses droits constitutionnels garantis par le Quatorzième Amendement qui affirme l'égalité de tous devant la loi sans distinction de race, de sexe, de religion, etc. Or, la réservation des 16 places pour les non-Blancs a un fondement racial. De surcroît, ajoute-t-il, ce système a permis d'accepter des postulants aux résultats scolaires et aux tests inférieurs

---

[589] Joel Dreyfuss and Charles Lawrence, III, op. cit., pp. 22-25.
[590] Ibid., pp. 22-25; Clarice Stasz, op. cit., p. 26.
[591] Clarice Stasz, op. cit., p. 12.
[592] Ibid., p. 22.

aux siens, c'est-à-dire moins méritants que lui. Tout tourne donc autour du programme spécial d'admission pour les minorités en vigueur à l'université de Californie à Davis, qualifié de « discrimination à rebours ».

L'université de Californie, à l'instar d'autres établissements du même genre à travers les États-Unis, sous la pression des étudiants et de la vague progressiste qui avait déferlé sur le pays dans les années 1960, avait institué un programme spécial pour les postulants issus des minorités aux origines sociales modestes afin de faciliter leur accès à l'enseignement supérieur. Ce programme spécial fait partie de la politique nationale connue sous l'appellation d'action affirmative.

La politique de l'action affirmative, nous l'avons déjà dit, est née d'un triste constat : malgré les lois antidiscriminatoires votées par le Congrès, les mesures et décisions visant le même but, et les professions de foi mille fois répétées tant par les instances politiques supérieures que par le citoyen moyen, la situation du Noir en particulier, et des minorités en général, n'a pas connu une amélioration convaincante et conforme aux nobles objectifs visés par ces lois, mesures et décisions. Cependant, il convient de rappeler que la « révolution des droits civiques » des années 1960 a permis à la communauté noire de faire des progrès notables presque dans tous les domaines : économique, social, politique. Ils sont néanmoins restés en-deçà des attentes de la communauté noire. Quelquefois ils sont à la limite du symbole, ce que les Africains-Américains qualifient de « *tokenism* ».

B. Les arguments

Faute d'avoir été satisfait après ses deux demandes d'inscription infructueuses, Allan Paul Bakke décide d'intenter un procès contre l'université de Californie dont relève la Faculté de médecine à Davis. L'affaire passe en jugement devant la *Superior Court* (cour subalterne, inférieure à la cour d'appel suprême) de *Yolo County* (Californie) qui rend un arrêt favorable à Bakke, le 7 mars 1975. Ce verdict déclare illégal le programme spécial d'admission pour les minorités parce qu'il a pour fondement la race du candidat ; par conséquent, la Faculté de médecine s'est rendu coupable de « discrimination à rebours » contre la personne de Bakke. Mais cette instance judiciaire n'ordonne pas l'admission de Bakke.[593] Insatisfaits, pour des raisons différentes, Bakke et l'université de Californie interjettent appel devant la Cour suprême de Californie qui accepte, le 26 juin 1975, de se saisir de l'affaire.

Devant la plus haute cour de l'État de Californie les deux protagonistes doivent encore fourbir leurs armes, c'est-à-dire leurs arguments, pour défendre leur cause respective.

1. Bakke

L'argumentation de Bakke et de son avocat est simple : Bakke est victime de discrimination. Pour cela, ils invoquent le Quatorzième Amendement à la Constitution des États-Unis qui garantit « l'égale protection des lois » pour tous. Ils soutiennent que le programme spécial de l'université prive Bakke de cette égale protection.

Ensuite, ils s'en prennent à la description de la procédure d'admission fournie par la Faculté de médecine, qu'ils qualifient de vague et affirme que la faculté est incapable de démontrer objectivement que Bakke a été refusé pour toute autre raison que sa race[594].

Deux points donc sont le fondement de la bataille juridique de Bakke.

2. L'université de Californie

L'université de Californie est en position d'accusée et elle doit se défendre car il y va de sa crédibilité. Elle relève qu'il faut faire la différence entre les programmes qui ont été mis sur pied pour aider les minorités et ceux qui discriminent contre elles, entre les programmes qui excluent totalement les Blancs et ceux qui, comme celui à la Faculté de médecine, visent à inclure un nombre limité d'étudiants issus des minorités. Elle insiste qu'elle ne choisit pas entre candidats qualifiés et candidats non qualifiés, mais « *entre des groupes*

---

[593] Alphonso Pinkney, *The Myth of Black Progress*, p. 150.

[594] Joel Dreyfuss and Charles Lawrence, III, *The Bakke Case*, pp. 69-70.

d'étudiants qualifiés à des degrés différents ». Ensuite, elle développe quatre arguments[595] :

- ✓ l'intégration de la Faculté de médecine et de la profession médicale apporterait une certaine diversité et rendrait et les étudiants et le corps professoral plus sensibles aux besoins et aux problèmes des minorités. De plus, cette intégration garantit la présence dans le corps étudiant de candidats issus des minorités, c'est-à-dire une diversification du corps étudiant ;
- ✓ un accroissement du nombre de médecins issus des minorités contribuerait à mettre à la portée des minorités et des pauvres les soins médicaux dont ils ont besoin ; en d'autres termes, à améliorer ces soins ;
- ✓ les médecins issus des minorités auraient plus de rapport avec les malades de leur race et auraient un intérêt et une sensibilité plus accrus pour leurs problèmes ; ils inspireraient aussi plus confiance à ces patients.
- ✓ les médecins formés par le canal du programme spécial d'admission serviraient de modèles aux jeunes des minorités. Ceci pourrait donner confiance à ces jeunes, surtout en ce qui concerne leur capacité à faire autant. Cet effet psychologique est très important pour les Noirs qui traînent derrière eux comme un boulet des siècles d'esclavage et d'humiliation durant lesquels les Blancs n'ont cessé de leur répéter leur incapacité, leur infériorité. Ces modèles de succès pourraient servir de référence et de catalyseur.

En dernière analyse, soutient l'université de Californie, la race du candidat ne constitue que l'un des critères de sélection. De plus, l'intégration de la profession médicale va dans l'intérêt de l'État de Californie qui en bénéficierait. Relevons que les minorités représentent au moins 25 % de la population de la Californie.[596]

---

[595] Ibid.

[596] Robert L. Allen, « The Bakke Case and Affirmative Action", *The Black Scholar*, September 1977, p. 9.

L'université conclut que Bakke se classait tellement loin que même sans l'existence du programme spécial il aurait été refusé[597].

En fait, tous ces points peuvent se résumer en un seul : l'intérêt de l'État de Californie. En effet, la fracture sociale va à l'encontre de la paix sociale dans cet État. La réduction de l'écart numérique des médecins issus des différentes composantes de la société californienne peut contribuer à cette paix. Donc, l'université fait de la prévention, ce qui est un acte louable en soi.

3. La Cour suprême de l'État de Californie

La Cour suprême de l'État de Californie rend son verdict le 16 septembre 1976. Par six voix contre une, elle déclare le programme spécial d'admission appliqué à Davis non-conforme à la Constitution, car elle y voit :

> *a form of an education quota system, benevolent in concept perhaps, but a revival of quotas nevertheless. No college admission policy in history has been so thoroughly discredited in contemporary times as the use of racial percentages. Originated as a means of exclusion of racial and religious minorities from higher education, a quota becomes no less offensive when it serves to exclude a racial majority*[598].

La Cour suprême de Californie assimile le système d'admission appliqué par la Faculté de médecine à des quotas, une pratique qu'elle juge dangereuse. Par conséquent, elle prononce par la même occasion l'admission de Bakke à la Faculté de médecine. Ce deuxième verdict favorable à Bakke représente assurément une deuxième victoire pour lui. Il ne demandait pas plus.

La décision de la Cour suprême de Californie ne convient pas à l'université et elle se refuse à baisser les bras. C'est ainsi que le 19 novembre 1976, son conseil d'administration par une majorité écrasante (onze voix contre une) décide d'interjeter appel devant la Cour suprême des États-Unis, la plus haute instance judiciaire, celle

---

[597] Joel Dreyfuss and Charles Lawrence, III, op. cit., p. 70.
[598] Diane Ravitch, *The Troubled Crusade*, p. 286.

dont les jugements sont sans aucun recours possible. Celle-ci accepte de se saisir de l'affaire le 22 février 1977[599].

4. La Cour suprême des États-Unis

L'affaire Bakke déchaîne des passions à travers tout le pays, surtout depuis que la Cour suprême a accepté de s'en saisir. Aucun jour ne passe sans qu'un écrit sur ce bras de fer entre Bakke et l'université de Californie ne paraisse. Ces écrits vont du plus hostile au plus sympathique au programme spécial à Davis. Tous les arguments possibles sont développés. Plus de soixante mémoires pour ou contre Bakke sont présentés par des « amis de la cour ». Les trois-quarts de ces mémoires sont en faveur du programme spécial[600]. Ce record de mémoires atteste sans nul doute de l'enjeu que représente cette affaire, surtout à une époque où le mouvement en faveur des droits civiques des Noirs est en perte de vitesse sur le terrain par rapport aux années 1960. Les « amis de la cour » peuvent se répartir en deux groupes antagoniques : les défenseurs du programme spécial d'admission et les pro-Bakke.

L'université de Californie a pour alliés des organisations des droits civiques, des organisations professionnelles noires, des organisations de défense des droits des minorités (Hispaniques, Indiens, Asiatiques…), des syndicats, des groupes religieux protestants, des universités, et le Ministère de la Justice. Parmi ces alliés l'on pourrait citer *l'American Civil Liberties Union*, la *National Education Association*, *l'Association of American Law Schools*, *l'Association of American Medical Colleges*, la *National Association for the Advancement of Colored People*, la *National Medical Association*, la

[599] Joel Dreyfuss and Charles Lawrence, III, op. cit., p. 94.

[600] Alphonso Pinkney, op. cit., p. 160; David W. Bishop, lui, avance le nombre de 51 mémoires qu'il considère d'ailleurs comme étant un record (cf. David W. Bishop, « The Affirmative Action Cases : Bakke, Weber and Fullilove », *Journal of Negro History*, Vol. 67, N° 3, Fall 1982, p. 231) ; Dans le système judiciaire américain, toute personne peut dans un procès défendre l'intérêt public ou celui d'une organisation. La personne en question, qualifiée d'« ami de la cour », présente alors un mémoire qui traite les aspects juridiques du problème en débat. Dans l'affaire Bakke un nombre jamais égalé de mémoires (plus de soixante) furent présentés devant la Haute Cour.

National Dental Association, et la *National Bar Association*. Les trois dernières associations sont des organisations professionnelles noires[601].

Pour les partisans de la Faculté de médecine, le programme spécial trouve sa justification dans le fait qu'il est nécessaire pour corriger les effets de la discrimination que les minorités, dont les Noirs, ont été victimes dans le passé. Selon McGeorge Bundy, le président de la *Ford Foundation*, la neutralité raciale ne peut suffire :

> *The reason is simple, if also painful : the gaps in social, economic, educational, and cultural advantage between racial minorities and the white majority are still so wide that there is no racially neutral process of choice that will produce more than a handful of minority students in our competitive colleges and professional schools*[602].

Le mémoire présenté par le Ministère de la Justice résume bien les arguments des défenseurs du programme spécial :

> *Du fait que les conséquences de la discrimination raciale ne peuvent être éliminées facilement, une attitude de simple neutralité est souvent insuffisante pour corriger les effets des actes du passé. La discrimination dont certains segments de la société ont souffert dans le passé risque d'avoir pour effet que les étudiants appartenant à des minorités abordent les études supérieures avec un dossier scolaire moins solide que s'ils n'avaient pas été victimes de cette discrimination. Du fait de la concurrence serrée pour l'admission dans les établissements d'enseignement supérieur, une variation si minime soit-elle dans la moyenne des notes risque d'entraîner l'élimination d'un candidat. Il est donc approprié de tenir compte de la race du candidat pour remédier à cette situation et faire les ajustements nécessaires par rapport aux notes antérieures, qui peuvent avoir été le résultat d'une discrimination, et ne traduisent pas des différences d'aptitude à réussir dans les études ou à contribuer à la médecine et à la santé des populations*[603].

Quant aux adversaires du programme spécial, ils sont unis par leur opposition au système des quotas et par leur foi en la méritocratie et aux droits de l'individu (opposé à ceux de groupe), idées développées

---

601 Alphonso Pinkney, op. cit., p. 161.
602 Diane Ravitch, op. cit., p. 287.
603 *Progrès*, N° 208, p. 4.

dans leurs mémoires. Ces adversaires appartiennent à des organisations juives, des groupes ethniques blancs, des groupes politiques conservateurs, etc. Nous pouvons citer comme exemples *l'American Jewish Committee*, *l'American Jewish Congress*, la *National Jewish Commission on Law and Public Affairs*, toutes des organisations juives. Nous pouvons aussi mentionner la Chambre de Commerce des États-Unis, les *Young Americans for Freedom*, *l'UNICO National* (la plus importante organisation des Américains d'origine italienne), la section locale de l'UNICO à Chicago, *l'Italian-American Foundation*, *l'Hellenic Bar Association of Illinois*, l'*Ukrainian Congress Committee of America*, le *Polish American Affairs Council*, et les *Polish American Educators Associations*[604].

L'affaire Bakke divise donc l'Amérique en deux camps antagoniques, les uns parlant de réparation, compensation, d'intérêt de la société, de traitement préférentiel, les autres de méritocratie, de mérite individuel, de droits de l'individu, de « discrimination à rebours ». La division au sein des « amis de la cour » n'est que le reflet de la division de la société américaine à propos du programme spécial d'admission en particulier, et de l'action positive en général. Même au sein des groupes ethniques, l'unanimité était loin de se réaliser.

La Cour suprême rend son arrêt le 28 juin 1978, une décision qui reflète la division de la société américaine. En effet, la Haute Cour, composée de neuf membres inamovibles, est elle-même profondément divisée autour de l'affaire Bakke. L'unanimité constatée lors de l'affaire Brown a disparu comme l'atteste les deux volets de la décision. La Cour ordonne l'admission de Bakke à la Faculté de médecine, mais en même temps, elle déclare que le facteur race peut être pris en considération dans l'étude de la demande d'inscription introduite par un candidat. L'arrêt de la Cour est ainsi résumé d'une façon lapidaire par le magazine *Time* : « *QUOTAS : NO/RACE : YES* »[605]. En termes clairs, la Cour est opposée au système des quotas, dans lesquels elle voit un contingentement racial, surtout dans les

---

[604] Alphonso Pinkney, op. cit. p. 160; David W. Bishop, "The Affirmative Action Cases : Bakke, Weber and Fullilove", *Journal of Negro History*, p. 234.

[605] Diane Ravitch, op. cit., p. 288.

établissements qui n'ont pas un passé de discrimination raciale. Néanmoins, les écoles et universités peuvent faire usage du facteur race dans leur procédure d'admission dans certaines conditions. La Cour suggère même à la Faculté de médecine d'adopter un programme plus souple qui tienne compte de l'origine ethnique ou raciale comme un élément d'appréciation, mais qui ne fixe pas un nombre précis ou un quota. Elle cite explicitement l'exemple de l'université Harvard qui utilise un système similaire[606].

Chacune des deux décisions a été adoptée par cinq voix contre quatre. En fait, la Cour était divisée en deux groupes et à chaque fois un juge – le même – a glissé dans l'un des camps pour permettre à une majorité de se dégager, les décisions de la Cour étant prises à la majorité simple. En ce qui concerne la première décision, c'est-à-dire celle qui déclare le programme spécial illégal, elle reconnaît la Faculté de médecine coupable d'avoir violé les droits constitutionnels de Bakke garantis par le Quatorzième Amendement, et par voie de conséquence demande à la Faculté de l'admettre. Illustrons cette décision par des extraits de l'opinion[607] du juge Lewis F. Powell, celui-là qui a fait basculer la balance d'un côté et de l'autre :

> *In summary, it is evident that the Davis special admission program involves the use of explicit racial classification never before countenanced by this Court. It tells applicants who are not Negro, Asian, or "Chicano" that they are totally excluded from a percentage of the seats in an entering class. No matter how strong their qualifications, quantitative and extracurricular, including their own potential for contribution to educational diversity, they are never afforded the chance to compete with applicants from the preferred groups for the special admission seats.*
>
> *The fatal flaw in petitioner's preferential program is its disregard of individual rights as guaranteed by the Fourteenth Amendment*[608].

---

[606] Ibid., p. 290.

[607] L'« opinion » est le point de vue d'un juge de la Cour sur une affaire que cette dernière juge. Chaque juge peut en rédiger une s'il estime qu'il ne partage pas le même point de vue que ses collègues sur la question. C'est donc une déclaration écrite.

[608] Alphonso Pinkney, op. cit., p. 152.

Le juge Powell ajoute que vu que la Faculté de médecine reconnaît son incapacité à prouver que sans l'existence de « son programme d'admission illégal » Bakke n'aurait pas été admis, elle doit admettre ce dernier[609].

Le deuxième volet de l'arrêt de la Cour suprême peut à son tour être illustré par des extraits de l'opinion du juge Harry Blackmun :

> *I suspect that it would be impossible to arrange an affirmative action program in a racially neutral way and have it be successful. To ask that this be so is to demand the impossible. In order to get beyond racism, we must first take account of race. There is no other way. And in order to treat some persons equally, we must treat them differently*[610].

5. Réactions après la décision de la Cour suprême

À la lecture de l'arrêt, on ne peut s'empêcher de se rendre à l'évidence : c'est un savant compromis qui donne tour à tour raison ou satisfaction à chacun des deux camps qui se sont formés au sein de l'auguste Cour à propos de l'affaire Bakke. Chaque camp peut crier victoire ; mieux, nul n'a perdu la face. Mais ce compromis digne du roi Salomon est-il dans l'intérêt des minorités ? Non, si l'on se fie à certaines réactions exprimées à chaud après la publication de l'arrêt. Un officiel de la *National Association for the Advancement of Colored People* (NAACP) qualifie le 28 juin 1978, le jour de la publication de la décision, de « *very sad day in the United States* ». Un membre noir du Congrès y voit « a racist decision by the Nixon court ». Un journal noir de New York City titre : « *Bakke — We Lost*[611]. » Le président de PUSH, *People United to Serve Humanity* (Peuples unis pour servir l'humanité), le révérend Jesse Jackson, place la décision dans une perspective plus large. Il l'interprète comme faisant partie d'une dérive nationale « vers la droite ». Le *National Committee to Overturn the Bakke Decision* et l'*Anti-Bakke Decision Coalition*, deux groupes qui font campagne contre la décision issue de l'affaire Bakke, la

---

609 Ibid.

610 Ibid., p. 151.

611 Diane Ravitch, op. cit., p. 290.

qualifient de « mauvaise décision avec un impact dévastateur potentiel pour les relations raciales dans ce pays[612]. »

Contrairement à ces réactions, d'autres sont plus optimistes. Le président de l'université de Californie considère la décision comme une victoire pour cette institution. « *L'ensemble de nos programmes d'admission semble être entièrement légal* », ajoute-t-il. Le président Carter la qualifie de « grande victoire pour l'action positive » et dit que l'arrêt de *Bakke* nous autorise à poursuivre nos programmes d'action positive « sans interruption »[613]. Malgré sa déception à l'idée de la victoire de Bakke, Benjamin Hooks, directeur exécutif à cette époque de la NAACP, dit que c'est « *une nette victoire pour l'action positive volontaire* ». Pour Vernon Jordan, le directeur de la *National Urban League*, « *la chose la plus importante est qu'une majorité de la Cour suprême reconnaît que la race est un facteur qui peut être utilisé dans les programmes d'action positive* ». Mieux, c'est un « *feu vert pour poursuivre des programmes d'action positive acceptables* ». Il reste à savoir ce qu'il entend par « acceptable ». Enfin, pour la présidente de l'*Equal Employment Opportunity Commission*, la Commission pour l'égalité des chances en matière d'emploi, « *my reading of the decision is that we are not compelled to do anything differently from the way we've done things in the past, and we are not going to*[614] » Cette appréciation d'une responsable de l'une des structures chargées de l'application des programmes d'action positive du gouvernement fédéral, comme un soutien à leurs activités, et la réaction de l'administration Carter laissent filtrer des notes d'espoir, du moins pour la durée de ladite administration. Mais que peut cette administration contre un environnement hostile ?

C. Contexte de l'affaire Bakke

L'épisode de l'affaire Bakke se termine par des cris de victoire tant de la part des partisans que des opposants de l'action positive. Cette réaction se justifie par le savant dosage effectué par la Cour suprême,

612 Joel Dreyfuss and Charles Lawrence, III, op. cit., pp. 226-227.
613 Diane Ravitch, op. cit., p. 291.
614 Diane Ravitch, op. cit., p. 291.

reflet de la division en son propre sein. Mais au-delà de la bataille juridique, que pouvons-nous retenir de l'affaire Bakke ?

A première vue *Bakke* apparaît comme une bataille juridique entre un individu et une institution d'enseignement supérieur. Le premier, s'estimant lésé dans ses droits constitutionnels, fait appel à la justice de son pays. La seconde, croyant agir au nom des minorités qui aspirent légitimement à plus de justice, tient bon malgré sa défaite initiale devant la Haute Cour de *Yolo County* et porte l'affaire devant une plus haute instance judiciaire. L'université de Californie se présente en fait comme la représentante et le porte-voix des minorités. Donc l'affaire Bakke doit être plutôt vue comme une bataille entre Bakke, un Blanc, et les minorités raciales et ethniques des États-Unis. Toute analyse de ce problème passe nécessairement par la prise en compte de cet élément.

Bakke intervient dans les années 1970, c'est-à-dire à une période historique différente à plusieurs égards de la décennie précédente. Les années 1960 représentaient la période de la grande fièvre du Mouvement des droits civiques en faveur des minorités en général, des Noirs en particulier. C'était le progressisme ou le libéralisme à l'honneur. On défendait les droits des « opprimés » et pour cela on était prêt à tout : changer les lois, accorder plus d'attention aux problèmes des défavorisés, au besoin leur accorder des « faveurs » si ces « largesses » peuvent hâter l'amélioration de leur situation. Effectivement, les années 1960 peuvent être qualifiées de tournant historique pour les Noirs, car elles marquent la prise de conscience de l'Amérique tout entière face à ses laissés-pour-compte. D'ailleurs, l'émergence de groupes radicaux tels que les *Black Panthers* avait finit par convaincre même les indifférents et les réticents qu'il fallait faire quelque chose de positif pour les Noirs et les minorités. Une sorte de consensus moral national en faveur d'une forme d'action positive s'est alors dégagé.

Par contre la décennie 1970 se présente différemment. Elle est presque l'antithèse des années 1960. Elle peut se résumer comme étant une période de grands changements : économiques, politiques, idéologiques...[615] C'est pourquoi, bien de choses qui semblaient

---

[615] Walter Stafford, "Economic Decline and the Rise of the New Conservatism : Twin Threats to Blacks" in Alphonso Pinkney, *The Myth of Black Progress*, pp. 18-45.

acquises pour les Noirs dans les années 1960 sont remises en cause la décennie d'après.

1. La crise économique

Durant cette décennie les États-Unis connaissent une situation difficile. En effet, la prospérité des années 1960 a fait place à une économie chancelante. Bien que toujours la première au plan mondial, l'économie américaine est en proie à une récession[616]. Un aspect de cette crise est l'inflation. Son taux annuel moyen dépasse 7%, ce qui représente plus du triple de ce qu'il était les deux décennies précédentes. Mieux, entre janvier 1970 et octobre 1979, les prix ont doublé.

Le second aspect de la crise est le chômage. En 1970, le taux de chômage est de 4,9%. À la fin de la décennie, c'est-à-dire en 1979, il atteint 5,3%. La situation économique est si préoccupante qu'en 1974 79% des Américains considèrent l'inflation comme le problème numéro un de la nation. Les chocs pétroliers de 1973 et de 1979 n'ont fait qu'empirer la situation. La récession dans laquelle se débat le pays entraîne des licenciements massifs de travailleurs, des fermetures d'usines, etc., avec leur cortège de problèmes sociaux de tous ordres.

Il faut reconnaître qu'en période de récession économique, les avoirs et les marges de manœuvre de l'État sont limités, ce qui rend la répartition du « gâteau national » plus difficile. C'est alors que l'on se prend à faire des calculs politiques. Quelle fraction de l'électorat rapporterait le plus en nombre de voix ? Ne vaudrait-il pas mieux s'attirer les faveurs de tel groupe plutôt que tel autre ? Quand de tels calculs politiques commencent à influencer les décisions de l'administration fédérale, les Noirs partent perdants. En effet, du fait de leur nombre restreint[617] (ils sont une minorité, fussent-ils la plus

---

[616] Walter Stafford, op. cit., pp. 21-22.

[617] En 1980, la communauté noire compte 26,455 millions de personnes sur une population globale évaluée à 200 millions. En 1985, selon les statistiques officielles du gouvernement, les Noirs représentent 12,1% de la population des États-Unis qui comptent 239,3 millions de personnes ; Sources : *The State of Black America 1983*, p. 48 ; "About the United States: Facts and Figures" published by the U.S. Information Agency, 1987 ;

nombreuse), leur poids politique est nécessairement limité. De surcroît, bon nombre de Noirs n'éprouvent pas le désir d'exercer leur droit de vote, donnant ainsi l'impression de ne pas être « rentables » sur le plan politique. Au vu de ces deux faits, certains politiciens ont tendance à négliger la communauté noire. Ils n'y font référence que par pure démagogie ou pour masquer leurs intentions réelles. En clair, en période de crise économique, quand les avoirs de l'État sont limités, le partage du « gâteau national » ne se fait pas selon les besoins réels de chaque groupe composant la société américaine, mais en fonction de critères subjectifs pour ne pas dire politiques. On comprend alors aisément pourquoi dans les années 1970 certaines « faveurs » précédemment accordées aux Noirs au vu d'une situation objective sont remises en cause.

De plus, non seulement certains acquis antérieurs sont remis en cause mais également le facteur race, autrefois évoqué par les minorités en général et les Noirs en particulier pour avoir certains « avantages », perd de son importance émotionnelle auprès de la population blanche. Celle-ci se préoccupe en priorité de défendre ses propres intérêts[618], car la crise a eu pour effet d'exacerber les égoïsmes individuels. Chacun se cramponne à ses acquis antérieurs et reste insensible à la détresse des autres.

Un autre aspect de cette nouvelle situation est que les Américains sont devenus très sensibles aux paramètres qui reflètent le statut de l'individu dans la société, notamment l'accès à l'enseignement supérieur. Ils se préoccupent de défendre leur position par rapport à ces paramètres. Par exemple, ils clament l'égalité des chances pour tous d'accéder aux études supérieures. Ils rejettent toute idée de « traitement spécial » sur la base de la couleur de l'individu. Aussi, toute idée de « faveur » pour les Noirs est combattue[619] au profit de la « méritocratie ».

Pour nous résumer, nous dirons que la crise économique qui a secoué les États-Unis dans les années 1970 a profondément affecté l'attitude de la communauté blanche envers les Noirs ainsi que sa

---

André Kaspi et al., *La civilisation américaine* (Paris : P.U.F., 1979), p.17.

[618] Walter Stafford, op. cit., p. 27.

[619] Ibid., p. 28.

perception des problèmes de ces derniers et de l'affaire Bakke. Par conséquent, les solutions envisagées pour résoudre ces problèmes ont aussi changé. L'égoïsme aidant, certains Blancs ont dû très certainement se dire : « Nous avons tous des problèmes. Notre situation n'est pas meilleure que la leur. Alors pourquoi leur accorder des avantages dont nous ne bénéficions pas ? » Ce monologue, bien qu'imaginaire, reflète bien l'état d'esprit d'une grande partie de la communauté blanche durant les années 1970.

2. La montée du conservatisme

La décennie 1970 est donc une décennie de remise en cause de la situation antérieure. Sur le plan purement des idées, nous assistons à la montée de l'idéologie conservatrice[620], supplantant ainsi l'idéologie libérale qui a dominé la décennie précédente. Walter Stafford classe les conservateurs en trois groupes qui sont liés par la même vision ou conception du monde et surtout des problèmes de l'Amérique. Le premier groupe, il le désigne sous le terme de Nouvelle Droite (*New Right*). Ce groupe, né en 1974, représente en fait l'aile politique du mouvement conservateur. Il comprend des personnalités telles que Richard Viguerie, son fondateur, et Roger Jepsen. Ce groupe a des alliés divers, tous liés par les mêmes préoccupations : des compagnies, des hommes d'affaires, des groupes de pression, des hommes politiques, etc. Nous pouvons par exemple citer *l'American Conservative Union*, les *Young Americans for Freedom*, la *National Rifle Association*. A ceux-ci il faut ajouter les groupes politiques de pression tels que le *National Conservative Political Action Committee*, les *Citizens for the Republic*, le *Committee for the Survival of a Free Congress*, etc. Ces conservateurs sont opposés à l'avortement, au *busing*, à l'éducation sexuelle dans les écoles, à l'action positive, etc.

Le second groupe composant le mouvement conservateur est la droite religieuse (*Religious Right* ou la Nouvelle Droite chrétienne). Comme son nom l'indique, elle représente l'aile religieuse, c'est-à-dire que ses principaux animateurs sont des hommes d'église et qu'elle a pour membres des groupes religieux. Les groupes religieux

---

[620] Ibid., pp. 32-45.

incluent la *Moral Majority*, la *Religious Roundtable*, et la *National Christian Action Coalition*. Le leader incontesté de la droite religieuse ou chrétienne semble être Jerry Falwell de la *Moral Majority*. Cette droite épouse les mêmes thèses que la Nouvelle Droite. Leurs points de vue extrémistes dérangent non seulement les libéraux, mais pire, même certains conservateurs, c'est-à-dire ceux-là même censés partager la même idéologie qu'eux[621].

Le troisième et dernier groupe composant le mouvement conservateur est constitué par les néoconservateurs (*neoconservatives*). Il est essentiellement animé par d'éminents intellectuels blancs. Donc, il représente l'aile intellectuelle du mouvement. Le terme « néoconservateurs » émane de Michael Harrington qui l'a forgé pour désigner ceux des anciens libéraux qui ont adopté des idées conservatrices. Un autre analyste, Peter Steinfels, les considère comme « un puissant parti d'intellectuels »[622]. Ce groupe comprend des sommités telles que Daniel Bell, Robert Nisbet, tous deux sociologues ; James Q. Wilson, politologue ; Norman Podhoretz ; Irving Kristol, critique social ; Daniel Moynihan, ancien sénateur fédéral, et analyste politique et social ; Michael Novak ; Nathan Glazer, sociologue et auteur du livre anti-action positive *Affirmative Discrimination* ; Samuel Huntington, politologue ; Sidney Hook, philosophe ; Midge Decter, écrivain ; Ben Wattenburg, écrivain et analyste ; Jeanne Kirkpatrick, politologue et ancien ambassadeur des États-Unis aux Nations-Unies du président Ronald Reagan. A ces personnalités il faut ajouter l'économiste noir de renommée Thomas Sowell, enseignant et chercheur à la *Hoover Institution*.

---

621 Le programme de la Nouvelle Droite chrétienne est centré autour de trois grands points : le capitalisme, le patriotisme, et le moralisme. Elle dérange surtout par son anticommunisme primaire (il faut défendre les États-Unis contre le communisme, le « plus grand mouvement antichrétien dans le monde aujourd'hui ») et par ses références continuelles à la Bible. Pour elle, tout doit être basé sur la Bible, la Parole de Dieu.
Source : Gordon Golding « La Nouvelle Droite Chrétienne aux États-Unis : l'exemple de la Majorité Morale », Colloque sur les études américaines, Dakar, mars 1985, pp. 23-38.

622 Peter Steinfels est cité par Walter Stafford, p. 37.

Tous ces intellectuels aux qualités reconnues et incontestées ont en commun entre autres leur opposition à l'action positive ou à certains de ses aspects, au *busing* et leur anticommunisme. Un atout majeur pour eux réside dans le fait qu'ils contrôlent deux des magazines les plus lus par les intellectuels des États-Unis, *Commentary* et *Public Interest*. Ces deux magazines sont pour eux des tremplins qui leur permettent de faire connaître leurs idées, et par la même occasion, d'influencer très certainement l'intelligentsia américaine. De par leur valeur reconnue, certains des membres de ce groupe ont eu à occuper de hautes fonctions politiques sous différentes administrations. Ces deux facteurs réunis, ajoutés au fait qu'ils appartiennent à des institutions de recherche cotées[623], font que l'on peut affirmer sans risque majeur de se tromper qu'ils représentent les personnalités les plus écoutées du pays. C'est là où réside le danger, car vu leur audience, ils forgent ou contribuent à forger par leur influence l'opinion de bon nombre d'Américains sur les problèmes nationaux et même de politique internationale.

La particularité de l'aile intellectuelle du mouvement conservateur réside dans le fait que certains de ses membres sont des personnalités qui ont par le passé soutenu des conceptions libérales sur les problèmes des minorités. Certains ont même participé à l'élaboration de programmes politiques touchant les minorités, vu les fonctions qu'ils occupaient à l'époque. Cela veut tout simplement dire que ces intellectuels ont une connaissance poussée des problèmes qu'ils évoquent. Comment expliquer alors leur revirement ?

Selon notre compréhension, cette volte-face peut s'expliquer par plusieurs facteurs. La crise économique, dont nous avons déjà évoqué quelques aspects, y a très certainement joué un rôle. Cette crise, la plus sévère depuis la dépression des années 1930, a ébranlé les convictions de plus d'un intellectuel. Les théories économiques qui avaient jusque-là fait autorité se sont avérées incapables de prévoir et même de juguler cette crise. L'Amérique s'est comme du coup trouvée désarmée devant cette situation inattendue. Conséquemment, certains analystes et intellectuels ont révisé leurs théories et

[623] Exemples : la *Hoover Institution*, *l'American Enterprise Institute*, le *Center for Strategic and Internal Studies* de l'université Georgetown.

conceptions pour soi-disant tenir compte de ce nouveau développement. Évidemment, leur perception du « problème noir » et des solutions à y apporter s'en sont trouvées affectées ou modifiées. Il n'est donc pas étonnant que certains intellectuels qui avaient défendu des points de vue plutôt libéraux dans les années 1960, période de prospérité économique, révisent leurs analyses la décennie suivante.

Le second facteur qui a pu ébranler les conceptions de certains anciens libéraux est l'échec relatif des réformes sociales tentées dans les années 1960 et dont les instigateurs étaient les intellectuels libéraux[624]. Nous pensons plus particulièrement aux réformes de la « *Great Society* » (Grande Société) du président Lyndon B. Johnson. Ces réformes, notamment les programmes de la « *War on Poverty* » (la Guerre contre la pauvreté), étaient tournées vers les déshérités de la société américaine dont les Noirs constituaient l'écrasante majorité. Ces programmes sociaux, nourris à la source de l'idéologie libérale, se sont vite trouvés sans fonds pour leur exécution correcte, malgré la prospérité que le pays connaissait, cela pour des raisons de politique intérieure et extérieure[625]. À l'heure des bilans les avis divergeaient, mais les intellectuels dont il est question ici avaient des positions nuancées. Selon Patrick Moynihan, les programmes inspirés de l'idéologie libérale ont été un succès. Cependant, il ajoute que les mêmes politiques ne doivent pas être poursuivies, car leur application continue créerait plus d'inégalité[626]. En fait, la réalité est qu'un désenchantement a fait jour. L'optimisme béat des années 1960, basé

---

[624] Godfrey Hodgson, *America in Our Time : From World War II to Nixon* (New York : Vintage Books, 1978), pp. 473-478.

[625] L'escalade de la guerre au Vietnam engloutissait de plus en plus d'argent de même que le conflit accaparait toute l'attention du président. De plus, les programmes sociaux en question étaient conçus pour être appliqués directement par les communautés elles-mêmes, ôtant du même coup aux élus les bénéfices politiques, d'où l'opposition croissante de ces hommes politiques, notamment les maires. A cette réaction il faut ajouter le désintérêt croissant de la majorité blanche et, avec le temps, du locataire de la Maison-Blanche lui-même. Cf. Godfrey Hodgson, *America in Our Time*, pp. 270-272.

[626] Godfrey Hodgson, op. cit. pp. 477-478.

sur la croyance en la perfectibilité de la société, a disparu, faisant place à une forme de pessimisme proche du conservatisme[627].

Enfin, le troisième facteur qui aurait influencé le revirement des intellectuels est la guerre du Vietnam. En effet, cette guerre qui avait débuté comme un moyen pour empêcher l'expansion du communisme en Asie du Sud-Est s'est progressivement avérée être une guerre d'usure. Mois après mois, les États-Unis se sont trouvés de plus en plus impliqués pour n'avoir finalement d'autre choix réel que l'escalade de la violence, car ils y voyaient une affaire d'honneur. Comment une puissance mondiale comme les États-Unis pouvait-elle perdre la face devant un petit pays de l'Asie et de surcroît sous-développé en s'y retirant brusquement surtout que sa rivale, l'Union Soviétique, en récolterait les bénéfices politiques ? C'est pourquoi les États-Unis ne voulaient pas d'un retrait unilatéral sans concession de la part du camp adverse. Ainsi, pour des raisons idéologiques et d'honneur, la première puissance mondiale s'est enlisée chaque jour davantage au Vietnam contre son gré. Le prix à payer pour cette erreur politique a été lourd : la défaite et le retrait forcé de l'Amérique en 1975. L'humiliation qu'elle redoutait lui a été finalement infligée et de façon cinglante.

Le revers politique et militaire que les États-Unis ont subi au Vietnam les a fortement traumatisés. Eux qui se croyaient les maîtres du monde ont dû apprendre une leçon amère : les armes les plus sophistiquées aux mains des hommes les mieux entraînés ne peuvent rien contre la volonté d'un peuple déterminé à défendre sa liberté. La pilule a été dure à avaler. Les Américains ont toujours eu foi en leur supériorité militaire dans le monde. Et voilà que cette confiance illimitée en leur toute puissance, en leur supériorité, est trahie. Les photos provenant des champs de bataille, publiées dans les journaux et magazines, et projetées sur leurs écrans de télévision, ont renforcé leur traumatisme et suscité des doutes sur la supériorité de leur système. Et même si ce système était « supérieur », cela valait-il la peine de l'exporter au prix de milliers de vies humaines ? Les « *Boys* » ou « *G.I.S.* » (soldats américains) méritaient-ils d'être sacrifiés de la sorte au nom de la prétendue supériorité d'un système ?

---

[627] Ibid., p. 478.

La réponse du public et de certains intellectuels libéraux était claire : tout système, qui pour assurer son exportation vers un autre peuple peut sacrifier des milliers de ses valeureux fils et imposer le même prix au camp adverse, ne peut être considéré comme supérieur, car en provocant un tel holocauste, le système en question démontre qu'il n'est pas lui-même à l'abri de la barbarie, c'est-à-dire la déchéance morale. Conformément aux réponses des intellectuels libéraux aux questions ci-dessus posées, des manifestations contre la guerre du Vietnam étaient organisées très fréquemment à travers tout le pays jusqu'à la débâcle des États-Unis en 1975.

En résumé, la guerre du Vietnam de par son aspect traumatisant et révélateur des faiblesses et des abus du système américain a contraint certains intellectuels à retirer leur soutien à l'administration fédérale et à revoir leur propre perception de l'Amérique et de ses problèmes. Ainsi, ils se sont métamorphosés en « ex-libéraux ». C'est dans ce contexte qu'il faut comprendre le retrait de ces intellectuels par rapport aux problèmes touchant les Noirs. Cette métamorphose et la montée du conservatisme en général étaient en toile de fond de l'affaire Bakke et elles l'ont très certainement affectée.

3. L'affaiblissement du Mouvement des droits civiques

La crise économique et la montée du conservatisme ne sont pas les seuls développements qui ont favorisé la remise en cause des « avantages » accordés aux Noirs et l'opposition à certaines politiques en leur faveur, dans les années 1970. Il faut prendre en compte l'affaiblissement sinon le démembrement du Mouvement des droits civiques.

Suite aux nombreuses victoires remportées la décennie précédente, les organisations composant le Mouvement des droits civiques en faveur des Noirs ont baissé les bras, estimant à tort la bataille gagnée pour de bon. C'était là faire une mauvaise appréciation de l'histoire des peuples et des sociétés : une victoire n'est jamais définitive ; il faut toujours rester vigilant, et surtout continuer de se battre pour la préserver. C'est ce que les organisations membres du Mouvement des droits civiques, en particulier les militants blancs, n'ont pas compris. Après les succès remportés (la loi sur les Droits civiques de 1964, la loi sur le Droit de vote de 1965 …), ils se sont « retirés » laissant aux seuls Noirs le soin de veiller à la mise en pratique des réformes obtenues. Mais la triste réalité est que pour l'application correcte de ces réformes, les Noirs avaient besoin des Blancs et de la vigilance du Mouvement dans son ensemble. Profitant du vide laissé par le Mouvement, les détracteurs des mesures en faveur de la minorité noire ont repris confiance et ont commencé à remettre en cause les « acquis » conquis de haute lutte[628].

L'affaiblissement des organisations noires dans les années 1970 est un autre élément qu'il faut prendre en compte. Cet affaiblissement peut être situé à plusieurs niveaux. D'abord, des dissensions internes existaient dans certaines organisations dont le *Congress of Racial Equality* (C.O.R.E.), le Congrès pour l'Égalité raciale, et la *National Association for the Advancement of Colored People* (N.A.A.C.P.), l'Association nationale pour le Progrès des Gens de couleur. Quant à la *Southern Christian Leadership Conference* (S.C.L.C.), la Conférence pour les Leaders chrétiens du Sud, elle connaissait des problèmes de réorganisation.[629] De plus, le *Student Nonviolent Coordinating Committee* (S.N.C.C.), le Comité pour la Coordination des Étudiants non-violents, avait cessé d'exister[630].

L'affaiblissement est aussi imputable à la baisse des revenus de ces organisations noires, baisse elle-même due à la montée de l'idéologie conservatrice, à la crise économique, et à la défection de certains membres. Par exemple, la N.A.A.C.P. était endettée, pire elle avait perdu un bon nombre de ses membres[631]. Cette baisse des avoirs a aussi eu pour conséquence de limiter l'efficacité des organisations membres du mouvement en faveur des droits civiques. C'est donc un cercle vicieux.

Dans les années 1970 les organisations noires ont aussi connu des changements à leur tête, c'est-à-dire que les hommes qui présidaient à leur destinée la décennie précédente n'exerçaient plus les mêmes fonctions. Prenons quelques exemples. Martin Luther King de la

---

[628] Certains militants, Noirs et Blancs, ont payé de leurs vies les succès remportés.
[629] Walter Stafford, op. cit., p. 19.
[630] Ibid.
[631] Ibid.

S.C.L.C. a été assassiné en avril 1968. James Farmer du C.O.R.E. et Roy Wilkins de la N.A.A.C.P. ont démissionné, respectivement en 1966 et en 1977. H. Rap Brown du S.N.C.C., accusé de meurtre en 1970, est allé purger une peine de prison de cinq ans. Stokely Carmichael toujours du S.N.C.C. s'est tourné vers l'enseignement. Quant à Whitney Young de la *National Urban League*, il est mort noyé en 1971 au Nigéria[632]. Évidemment, ces changements fréquents à la tête des organisations noires n'ont pas favorisé la formulation d'une ligne politique claire, cohérente, et viable par ces organisations, une situation exploitée judicieusement par leurs détracteurs.

Enfin, l'affaiblissement des organisations noires peut se mesurer par la défection croissante de leurs alliés actifs.[633] L'émergence du Pouvoir noir au sein du Mouvement des droits civiques a créé une confusion au niveau de leurs alliés blancs et certains se sont retirés. Le Pouvoir noir, qui représentait un durcissement, préconisait une participation plus accrue des Noirs au sein de leurs organisations, surtout aux postes de responsabilité. Or, nous savons que les alliés blancs occupaient certains de ces postes. Ces alliés ont compris le Pouvoir noir comme étant une invitation à se retirer. D'ailleurs, ils n'avaient pas totalement tort, car des militants zélés du Pouvoir noir voulaient effectivement les voir s'en aller[634]. Ce durcissement à l'intérieur du Mouvement a effrayé plus d'un allié blanc, ce qui a entraîné leur retrait. Quand on sait que certains pourvoyeurs de fonds apportaient leur soutien financier à cause de la présence, très probablement considérée comme rassurante, des Blancs dans le Mouvement, on comprend aisément les retombées négatives de ces retraits.

A la faveur de leur prise de conscience, les Noirs réclamaient une plus grande part des ressources financières du pays et une plus grande représentation politique[635]. Ces revendications étaient tout à fait légitimes, vu l'état d'arriération, de délabrement, et de sous-

[632] Ibid.
[633] Ibid., p. 20.
[634] Stokely Carmichael and Charles V. Hamilton, *Black Power : The Politics of Liberation in America*, pp. 44-56.
[635] Walter Stafford, op. cit., p. 20.

représentation à tous les niveaux dans lequel ils avaient été maintenus jusqu'à la « révolution des droits civiques » des années 1960. En clair, vu que le retard était énorme, il fallait faire vite. Ces revendications n'étaient assurément pas du goût de certains Blancs, car ces derniers les accuseront de précipitation.

Les groupes de pression des années 1970 ont constitué un attrait pour certains Blancs qui y ont vu le lieu privilégié pour poursuivre leur combat, désertant du même coup le mouvement pour les droits civiques et réduisant le nombre des alliés actifs de la cause des Noirs. Les débats sur l'action positive et la méritocratie ont eu le même effet. Ainsi, certains anciens alliés blancs se sont retrouvés à l'opposé du camp des Noirs[636].

L'engagement de la communauté noire aux côtés des pays du Tiers-Monde n'a pas été apprécié par une fraction de leurs supporters blancs, surtout ceux-là qui avaient une approche conservatrice des problèmes de politique internationale. On se souvient de leur réaction quand, dans les années 1960, le S.N.C.C. a manifesté son soutien aux nations du Tiers-Monde. On se souvient aussi, dans les années 1970, de leur agacement quand Andrew Young, le représentant des États-Unis aux Nations-Unies d'alors, a essayé de rencontrer l'Organisation de Libération de la Palestine (O.L.P.). Ils y ont vu une sorte de trahison, à cause des liens « chaleureux » qui ont toujours existé entre Israël et les États-Unis. L'incident avait été considéré comme tellement grave qu'il avait même entraîné la démission d'Andrew Young de son poste, en 1979[637].

L'affaiblissement des organisations noires est une situation déplorable qui a favorisé, au même titre que la crise économique et la montée de l'idéologie conservatrice, la remise en question des acquis de la décennie 1960. Cet affaiblissement signifie l'effritement de l'influence de ces organisations. La majorité blanche n'était pas dupe : elle savait qu'elle pouvait agir à sa guise sans risque d'une opposition véritable. Les conséquences sont là, palpables : l'affaire Bakke.

Les développements que nous venons de faire constituent le contexte historique dans lequel est intervenue l'affaire Bakke,

---

[636] Ibid.

[637] Walter Stafford, op. cit., p. 20.

contexte qui l'a d'ailleurs fortement favorisée. Ces développements restituent en quelque sorte l'atmosphère ambiante qui peut nous permettre de mieux saisir toute la portée de l'affaire Bakke, car si Bakke a osé porter plainte contre la Faculté de médecine de l'université de Californie pour « discrimination à rebours », c'est tout simplement parce que le contexte général lui donnait quelque chance d'espérer une issue dans le sens de ses attentes. Une telle démarche aurait été impensable une décennie plus tôt. Mais, les temps ont changé et les Blancs peuvent sans aucune crainte d'une réaction hostile contester les « faveurs » accordées à la minorité noire pour des raisons spécifiques fondées.

II. IMPACTS DE L'AFFAIRE BAKKE

Évaluer l'impact de l'affaire Bakke n'est pas chose aisée. L'on ne peut pas quantifier avec des chiffres précis combien de Noirs n'ont pas pu ou ne pourront jamais accéder à un établissement d'enseignement supérieur à caractère professionnel (médecine, droit…)[638] à cause de l'arrêt rendu par la Cour suprême. Nul ne peut fournir ces chiffres. De plus, nous avons les effets de la crise économique qui se sont très certainement traduits par une baisse des crédits alloués aux institutions d'enseignement supérieur et qui se confondent avec les effets induits de l'affaire Bakke. Enfin, l'impact de Bakke ne se limite pas aux seuls établissements d'enseignement supérieur. Il faut aller le chercher aussi dans les écoles secondaires où des programmes spéciaux pour aider certains élèves à surmonter leurs déficiences scolaires existent. Or, l'expérience nous montre que ces élèves sont la plupart du temps issus de milieux sociaux défavorisés noirs, hispaniques, etc. Mais généralement, les chercheurs ne remontent pas jusqu'à l'enseignement secondaire pour évaluer l'impact de l'affaire Bakke. Pour notre part, nous pensons que toute évaluation qui ne prendrait pas en compte cet aspect ne serait que parcellaire. Tous ces paramètres mis ensemble, l'on comprend pourquoi il est difficile d'évaluer avec exactitude l'impact chiffré de Bakke.

---

[638] Ces établissements sont très sélectifs, ce qui veut dire que leur accès est très difficile.

Néanmoins, si l'évaluation chiffrée est impossible, nous pouvons faire ressortir quelques développements qui eu lieu soit pendant l'affaire, soit après et qui nous semblent être les retombées de cette affaire qui a soulevé des passions à travers tout le pays.

A. La bipolarisation de la société américaine

Le premier impact est la bipolarisation de la société américaine en deux camps antagoniques déterminés par leur soutien ou rejet du programme spécial d'admission à Davis. Bien que née pendant l'affaire Bakke, cette division lui a survécu et persiste encore jusqu'à la fin des années 1980. Le fait important est que la couleur de l'épiderme n'est pas un gage sûr de la position de la personne considérée par rapport au programme spécial, même si le pourcentage de Noirs qui le soutiennent est plus élevé que celui des Blancs — ce qui est normal et compréhensible. Nous voulons tout simplement dire que les défenseurs et les adversaires du programme spécial se recrutent simultanément parmi les Blancs et parmi les Noirs. Rappelons-nous que l'une des figures de proue des adversaires est Thomas Sowell. Sowell[639] est un adepte inconditionnel de la « *reaganomics* », c'est-à-dire un partisan des thèses économiques du président Reagan. Selon un sondage d'opinion organisé par la *Gallup Organization* pour le magazine *Newsweek* par téléphone entre les 19 et 22 février 1988 que nous avons cité plus haut, 80 % des Blancs interrogés se sont déclarés opposés à l'action positive contre 50 % des Noirs interrogés. Le libellé exact de la question était : « *Pensez-vous qu'à cause de la discrimination antérieure les Noirs ayant les mêmes qualifications que les Blancs devraient faire l'objet d'un traitement préférentiel par rapport à ces derniers dans les domaines tels que l'accès à l'université ou l'emploi ?* ». 40% des Noirs interrogés ont répondu par l'affirmative contre 14% des Blancs[640].

---

[639] Pour les positions de M. Sowell, consulter *The Economics and Politics of Race : An International Perspective* (New York : Quill, 1983); *Civil Rights : Rhetoric or Reality ?* (New York : William Morrow, 1984); *Affirmative Action Reconsidered : Was it Necessary in Academia ?* (Washington, D.C.: American Enterprise Institute for Policy Research, 1975.

[640] *Newsweek*, March 7, 1988, p. 28.

Une relecture du sondage en question nous permet de relever les points suivants :

- ✓ un plus grand pourcentage de Noirs soutiennent la politique de l'action positive ;
- ✓ les Blancs s'y opposent dans leur écrasante majorité ;
- ✓ l'opposition traditionnelle Noirs-Blancs transparaît au travers des réponses.

Le fort taux de Noirs opposés au traitement préférentiel (50 %) nous semble significatif, même si les enquêteurs ont pris soin de souligner que la marge d'erreur est de 4 points en plus ou en moins pour l'échantillon blanc et 6 points pour l'échantillon noir. Ce sondage laisse croire que la communauté noire est en elle-même divisée sur la position à adopter. Cet état de fait donne des arguments supplémentaires aux adversaires blancs de cette politique. Ainsi, ont-ils pu dire : « Voyez, les premiers intéressés ne sont pas d'accord. Pourquoi persister ? ».

Ce taux de 50 % pose des problèmes aux défenseurs de l'action affirmative. S'ils se fient aux résultats de ce sondage effectué auprès de 632 adultes blancs et de 305 adultes noirs, ils adopteront une attitude prudente tendant même à limiter leurs ardeurs, à moins qu'ils soient des inconditionnels convaincus de l'absolue nécessité des programmes d'action positive pour les minorités. Un tel sondage peut avoir pour effet de freiner les programmes d'action positive à travers le pays. Cependant, l'échantillon sur lequel l'enquête a été effectuée (par téléphone) nous semble trop restreint pour refléter toute la réalité. Des erreurs sont possibles. Aussi, il serait bon de prendre lesdits résultats avec tout le tact nécessaire.

La division de la société américaine à propos de l'affaire Bakke a elle-même eu pour effet la rupture d'alliances traditionnelles. En effet, certains alliés de longue date des Noirs les ont lâchés et sont même devenus leurs adversaires. C'est le cas de certains libéraux blancs du temps des beaux jours du Mouvement des droits civiques. Les ponts se sont rompus et ils sont devenus des ardents défenseurs de Bakke au nom des principes sacro-saints de méritocratie et d'égalité des chances. Les Juifs, alliés traditionnels des Noirs depuis l'âge d'or du

Mouvement des droits civiques, les ont aussi abandonnés et se sont mués en défenseurs de premier ordre de Bakke. De nombreuses organisations juives avaient présenté des mémoires en faveur de Bakke devant la Cour Suprême[641]. La position des Juifs est très certainement dictée par la crainte qu'ils ont de faire les frais de cette politique. Relevons que ce groupe est très bien représenté dans les sphères académiques.

Les alliés objectifs de classe des Noirs, les Blancs pauvres, leur ont aussi tourné le dos comme pour leur signifier qu'ils n'ont plus rien en commun et à se dire. Ces Blancs se sont laissé convaincre par les arguments de ceux qui assimilent l'action affirmative à la discrimination à rebours. « Si des faveurs vous sont accordés uniquement à cause de la couleur de votre peau, et que par conséquent nous sommes exclus de ces faveurs, pourquoi continuer à collaborer puisque nous en sommes les perdants ? ». Tel a peut-être été leur raisonnement. Ce raisonnement se défend mais le problème est que les prémisses qui assimilent l'action affirmative à de la discrimination contre les Blancs sont fausses, ce qui du coup fausse tout le raisonnement.

La défection de ces alliés traditionnels de la minorité noire nous semble être un élément important à relever, car elle est la preuve tangible que les intérêts personnels ou de groupes finissent toujours par supplanter les alliances tactiques de tout genre. Tant que les intérêts des groupes concernés vont dans la même direction, l'alliance tient. Mais sitôt que ces intérêts prennent des directions parallèles ou contraires, l'alliance s'effrite et finit par céder. C'est l'une des leçons que l'on peut retenir de l'affaire Bakke.

B. La redéfinition du mot « minorité »

En plus de la bipolarisation de la société et de la rupture des alliances traditionnelles, l'affaire Bakke a aussi eu pour effet l'évolution progressive du concept de minorité. Las d'entendre indéfiniment parler de programmes spéciaux pour les minorités, les

---

[641] Thomas Sowell, *Ethnic America : A History*, p. 99; Alphonso Pinkney, op. cit., pp. 160 et 162.

adversaires de l'action positive ont fini par en être exaspérés et ils ont glissé vers une nouvelle définition du mot « minorité ». C'est ainsi que le contenu du terme « minorité » a progressivement évolué dans les années 1970 pour inclure les femmes, les personnes âgées, les homosexuels, les enfants, et certains groupes ethniques d'origine européenne et asiatique.[642] A certains adversaires cette nouvelle définition n'a pas suffi. Ils ont même étendu la notion de minorité à tous les Américains. C'est ce qu'a fait en 1983 M. Bradford Reynolds en déclarant : « *We are — each of us — a minority of one*[643]. » En clair, nous sommes tous issus d'une minorité. Si ce postulat est accepté, les traitements de faveur basés sur l'appartenance à un groupe minoritaire et racial n'ont plus leur raison d'être. Tel est son raisonnement. Il a par ailleurs ajouté que les « classifications raciales » sont à condamner. M. Reynolds est le responsable de la Division des droits civiques au Département de la Justice de l'administration Reagan.

Cette déclaration de M. Reynolds ne surprend guère si on la place dans le contexte général de la position de l'administration Reagan vis-à-vis de l'action affirmative. Cette administration n'a jamais porté dans son cœur cette politique. Non seulement elle n'a jamais cherché à renforcer les programmes existants, pire, elle a plutôt usé de son influence pour essayer de les démanteler. Nous y reviendrons.

La redéfinition du terme « minorité » peut être interprétée comme étant la volonté manifeste des adversaires des programmes spéciaux de limiter les avantages que la minorité noire pourrait en tirer. En effet, la redéfinition a pour conséquence d'élargir le nombre des bénéficiaires éventuels, et ce faisant, la part qui revient au groupe noir diminue. Une simple arithmétique justifie ce raisonnement. De plus, les bénéficiaires augmentant en nombre, les Noirs se retrouvent en compétition avec des Blancs, ce qui limite du coup leurs chances de s'en tirer à bon compte. D'ailleurs, l'expérience a montré que, une fois incluses parmi les groupes cibles, les femmes ont été les véritables bénéficiaires des programmes d'action positive, surtout celles de race

---

[642] Alphonso Pinkney, op. cit., p. 27.
[643] Ibid.

blanche[644]. Or nous savons que l'action positive a été initiée à cause surtout des Noirs. N'est-ce pas une contradiction ?

Le stratagème de la redéfinition n'est qu'un alibi pour essayer de déséquilibrer les tenants du traitement préférentiel. C'est bien connu : à chaque fois qu'un adversaire avisé sent le vent tourner en sa défaveur, en fin stratège il cherche un nouveau plan pour déstabiliser son adversaire. C'est ce que les opposants au traitement préférentiel ont tenté de faire. C'est donc dire qu'ils font tout pour empêcher l'application de cette politique.

C. L'effet psychologique

La bipolarisation de la société américaine en deux camps antagoniques, la rupture des alliances des Noirs avec les Juifs et les Blancs pauvres, et l'élargissement de la définition du mot « minorité » représentent des développements qui sont à lier aux débats houleux et passionnés à propos de l'affaire Bakke dans un premier temps, et de l'action positive dans un second temps. Ils en constituent donc des retombées.

D'autres effets de *Bakke* existent. L'annonce de l'arrêt de la Cour suprême a eu un effet psychologique à la mesure des espoirs et des attentes exprimés par les uns et les autres. Dans le camp des amis de Bakke, c'est évidemment la satisfaction : l'auguste Cour a reconnu le droit à l'inscription de Bakke, mieux, elle a admis que Bakke a été victime de discrimination raciale. Même si les neuf juges fédéraux ont par la même occasion reconnu que les universités ont parfaitement le droit de prendre en considération la race du postulant dans leurs décisions finales d'admission, cela leur importe peu. Ce qui compte d'abord, c'est la victoire de Bakke contre les tenants des programmes spéciaux. Cette victoire, les amis de Bakke la placent dans un contexte

---

644 - Ronald Walters, « The Politics of Affirmative Action », *Western Journal of Black Studies*, Vol. 6, N° 3, 1982, pp. 179-180.
- Rodney J. Reed, "Affirmative Action in Higher Education : Is it Necessary ?" *Journal of Negro Education*, Vol. 5, N° 3, Summer 1983, p. 333.
- Richard Stengel, "Balancing Act", *Time*, April 6, 1987, p. 20.
- Diane Ravitch, *The Troubled Crusade : American Education, 1945-1980*, p. 291.
- Nicole Bernheim, *Voyage en Amérique noire* (Paris : Stock, 1986), pp. 141 et 231.

plus large : ils voient au-delà de la simple victoire de l'individu Bakke. Elle représente la victoire de tout un groupe, d'une fraction de la société américaine. Elle représente aussi une étape dans une lutte de longue haleine, une lutte qui a besoin de victoires de ce genre pour garder confiance et croire en l'avenir.

L'effet psychologique pour les amis de Bakke est le déclic déclenché par l'arrêt : la confiance retrouvée, l'espoir de pouvoir un jour remporter une victoire plus importante sinon définitive, c'est-à-dire convaincre les décideurs américains de leur « erreur », les amener à revenir sur l'action affirmative dans son ensemble. Et l'arrêt de la Cour suprême signifie pour les amis de Bakke que cet objectif peut être atteint, que leur optimisme n'est pas injustifié. L'arrêt leur a redonné enfin cet espoir dont ils avaient tant besoin pour croire. Ce n'est pas un hasard s'ils se sont, durant l'affaire, investis à fond pour essayer de favoriser cette victoire qu'ils ont remportée.

À l'opposé de Bakke et de ses amis, les tenants des programmes spéciaux pour les minorités ne cachent pas leur déception. Ils avaient cru que la Cour suprême infirmerait les verdicts des cours inférieures pour qu'enfin les détracteurs des programmes spéciaux abandonnent toute idée de les combattre. Dans ce camp c'est un espoir déçu, avec la crainte justifiée que leurs adversaires ne prennent à plus ou moins brève échéance le dessus sur eux.

L'effet psychologique ici se traduit par une certaine morosité, une apathie, des interrogations sans réponses. C'est aussi, et pire, la peur de perdre après une bataille, sinon la guerre elle-même, car ils n'ignorent pas que les conditions généreuses qui avaient favorisé l'institution des programmes d'action positive n'existent plus et que la conjoncture économique défavorable aidant, les égoïsmes ont refait surface. La conception du « moi d'abord » ou du « moi aussi » s'est imposée comme la norme, la règle, chez beaucoup d'Américains. Donc les défenseurs des programmes spéciaux sont sous le choc du célèbre arrêt, déboussolés, et leur foi en l'avenir en a pris un sérieux coup. Cependant, leur salut et celui des fractions défavorisées de la société américaine qu'ils défendent résident dans leur capacité à surmonter cet effet psychologique négatif immédiat d'abattement, de découragement et de doute.

Si les défenseurs veulent préserver certains des acquis antérieurs à l'affaire Bakke, ils doivent continuer de se battre. S'ils veulent préserver l'action positive, ils doivent retenir de l'arrêt de la Cour suprême son aspect positif : la possibilité laissée aux universités de prendre en considération la race de chaque postulant dans leurs décisions finales d'admission. A partir de cette porte de sortie laissée ouverte, ils doivent se dire que la Cour suprême ne condamne pas dans leur intégralité les programmes d'action positive et poursuivre la lutte.

D. Le démantèlement ou la révision des programmes spéciaux

L'arrêt de la Cour suprême a aussi eu pour conséquence la révision de tous les programmes d'admission préférentielle existants à l'université de Californie. En effet, quelques jours seulement après la publication de l'arrêt en question, les avocats de l'université adressent des directives à tous les établissements la composant dans ce sens[645]. Cette réaction n'a d'autre but, on s'en doute, que de rendre les programmes en question conformes à la position exprimée par la Haute Cour. Ce développement — l'envoi de directives — tranche clairement d'avec les déclarations faites par le président de l'université suite à la décision de la Cour suprême selon lesquelles l'arrêt constitue une victoire et que les programmes d'admission de l'université de Californie sont légaux[646]. Évidemment, il faut faire la part des choses entre ce que l'on déclare à chaud ou devant la presse pour sauver les apparences et ce que l'on pense réellement. Les déclarations du président de l'université nous semblent s'inscrire dans le premier cas de figure. Sinon, comment concilier les dires du président et les directives des avocats ? Si tous les programmes sont légaux, pourquoi donner des directives pour leur révision ? On peut donc en déduire que les programmes en question ne sont pas en parfaite harmonie avec l'esprit et la lettre de l'arrêt de la Cour suprême.

L'exemple de l'université de Californie a fait tache d'huile. En effet, selon Joel Dreyfuss et Charles Lawrence, III, dans certaines

---

[645] Joel Dreyfuss and Charles Lawrence, III, op. cit., p. 226.
[646] Ibid.

écoles et facultés les programmes spéciaux d'admission pour les minorités ont été démantelés. Dans d'autres, le mot « défavorisés » a été redéfini pour inclure les Blancs. Ailleurs c'est à une véritable gymnastique à laquelle on s'est livré pour essayer de combiner les « critères traditionnels d'admission » et ceux qui prennent en considération la race et les moyens financiers des candidats[647]. Tout ce remue-ménage signifie que l'arrêt de la Cour suprême n'a laissé personne indifférent, surtout pas les établissements d'enseignement supérieur.

Les « nettoyages » internes qui ont suivi constituent la preuve que quelque chose a changé, mais dans quel sens ? De toute évidence, les minorités en général et les Noirs en particulier en ont fait les frais. Pour s'en convaincre prenons le cas du démantèlement ou l'abandon de programmes spéciaux. Si de tels programmes sont éliminés, cela influera négativement sur les inscriptions des Noirs dans les établissements à caractère professionnel, surtout en médecine et en droit où la compétition pour les places limitées est féroce, même entre les Blancs eux-mêmes. Les Noirs, victimes des séquelles de l'esclavage et de la discrimination raciale, marqués à vie par les stigmates de la couleur de leur épiderme, ne peuvent vraiment pas faire le poids. Ceci veut dire que l'accès à ces établissements leur sera de facto fermé. Ce qui nous paraît incontestable, c'est que de peur d'être traduits en justice, les établissements d'enseignement supérieur où existent des programmes spéciaux les démantèlent purement et simplement, ou procède à leur révision. Dans les deux cas, les Noirs en sont les victimes, car même la simple révision se fait en leur défaveur.

Quand les institutions d'enseignement supérieur démantèlent ou révisent leurs programmes spéciaux d'admission pour minorités, l'attitude des administrateurs de l'éducation et surtout des éducateurs subit des changements préjudiciables aux Noirs. Eux aussi adopteront une attitude plus conservatrice vis-à-vis de l'action positive[648]. Cette

[647] p.Ibid. 231.

[648] Ron Simmons, *Affirmative Action: Conflict and Change in Higher Education After Bakke* (Cambridge, Massachusetts: Schenkman, Publishing Company, Inc., 1982), p. VIII.

nouvelle attitude de ceux qui sont chargés de l'application des programmes spéciaux augurent d'une période dure pour les Noirs. Cela veut tout simplement dire que les administrateurs et les éducateurs en question deviennent très stricts dans les procédures d'admission, par exemple ils établissent des conditions que les Noirs ont des difficultés à satisfaire. En d'autres termes, cette attitude limite à coup sûr le nombre des bénéficiaires de programmes spéciaux. A terme, ce nouveau développement influe négativement sur le nombre des étudiants noirs.

Les effets cumulés du démantèlement ou de la révision des programmes spéciaux, et de l'attitude plus conservatrice des administrateurs de l'éducation et des éducateurs entraînent inéluctablement la baisse du nombre des étudiants noirs inscrits. Selon Ron Simmons, depuis l'affaire Bakke le nombre des étudiants noirs dans les filières professionnelles dont la médecine et le droit et même les inscriptions en thèse de doctorat (Ph. D) en sciences sociales, ont subi une baisse[649]. D'autres sources confirment ce constat. Reginald Wilson affirme que la part des étudiants noirs dans la population totale estudiantine dans les trois premières années d'études (jusqu'à la licence) a diminué de 11% de 1976 à 1982. Quant au pourcentage des étudiants noirs dans la population totale estudiantine de la quatrième année d'études jusqu'au doctorat, il est passé de 6% en 1976 à 5,5% en 1980[650].

Le tableau ci-dessous indique le nombre d'étudiants inscrits dans les établissements publics d'enseignement supérieur (*colleges*). Dans ces établissements la durée des études est de deux ans[651].

Années	**Noirs**	**Blancs**
Octobre 1970	422.000	5.163.000
Octobre 1980	1.007.000	8.875.000
Octobre 1984	918.000	7.163.000

Source : *The 1986 Almanach*, p. 775.

649 Ron Simmons, op. cit., p. 7.

650 Reginald Wilson, "Developing Leadership: Blacks in Graduate and Professional Schools." *Journal of Black Studies*, Vol. 19, N° 2, December 1988, p. 164.

651 Gregory A. Barnes, *The American University : A World Guide* (Philadelphia : Isi Press, 1984), p. 172.

Nous constatons :

- ✓ que le nombre des étudiants noirs inscrits dans les *colleges* publics est en baisse après octobre 1980, période située après l'arrêt de la Cour suprême en juin 1978 ;
- ✓ que le nombre d'étudiants blancs inscrits dans ce même type d'établissement après octobre 1980 est aussi en baisse.

Faut-il alors en conclure que l'affaire Bakke n'a pas eu de conséquence sur les inscriptions des étudiants noirs ? Il est vrai que la tendance à la baisse concerne aussi bien les Noirs que les Blancs, ce qui veut peut-être dire que le phénomène est national et non racial. Ce constat ne doit pourtant pas nous amener à répondre à notre question par la négative même si nous ne pouvons pas ici exhiber des éléments concrets chiffrés pour défendre et soutenir notre conviction. Autrement dit, même si nous ne pouvons pas, chiffres à l'appui, dire avec exactitude combien de candidats n'ont pas pu s'inscrire à cause de la nouvelle situation créée par l'affaire Bakke, nous devons nous garder de répondre hâtivement par la négative à notre question. Cependant, nous pouvons relever que l'on constate aussi une baisse du nombre des étudiants issus des minorités raciales dans des universités aussi prestigieuses que Harvard, Stanford, et l'université de Californie à Berkeley.

Reginald Wilson explique la baisse du nombre d'étudiants noirs par plusieurs raisons[652]. La soumission des candidats aux tests standards avant l'accès aux études désirées constitue le premier obstacle pour les Noirs. En général, à cause de leur passé leurs résultats sont d'un niveau inférieur par rapport à ceux de leurs homologues blancs. Aussi, un nombre très élevé de Noirs se font éliminer dès ce stade. Les places très limitées en ce qui concerne les carrières académiques n'est pas sans effet sur la diminution du nombre des étudiants noirs, surtout quand on connaît la concurrence farouche que leur livrent dans ce domaine les diplômés étrangers détenteurs de doctorats américains.

Dans les années 1960 et 1970, durant les beaux jours du Mouvement des droits civiques, les établissements d'enseignement supérieur recrutaient massivement des étudiants noirs même si les

[652] Reginald Wilson, op. cit., pp. 166-171.

résultats de leurs tests n'étaient pas à la hauteur. Après l'affaire Bakke cette « générosité » et cette compréhension appartiennent au passé. Les conditions de recrutement ont beaucoup évolué. Les barrières ont refait surface.

La situation économique et financière de la communauté noire joue aussi un rôle dans la tendance à la baisse du nombre d'étudiants noirs. Issus généralement de milieux défavorisés ou démunis, les étudiants noirs ont de plus en plus de mal à obtenir une aide financière pour la simple raison que celle-ci se fait plus rare. Par exemple, l'aide financière aux étudiants est passée de 55% à 41% de l'aide financière totale reçue par les établissements d'enseignement supérieur de 1980 à 1984 alors que durant la même période, l'aide totale disponible à diminué de 21% en dollars constants. Or, nous savons que les étudiants noirs ont vraiment besoin de cet argent. A défaut d'aide financière, ils se rabattent sur les prêts scolaires avec toutes les conséquences possibles. Malgré leur besoin d'argent, nous constatons que les emplois rémunérés d'enseignement et de recherche sont largement occupés par des étudiants étrangers. En 1978, 23.399 emplois de recherche et d'enseignement (*research and teaching assistantships*) étaient disponibles. Ces emplois sont généralement confiés à des étudiants doctorants et qui les exercent parallèlement avec leurs études. Sur ces 23.399 postes disponibles, seulement 399, soit 1,7% étaient occupés par des étudiants noirs. A l'opposé, 4.739 de ces emplois étaient occupés par des étudiants étrangers. N'est-ce pas là une contradiction qui ne peut que surprendre ?

A ces raisons déjà évoquées pour tenter d'expliquer la baisse du nombre des étudiants noirs, Reginald Wilson ajoute les retombées de la politique économique et éducationnelle de l'administration Reagan, aspect que nous approfondirons plus loin.

Une analyse des causes avancées par Reginald Wilson nous amène à la conclusion que celles-ci constituent en fait des éléments qui militent pour l'existence de programmes spéciaux en faveur de la communauté noire. Si l'on veut que le Noir puisse sortir du cercle vicieux dans lequel il se trouve prisonnier, il faut qu'on lui accorde certains traitements de faveur tant dans le domaine de l'éducation que dans celui de l'emploi. Or l'affaire Bakke a entraîné le démantèlement, la suspension ou la révision de certains programmes spéciaux déjà existants. Donc, on ne peut que logiquement aboutir à la conclusion que l'affaire Bakke a influencé à la baisse le nombre des étudiants noirs.

D'ailleurs, en prenant le problème par l'autre bout, nous pouvons dire que c'est peut-être la survivance de certains programmes spéciaux qui a freiné cette baisse. Sans ces programmes « survivants », la situation aurait pu être catastrophique. Nous aurions assisté à une véritable chute. Cependant, nous ne pouvons pas prouver cette relation de cause à effet avec des chiffres.

En résumé, l'arrêt dans l'affaire Bakke et ses corollaires (démantèlement et révision de programmes spéciaux, attitude plus conservatrice des administrateurs de l'éducation et des éducateurs ...) ont effectivement influé à la baisse le nombre des étudiants noirs. Le contraire eût été surprenant car cette décision a été l'issue de secours inespéré pour les universités, administrateurs et éducateurs non convaincus du bien fondé de l'action affirmative : il leur a permis de se dédouaner à bon compte. Ils n'ont fait aucun effort pour faciliter l'inscription des candidats noirs. Ils n'attendaient qu'une occasion de ce genre pour tout laisser tomber. Seuls continuent à se battre pour les Noirs et les autres minorités les établissements, administrateurs et éducateurs qui ont une foi à toute épreuve en la nécessité absolue des programmes spéciaux.

III. ATTAQUES CONTRE L'ACTION AFFIRMATIVE

L'arrêt de la Cour Suprême en juin 1978, en ordonnant l'inscription d'Allan Bakke, c'est-à-dire en donnant raison aux détracteurs du programme spécial à Davis et de l'action affirmative dans son ensemble, a ouvert la voie à une remise en cause de cette politique en faveur des minorités. Ses détracteurs n'attendaient qu'une telle occasion pour opérer à visage découvert. La Cour suprême par cette décision leur a en fait facilité la tâche. Maintenant ils ont un précédent sur lequel ils peuvent se baser.

À partir de juin 1978 les attaques contre la politique de l'action affirmative se sont multipliées. Elles émanent tant d'individus que des autorités politiques. Les exemples pour illustrer ce développement sont légion. Aussi ne retiendrons-nous que quelques-uns jugés par nous représentatifs.

A. Agressions physiques

Le premier exemple d'attaque suite à l'affaire Bakke peut être qualifié d'agressions physiques racistes. Celles-ci sont le fait d'adversaires farouches qui, ne sachant quoi faire exactement pour accélérer le processus de démantèlement des programmes à l'intention des Noirs, s'en prennent à ces derniers, victimes innocentes toutes désignées. Faute de pouvoir faire aboutir leur combat, ils commettent des actes « terroristes » pour assouvir leur désir de vengeance. Donc, incapables de convaincre par la force de leurs arguments les instances judiciaires, ils se laissent convaincre par leurs bas instincts de l'argument de la force. Ils utilisent l'argument de la force en tant qu'arme d'intimidation. En effet, pour décourager toute velléité de revendication de mesures en faveur des Noirs ou pour empêcher ces derniers de réclamer l'application concrète des mesures déjà prises, les détracteurs de l'action affirmative recourent à de telles méthodes.

Le procédé n'est pas nouveau. L'histoire des Noirs aux États-Unis regorge de nombreux exemples. Souvenons-nous de la période esclavagiste : des corrections très sévères d'intimidation étaient infligées aux esclaves qui osaient se rebeller contre l'autorité paternaliste du maître ou aux esclaves qui tentaient de s'enfuir et qui malheureusement se faisaient reprendre. Ces « corrections » qui étaient publiques — c'est-à-dire que les autres esclaves étaient contraints d'y assister — s'avéraient être quelquefois très cruelles. On n'hésitait pas à tuer pour l'exemple. Souvenons-nous aussi de la période post-esclavagiste. Il nous vient spontanément à l'esprit les agissements d'un autre âge du Ku Klux Klan, une organisation suprématiste blanche dont la triste renommée a dépassé les frontières des seuls États-Unis d'Amérique. Le Ku Klux Klan attaquait, violait, lynchait, immolait... les Noirs récalcitrants. Il s'en prenait aussi à leurs biens : habitations, champs, greniers, etc. Dans une période plus récente, rappelons-nous enfin les attaques et attentats multiples de racistes blancs contre les militants du Mouvement des droits civiques qu'ils trouvaient trop zélés. Les attaques et attentats contre Martin Luther King, Jr. et sa famille sont les plus connus de cette période.

Après l'affaire Bakke le constat reste le même : intimidations de tous genres pour décourager les Noirs. Retenons deux cas qui datent de l'année 1986. En février 1986, la maison de Charles Williams est incendiée par un groupe de Blancs furieux de les voir, lui et sa famille, venir habiter dans un quartier blanc. Cet incident a eu lieu à Philadelphie en Pennsylvanie. Ces Blancs avaient d'abord crié « Dehors ! Dehors ! », avant de se résoudre à mettre le feu[653].

Le second cas se passe à Charleston en Caroline du Sud. En novembre 1986, Kevin Nesmith démissionne de l'académie militaire de cette ville. Cette décision extrême est la conséquence d'un incident à caractère raciste dont le jeune Noir a été victime. En effet, un jour qu'il était dans sa chambre, un groupe de cadets habillés en tenue du Ku Klux Klan y firent irruption, exhibant une croix en papier enflammée, et proférant des injures racistes[654].

Le cas du jeune Kevin Nesmith montre bien l'efficacité que peuvent avoir les intimidations proférées à l'encontre des Noirs. C'est le but recherché par les auteurs de ces intimidations. Malheureusement, bien des fois ils ont atteint leur but. Les diverses attaques physiques contre des Noirs après l'arrêt de la Cour suprême ont le même but : étouffer tout désir de réclamation, de revendication, de nouvelles mesures en leur faveur ou empêcher l'application de celles déjà prises. C'est la seule analyse qui tienne à moins que ces agressions physiques ne soient le fait de personnes désespérées ou de personnes mues par un désir brûlant de vengeance, comme nous l'avons relevé plus haut.

Un autre exemple de violence est la résurgence du racisme et de l'intolérance raciale. Des groupes racistes, tels que le Ku Klux Klan et les néo-nazis, ont repris leurs activités. Le racisme a refait son apparition sur de nombreux campus universitaires à l'image de *Harvard*, *Purdue*, *l'University of Santa Clara*, *l'University of Michigan*, la *Northern Illinois University*, *l'University of*

---

[653] National Urban League, *The State of Black America 1987* (New York : National Urban League, Inc., 1987), p. 218.

[654] Ibid., p. 221.

Massachusetts à Amherst, *Columbia University*, *l'University of California* à Los Angeles. Le traitement préférentiel ne constitue peut-être pas l'unique cause de cette montée du racisme. Mais certains étudiants pensent que ce racisme n'est que le reflet du manque de considération pour les Noirs manifesté par la Maison-Blanche[655]. Très probablement, les racistes interprètent l'attitude de l'administration Reagan comme une caution morale.

B. Actions en justice

Les actions en justice sont un autre important type d'attaque contre les programmes spéciaux. Dans ce cas, l'objectif recherché est, à la lumière et à la faveur de l'arrêt de la Cour suprême, de faire revenir les autorités ou toutes les institutions concernées sur des décisions prises depuis des années en faveur des Noirs et des minorités, ou de revenir sur des « avantages » déjà acquis. C'est le cas de quatorze (14) sapeurs-pompiers et d'un employé municipal qui accusent la ville de Birmingham dans l'État de l'Alabama de « discrimination à rebours ». En fait, ces Blancs reprochent à la ville de leur avoir « *refusé des promotions en faveur de Noirs moins qualifiés* ». En décembre 1986, un juge fédéral de district déboute les plaignants en déclarant que ces derniers n'ont pas prouvé en quoi la ville a violé l'accord sur l'embauche et la promotion des Noirs et des minorités conclu en 1981 avec le Département de la Justice[656].

En Californie, une organisation opposée au *busing* porte plainte contre les autorités de la ville de Los Angeles pour « *busing* excessif ». Pour cette organisation le « *busing* excessif » est en fait un système de quota, alors que ce système a été rendu illégal par l'arrêt de la Cour suprême dans l'affaire Bakke[657].

Le domaine le plus touché par les différents recours en justice introduits par des particuliers semblent être le domaine de l'emploi

[655] Rodney J. Reed, "Affirmative Action in Higher Education : Is it Necessary ?", *Journal of Negro Education*, Vol. 52, N° 3, Summer 1983; Ezra Bowen, "Wrong Message from Academe", *Time*, Vol. 129, N° 14, April 6, 1987, pp. 57-58; Thomas Sowell, *Ethnic America*, p. 223.

[656] National Urban League, *The State of Black America* 1987, p. 215.

[657] Alphonso Pinkney, *The Myth of Black Progress*, p. 159.

(embauche, promotion ...). Cela témoigne sans doute du rôle important que joue ce domaine dans la vie de tout un chacun. L'exemple suivant confirme cette perception des faits.

Brian Weber[658] est un jeune Blanc de trente-deux ans qui travaille pour la *Kaiser Aluminum à* Gramercy dans l'État de Louisiane. La *Kaiser Aluminum* est une branche de la *Kaiser Aluminum and Chemical Corporation,* l'usine-mère. Brian Weber introduit une demande pour un stage de formation organisé par la compagnie en question. Il est refusé. La raison avancée est qu'il n'a pas suffisamment d'ancienneté pour être admis à ce programme. Constatant que deux des Noirs retenus ne sont pas aussi anciens que lui, il porte plainte devant les instances judiciaires contre la compagnie et le syndicat des métallurgistes, l'*United Steelworkers of America*, pour « discrimination à rebours ».

Pour comprendre cette affaire il nous faut faire un peu d'histoire. Les origines de cette affaire remontent à 1974, année où la *Kaiser Aluminum and Chemical Corporation* en accord avec le syndicat des métallurgistes met sur pied un programme national d'action affirmative destiné à terme à assurer une meilleure représentativité des minorités et des femmes au niveau des emplois les mieux rémunérés. En concordance avec l'accord ci-dessus mentionné, l'usine de Gramercy élabore un programme numérique des minorités et des femmes au sein de l'entreprise. Bien que représentant 40% de la main-d'œuvre de la région de Gramercy, jusqu'à une époque récente avant 1974, il n'y avait que vingt (20) Noirs sur un total de cinq cent (500) personnes travaillant à l'usine. Selon donc le programme d'action affirmative local, il faut embaucher des Noirs et des femmes jusqu'à concurrence respectivement de 40% et 5% des employés de l'usine, étape nécessaire si l'on veut que ces derniers accèdent à terme aux postes les mieux rémunérés au sein de l'entreprise. Toujours selon le programme en question, pour atteindre cet objectif ultime, les travailleurs les plus anciens doivent être admis au stage de formation

---

658 Nous devons le résumé de cette affaire à Alphonso Pinkney dans son livre ci-dessus cité, pp. 162-166. Voir aussi David W. Bishop, « The Affirmative Action Cases : Bakke, Weber and Fullilove ». *Journal of Negro History*, Vol. 67, N° 3, Fall 1982, pp. 235-239.

sur une base paritaire, c'est-à-dire un travailleur issu des minorités ou une femme pour chaque travailleur blanc de sexe masculin accepté. C'est ce système paritaire que dénonce Brian Weber, car il y voit la cause de son refus au programme de formation, passage obligatoire pour lui pour accéder aux emplois les mieux rémunérés. Devant son rejet pour insuffisance d'ancienneté, Weber qui a à l'esprit l'affaire Bakke et le précédent qu'elle a créé, s'en remet au verdict des instances judiciaires.

Weber porte plainte contre l'entreprise et le syndicat pour « discrimination à rebours ». Il a gain de cause devant la cour de district qui déclare le programme d'action affirmative en vigueur dans l'entreprise illégal pour la simple raison que les bénéficiaires n'ont pas eux-mêmes été victimes de discrimination par le passé pour justifier un traitement « compensatoire ». Le syndicat et la compagnie interjettent appel devant la cour fédérale d'appel dont ils relèvent qui à son tour confirme le verdict précédent. En désespoir de cause et en dernier ressort, ils font appel devant la Cour suprême des États-Unis.

La Cour suprême des États-Unis considère l'affaire Brian Weber comme étant un problème de traitement préférentiel ayant pour fondement un accord volontaire entre deux parties privées. Le problème ainsi compris, il s'agit alors pour les juges de la Haute Cour de répondre à la question suivante : les programmes volontaires d'action affirmative sont-ils oui ou non conformes à l'esprit et à la lettre de la loi sur les Droits civiques de 1964, notamment à son article 7 qui bannit toute forme de discrimination basée sur la race, la couleur, le sexe, l'origine, la religion ? A cette question capitale les sept juges présents[659] aux débats répondent par une majorité de 5 contre 2 que les programmes volontaires d'action affirmative, même ceux qui contiennent des quotas chiffrés, ne constituent pas nécessairement une violation de la loi sur les Droits civiques de 1964. L'arrêt est tombé le 27 juin 1979.

Cette décision de la plus haute instance judiciaire du pays est accueillie avec soulagement par les défenseurs de l'action affirmative

---

[659] Deux juges n'ont pas participé à la prise de cette décision : l'un parce qu'il a eu à travailler par le passé pour la *Kaiser Aluminum and Chemical Corporation*, l'autre pour cause de maladie.

dans leur ensemble, en particulier par ceux qui ont apporté leur soutien à la *Kaiser Aluminum and Chemical Corporation* et à la *United Steelworkers of America* contre Brian Weber. Comme dans l'affaire Bakke les défenseurs de la compagnie et du syndicat sont des organisations de défense des droits civiques des minorités et des femmes. Par exemple, *l'Affirmative Action Coordinating Center* a présenté un mémoire signé par soixante-quatre (64) organisations. En plus de ces organisations, il faut relever le soutien de dizaines de syndicats et du gouvernement fédéral[660]. L'administration Carter était toujours aux affaires.

Pendant que les partisans du programme de traitement préférentiel institué par la *Kaiser Aluminum and Chemical Corporation* jubilent, Brian Weber et ses amis ne cachent pas leur déception. Les amis de Brian Weber sont des organisations de droite. A ces organisations, il faut ajouter *l'Anti-Defamation League of B'nai B'rith*, une organisation juive, et *le Polish American Congress*[661].

À l'analyse, les affaires Brian Weber et Allan Bakke sont inextricablement liées. D'abord, dans les deux cas les défenseurs des intérêts des Noirs, des femmes et des minorités sont les mêmes. Il en va de même pour les adversaires. Ensuite, les deux affaires portent sur des programmes spéciaux (action affirmative) destinés à remédier aux effets de la discrimination passée dont les Noirs ont été victimes. La seule différence est que dans l'affaire Brian Weber le programme d'action affirmative incriminé résulte d'un « *accord volontaire entre deux parties privées dont le comportement n'est pas régi par la Constitution* », du moins c'est de cette façon que la Cour suprême des États-Unis a posé le problème. Donc dans ce cas, la plainte de Weber porte sur un programme volontaire d'action affirmative entre deux parties contractantes consentantes. Enfin et surtout, l'une des deux affaires a engendré l'autre : l'affaire Bakke est la source de l'affaire Weber. Si *Bakke* n'avait pas eu lieu, *Weber* n'aurait peut-être pas vu le jour. Si Allan Bakke n'était pas sorti victorieux de son différend avec l'université de Californie, il ne serait peut-être certainement pas venu à l'esprit de Brian Weber de contester la validité du programme de

[660] Alphonso Pinkney, *The Myth of Black Progress*, p. 164.
[661] Ibid.

formation mis sur pied par la *Kaiser Aluminum and Chemical Corporation. Weber* nous apparaît donc comme la conséquence logique de *Bakke*. D'ailleurs, il fallait s'attendre à des actions de ce genre de la part des adversaires de toute forme de programme spécial à l'intention des Noirs.

Plus surprenante par contre est l'attitude de certains sénateurs et de certains juges fédéraux qui ont vu dans l'arrêt de la Cour suprême une occasion rêvée pour démanteler les programmes d'action positive. Ainsi, le 3 mars 1982, par un vote de 57 voix contre 37, le Sénat adopte un projet de loi anti-*busing*. Ce projet de loi condamne le transport d'élèves d'une zone à une autre comme moyen d'assurer l'intégration scolaire. Pire, il autorise le Département de la Justice à limiter ou à mettre fin aux injonctions de justice actuellement en cours d'exécution qui font obligation à certains districts scolaires récalcitrants de faire effectivement usage du *busing*[662].

Certains juges fédéraux ont pris prétexte de l'arrêt de la Cour suprême de juin 1978 pour condamner tous les cas de programmes d'action positive qui leur sont parvenus pour jugement. En pareille circonstance, ils ont tout simplement rendu un jugement défavorable, c'est-à-dire qui rejette les programmes spéciaux. À Los Angeles, en Californie, un juge a déclaré anticonstitutionnelle une loi fédérale nouvellement adoptée qui stipule que 10% des contrats gouvernementaux dans le domaine du bâtiment doivent être attribués à des entreprises appartenant à des minorités[663]. Chose très importante, ce juge a cité comme référence l'affaire Bakke.

Un jugement similaire à celui à celui de Los Angeles a été rendu à Boston dans le Massachusetts. Dans le Nouveau Jersey un quota d'embauche appliqué par les services de police et des sapeurs-pompiers, institué afin de remédier à la discrimination qui existait dans ces services, a été jugé anticonstitutionnel par la Cour suprême dudit État[664]. Une cour fédérale a trouvé inacceptable l'utilisation de quotas dans l'attribution des bourses[665].

---

[662] National Urban League, *The State of Black America 1983*, p. 367.
[663] Alphonso Pinkney, op. cit., p. 159.
[664] Ibid.
[665] Ibid.

Les exemples pourraient être multipliés, mais nous nous limiterons à ceux-ci. Nous l'avons compris : l'arrêt de la Cour suprême des États-Unis dans l'affaire Bakke a été le point de départ d'une vague de réclamations, de contestations, de remises en cause de l'esprit de la politique de l'action affirmative. Il a été l'occasion rêvée pour les adversaires de toute nuance de cette politique d'équilibre social d'essayer d'arrêter ou de faire reculer la roue de l'Histoire. C'est pourquoi, ont pris une part active dans ce mouvement d'arrière-garde des juges, des syndicalistes, des employeurs, des officiels fédéraux dont le seul trait commun est leur antipathie ou même leur haine pour les programmes spéciaux en faveur des minorités.

Quand nous parlons d'opposition aux programmes spéciaux, nous ne pouvons nous empêcher de faire une mention spéciale à l'administration Reagan.

C. Le cas de l'administration Reagan (janvier 1981-janvier 1989)

Ronald Wilson Reagan prend fonction en janvier 1981 après avoir prêté le traditionnel serment, la main sur la Bible, de remplir fidèlement les fonctions de sa charge et de « sauvegarder, protéger et défendre la Constitution des États-Unis ». Son élection à la présidence, avec 51% des suffrages exprimés[666], a été favorisée par l'atmosphère qui régnait dans le pays. Le président Jimmy Carter a connu une fin de mandat difficile : cinquante-deux Américains, y compris des diplomates, restaient toujours prisonniers à Téhéran en Iran[667], l'opération aéroportée tentée en avril 1980 pour les libérer ayant échoué lamentablement ; les effets du choc pétrolier de 1973 se faisaient toujours sentir et le pays traversait une récession économique. La colère, le doute sur les capacités de l'administration Carter à résoudre les problèmes brûlants de l'heure (chômage, inflation) et le désir d'avoir un président plus « musclé » (Carter étant jugé trop « mou ») qui redorerait le blason terni de l'Amérique ont poussé le Américains à élire Ronald Wilson Reagan. Cela a été d'autant plus facile que Reagan se présentait comme l'anti-Carter et

[666] Nicole Bernheim, Les années *Reagan* (Paris : Éditions Stock, 1984), p. 38.
[667] Ibid., p. 39.

un conservateur bon teint, et qu'un vent de conservatisme soufflait sur le pays. Ceci explique sûrement pourquoi il a obtenu le soutien de la *Moral Majority* (la Majorité morale), un groupe religieux conservateur. Tous ces facteurs plus d'autres ont contribué largement à porter Reagan au pouvoir.

Selon le président Reagan, le traitement préférentiel est immoral et illégal, et il constitue tout simplement de la discrimination à rebours. Partant de cette position, cette administration ne se contente pas de clamer son opposition ; pire, elle s'évertue à la démanteler par le truchement de son Ministère de la Justice[668] :

> *In a backlash against Affirmative Action, President Ronald Reagan cut funding for the Equal Employment Opportunity Commission and the civil rights division of the Justice Department. Reagan believed that the government promoted reverse discrimination and stated that it should relax its efforts to reach employment equality on behalf of blacks and other minority groups. He also believed that compensating blacks and other minority groups for past discrimination with hiring quotas, numerical goals, and timetables, ought to be eliminated. As a result of those cuts, the EEOC filed 60 percent fewer cases by 1984 than it had at the beginning of the Reagan administration. Also, cases against segregation in schools or housing, prepared by the Justice Department, virtually disappeared*[669].

La position de cette administration tranche d'avec celle de toutes celles qui se sont succédé depuis le début des années 1960. Même quand elles n'étaient pas de fervents défenseurs du traitement préférentiel, elles la toléraient. À l'opposé, dès son accession aux commandes de la nation, le président Reagan s'est mis à réduire à néant le travail accompli durant de longues années en matière de droits civiques. Suite aux différentes manœuvres de l'administration Reagan, la Commission des droits civiques a fini par se retrouver avec une écrasante majorité de « reaganiens enthousiastes ». C'est pour cette raison que la presse

---

668 Richard Stengel, op. cit., p. 19; Mark Starr et al., "Attacking Affirmative Action", *Newsweek*, Vol. CV, N° 19, p. 22; George Davis and Clegg Watson, *Blacks in Corporate America*, pp. 54-55; David Ruffin, "The Civil Rights Acts of 1984 : Holding the Line," *Black Enterprise*, September 1984, p. 25.

669 "Affirmative Action : Federal Government, 1964-2003," *<http://www.u-s-history.com/pages/h1970.html>*, consulté le 23 avril 2009.

américaine tournait cette Commission en dérision en la rebaptisant « Commission contre les droits civiques », « Commission des omissions civiques », « Commission des droits des Blancs »[670].

Sous l'administration Reagan les minorités ont vu leur situation empirer. Non contente d'effectuer des coupes massives dans les lignes budgétaires affectées aux programmes sociaux[671], elle a grignoté chaque jour un peu plus les droits civiques de ces groupes défavorisés, handicapés et par la pigmentation de leur épiderme et par l'histoire. Mais le président feint d'ignorer cela : il poursuit, insensible aux lamentations et aux gémissements de ces laissés-pour-compte, la politique qu'il s'est tracée, celle du chacun pour soi. Les observateurs avertis s'accordent pour dire que les droits civiques, dont l'action positive, ont régressé durant les deux mandats du président Ronald W. Reagan. En effet, les employeurs se sentant libres de toutes contraintes n'appliquaient pas de programme d'action positive ou gelaient tout simplement ceux qu'ils avaient déjà initiés. Dans ces conditions défavorables, l'action positive a perdu du terrain et la bipolarisation de la société s'est accentuée.Les idées du nouveau président sont simplistes et démagogiques. Examinons quelques-unes d'entre elles[672] en ce qui concerne sa politique intérieure :

- ✓ réduire les impôts ;
- ✓ augmenter les dépenses militaires ;
- ✓ ramener au strict minimum l'ingérence du gouvernement dans la vie des citoyens (« moins de gouvernement ») ;
- ✓ appliquer, sinon stimuler, la libre entreprise ;
- ✓ équilibrer le budget ;
- ✓ freiner l'inflation ;
- ✓ encourager les investissements, par conséquent enrayer le chômage ;
- ✓ réduire la croissance monétaire ;
- ✓ supprimer les programmes, notamment sociaux, du gouvernement.

[670] Nicole Bernheim, *Voyage en Amérique noire* (Paris : Stock, 1986), pp. 202-206.
[671] Nicole Bernheim, Les années *Reagan*, p. 39.
[672] Hedrick, Smith, *Reagan et nous* (Paris : Éditions Balland, 1981), pp. 115-116 ; Nicole Bernheim, *Les années Reagan*, pp. 21 ; 22 ; 26 ; 19.

C'est sur la base de cette plateforme économique et sociale que Reagan a été élu, et dès son accession à la Maison-Blanche, il s'est attelé à l'appliquer. Comment peut-on simultanément réduire la fiscalité, équilibrer le budget et augmenter les dépenses militaires ? Il n'est pas besoin d'être un économiste de renom pour relever cette incohérence. M. Reagan a résolu la contradiction en opérant des coupures massives dans le budget consacré aux programmes sociaux, privant ainsi les déshérités et les indigents (Noirs, minorités) des précieux services sociaux dont ils ont besoin pour leur survie. Pour la seule année 1981, ces coupures s'élèvent à dix milliards de dollars, ce qui a pour conséquence la baisse de la qualité de la vie des nécessiteux : un million de personnes ne bénéficient plus de programmes sociaux[673].

Le projet de budget pour l'année 1987 de l'administration Reagan prévoit une réduction de 14% du budget social alors qu'à l'opposé le budget militaire fait un bond en avant : il passe de 286 milliards de dollars à 320,3 milliards de dollars, soit une hausse de 12%. La conséquence logique de cette réduction du budget social est l'élimination pure et simple de certains programmes dont l'aide judiciaire gratuite aux indigents[674] ; le programme d'assistance communautaire (*Community Service Block Grant*) qui accorde des subventions aux villes afin qu'elles puissent à leur tour offrir des services sociaux aux nécessiteux ; l'aide au logement ; les aides d'urgence en matière d'alimentation et de logement[675] ; etc. Or, nous constatons, avec les statistiques publiées par le gouvernement fédéral lui-même, qu'un Noir sur trois vit en dessous du seuil officiel de pauvreté contre un sur dix pour les Blancs. C'est dire que la politique budgétaire de M. Reagan s'avère être une politique aux effets dévastateurs pour la communauté noire. Par exemple, 24% des bénéficiaires de l'aide judiciaire gratuite, 37% de ceux qui reçoivent des bons d'alimentation, et 45% des jeunes du Corps de l'emploi (*Job Corps*) sont des Noirs[676]. Donc la politique de M. Reagan, qui consiste

[673] Bakary Konaté, « Le rêve de Martin Luther King, Jr. vingt ans après », p. 70.
[674] Nicole Bernheim, Les années *Reagan*, p. 40.
[675] National Urban League, *The State of Black America 1987*, p. 80.
[676] Ibid.

à prendre aux nécessiteux (suppression de programmes sociaux) et à donner à ceux qui en ont un peu ou beaucoup (la réduction fiscale profite aux classes moyennes et surtout supérieures, les industriels de l'armement étant les principaux bénéficiaires), frappe durement la communauté noire. Encourager les investissements est en fait lié à la réduction fiscale, car c'est par celle-ci que M. Reagan entend stimuler de nouveaux investissements et par la même occasion générer de nouveaux emplois et endiguer le chômage.

Le programme politique et social du président Reagan reflète en réalité une vision du monde : l'individualisme avec son corollaire, l'égoïsme. Ce n'est donc pas par pur hasard qu'il préconise « moins de gouvernement », c'est-à-dire l'intervention minimum du gouvernement dans les affaires des citoyens, la libre entreprise dans son aspect négatif, et la suppression de certains programmes sociaux. En effet, pour M. Reagan si certains Américains sont pauvres, c'est tout simplement parce qu'ils ne travaillent pas assez ou pas du tout : c'est parce qu'ils sont paresseux. Une telle analyse passe sous silence les aspects négatifs du système américain et ignore l'histoire particulière des Noirs aux États-Unis. Selon cette analyse, le système américain n'a aucun défaut : tous les citoyens en tirent les mêmes bénéfices, les mêmes avantages ; les Noirs n'ont pas été victimes d'exploitation et de discrimination raciale par le passé et dont ils continuent de subir encore aujourd'hui les effets néfastes.

C'est fort de cette analyse que M. Reagan a décidé de supprimer l'État-Providence et de combattre la politique de l'action affirmative en s'attaquant frontalement à tous les programmes spéciaux à l'intention des Noirs et des minorités. C'est ainsi que l'administration Reagan, au lieu de défendre les intérêts de tous ses gouvernés, a choisi délibérément et, malheureusement, d'ignorer les intérêts de certains d'entre eux. Or, de tous temps les Noirs ont eu à compter avec l'engagement du gouvernement fédéral à leurs côtés pour espérer voir respecter leurs droits. En termes clairs, les Noirs voient dans la caution morale du gouvernement fédéral le dernier rempart contre la violation de leurs droits. Plus le gouvernement s'engage fermement à respecter et à faire respecter leurs droits, moins les citoyens les foulent au pied ou sont tentés de les ignorer. Durant les mandats des administrations respectueuses des droits des Noirs, cette communauté a connu une amélioration de sa situation. Ce fût le cas durant les administrations Kennedy, Johnson et Carter notamment. La présidence de Ronald Reagan, au vu des actes concrets que ce dernier a posés contre les Noirs, nous apparaît comme l'antithèse des administrations que nous venons de citer comme modèles d'engagement pour la défense des intérêts des Noirs.

Non seulement l'administration Reagan n'a rien fait pour faire avancer les intérêts des Noirs, mais elle a tout mis en œuvre pour annihiler les progrès déjà accomplis, notamment en ce qui concerne l'action affirmative. Quelques exemples concrets suffiront à nous faire comprendre et à convaincre les sceptiques. En avril 1982, à peu près une année après l'arrivée de M. Reagan à la Maison-Blanche, le Département de la Justice introduit une requête auprès d'une cour fédérale d'appel lui demandant de reconsidérer dans le sens de la limitation un plan de *busing* en vigueur à Bâton Rouge dans l'État de Louisiane. La raison avancée pour justifier cette demande est que l'application du plan en question entraîne la « fuite des Blancs »[677], c'est-à-dire que la population blanche quitte la zone où le transport d'enfants, imposé par une injonction judiciaire, est en application. Tout simplement cette population ne veut pas que ses enfants fréquentent les mêmes écoles que les enfants de race noire, car nous savons que le *busing* est utilisé comme moyen d'intégration scolaire.

L'analyse de la justification avancée par l'administration Reagan montre jusqu'à quel point le cynisme de cette administration peut aller. Elle se soucie plus de l'« exode » des Blancs que des intérêts des Noirs et de l'équilibre social, donc du bien de la société tout entière, une société parfaitement intégrée étant le gage d'une société épanouie. Or, selon les statistiques, plus de 60 % des écoles du district de Bâton Rouge sont uni-raciales[678]. Cet exemple n'est qu'un aspect de la croisade que l'administration Reagan a lancée durant son double mandat contre les programmes d'action affirmative.

En décembre 1982, une affaire opposant le syndicat des sapeurs-pompiers de Boston (*Boston Firefighters Union*) à la branche locale

---

[677] *The State of Black America 1987*, p. 80.
[678] Ibid.

de la NAACP attendait un jugement devant la Cour suprême des États-Unis. Cette affaire a éclaté suite au licenciement de certains sapeurs-pompiers et policiers blancs ayant plus d'ancienneté que certains de leurs collègues noirs en lieu et place de ces derniers. Cette décision avait été prise en vertu d'un programme d'action affirmative en vigueur dans ces deux départements (sapeurs-pompiers et police), qui préconise la « représentation proportionnelle » des minorités. Comme l'administration Reagan a toujours clamé son opposition à toute forme de quota, elle a choisi cette affaire pour montrer jusqu'à quel point elle peut aller. C'est ainsi qu'elle a introduit devant la Cour suprême un mémoire en faveur des sapeurs-pompiers et policiers blancs[679]. C'est la première fois que cette administration allait aussi loin dans son opposition aux intérêts des minorités et des Noirs en particulier. Assurément, elle voulait indiquer aux tenants des programmes spéciaux qu'elle était prête à les combattre jusqu'au bout, une décision de la Cour suprême étant sans recours possible, cette décision s'imposant à tout citoyen américain, même au président et à ses ministres.

Le prochain exemple concerne le département de la police de la ville de Détroit dans l'État du Michigan[680]. Au début des années 1970 Détroit comptait 1,2 millions d'habitants dont 63% de Noirs. Le fait frappant est qu'en 1974 le département de la police ne comprenait que 18% de policiers noirs. C'est fort de ce constat que la ville de Détroit a conçu en 1974 un programme d'action positive d'embauche et de promotion destiné à corriger cette situation de déséquilibre due à la discrimination passée. Ce programme consiste à préparer et à garder séparées deux listes de promotion, l'une blanche, l'autre noire. La promotion se fait alors alternativement sur les deux listes jusqu'à ce que la moitié des officiers soit des Noirs. Le syndicat des policiers, qui n'apprécie pas ce programme, porte le différend devant les instances judiciaires. Ayant franchi les étapes des cours de district et d'appel, c'est sur les bureaux de la Cour suprême que le dossier se retrouve, vu la ténacité et le refus du syndicat de s'avouer vaincu. C'est aussi là que l'administration Reagan introduit le 3 décembre 1983 un mémoire

[679] *The State of Black America 1983*, p. 382.
[680] Alphonso Pinkney, op. cit., p. 170.

qui soutient la cause des policiers blancs, dans lequel elle affirme que le programme est anticonstitutionnel. Ceci est encore un cas concret dans lequel M. Reagan et ses collaborateurs ont préféré prendre la défense de Blancs plutôt que de faire corps avec ceux qui subissent encore dans les années 1980 les conséquences de la discrimination antérieure des premiers.

Dans une tout autre affaire concernant des sapeurs-pompiers et des policiers[681], l'administration Reagan a montré qu'elle était décidée à aller jusqu'au bout, jusqu'à ce que les tribunaux lui donnent raison, jusqu'au démantèlement de tous les programmes spéciaux. Cette fois, c'est à Indianapolis dans l'État d'Indiana que le problème se pose. En mai 1985, le Département de la Justice a porté plainte devant les tribunaux dans le but de défaire le programme d'action affirmative en application à Indianapolis dans les services de police et des sapeurs-pompiers.

Le programme dont il est question ici et que l'administration Reagan qualifie d'illégal, avait été institué en 1978 suite à une plainte commune déposée devant les tribunaux par la NAACP et par le Département de la Justice durant la présidence de Jimmy Carter. Cette plainte accuse la ville d'Indianapolis de pratiques discriminatoires dans les procédures d'embauche des services de police et des sapeurs-pompiers. Pour désamorcer la crise, la ville avait alors accepté de mettre sur pied un programme d'action positive qui stipule que désormais les nouvelles recrues seraient composées de 25% de Noirs et dans le cas de la police de 20% de femmes. L'application de ce programme a permis une meilleure représentativité des Noirs dans ces services : 14,1% en 1985 pour les forces de police contre 11,4% en 1978 ; 13,4% et 8% respectivement pour les sapeurs-pompiers. Ironie du sort, c'est maintenant une autre administration qui veut que la ville d'Indianapolis démantèle le même programme, l'assimilant cette fois-ci à de la discrimination à rebours. Pour M. Reagan, les « quotas raciaux » sont inacceptables si les personnes auxquelles ils profitent n'ont pas été elles-mêmes victimes de discrimination raciale.

---

681 Mark Starr et al., "Attacking Affirmative Action", *Newsweek*, May 13, 1985, p. 22.

Si M. Reagan s'attaque à Indianapolis ce n'est pas par hasard. C'est tout simplement pour les raisons suivantes :

- ✓ elle représente un symbole de succès (voir les chiffres plus haut). Elle a mis sur pied un programme qui marche, un programme qui est en voie d'atteindre ses objectifs, ce qui ne peut pas plaire à M. Reagan ;
- ✓ elle incarne un symbole de résistance, un symbole du refus de courber l'échine devant une administration qui a choisi d'ignorer les intérêts de certains de ses citoyens. Dès le début de l'année 1985, le Département de la Justice a demandé à cinquante localités de modifier leurs programmes d'action positive, et Indianapolis est l'une des localités qui ont osé opposer un refus catégorique. En cela, cette ville représente un symbole. Elle symbolise le courage et le refus ;
- ✓ Indianapolis constitue en fait un test pour l'administration Reagan. Si Indianapolis « tombe », c'est-à-dire cède par peur ou perd devant les tribunaux, les autres localités réfractaires appartenant au « front du refus » ne pourront que baisser les bras. C'est pour cette raison que cette bataille entre le Département de la Justice et Indianapolis est très importante, car elle déterminera le sort de plusieurs programmes. C'est aussi pour cette raison que cette bataille est doublement importante et pour la ville elle-même et pour l'administration Reagan : chacun des protagonistes est en quête d'un précédent en sa faveur, un précédent dont les retombées dépasseront assurément le cadre restreint de l'opposition entre une ville et l'Exécutif.

Dans trois affaires[682] jugées par la Cour suprême en 1986 — *Sheet Metal Workers v. EEOC* ; *International Association of Firefighters v. Cleveland* ; *Wygant v. Jackson Board of Educaion* —, l'administration Reagan a pris, dans les différents mémoires qu'elle a introduits auprès de la Haute Cour, le parti des employés blancs. Dans deux des cas (*Sheet Metal Workers* et *Firefighters*) elle a perdu, car la Cour suprême a validé les programmes incriminés. Dans le troisième cas

---

[682] *The State of Black America 1987*, pp. 23-24.

(*Wygant*), M. Reagan n'a eu qu'une demi-satisfaction, la Haute Cour n'ayant rejeté qu'une partie du programme.

Le dernier exemple que nous avons retenu pour illustrer l'attitude de l'administration Reagan vis-à-vis des programmes spéciaux oppose deux Blancs, un homme et une femme (*Johnson v. Transportation Agency of Santa Clara County*)[683]. Elle ne touche pas directement les Noirs, mais elle est cependant très importante pour l'avenir des programmes d'action affirmative. M. Paul Johnson et Mme Diane Joyce travaillent pour l'agence de transport du comté de Santa Clara dans l'État de Californie. A l'annonce de l'existence d'un poste vacant de « *road dispatcher* »[684], tous deux postulent au même titre que d'autres employés. A l'issue d'un test oral Johnson obtient 75 points et Joyce 73 points, les meilleures notes. Finalement, l'agence opte pour Joyce pour occuper le poste. Cette décision a été influencée par le programme volontaire d'action positive élaboré par l'agence en 1978 pour remédier à la quasi-absence des femmes aux postes spécialisés. Par exemple, en 1980, l'année où Diane Joyce introduit une demande pour un poste moins fatiguant que celui qu'elle occupe, des 238 postes spécialisés dont l'agence dispose sur toute l'étendue de l'État de Californie, aucun n'est occupé par une femme. C'est pour corriger ce déséquilibre que l'agence avait initié le programme en question.

Quand Paul Johnson apprend la décision, il porte l'affaire devant les instances judicaires. Le Département de la Justice, comme en pareille circonstance sous l'administration Reagan, prend le parti de Paul Johnson arguant qu'il n'y a pas de preuve suffisante montrant que l'absence des femmes aux postes spécialisés est due à une discrimination antérieure[685]. C'est en dernier ressort que la Cour suprême tranche en mars 1987 en faveur de Diane Joyce, et de l'agence de transport et de son programme d'action positive. La Haute

683 Ibid., p. 25; Richard Stengel, "Balancing Act", *Time*, April 6, 1987, pp. 18-20.

684 Un employé dont la tâche consiste à indiquer aux véhicules leurs itinéraires respectifs.

685 *The State of Black America 1987*, p.25.

Cour déclare que l'agence peut prendre en compte les facteurs race et sexe dans ses décisions concernant les emplois[686].

A première vue, cette décision semble être une répétition de l'arrêt concernant l'affaire Bakke. En réalité, elle va plus loin. En effet, c'est la déclaration la plus claire et la plus tranchée que la Cour suprême ait faite à cette époque sur le rôle de l'action positive en tant que moyen pour corriger les inégalités. Mieux, c'est la première fois qu'elle reconnaît de façon explicite que les femmes, les Noirs et les autres minorités peuvent faire l'objet de traitement préférentiel. Enfin, par cette décision la Cour suprême accepte les programmes volontaires d'action affirmative même quand il n'existe aucune preuve historique de discrimination. « Tout ce dont nous avons besoin c'est le constat d'un déséquilibre manifeste »[687], a écrit William Brennan, dans la déclaration des six juges dont le vote a permis la prise de la décision[688]. C'est pour ces raisons que nous affirmons que cette affaire est très importante pour l'avenir des programmes spéciaux. Avec cette décision les défenseurs de l'action affirmative ont remporté une grande victoire, car la Cour suprême est allée plus loin que d'habitude et cela constitue un précédent très important pour les confrontations à venir. A l'opposé, l'administration Reagan a subi un sérieux revers.

Dans sa croisade contre les programmes d'action affirmative, l'administration Reagan n'a connu que des succès limités[689]. Cela est non seulement dû à l'action vigoureuse et suivie des organisations soucieuses des intérêts des Noirs, des autres minorités, et des femmes, mais aussi au refus en général des cours fédérales de s'aligner sur les arguments de cette administration qualifiant l'action positive de « discrimination à rebours ». Constatant que sa croisade ne donne pas les résultats escomptés, le Département de la justice, porte-parole attitré de l'administration, s'est alors attaqué à l'une des sources du

[686] Richard Stengel, « Balancing Act », *Time*, April 6, 1987, p. 18.
[687] Ibid.
[688] Quand la Cour suprême prend une décision, un juge rédige la position de la majorité, un autre juge fait de même pour la minorité. S'il se trouve un juge qui ne veut pas se rallier à aucune des positions ou qui tient à exprimer un point de vue particulier sur un aspect précis, il peut rédiger sa propre position.
[689] *The State of Black America 1987*, p. 30.

problème, le décret présidentiel n° 11246[690]. En effet, ce décret constitue avec d'autres décrets, lois et décisions de la Cour suprême les fondements juridiques de la politique de l'action positive. Selon les termes du décret n°11246, tout entrepreneur qui signe un contrat avec le gouvernement fédéral s'engage par ledit contrat à s'abstenir de toute pratique discriminatoire basée sur la race, la couleur, la religion, le sexe et l'origine nationale. Il s'engage aussi à recruter des femmes, et des minorités qualifiées, et, si la situation l'exige, à fixer des objectifs et calendriers en vue d'améliorer la représentativité des groupes les moins représentés au sein de son entreprise[691]. Ce décret repose donc sur deux principes : non-discrimination et action positive. Si l'entrepreneur ne respecte pas les obligations qui lui sont faites, le contrat en question peut être annulé ou suspendu, partiellement ou entièrement, et l'entrepreneur peut être déclaré inéligible pour des contrats futurs.

Si l'administration Reagan s'attaque au décret n°11246 signé en 1965 par le président Lyndon Johnson en proposant de l'amender, c'est qu'elle reconnaît qu'il représente l'un des piliers des programmes spéciaux. C'est pourquoi, elle opte pour la solution radicale : déraciner l'arbre plutôt que de continuer à lui couper les branches, surtout que celles-ci repoussent après chaque coupe. Malheureusement pour cette administration, le Département du commerce à qui revient l'application du décret n°11246 s'oppose à tout amendement. Cette dissension interne jointe au soutien apporté par le Congrès, la communauté des opérateurs économiques et d'autres milieux au décret incriminé ont fait échouer le projet du Département de la justice[692].

Une récapitulation provisoire nous permet d'affirmer que dans sa croisade contre les programmes spéciaux, l'administration Reagan utilise plusieurs moyens dont l'affrontement direct avec certaines villes et les tribunaux. Un autre moyen que nous n'avons pas encore mentionné est l'opinion publique. En effet, en même temps que l'administration Reagan s'acharne à essayer de démanteler les

[690] Ibid., pp. 25; 212.
[691] Alphonso Pinkney, op. cit., pp. 157-158; *The State of Black America 1987*, p. 25.
[692] *The State of Black America 1987*, p. 25.

programmes spéciaux, elle lance une vaste campagne à travers les organes de presse pour tenter de rallier le public à ses idées[693]. A travers ces organes, elle inonde tout le pays de ses arguments, à la limite racistes. D'ailleurs, vu l'acharnement de l'administration Reagan contre les Noirs et les autres minorités, certains Noirs n'ont pas hésité à la traiter d'anti-Noirs et d'anti-minorités, bref, de raciste. Comment ne pas se rallier à une telle perception quand un gouvernement censé travailler pour le bien de tous dépense une grande partie de son énergie et de son temps contre les intérêts d'une fraction de la population ? En tout état de cause, son acharnement durant son double mandat n'a fait que renforcer cette image négative dans la communauté des minorités.

Du reste, le prenant au mot, tous les racistes et les conservateurs qui avaient fait profil bas depuis près de deux décennies ont repris service, se sachant en sécurité : ils ont repris en toute impunité leurs agressions contre les Noirs au vu et au su de tous. Ils y ont été encouragés par l'attitude belliqueuse de l'administration Reagan à l'égard des Noirs, et par son laxisme dans la défense de leurs intérêts. C'est pourquoi, nous avons assisté à des agressions physiques brutales et racistes contre les Noirs, et à des contestations des programmes spéciaux devant les tribunaux par des citoyens. L'attitude de cette administration a tout simplement été une invite à le faire. Ainsi, du rôle de garant du bien de tous les Américains, elle s'est contentée d'être le défenseur du bien d'une partie des Américains, les Américains blancs, et de surcroît mâles.

---

693 Ibid., p. 16.

CHAPITRE IV

L'INTÉGRATION ACTIVE ET L'AVENIR DES RELATIONS RACIALES AUX ÉTATS-UNIS

Après les nombreuses péripéties qu'a connues l'intégration active, l'on est en droit de se poser un certain nombre de questions non seulement sur l'avenir de cette politique volontariste mais aussi et surtout sur celui des relations raciales aux États-Unis.

I. L'AVENIR DE L'INTÉGRATION ACTIVE

L'affaire Bakke a beaucoup défrayé la chronique en son temps. Bien qu'elle soit officiellement close depuis juin 1978 avec l'arrêt de la Cour suprême, ses effets sont loin de se dissiper plus d'une décennie après, c'est-à-dire à la fin des années 1980. Elle constitue toujours l'une des affaires les plus citées dans les ouvrages traitant de programmes d'intégration active. Cette référence constante dénote bien de son importance et de son actualité pour qui s'intéresse à la vie des Noirs aux États-Unis. Cependant, une question mérite d'être posée : quel est l'avenir de l'action affirmative après l'affaire Bakke ? Notre préoccupation ici est surtout de déduire notre réponse de certains développements qui ont eu lieu les années après l'affaire Bakke.

Il est vrai que l'arrêt de la Cour suprême à propos de cette affaire a été perçu par beaucoup de personnes comme un sérieux revers pour les programmes spéciaux en dépit du fait que cette instance judiciaire ait ajouté que le facteur race peut être pris en compte dans les décisions de recrutement d'étudiants et de travailleurs. Cette réaction pessimiste est compréhensible, car c'est la première fois depuis l'institution de l'action affirmative qu'elle est partiellement remise en cause par la Cour suprême. Toute première défaite est dure à supporter et l'on a tendance à en exagérer les effets. Les programmes spéciaux n'ont pas été condamnés, ni totalement remis en cause. La Cour suprême a tout simplement récusé l'utilisation de quotas, c'est-à-dire le fait de réserver ou d'attribuer à l'avance un certain nombre de places à un groupe racial ou à un groupe social donné. Elle n'a pas non plus rejeté l'esprit de l'action affirmative ; elle a seulement condamné un aspect de son application pratique.

Cela ne veut pas dire que la décision issue de l'affaire Bakke n'a pas eu de retombées négatives. Une telle affirmation serait contraire à notre analyse antérieure. Nous voulons tout simplement dire qu'il ne faut pas se limiter à voir le côté négatif de la décision, car elle comporte aussi des aspects positifs. Premièrement, la Cour suprême a déclaré que l'on peut prendre en considération le facteur race. Deuxièmement, elle a dit ce qui n'est plus légal : dorénavant l'on sait exactement ce qui est permis et ce qui ne l'est pas. L'on sait très clairement avec cette décision à quoi s'en tenir. Il faut voir cela plutôt comme un pas positif. Quand un groupe social lutte pour ses droits et qu'il connait les stratégies autorisées, cela constitue, à notre sens, plutôt un avantage.

Avant de répondre à notre question sur l'avenir des programmes préférentiels, passons en revue quelques développements majeurs depuis l'affaire Bakke. L'arrêt de la Cour suprême a suscité beaucoup d'espoir chez les adversaires de l'action positive. Il a été à l'origine d'une vague de plaintes devant les instances judiciaires aux fins de démanteler tous les programmes préférentiels existants. Nous ne relèverons que les affaires Brian Weber et Paul Johnson. De toutes les affaires ayant fait suite à l'affaire Bakke, aucune n'a eu l'audience et l'intérêt de cette dernière. Avec ces affaires, les adversaires de l'action positive ont remporté peu de succès : aucune n'a remis en cause l'esprit des programmes spéciaux. A l'opposé, l'action positive en est sortie raffermie, car elle a fait des pas en avant. Dans l'affaire Brian Weber par exemple, la Cour suprême a même déclaré que les programmes contenant des quotas chiffrés ne constituent pas forcément une violation du Titre 7 de la loi sur les Droits civiques de 1964[694].

Dans l'affaire Paul Johnson la Haute Cour est allée encore plus loin. Elle a d'abord confirmé l'une des décisions de l'affaire Bakke en disant que les facteurs race et sexe peuvent entrer en ligne de compte dans les décisions concernant l'emploi. Ensuite, implicitement, elle a laissé entendre que les femmes, les Noirs et les autres minorités peuvent bénéficier de traitement préférentiel même s'il n'existe aucune preuve de discrimination antérieure : le seul constat du déséquilibre numérique suffit[695]. Cette dernière décision annihile l'une des réticences antérieures de la Cour suprême. Pour les programmes volontaires d'action affirmative, la preuve de la discrimination antérieure était exigée. Maintenant, le simple constat d'un déséquilibre numérique suffit pour mettre sur pied un programme spécial. Cela nous semble être une avancée.

Tout compte fait, les attaques contre les programmes spéciaux n'ont pas eu que des effets négatifs. Elles ont même permis à l'intégration active de gagner du terrain, de se consolider. Dorénavant il sera plus difficile à toute personne de remettre totalement en cause l'esprit de l'intégration active. Elle ne peut contester que certains aspects de son application. Et sur ce terrain, seule l'existence de quotas peut lui donner gain de cause. C'est ce qui ressort de l'affaire qui a opposé la ville de Richmond dans l'État de Virginie à ses entrepreneurs blancs.

Richmond était une ville peuplée à 50% de Noirs mais dont les entreprises appartenant à ce groupe décrochaient moins de 1% des gros contrats. C'est pourquoi la ville avait décidé en 1983 de donner en sous-traitance 30% de la valeur de chaque projet aux entreprises appartenant à des minorités[696]. Les entrepreneurs blancs n'ont pas apprécié cette réservation par anticipation et ils ont porté le problème devant les tribunaux. La Cour suprême des États-Unis, par un vote de

---

694 Alphonso Pinkney, op. cit., p. 164.

695 Richard Stengel, op. cit., p. 18.

696 "A Build-down for Black Contractors", *U.S. News and World Report*, February 6, 1989, p. 13; "U.S. Court Puts Limits on Affirmative Action", *International Herald Tribune*, January 24, 1989, pp. 1; 6.

six voix contre trois, a tranché le différend en invalidant le programme incriminé. Selon cette instance judiciaire, la ville de Richmond doit posséder des « preuves spécifiques de discrimination raciale contre les entrepreneurs noirs » avant d'adopter un tel programme avec des pourcentages précis. Cela se passait le 23 janvier 1989.

Cette décision de la Cour suprême va porter un gros coup aux entrepreneurs noirs sur tout le territoire américain, aux dires des observateurs et autres experts. Selon le *Minority Business Enterprise Legal Defense and Education Fund*, au moins 32 États et plus de 160 gouvernements locaux appliquent de tels programmes. Ces programmes sont susceptibles d'être affectés par la décision[697]. D'ailleurs, Thurgood Marshall, juge noir à la Cour suprême à l'époque des faits, a qualifié la décision de « pas de géant en arrière »[698]. Si l'on ne sait pas avec exactitude ses effets sur les opérateurs économiques noirs, on peut néanmoins affirmer déjà qu'elle ne présage pas d'un avenir radieux pour les affaires des Noirs quand on sait qu'en général les entreprises noires ont moins d'expérience et n'ont pas les reins aussi solides financièrement parlant que leurs homologues blanches. La part des marchés qui leur revient s'en trouvera forcément réduite, surtout si la solidarité de classe et de race est appliquée par les entrepreneurs blancs.

Si nous faisons une sorte de bilan à la lumière de ces développements depuis l'affaire Bakke, nous pouvons faire une esquisse de ce qui est permis et de ce qui n'est pas permis par les cours de justice. Sont autorisés :

- ✓ les programmes spéciaux en tant que moyens pour corriger les effets de la discrimination passée ;
- ✓ les programmes volontaires de traitement préférentiel avec des objectifs généraux même sans l'existence de preuve de discrimination passée ;
- ✓ les programmes imposés par les cours de justice : quand des preuves de discrimination existent et que les institutions ou organisations refusent d'engager des actions aux fins de corriger

[697] *International Herald Tribune*, January 24, 1989, p. 1.
[698] Ibid.

le déséquilibre numérique des Noirs, des autres minorités et des femmes, les cours peuvent ordonner de tels programmes.

À l'opposé, sont rejetés :

- ✓ les quotas ;
- ✓ les licenciements de Blancs au détriment de Noirs ayant moins d'ancienneté, dans le but d'appliquer ou de respecter un programme de promotion des Noirs.

D'un point de vue théorique, si les Noirs respectent les restrictions imposées par les cours de justice, l'esprit de l'intégration active sera préservé. Les décisions de la Cour suprême étant sans recours possible, seule cette juridiction peut revenir sur ses décisions antérieures. La Cour suprême avait adopté en 1896 la doctrine « séparés mais égaux » qui a cautionné pendant un demi-siècle la discrimination et la ségrégation raciales. C'est cette même juridiction qui, en 1954, a condamné la discrimination et la ségrégation raciales. Nous voulons dire que la Cour suprême n'est pas statique, figée. Ses positions évoluent au fil de sa composition. Si les juges qui la composent sont en majorité des « conservateurs », elle peut revenir sur des décisions « progressistes » qu'elle avait prises quelques années auparavant. Or, nous savons que le président Reagan a eu à nommer des juges à la Cour suprême dont Mme Sandra O'Connor. M. Reagan a pour habitude de nommer des personnes qui partagent les mêmes positions conservatrices que lui[699], c'est-à-dire des personnes qui ne portent pas dans leur cœur les programmes d'action positive. D'ailleurs, ce sont les juges nommés par le président Reagan qui ont influencé la décision de la Cour suprême dans l'affaire qui a opposé la ville de Richmond à ses entrepreneurs blancs[700]. Il a aussi nommé des juges dans d'autres cours fédérales.

Selon les projections du département de la Justice, à la fin de son deuxième mandat M. Reagan devrait avoir renouvelé la composition

---

[699] Ceci n'est pas l'apanage du président Reagan.

[700] *U.S. News and World Report*, February 6, 1989, p. 13; *International Herald Tribune*, January 24, 1989, p. 1.

de tout l'appareil judiciaire fédéral à plus de 45%[701]. Or les juges fédéraux sont nommés à vie et ils sont inamovibles, c'est-à-dire que seules la mort, la démission de gré ou de force, et la maladie peuvent leur faire perdre leur poste. C'est donc dire que toutes ces personnes resteront aux affaires au moins les deux prochaines décennies après leur nomination. Si toutes ces personnes gardent leurs positions conservatrices tout au long de leur carrière, les effets seront dévastateurs pour les intérêts des Noirs. Mais des revirements sont toujours possibles, car une fois en fonction les juges fédéraux ne sont plus contrôlables, même par le président qui les a nommés.

Bien que les juges fédéraux soient nommés, les positions de la Cour suprême ne reflètent-elles pas les opinions dominantes au sein de la société américaine ? Elle est divisée à propos des programmes spéciaux à l'image de la société américaine qui est profondément divisée sur ce problème. La Cour suprême et les autres cours fédérales suivent généralement les fluctuations des idées au sein de la société américaine, car elles ne peuvent pas rester longtemps en retrait. Ce qui veut dire que tout repose en dernier ressort sur l'opinion publique.

Si tout repose en dernier ressort sur l'opinion publique, alors le rôle des organisations de défense des intérêts des Noirs, des autres minorités, et des femmes devient capital. C'est à elles que revient donc la lourde responsabilité d'essayer d'influencer l'opinion publique, c'est-à-dire la société américaine. Tout dépend de leur dynamisme et de leur capacité à mobiliser, à conscientiser et à convaincre. Les années 1960 illustrent bien le rôle positif que peuvent jouer ces organisations. Cela s'est aussi vérifié sous l'administration Reagan. Si M. Reagan n'a remporté que des succès limités dans sa croisade contre les intérêts des Noirs, des autres minorités, et des femmes, cela est en grande partie dû à la mobilisation des organisations des droits civiques et de leurs alliés qui veillent jalousement sur ces intérêts[702]. Mais ces organisations ne se sont pas cantonné à défendre les acquis. Elles ont toujours essayé de conquérir de nouveaux terrains, de remporter de nouvelles victoires qui sont en elles-mêmes indispensables pour préserver les acquis. Bref, l'avenir

---

[701] *The State of Black America 1987*, p. 28.

[702] *The State of Black America 1987*, p. 30.

des programmes spéciaux repose pour beaucoup sur les organisations de défense des droits civiques. Plus elles sont dynamiques et intransigeantes sur le terrain, mieux ces programmes sont préservés.

Le rôle de l'administration en place ne doit pas être négligé. Les Noirs comptent beaucoup sur le gouvernement fédéral pour un réel respect de leurs droits et intérêts. Si l'administration s'engage résolument à défendre ces droits et intérêts, les citoyens, organisations et institutions, hésitent à les remettre en cause, craignant la réaction du gouvernement. Mais si l'administration est laxiste dans la défense des droits et intérêts des Noirs et même hostiles à ceux-ci, alors certains citoyens lui emboîtent le pas. L'exemple de l'administration Reagan est intéressant à cet égard, car il illustre bien nos propos.

L'administration Reagan est partie cédant la place à l'administration Bush, laissant entrevoir l'espoir d'un changement d'attitude du gouvernement fédéral envers les Noirs. Cependant, reconnaissons que la nouvelle administration est restée aux affaires moins d'une année durant la période qui nous intéresse, un temps très court pour vraiment renverser la vapeur. Néanmoins, nous pouvons relever un fait pertinent : M. Bush a occupé la vice-présidence dans l'administration Reagan. Ceci nous laisse croire que ses vues sur les programmes spéciaux ne sont pas fondamentalement éloignées de celles de M. Reagan. En tout état de cause, à notre connaissance, le nouveau président n'a pas adopté une position contraire à celle de son prédécesseur. Ceci étant, pour le court mandat de M. Bush, les Noirs ne sont pas encore au bout de leurs peines. Ils doivent se préparer pour de nouvelles et rudes batailles.

En résumé, les programmes spéciaux ont connu des turpitudes après l'affaire Bakke. Il y a eu des hauts et des bas. Jusqu'en 1990, tout a été tenté pour essayer de les déstabiliser. Cependant, ils ont tenu bon malgré quelques revers. En d'autres termes, ils sont été appliqués mais avec plus de minutie, en prenant soin de ne pas aller dans le sens contraire de ce qui est permis par les cours de justice.

Quant à l'avenir des programmes spéciaux après 1990, il dépend de plusieurs paramètres : l'attitude des cours fédérales de justice, surtout de la Cour suprême, l'opinion publique, l'administration en place et les organisations de défense des intérêts des Noirs, des autres minorités et des femmes. Cet avenir ne peut être compris que dans le rapport de force entre tous ces acteurs. S'ils vont tous dans la même direction, l'intégration active s'inscrit dans cette même dynamique. Mais s'ils empruntent des directions opposées, l'avenir des programmes spéciaux devient la résultante de ce rapport de force.

II. LE HANDICAP D'ÊTRE NOIR

Depuis les années 1960, les relations entre Noirs et Blancs se sont améliorées suite au changement progressif et positif de la perception que chaque groupe a de l'autre. Elles étaient toujours en constante amélioration quand l'affaire Bakke est intervenue. Comment interpréter cette affaire en tant qu'élément d'appréciation des relations raciales ?

L'affaire Bakke est comme un grain de sable dans les relations raciales. Elle rend plus difficiles des relations qui n'étaient déjà pas au beau fixe. C'est vrai, elles étaient en constante amélioration, mais le chemin à parcourir restait relativement long. Maintenant, avec ce bras de fer, les choses se compliquent. Donc de nouvelles difficultés sont à prévoir, surtout que l'administration en place n'est pas des plus ouvertes à la cause des Noirs. D'ailleurs, nous avons relevé le rôle négatif que l'administration Reagan a eu à jouer sur les relations raciales à travers l'affaire Bakke.

Cette affaire nous rappelle que les longues années de stigmatisation des Noirs ne peuvent s'effacer aussi rapidement qu'on le souhaiterait. Le temps joue un rôle important qu'il faut prendre en compte. C'est pourquoi l'affaire Bakke en dernière analyse ne doit pas être perçue comme une défaite, mais comme un développement normal dans l'évolution des relations entre Noirs et Blancs. C'est plutôt le contraire qui aurait été surprenant.

Les relations raciales, c'est-à-dire entre personnes différentes physiquement et culturellement, ne peuvent pas évoluer de façon linéaire, surtout dans le cas spécifique des États-Unis. L'affaire Bakke n'est que la révélation de cette vérité que l'on a tendance à oublier trop souvent. Pendant un certain temps encore il en sera ainsi : des frictions éclateront par moments avant qu'au bout d'un temps que nul ne peut mesurer à l'avance, Noirs et Blancs vivent ensemble en toute symbiose. Avant ce temps dont le regretté Martin Luther King rêvait dans les années 1960, bien de péripéties sont à prévoir. Il faut souhaiter seulement que ces soubresauts ne détruisent pas les fondations d'une bonne entente en construction depuis très longtemps.

L'affaire Bakke a aussi révélé que les jeunes Américains, surtout les Noirs, ne peuvent pas réaliser tous leurs rêves[703]. Le rêve le plus ardent de bon nombre de jeunes Noirs est d'accéder à l'enseignement supérieur, preuve ou espoir de réussite et d'intégration véritable, et garantie d'une vie meilleure. Cependant, compte tenu de leurs antécédents historiques, leur chance d'y accéder est minime et quelquefois nulle. La situation est différente et meilleure du côté des jeunes Blancs. Eux ne portent pas les stigmates d'un passé d'esclavage, de discrimination et de ségrégation à outrance. De plus, ils ne souffrent d'aucune des séquelles psychologiques que l'on retrouve chez les groupes longtemps soumis, humiliés tels que les Noirs, et à qui l'on s'est évertué à faire intérioriser qu'ils ne sont rien, donc incapables de s'accomplir, de s'affirmer, de se réaliser pleinement. Nous voulons suggérer ici que les jeunes Blancs sont plus maîtres de leur destin que leurs homologues Noirs. Cela revient à dire que ces deux groupes raciaux n'ont pas vraiment les mêmes chances et qu'en cas de compétition, les Noirs partent défavorisés. C'est pourquoi nous soutenons avec Joel Dreyfuss et Charles Lawrence, que tous les jeunes Américains ne peuvent pas réaliser tous leurs rêves. Le jeune Noir en particulier n'a pas autant de chance que le jeune Blanc de traduire dans la réalité ses rêves, même les plus chers.

Si le jeune Noir ne peut pas réaliser ses rêves, alors cela peut créer des frustrations dont nul ne peut mesurer avec exactitude les conséquences et pour lui et pour la société. En termes de relations raciales, cela peut aussi s'avérer négatif, car une sorte de méfiance va s'installer entre les deux communautés : pas d'interaction, pas de communication, pas de vie commune, pas de confiance réciproque, etc., une situation contraire à une vie en société, harmonieuse et paisible. Cette atmosphère délétère peut se traduire en termes de

---

[703] Joel Dreyfuss and Charles Lawrence, III, *The Bakke Case : The Politics of Inequality*, p. 260.

criminalité interraciale. L'on imagine aisément les conséquences d'une telle situation pour la société tout entière.

En Amérique, durant la période qui nous intéresse, être noir constitue donc un handicap sérieux. Or, l'on ne choisit pas de naître noir. Cela nous est imposé par la Nature et par le pur hasard. Mais aux États-Unis quand on naît noir, cela vous détermine en grande partie votre avenir. On naît noir et on meurt noir. C'est cela le destin de l'homme noir, c'est-à-dire qu'il subit les conséquences des stigmatisations liées à sa race jusqu'à la fin de ses jours. C'est pourquoi naître noir apparaît à certains comme une malédiction. Ils sont nombreux les Noirs qui ont un jour ou l'autre regretté d'être nés Noirs[704]. Il fut un temps où certains Noirs, métis apparentés blancs, c'est-à-dire ceux dont la couleur de l'épiderme s'apparente à celle des Blancs, prétendaient être blancs ou se faisaient passer pour des Blancs. N'est-ce pas là la preuve irréfutable que naître noir aux États-Unis est parfois perçu comme un handicap sérieux, une barrière que seuls arrivent à franchir les plus doués et les plus « entêtés » ? Le Noir doit fournir deux fois plus d'efforts que le Blanc et quelquefois cela ne suffit pas. Ce fait nous permet de comprendre pourquoi naître noir est quelquefois perçu comme une malédiction et un handicap de taille.

Bien que l'affaire Bakke souligne la difficulté pour le Noir de réaliser son rêve ou tous ses rêves, elle nous apparaît aussi comme la preuve de l'indifférence de la majorité blanche face aux problèmes et handicaps historiques des populations déshéritées dont les Noirs. Où est donc l'issue de sortie pour le Noir si naître avec la peau noire signifie handicap, malédiction, indifférence ?

L'affaire Bakke nous révèle alors que l'Amérique, terre dite d'égalité pour tous, peut s'avérer être une terre de rêve irréalisé et loin de se réaliser pour beaucoup d'Américains. Dans ces conditions, l'Amérique terre d'égalité apparaît comme un mythe, entretenu au fil des siècles pour peut-être aider à supporter la dureté de la vie. Pour le Noir, cette égalité reste toujours un droit à concrétiser dans la vie quotidienne. Le stigmate de la couleur semble être indélébile. Les actions violentes du Ku Klux Klan et du parti néo-nazi sont là pour nous le rappeler.

---

[704] Nous avons l'exemple de l'artiste musicien noir Michael Jackson qui a tout fait pour se blanchir la peau, lui qui a pourtant connu tout le succès possible dans sa vie.

III. La persistance du problème noir

L'affaire Bakke nous rappelle que loin d'être un leurre ou une vue de l'esprit, le problème noir persiste. Malgré les progrès encourageants durant les trois décennies 1960-1990, beaucoup reste encore à faire. Un sondage d'opinion réalisé pour le magazine *Newsweek* par la *Gallup Organisation* entre les 19 et 22 février 1988 est révélateur à cet égard[705]. Nous y découvrons que seulement 46% des Blancs interrogés préfèrent habiter dans un quartier mixte noir-blanc et 32% préfèrent un quartier à majorité blanche. A l'opposé, 8% des Noirs interrogés préfèrent un quartier à majorité noire et 68% un quartier mixte. Ce sondage suggère que les Noirs sont plus disposés à l'intégration que leurs homologues blancs, et cet état d'esprit se comprend aisément. Tout ce qui ne les marginalise pas dans la société américaine est le bienvenu. Quant aux Blancs, ils sont plus réticents à accepter les Noirs : certains Blancs ont peur de perdre certaines de leurs prérogatives. Mais peuvent-ils hésiter indéfiniment ?

Nous pensons que plus tôt ils effectueront le pas décisif, mieux cela vaudra, car les deux communautés sont condamnées à vivre ensemble, donc condamnées à s'accepter mutuellement. Alors, il vaut mieux faire table rase des préjugés raciaux accumulés de part et d'autre et préparer la société américaine multiethnique et multiraciale pour qu'au troisième millénaire « *les fils des anciens esclaves et les fils des anciens propriétaires d'esclaves* » puissent « *s'asseoir ensemble à la table de la fraternité* ». C'était le rêve le plus ardent du Dr Martin Luther King, qui a par ailleurs ajouté :

> *Je rêve que mes quatre petits enfants vivront un jour dans un pays où on ne les jugera pas à la couleur de leur peau mais à la nature de leur caractère...Je rêve que, un jour, ... les petits garçons et les petites filles noirs, les petits garçons et les petites filles blancs, pourront tous se prendre par la main comme frères et sœurs*[706].

[705] *Newsweek*, March 7, 1988, p. 28.

[706] Martin Luther King, *Je fais un rêve : les grands textes du pasteur noir* présentés par Bruno Chenu et traduits par Marc Saporta (Paris : Éditions du Centurion, 1987), p. 56.

Le rêve de Martin Luther King reste toujours d'actualité. Si la Cour suprême a été obligée d'admettre la prise en compte du facteur race dans les procédures d'admission à Davis, c'est tout simplement que les neuf « sages » de la Haute Cour reconnaissent l'existence d'un problème noir que certains militants noirs du Mouvement des droits civiques qualifiaient de « problème blanc ». Le problème noir persiste toujours : cela est un fait indéniable. C'est d'ailleurs la justification des programmes d'action affirmative. Déclarer qu'il n'y a plus de problème racial aux États-Unis, c'est tout simplement faire la politique de l'autruche ou c'est comme éteindre tous les lampadaires et prétendre qu'il fait nuit. Même quelques années après l'affaire Bakke, en 1990, le problème noir persiste toujours aux États-Unis malgré les progrès accomplis grâce à la bonne volonté manifestée par beaucoup d'Américains.

IV. La fragilité des acquis des Noirs

Avec l'affaire Bakke l'on mesure aisément la fragilité des acquis des Noirs. Cette affaire constitue une remise en cause des fruits des luttes des années 1950 et 1960. A cette époque, la grande majorité des Américains avaient reconnu la nécessité de faire quelque chose pour les Noirs. Était-ce à cause des nombreuses émeutes et des étés chauds causés pas les Noirs ? Ou était-ce parce que la mode était d'être libéral ? Nous pensons que cela était aussi et surtout dû à la prise de conscience de la majorité des Américains face à un problème brûlant qui nécessitait des actions et mesures concrètes. La politique de l'action affirmative s'inscrit dans cette ligne : accorder, ne serait-ce que temporairement, certaines « faveurs » pour permettre aux Noirs de combler plus rapidement le fossé qui les sépare de la majorité blanche. A l'époque personne ou presque personne n'avait réellement contesté cet élan de solidarité. Peut-être parce que les États-Unis connaissaient une prospérité économique sans précédent et que les Noirs ne représentaient pas des concurrents sérieux aux autres travailleurs. C'est vrai que la prospérité d'alors permettait à tout le monde d'avoir sa part du gâteau national. C'était donc la belle époque. Aujourd'hui, c'est-à-dire à l'époque de l'affaire Bakke, l'âge d'or du libéralisme et de la solidarité est révolue et bien révolue. Non seulement l'on ne songe plus à accorder des faveurs aux minorités en général, aux Noirs en particulier, mais on leur conteste la légitimité, la moralité, la légalité et la régularité de certains acquis antérieurs.

Le message est clair : en matière de lutte (sociale, politique, économique) un acquis n'est jamais définitif et il n'est que le reflet du rapport des forces en présence à un moment donné. Il faut continuer de se battre pour préserver les acquis et espérer en conquérir de nouveaux. Or, nous savons qu'au seuil des années 1980, l'âge d'or du Mouvement des droits civiques est bien derrière nous. Le Mouvement est en désarroi et certains analystes annoncent même sa mort. « *The Death of a Movement* » est le titre révélateur du premier chapitre du livre de Sterling Tucker, *For Blacks Only : Black Strategies for Change in America.*[707] Monsieur Sterling Tucker n'est pas n'importe qui. Au moment de la première parution de son livre en 1971, il était le directeur exécutif de la *National Urban League*, section de Washington, D.C., l'une des organisations membres du Mouvement. Il a milité activement dans le Mouvement des droits civiques. Donc, quand il annonce la mort de ce Mouvement, nous pouvons dire qu'il parle en connaissance de cause.

Nous savons aussi que le consensus national qui s'était formé dans les années 1960 autour du problème noir a disparu. Certains ont cru que la bataille était gagnée et ont déposé les armes. D'autres ont tout simplement rendu les armes, car ils étaient las de combattre. D'autres encore ont changé leur fusil d'épaule et c'est cette frange de la société qui s'oppose de façon véhémente à l'action positive. Toutes les conditions sont donc réunies pour une remise en cause des acquis antérieurs sans qu'aucune opposition efficace digne de ce nom ne puisse se manifester.

Les acquis des Noirs tiennent à peu de choses dont la bonne volonté du camp d'en face et la détermination des intéressés à défendre ces acquis. Il suffit que les conditions subjectives et

[707] Sterling Tucker, *For Blacks Only : Black Strategies for Change in America* (Grand Rapids, Michigan : William B. Eerdmans Publising Company, 1972), pp. 7-36.

objectives changent pour que les acquis conquis de haute lutte soient menacées.

Les relations raciales aux États-Unis entre 1960 et 1990 ont, malgré les soubresauts épisodiques, connu une nette amélioration. Il est difficile de nier cette réalité : la période « Jim Crow » est nettement dépassée. Cette période est loin derrière et Blancs et Noirs très certainement s'en réjouissent. L'on est passé d'un racisme primaire pur et dur à un racisme atténué et voilé. Noirs et Blancs cohabitent tant bien que mal, quelquefois avec des méfiances à peine dissimulées. Néanmoins, l'on constate qu'ils ont commencé à s'accepter l'un l'autre. Ce développement est une véritable avancée.

Cependant, le chemin à parcourir reste encore long et semé d'embûches. L'élection de nombreux Noirs à des postes tant fédéraux qu'au niveau des États et la nomination de Noirs à ces mêmes niveaux de gouvernement sont des signes avant-coureurs de meilleure entente entre les deux communautés. L'affaire Bakke et les soubresauts épisodiques dont nous avons parlés ne sont peut-être que le reflet d'un changement irréversible en préparation des mentalités. Trois siècles d'histoire, d'habitudes et de pratiques ne peuvent pas s'effacer d'un revers de la main. Il faut compter aussi avec le temps. C'est pour cette raison que nous avons affirmé que le chemin à parcourir reste encore long et semé d'embûches. Les irréductibles ne vont pas se laisser faire aussi facilement. Ils se battront jusqu'à épuisement total, sinon jusqu'à leur dernier souffle. Le mythe serait de croire qu'il n'y a plus lieu de quoi s'inquiéter outre mesure car la « guerre raciale » est gagnée, c'est-à-dire qu'il n'existe plus de problème racial aux États-Unis.

La bonne volonté a aussi son rôle à jouer. L'on a beau prendre les meilleures décisions en matière d'intégration et de non-discrimination, à l'image des lois sur les Droits civiques et le Droit de vote et de l'action affirmative, elles ne serviront à rien si les parties concernées ne les appliquent pas. Il faut que ces parties aient une réelle volonté d'aller résolument vers une nouvelle société où aucun groupe ne se croit supérieur ou au-dessus des autres. N'est-ce pas là l'un des défis majeurs qui attendent les Américains de toute condition ?

Les progrès accomplis entre 1960 et 1990 dans le domaine des relations raciales laissent penser que rien ne sera plus comme avant.

En effet, les Américains semblent l'avoir compris sont prêts à tourner la page, mais à leur rythme, c'est-à-dire sans précipitation. Cette stratégie est peut-être la mieux indiquée pour éviter les va-et-vient, signe d'échec ou de remise en cause perpétuelle.

CONCLUSION

Au terme de notre randonnée intellectuelle, qui a couvert trois décennies, à savoir de 1960 à 1990, plusieurs constats peuvent être faits. Les trois décennies ont commencé à un moment crucial de l'histoire des Noirs et des États-Unis : la révolte des Noirs contre les traitements qui leur étaient faits, ce qui a énormément contribué à la prise de conscience de l'Amérique blanche quant au sort de leurs homologues noirs. Le pays a ainsi découvert l'ampleur du fossé qui séparait les Noirs des Blancs. Et les premiers ne voulaient plus accepter d'être relégués en seconde zone. Dès lors, rien ne pouvait plus être comme avant, et pour l'Amérique et pour les Africains-Américains.

À partir de cette période ces derniers ont commencé à accomplir des progrès quelquefois prodigieux si l'on se réfère à leur situation antérieure. Il en est ainsi d'autant plus qu'ils partaient du niveau presque zéro. Nous voulons dire qu'il était facile aux Noirs d'améliorer leur niveau d'éducation, par exemple, puisqu'ils commençaient au taux le plus bas. Il suffisait de quelques efforts et ledit taux remontait rapidement. Cette assertion se vérifie dans les domaines de la vie.

Tout au long de notre étude, nous avons relevé les progrès accomplis dans plusieurs domaines et nous les avons disséqués pour en tirer toute la portée pour les Noirs. Cependant, en 1990, un constat s'impose : l'égalité pleine et entière entre Noirs et Blancs n'est toujours pas une réalité incontestable, des poches de résistance continuant d'exister (la pauvreté, le racisme résiduel et persistant, la division au sein de la communauté noire...).

Trois domaines majeurs méritent d'être rappelés : la situation socio-économique, la situation politique et les relations raciales. Dans le domaine socio-économique, les Noirs ont fait des progrès remarquables. Le pourcentage de Noirs ayant intégré la classe moyenne s'est accru rapidement, signe évident d'amélioration de leurs conditions de vie. La classe moyenne noire s'est même développée plus rapidement que la classe moyenne blanche. Malheureusement, au même moment, le pourcentage de pauvres parmi les Noirs est resté élevé, ce qui a de quoi inquiéter. Ce constat est l'une des contradictions des progrès faits durant les trois décennies couvertes par notre étude. Les revenus des Noirs et leur situation devant l'emploi se sont aussi améliorés mais, parallèlement, leur taux de chômage est resté le double de celui de leurs homologues blancs, un autre maillon faible, l'emploi étant d'une importance capitale. Par exemple, il peut contribuer à améliorer l'image ou la perception que l'on a de soi : quand quelqu'un a un emploi, il peut subvenir à ses besoins, ce qui lui donne une certaine confiance en lui-même. Ainsi, il ne se considère pas comme un raté et peut éprouver une certaine fierté. Il continuera à se battre pour préserver cet emploi sinon à trouver un meilleur.

Le niveau d'éducation des Noirs s'est nettement amélioré entre 1960 et 1990. Mais les Noirs sont toujours à la traîne par rapport aux Blancs. Comme l'éducation représente un élément-clé dans la promotion sociale, elle a fait l'objet d'une attention particulière et parfois de débats et de luttes âpres entre Noirs et Blancs. En témoigne l'affaire Bakke qui a fait couler beaucoup d'encre et de salive. L'avenir des Noirs pourrait dépendre en grande partie du facteur éducation. La communauté noire en est consciente si l'on se réfère aux déclarations de certains leaders[708]. L'éducation devra figurer en bonne place dans les agendas futurs de lutte des leaders, à l'instar des valeureux devanciers tels Frederick Douglass, Booker T. Washington, W.E.B. DuBois, Marcus Garvey, A. Philip Randolph, Thurgood Marshall, Martin Luther King, et Malcolm X.

---

[708] Juan Williams, *Enough : The Phony Leaders, Dead-End Movements, and Culture of Failure That Are Undermining Black America—and What We Can Do About It* (New York : Three Rivers Press, 2006).

Les Noirs pourraient continuer de perpétuer leur tradition de donation pour soutenir l'éducation des leurs, à l'exemple d'Oseola McCarty, la « Little Colored Lady » originaire du Mississippi, qui a donné toutes les économies amassées durant sa dure vie de femme de ménage ($150.000) pour promouvoir l'éducation des enfants de sa race[709]. Le geste d'Oseola McCarty est la preuve vivante qu'elle avait saisi toute l'importance de l'éducation dans l'amélioration du statut des gens de sa race. Les Noirs pourraient aussi suivre l'exemple de l'artiste comédien Bill Cosby pour montrer leur attachement à l'éducation des enfants africains-américains.

Le domaine où les progrès ont été les plus spectaculaires reste sans conteste celui de la politique. Les Africains-Américains ont été progressivement élus à presque tous les échelons électifs de la nation : mairies, gouvernorats, assemblées des États, Congrès des États-Unis, etc. Il fut un temps où quatre des six plus grandes villes du pays avaient un maire noir. Le révérend Jesse Louis Jackson a été candidat lors des élections primaires du Parti démocrate en 1984 et 1988, avec plus ou moins de succès. Tous ces succès électoraux ne peuvent pas être dus aux seules voix des seuls électeurs noirs. Ils n'ont pu être réalisés qu'avec l'appui et le soutien d'autres communautés[710], les Noirs ne représentant à l'époque que 12% de la population totale des États-Unis. L'attitude de ces communautés est la preuve d'un changement de la perception qu'elles ont des membres de la communauté noire : le Noir n'est plus perçu comme un ennemi, mais plutôt comme un compatriote avec qui l'on peut et même doit nouer des alliances stratégiques électoralistes sur la base d'intérêts communs. Les Noirs et les autres communautés ne se regardent plus en chiens de faïence. Elles sont désormais susceptibles de collaborer, d'être des partenaires dans la recherche du bien-être de la société. Les stéréotypes de tous genres sont donc en perte de vitesse

[709] Ibid., pp. 2-3.

[710] Cette attitude n'est pas totalement nouvelle en soi. En effet, pendant toute l'histoire des Africains-Américains, il y a toujours eu des Blancs de bonne volonté pour lutter à leurs côtés. Le fait nouveau ici est leur nombre qui va croissant, d'où la qualification de changement de mentalités.

Des Noirs ont aussi occupé des postes ministériels et d'autres postes importants sous les différentes administrations entre 1960 et 1990. Un Noir, en l'occurrence Ron Brown, a même eu à diriger le Parti républicain. Ces quelques exemples attestent non seulement de la vitalité politique de la communauté noire, mais aussi et surtout de la confiance réciproque et du nouvel esprit de collaboration et de coexistence qui se sont progressivement installés. Le nombre de Noirs à des postes importants s'accroît au fil des années. Ce développement est d'une très grande portée, car il laisse entrevoir des jours meilleurs.

Le point sombre du tableau politique est le pourcentage encore infime des élus noirs par rapport à celui des Blancs et par rapport à leur pourcentage total dans la population des États-Unis. Il en est de même pour les postes nominatifs. Ici encore, malgré les énormes progrès, le chemin à parcourir reste assez long et semé d'embûches (racisme, changement lent des mentalités). Mais le domaine politique semble être plus réceptif aux changements. Les Noirs gagneraient à l'approfondir en poursuivant l'esprit de collaboration avec les autres communautés.

Les succès politiques se sont poursuivis après 1990. Carol Moseley Braun a été élue au sénat des États-Unis en novembre 1992. Le président Clinton a nommé quatre ministres africains-américains dans son tout premier gouvernement[711]. Après lui, le président Bush a nommé Colin Powell comme chef d'État major des armées avant qu'il ne soit propulsé Ministre des Affaires étrangères. Quant à Condoleezza Rice, elle a dirigé d'abord l'Agence nationale pour la sécurité (poste occupé avant elle par Colin Powell), avant d'être nommée en remplacement du même Colin Powell comme Ministre des Affaires étrangères suite à la démission de ce dernier. De nombreux autres exemples de promotions politiques pourraient être relevés. Nous voulons seulement suggérer ici que les progrès politiques ne se sont pas arrêtés avec l'année 1990. Ils se sont plutôt poursuivis et se sont même amplifiés.

---

[711] Mike Espy (Agriculture), Ronald Brown (Commerce), Hazel Rollins O'Leary (Énergie) et Jesse Brown (Anciens combattants) cf. Huey L. Perry and Wayne Parent, eds., *Blacks and the American Political System*, p. 123.

L'élection ou la nomination de Noirs à des postes politiques est très importante. En effet, en général, le sort ou l'avenir des citoyens dont les Noirs se décide dans les instances politiques. Le fait d'y être représentés leur permet d'une part d'être informés et, d'autre part, de participer aux prises de décisions majeures. Même si leurs points de vue ne passent pas, au moins ils ont l'opportunité de les faire connaître. À force de répéter cette opération à plusieurs reprises, certaines de leurs idées finiront, un jour, par être acceptées. La présence des Noirs dans les sphères de décision politiques ne peut donc pas être égale à leur absence. D'ailleurs, cette présence va croître avec le temps et leur influence aussi.

Sur le plan des relations raciales, nous constatons aussi que de très nettes améliorations ont été réalisées, même si des poches de résistance subsistent. Des siècles d'oppression, d'aliénation, d'habitudes sinon de mauvaises habitudes, ne peuvent pas s'effacer d'un revers de la main. Cependant, les mentalités ont beaucoup évolué dans les deux camps, ce qui est un signe encourageant. Cette évolution positive est un signe avant-coureur de meilleures relations futures.

En sus de l'éducation et de la présence dans l'arène politique, la qualité des relations raciales peut jouer un grand rôle dans l'avenir des Noirs aux États-Unis et même dans l'avenir du pays tout entier. « *A house divided against itself cannot stand* », avait si justement déclaré le président Abraham Lincoln. Si nous considérons cette assertion comme parole d'évangile, nous devons admettre que l'avenir de la société américaine dépendra pour beaucoup de la qualité des relations qu'entretiennent ses différentes composantes les unes avec les autres. C'est pourquoi nous pensons que l'état des relations raciales est un bon indicateur des progrès accomplis par les Noirs.

Le constat général que l'on peut faire à la fin de notre étude peut se résumer de la façon suivante : « des progrès certes, mais des zones d'ombre persistent ». Cela veut dire que l'égalité pleine et entière entre Noirs et Blancs aux États-Unis n'est pas encore une réalité en 1990. En d'autres termes, les Noirs ne sont pas restés au même stade où ils étaient en 1960. Néanmoins, les progrès accomplis ne permettent pas d'affirmer que la condition des Noirs est la même que celle des Blancs. Dans les domaines que nous avons étudiés, nous avons constaté des avancées positives dans le sens de l'amélioration de la situation des Noirs. A la question de savoir si les progrès faits par ces Noirs sont un mythe ou une réalité, l'on peut répondre que le mythe cotoie la réalité. Si beaucoup d'exemples peuvent être relevés pour montrer que les Noirs ont effectivement fait des progrès durant la période qui nous intéresse, à l'opposé des élements peuvent attester le contraire. En clair, des éléments créditent la thèse du progrès (réalité) mais en même temps d'autres soutiennent la persistance de zones d'ombre (mythe). Cependant, nous devons admettre que les Noirs sont plus proches de l'égalité en 1990 qu'en 1960, même si nous reconnaissons que l'égalité parfaite ne peut exister.

Les dernières poches de résistance à l'intégration et à l'égalité des Noirs qui subsistent toujours sont difficiles à éradiquer, car elles reflètent d'une part l'état d'évolution des mentalités, et d'autre part une phase de stagnation avant d'autres avancées. Quelle que soit l'analyse que l'on fait de cette situation, il faut admettre que les dernières distances d'une longue course sont difficiles à parcourir. Sous l'effet conjugué de la fatigue et de l'essoufflement, les concurrents avancent plus difficilement et certainement plus lentement. Nous voulons dire que les Noirs ne sont pas si loin du but recherché. Cependant, les derniers kilomètres sont plus durs à parcourir, car les derniers irréductibles constituent une poignée de personnes convaincues de la justesse de leurs raisonnements et de leurs comportements vis-à-vis des Noirs, à l'exemple des militants du Ku Klux Klan. C'est pourquoi il sera plus difficile de les convaincre.

Cependant, il existe des raisons d'espérer car toute société évolue. Notre étude a montré comment la société américaine a évolué très rapidement en trois décennies et les changements quelquefois spectaculaires qui en ont résulté ont été relevés. C'est pourquoi l'optimisme est permis quant à l'avenir des Noirs aux États-Unis : de nouvelles et nombreuses autres victoires sont possibles à la condition que la lutte se poursuive et que l'on ne se complaise pas dans les acquis des luttes antérieures. Un acquis n'est jamais définitif comme l'a si bien démontré l'affaire Bakke et seule la lutte paie. Il convient non seulement de poursuivre la lutte entamée par les valeureux devanciers, mais surtout de la porter le plus loin possible. C'est alors que l'égalité longtemps caressé deviendra progressivement réalité.

C'est effectivement ce qui s'est passé en novembre 2008 avec l'élection de Barack Hussein Obama comme président des États-Unis d'Amérique. Le rêve n'est-il pas en train de devenir réalité ? Y a-t-il meilleure preuve de progrès ? Cette élection est due, d'une part à l'indispensable et irréversible changement continu des mentalités, et d'autre part à la vitalité de la démocratie américaine. Elle est donc la résultante des luttes antérieures menées non seulement par les Noirs, mais aussi et surtout par tous les Américains qui croient en l'égalité des Hommes, quels que soient leur race, leur sexe, leur origine. Néanmoins, les qualités intrinsèques de l'homme Obama ne sont pas à négliger.

Les années 1960-1990 et celles qui les ont précédées ont préparé le terrain pour l'avènement de cette ère nouvelle, l'élection du premier Noir à la tête des États-Unis, le pays le plus puissant au monde. Ce développement ne doit pas nous surprendre, car les mentalités sont en perpétuelle évolution comme nous le relevions plus haut et la société américaine est dans le mouvement. Cela veut certainement dire que le contexte était assez mûr pour cette élection. La société américaine dans sa très grande majorité était prête pour ce changement radical, signe avant-coureur d'autres bouleversements positifs. L'optimisme est encore permis pour des progrès futurs pour les Noirs aux États-Unis. En d'autres termes, les Noirs ne vont pas s'arrêter en si bon chemin, ayant goûté aux fruits de la lutte. Des progrès plus édifiants sont à prévoir car, une fois lancée, la machine du progrès ne s'arrête pas, sauf catastrophe majeure. Or, à l'heure actuelle, il n'y a pas le moindre signe visible ou avant-coureur d'une telle catastrophe. En d'autres termes, les Noirs vont poursuivre allègrement leur marche vers des progrès encore plus éclatants. C'est ce que laissent entrevoir les conclusions de notre étude.

BIBLIOGRAPHIE

1. Ouvrages généraux

Appiah Kwame Antony, Henry Louis Gates Jr. *The Dictionary of Global Culture*. New York : Alfred A. Knopf, 1997

Barnes, Gregory A. *The American University: A World Guide*. Philadelphia: Isi Press, 1984

Brown, Richard Maxwell. *Strain of Violence : Historical Studies of American Violence and Vigilantism.* Oxford : Oxford University Press, 1977.

Daniels, Roger. *Coming to America : A History of Immigration and Ethnicity in American Life*. New Delhi : Affiliated East-West Press Pvt Ltd, 1992.

Davis, David Brion. *The Problem of Slavery in Western Culture*. 2nd Printing. Ithaca, New York : Cornell University Press, 1970.

-----. *The Problem of Slavery in the Age of Revolution, 1770-1823.* Ithaca : Cornell University Press, 1975.

-----. *The Slave Power Conspiracy and the Paranoid Style.* Baton Rouge : Louisiana State University Press, 1982.

-----. *Slavery and Human Progress*. New York : Oxford University Press, 1986.

Digest of Education Statistics, <*http://nces.ed.gov/programs/digest/d95/dtab101.asp*>, July 23, 2008.

Digest of Education Statistics, <*http://nces.ed.gov/programs/digest/d95/dtab010.asp*>, August 1, 2008.

Digest of Education Statistics, <*http://nces.ed.gov/programs/digest/d95/dtab177.asp*>, August 1, 2008.

Fanon, Frantz. *The Wretched of the Earth.* New York : Grove Weidenfeld, 1991

Fox, Richard Wightman, James T. Kloppenberg, eds. *A Companion to American Thought*. Malden, Massachusetts : Blackwell Publishers Ltd, 1998.

Furnas, J.C. *The Americans : A Social History of the United States, 1587-1914*. New York : G. P. Putnam's Sons, 1969.

Gibaldi, Joseph. *MLA Handbook for Writers of Research Papers*. 4th ed. New York: Modern Language Association of America, 1995.

Gossett, Thomas F. *Race : The History of an Idea in America*. New ed. New York : Oxford University Press, 1997.

Hodgson, Godfrey. *America in Our Time : From World War II to Nixon*. New York : Vintage Books, 1978.

Horton, Carrell Peterson, Jessie Carney Smith, eds. *Statistical Record of Black America*. Detroit : Gale Research Inc., 1990.

Kaspi, André, Claude-Jean Bertrand, Jean Heffer. *La civilisation américaine*. Paris : Presses Universitaires de France, 1979.

Kaspi, André, et al. *La civilisation américaine*. 2è édition revue et corrigée. Paris : Quadrige/Presses Universitaires de France, 2006.

Le Robert : dictionnaire alphabétique et analogique de la langue française. 2è éd. revue et enrichie par Alain Rey, Tome VI, 1986.

Néré, Jacques. *La guerre de Sécession*. 4è édition. Paris : Presses universitaires de France, collection « Que sais-je », 1975.

Oldham, J. H. *Christianity and the Race Problem*. New York City : Council of Christian Associations, n.d.

Patrick, John J. *Lessons on the Constitution*. Washington, D.C. : The Social Science Education Consortium, Inc. and Project '87, 1985.

Ploski, Harry A., James Williams, eds. *The Negro Almanac : A Reference Work on the Afro-American*. 4th ed. New York : John Wiley and Sons, 1983.

Poliakov, Léon. *Le racisme*. Paris : Seghers, Collection Point de Départ, 1976.

Plumelle-Uribe, Rosa. *La férocité blanche. Des non-Blancs aux non-Aryens : génocides occultés de 1492 à nos jours*. Paris : Albin Michel, 2001.

Ravitch, Diane. *The Troubled Crusade : American Education, 1945-1980*. New York : Basic Books, 1983.

Robertson, James Oliver. *American Myth, American Reality*. New York : Hill and Wang, 1981.

Rothenberg, Paula S. *Race, Class, and Gender in the United States : An Integrated Study*. 2nd ed. New York : St. Martin's Press, 1992.

Segal, Ronald. *The Race War : The World-Wide Conflict of Races*. Harmondsworth, England : Penguin Books, 1967.

Sowell, Thomas. *Ethnic America : A History*. New York : BasicBooks, 1981.

-----. *The Economics and Politics of Race : An International Perspective*. New York : Quill, 1983.

-----. *Preferential Policies : An International Perspective*. New York : William Morrow, 1990.

Stanley, Harold W., Richard G. Niemi. *Vital Statistics on American Politics, 2001-2002*. Washington, D.C. : CQ Press, 2001.

Swift, D. F. *The Sociology of Education*. London : Routledge and Kegan Paul, 1973.

Szwed, John F., ed. *Black America*. New York : Basic Books, 1970.

The Reader's Digest. *Family Encyclopedia of American History*. Pleasantville, New York : Reader's Digest, Inc., 1975.

Turabian, Kate L. *A Manual for Writers of Term Papers, Theses, and Dissertations*. 3rd revised ed. Chicago : University of Chicago Press, 1970.

Wattenberg, Ben J. *The Real America : A Surprising Examination of the State of the Union*. Garden City, New York : Doubleday and Company, Inc., 1974.

We the People : la Constitution des États-Unis d'Amérique. n.p. : United States Information Agency, 1987.

Wheeler, Thomas C., ed. *The Immigrant Experience : The Anguish of Becoming American*. New York : Penguin Books, 1977.

Williams, Eric. *Capitalism and Slavery*. New York : Perigee, 1980.

Wilson, James Q. *American Government : Institutions and Policies*. 3rd ed. Lexington, Massachusetts : D. C. Heath and Company, 1986.

2. Histoire et société

Allen, Theodore. « 'They Would Have Destroyed Me' : Slavery and the origins of Racism ». *Radical America*, Vol. 9, N° 3, May/June 1975, pp. 41-63.

Ansboro, John J. *Martin Luther King, Jr. : The Making of a Mind*. Maryknoll, New York : Orbis Books, 1982.

Aptheker, Herbert. *Essays in the History of the American Negro*. 5th Printing. New York : International Publishers, 1973.

Ayers, Edward L. *The Promise of the New South : Life after Reconstruction*. New York : Oxford University, 1992.

Baraka, Amiri. *The Autobiography of Leroi Jones*. New York : Freundlich Books, 1984.

Barbour, Floyd B., ed. *The Black Seventies*. Boston, Mass. : Porter Sargent Publisher, 1970.

Bennett, Lerone, Jr. *Confrontation : Black and White*. Baltimore, Maryland : Penguin Books, 1968.

-----. *Before the Mayflower : A History of the Negro in America, 1619-1964*. Revised ed. New York : Penguin Books, 1978.

Blassingame, John W. *The Slave Community : Plantation Life in the Antebellum South*. Revised and Enlarged Edition. New York and Oxford : Oxford University Press, 1979.

Body-Gendrot, Sophie, Laura Maslow-Armand, Danièle Stewart. *Les Noirs Américains aujourd'hui*. Paris : Armand Colin, 1984.

Boesak, Allan Aubrey. *Farewell to Innocence : A Socio-Ethical Study on Black Theology and Power*. Maryknoll, New York : Orbis Books, 1977.

Brown, Claude. *Manchild in the Promised Land*. New York : Signet, 1965.

Chenu, Bruno. *Dieu est noir : histoire, religion et théologie des Noirs américains*. Paris : Éditions du Centurion, 1977.

Clark, Kenneth B. *Dark Ghetto : Dilemmas of Social Power*. New York : Harper Torchbooks, 1967.

Cruse, Harold. *The Crisis of the Negro Intellectual from Its Origins to the Present*. New York : William Morrow and Company, Inc., 1967.

Cruse, Harold -----. *Plural But Equal : A Critical Study of Blacks and Minorities and America's Plural Society*. New York : Quill, 1987.

Douglass, Frederick. *Life and Times of Frederick Douglass : Written by Himself.* New York : Bonanza Books, 1962.

-----. *Narrative of the Life of Frederick Douglass, An American Slave : Written by Himself.* New York : Signet Classic, 1997.

D'Souza, Dinesh -----. *Pourquoi il faut aimer l'Amérique*. Paris : Bernard Grasset, 2004.

Elton, Charles F. « Black and White Colleges : A Comparative Analysis ». *Journal of Negro Education*, Vol. 43, Issue 1, Winter 1974, pp. 111-116.

Fabre, Michel, Paul Oren. *Harlem, ville noire*. Paris : Armand Colin, 1971.

Faust, Drew Gilpin, ed. *The Ideology of Slavery : Proslavery Thought in the Antebellum South, 1830-1860*. Baton Rouge : Louisiana State University, 1985.

Felice, Lawrence G. « Black Student Dropout Behavior : Disengagement From School Rejection and Racial Discrimination ». *The Journal of Negro Education*, Vol. 50, N° 4, Fall 1981, pp. 415-424.

Flynn, James J. *Negroes of Achievement in Modern America*. New York : Dodd, Mead & Company, 1970.

Fohlen, Claude. *Les Noirs aux États-Unis*. 6è éd. Paris : Presses Universitaires de France, 1979.

Franklin, John Hope. *Reconstruction : After the Civil War*. Chicago : University of Chicago Press, 1970.

-----. *De l'esclavage à la liberté : histoire des Afro-Américains*. 5è édition. Paris : Éditions Caribéennes/Nouveaux Horizons, 1984.

Genovese, Eugene D. *The Political Economy of Slavery : Studies in the Economy and Society of the Slave South.* New York : Vintage Books, 1967.

-----.*The World the Slaveholders Made : Two Essays in Interpretation*. New York : Vintage Books, 1971.

-----. *From Rebellion to Revolution : Afro-American Slave Revolts in the Making of the New World.* New York : Vintage Books, 1981.

Graham, Shirley. T*here Was Once a Slave...The Heroic Story of Frederick Douglass*. New York : Julian Messner, Inc., 1947.

Haley, Alex. *Roots*. Garden City, New York : Doubleday and Company, Inc., 1976.

Harding, Vincent. *There Is a River : The Black Struggle for Freedom in America.* New York : Vintage Books, 1983.

Huddleston-Mattai, Barbara A., P. Rudy Mattai. « The Sambo Mentality and the Stockholm Syndrome Revisited : Another Dimension to an Examination of the Plight of the American-American ». *Journal of Black Studies*, Vol. 23, 1993, pp. 344-357.

« Identités, racismes, stéréotypes ». *Recherche, Pédagogie et Culture*, mai-juin 1983.

Irvine, Russel W., Jacqueline Jordan Irvine. « The Impact of the Desegregation Process on the Education of Black Students : Key Variables ». *Journal of Negro Education*, Vol. 52, N° 4, Autumn 1983, pp. 410-422.

Jacobs, Harriet. *Incidents in the Life of a Slave Girl*. Mineola, New York : Dover Publications, Inc., 2001.

Joyce, Joyce A. « Semantic Development of the Word *Black* : A History from Indo-European to the Present ». *Journal of Black Studies*, Vol. 11, N° 3, March 1981, pp. 307-312.

Laguerre Michel S. « Internal Dependency : The Structural Position of the Black Ghetto in American Society ». *The Journal of Ethnic Studies*, Vol. 6, N° 4, Winter 1979, pp. 29-44.

Lincoln, C. Eric, Lawrence H. Mamiya. *The Black Church in the African American Experience*. Durham : Duke University Press, 1990.

McAdoo, Hariette Pipes, ed. *Black Families*. Beverly Hills, California : Sage Publications, Inc., 1981.

McKay, Claude. *Harlem : Negro Metropolis*. New York : Harcourt Brace Jovanovich, Inc., 1968.

Meier, August. *Negro Thought in America, 1880-1915 : Racial Ideologies in the Age of Booker Washington.* Ann Arbor : Ann Arbor Paperbacks, 1966.

Meier, August, Elliot Rudwick. *From Plantation to Ghetto.* 3rd ed. New York : Hill and Wang, 1976.

Nalty, Bernard C. *Strength For the Fight : A History of Black Americans in the Military.* New York : Free Press, 1986.

Powdermaker, Hortense. *After Freedom : A Cultural Study in the Deep South.* New York : Atheneum, 1969.

Quarles, Benjamin. *The Negro in the Making of America.* 3rd ed. revised, updated and expanded. New York : Collier Books, 1987.

Raboteau, Albert J. *Slave Religion : The "Invisible Institution" in the Antebellum South.* Oxford : Oxford University Press, 1980.

Rawick, George. « The Historical Roots of Black Liberation ». *Radical America,* Vol. II, N° 4, July-August 1968, pp. 1-13.

Rice, C. Duncan. *The Rise and Fall of Black Slavery.* Baton Rouge : Louisiana State University Press, 1975.

Scott, William R., William G. Shade. *Essays on African-American History, Culture and Society.* Washington D.C. : U.S. Department of State, 2005.

Stampp, Kenneth M. *The Peculiar Institution : Slavery in the Ante-Bellum South.* New York : Vintage Books, 1956.

Stowe, Harriet Beecher. *Uncle Tom's Cabin.* London : Everyman's Library, 1977.

Styron, William. *The Confessions of Nat Turner.* London : Corgi Books, 1980.

« The Underground Railroad : Spiriting Escaped Slaves to Freedom ». *<http://www.america.gov/st/diversity-english/2008/December/20090105171226jmnamd...>*, October 2, 2009.

U.S. Census Bureau. *Decennial Census of Population, 1940 to 2000.* Internet Release Date: April 6, 2006.

-----. *Poverty in the United States : 2000.* September 2003.

Washington, Booker T. *Up from Slavery.* Edited with an introduction and notes by William L. Andrews. New York : Oxford University Press, 2000.

Williams, Juan. *Enough : The Phony Leaders, Dead-End Movements, and Culture of Failure That Are Undermining Black America —*

and What We Can Do About It. New York : Three Rivers Press, 2006.
Woodward, C. Vann. *American Counterpoint : Slavery and Racism in the North-South Dialogue*. Boston : Little, Brown and Company, 1970.

3. Économie et politique

Abney, F. Glenn, John D. Hutcheson, Jr. « Race, Representation, and Trust : Changes in Attitudes After the Election of a Black Mayor ». *Public Opinion Quarterly*, Vol. 45, N° 1, Spring, 1981, pp. 91-101.
Abramson, Paul R., William Claggett. « Race-Related Differences in Self-Reported and Validated Turnout ». *Journal of Politics*, Vol. 46, N° 3, pp. 719-738.
« A Build-down for Black Contractors ». *U.S. News and World Report*, February 6, 1989.
« Affirmative Action Revisited ». *The Annals of the American Academy of Political and Social Science*, Vol. 523, September 1992.
« Afro-Américains : des succès spectaculaires sur la scène politique ». *Progrès États-Unis Burkina Faso* du 9 février 1990, 1ère partie, pp. 6-7.
« Afro-Américains : une présence affirmée dans les hautes sphères de l'administration ». *Progrès États-Unis Burkina Faso* du 9 février 1990, 1ère partie, pp. 8-9.
Alkalimat, Abdul. « Chicago : Black Power Politics and the Crisis of the Black Middle Class ». *The Black Scholar*, Vol. 19, N° 3, March/April 1988, pp. 45-54.
Alkalimat, Abdul, Don Gills. « Black Political Protest and the Mayoral Victory of Harold Washington : Chicago Politics, 1983 ». *Radical America*, Vol. 17, N° 6 and Vol. 18, N° 1, pp. 111-127.
Atkins, Burton, Matthew DeZee, William Eckert. « State Supreme Court Elections: The Significance of Racial Cues ». *American Politics Quarterly*, Vol. 12, N° 2, April 1984, pp. 211-224.
-----. « The Effect of a Black Candidate in Stimulating Voter Participation in Statewide Elections : A Note on a Quiet

'Revolution' in Southern Politics ». *The Journal of Black Studies*, Vol. 16, N° 2, pp. 213-225.
Baum, Lawrence. *The Supreme Court*. Washington, D.C. : Congressional Quarterly Press, 1986.
Bayes, Jane H. *Minority Politics and Ideologies in the United States*. Novato, California : Chandler and Sharp Publishers, 1986.
Beal, Frances M. « U.S. Politics Will Never Be the Same ». *The Black Scholar*, September/October 1984, pp. 10-18.
Bernheim, Nicole. *Les années Reagan*. Paris : Éditions Stock, 1984.
-----. *Voyage en Amérique noire*. Paris : Éditions Stock, 1986.
Black Elected Officials : A National Roster, 1988. Washington, D.C. : Joint Center for Political Studies Press, 1988.
Bobo, Lawrence, Franklin D. Gilliam, Jr. « Race, Sociopolitical Participation, and Black Empowerment ». *American Political Science Review*, Vol. 84, N° 2, June 1990, pp. 377-393.
Boesak, Allan Aubrey. *Farewell to Innocence : A Socio-Ethical Study on Black Theology and Power*. Maryknoll, New York : Orbis Books, 1977.
Bonney, Norman. « Race and Politics in Chicago in the Daley Era ». *Race*, Vol. XV, N° 3, 1974, pp. 329-350.
Bullock, Charles S., III. « The Election of Blacks in the South : Preconditions and Consequences ». *American Journal of Political Science*, Vol. 19, Issue 4, November, 1975, pp. 727-739.
-----. « Racial Crossover Voting and the Election of Black Officials ». *Journal of Politics*, Vol. 46, Issue 1, February 1984, pp. 238-251.
-----. « Section 2 of the Voting Rights Act, Districting Formats, and the Election of African Americans ». *Journal of Politics*, Vol. 56, Issue 4, November, 1994, pp. 1098-1105.
Bush, Rod, ed. *The New Black Vote*. San Francisco : Synthesis Publications, 1984.
Campbell, David, Joe R. Feagin. « Black Electoral Victories in the South ». *Phylon*, Vol. XLV, N° 4, 1984, pp. 331-345.
-----. « Black Politics in the South : A Descriptive Analysis ». *Journal of Politics*, Vol. 37, Issue 1, February, 1975, pp. 129-162.
Carmichael, Stokely. *Stokely Speaks : Black Power Back to Pan-Africanism*. New York : Random House, 1971.

Carmichael, Stokely, Charles V. Hamilton. *Black Power : The Politics of Liberation in America.* New York : Vintage Books, 1967.

Cartosio, Bruno. « U.S. Black Mayors – What Next? : A European Perspective ». *Monthly Review*, Vol. 37, N° 2, June 1985, pp. 25-44.

Cavanagh, Thomas E. *Inside Black America : The Message of the Black Vote in the 1984 Elections.* Washington, D.C. : Joint Center for Political Studies, 1985.

Cavanagh, Thomas E., ed. *Strategies for Mobilizing Black Voters : Four Case Studies.* Washington, D.C. : Joint Center for Political Studies, 1987.

Center on Budget and Policy Priorities. « Falling Behind : A Report on How Blacks Fared Under Reagan ». *Journal of Black Studies*, Vol. 17, N° 2, December 1986, pp. 148-172.

Childs, John Brown. *The Political Black Minister : A Study in Afro-American Politics and Religion.* Boston, Mass.: G. K. Hall and Co., 1980.

Chrisman, Robert. « Subjective Factors in the Re-Election of Ronald Reagan ». *The Black Scholar*, January/February 1985, pp. 9-20.

Cleaver, Eldridge. *Post-Prison Writings and Speeches.* Edited and with an Appraisal by Robert Scheer. New York : Random House, 1969.

-----. *Soul on Ice.* New York : Ramparts, 1970.

-----. *Panthère noire.* Paris : Éditions du Seuil, 1970.

Cole, Leonard A. *Blacks in Power : A Comparative Study of Black and White Elected Officials.* Princeton, New Jersey : Princeton University Press, 1976.

« Congrès : le Black Caucus ». *Progrès États-Unis Burkina Faso* du 8 février 1985, 2ème partie, pp. 4-5.

Cook, Samuel DuBois. « Democracy and Tyranny in America : The Radical Paradox of the Bicentennial and Blacks in the American Political System ». *Journal of Politics*, Vol. 38, Issue 3, (200 Years of the Republic in Retrospect : A Special Bicentennial Issue), August 1976, pp. 276-294.

Conyers, John. « Leadership Role of Elected Black Officials ». *Urban League Review*, Vol. 9, N° 1, Summer 1985, pp. 96-101.

Diallo, Siradiou. « Jusqu'où iront les Noirs ? ». *Jeune Afrique*, N° 1164 du 27 avril 1983, pp. 36-38.

Darity, William, Jr. « The Goal of Racial Economic Equality : A Critique ». *The Journal of Ethnic Studies*, Vol. 10, N° 4, Winter 1983, pp. 51-70.

Davis, George, Glegg Watson. *Black Life in Corporate America : Swimming in the Mainstream.* Garden City, New York : Anchor Press/Doubleday, 1982.

Dowd, Maureen et al. "Fresh Faces for an Old Struggle : Black Leaders Master the Art of Politics". *Time*, August 22, 1983, pp. 32-33.

« Élections 1984 : l'analyse du vote des Noirs ». *Progrès États-Unis Burkina Faso*, N° 370 du 4 janvier 1985, 1ère partie, pp. 6-7.

« Élections 1984 : l'électorat noir ». *Progrès États-Unis Haute-Volta*, N° 362 du 20 juillet 1984, 1ère partie, p. 3.

« Élections 1984 : l'évolution politique des Afro-Américains ». *Progrès États-Unis Burkina Faso* du 2 novembre 1984, 1ère partie, p. 2.

« Élections 1984 : le président Reagan réélu ». *Progrès États-Unis Burkina Faso*, N° 368 du 7 décembre 1984, 1ère partie, pp. 1-3.

« Élections 1984 : une victoire personnelle pour M. Reagan ». *Progrès États-Unis Burkina Faso*, N° 368 du 7 décembre 1984, 2ème partie, pp. 2-4.

Elliot, Jeffrey M., Sheikh R. Ali. *The Presidential-Congressional Political Dictionary.* Santa Barbara, California : ABC-Clio Information Services, 1984.

Essomba, Phillipe. « Ces élus noirs des États-Unis ». *Bingo*, N° 366 de juillet 1983, pp. 18-19.

Foner, Philip S., ed. *The Black Panthers Speak.* Philadelphia : J. B. Lippincott Company, 1970.

Foster, E. C. « A Time of Challenge : Afro-Mississippi Political Developments Since 1965 ». *Journal of Negro History*, Vol. 68, Issue 2, Spring, 1983, pp. 185-200.

Franklin, Robert Michael. « Religious Belief and Political Activism in Black America : An Essay ». *The Journal of Religious Thought*, Vol. 43, N° 2, Fall/Winter 1986-1987, pp. 63-72.

Frazier, E. Franklin. *Black Bourgeoisie : The Rise of a New Middle Class in the United States*. New York : Collier Books, 1962.

Galbraith, John Kenneth. *L'ère de l'opulence*. Paris : Calmann-Lévy, 1970.

Glaberman, Martin. « The Impact of Jesse Jackson on American Political Life ». *The Race Today Review*, Vol. 16, N° 3, January 1985, pp. 4-7.

Hamilton, Charles V. « On Parity and Political Empowerment ». *The State of Black America 1989*, pp. 111-120.

Harrington, Michael. *The Other America : Poverty in the United States*. New York : Penguin Books, 1983.

Hatch, Roger D. « Jesse L. Jackson : More Than an Opportunist ». *The Journal of Religious Thought*, Vol. 42, N° 2, Fall/Winter 1985-1986, pp. 73-84.

-----. « Jesse Jackson's Presidential Campaign : An Assessment ». *Soundings*, Vol. 70, N° 3-4, Fall/Winter 1987, pp. 379-405.

Hayes, Floyd W., III. « The Political Economy, Reaganomics, and Blacks ». *The Western Journal of Black Studies*, Vol. 6, N° 2, 1982, pp. 89-97.

Heath, G. Louis, ed. *The Black Panther Leaders Speak*. Metuchen, N.J. : Scarecrow Press, Inc., 1976.

Hedrick, Smith. *Reagan et nous*. Paris : Éditions Balland, 1981.

Holden, Matthew, Jr. « The Rewards of Daring and the Ambiguity of Power : Perspectives on the Wilder Election of 1989 ». *The State of Black America 1990*, January 1990, pp. 109-120.

« Hommage à Andrew Young ». *Progrès États-Unis Haute-Volta* N° 200 du 6 mai 1977, p. 7.

« Is the U.S. Ready for a Black President? : Interview With the Rev. Jesse Jackson, National President, Operation PUSH ». *U.S. News and World Report*, July 25, 1983, pp. 21-22.

Jackman, Robert W., Ross A. Miller. « The Poverty of Political Culture ». *American Journal of Political Science*, Vol. 40, Issue 3, August, 1996, pp. 697-716.

Jackson, Byran O. « The Effects of Racial Group Consciousness on Political Mobilization in American Cities ». *Western Political Quarterly*, Vol. 40, N° 4, December 1987, pp. 631-646.

Jackson, Jesse L. « A Chance to Serve ». *The Black Scholar*, Vol. 19, N° 3, March/April 1988, pp. 17-23.

-----. « The Keys to a Democratic Victory in 1984 ». *The Black Scholar*, September/October 1984, pp. 2-9.

Jennings, James. « America's New Urban Politics : Black Electoralism, Black Activism ». *Radical America*, Vol. 17, N° 6 and Vol. 18, N° 1, 1983/1984, pp. 35-40.

Joint Center for Political Studies. *Black Elected Officials : A National Roster*. New York : Unipub, 1984.

Joint Center for Political and Economic Studies. *Black Elected Officials : A National Roster*. Washington, D.C. : Joint Center for Political and Economic Studies Press, 1990.

Jones, Charles E. « The Political Repression of the Black Panther Party, 1966-1971: The Case of the Oakland Bay Area ». *Journal of Black Studies,* Vol. 18, N° 4, June 1988, pp. 415-434.

Jones, Mack H. « Black Political Empowerment in Atlanta : Myth and Reality ». *The annals of the American Academy of Political and Social Science*, Vol. 439, September 1978, pp. 90-117.

Karenga, Maulana. « The Crisis of Black Middle Class Leadership : A Critical Analysis ». *The Black Scholar*, Fall 1982, pp. 16-32.

-----. « Jesse Jackson and the Presidential Campaign : The Invitation and Oppositions of History ». *The Black Scholar*, September/October 1984, pp. 57-74.

Kaspi, André. « Démocratie et ségrégation ». *L'Histoire*, N° 244, octobre 1997, pp. 42-44.

Keech, William R. *The Impact of Negro Voting : The Role of the Vote in the Quest for Equality*. Chicago : Rand McNally and Company, 1968.

Kilson, Martin. « Politics and Identity Among Black Intellectuals ». *Dissent*, Vol. 28, N° 3, Summer 1981, pp. 339-349.

-----. « The Black Bourgeoisie Revisited ». *Dissent*, Vol. 30, N° 1, Winter 1983, pp. 85-96.

-----. « The Weakness of Black Politics ». *Dissent*, Vol. 34, N° 4, Fall 1987, pp. 523-529.

King, Richard H. « Citizenship and Self-Respect : The Experience of Politics in the Civil Rights Movement ». *Journal of American Studies*, Vol. 22, N° 1, 1988, pp. 7-24.

Knickrehm, Kay M., Devin Bent, « Voting Rights, Voter Turnout, and Realignment : The Impact of the 1965 Voting Rights Act ». *Journal of Black Studies*, Vol. 18, N° 3, March 1988, pp. 283-296.

Konaté, Bakary. « Jesse Jackson : le sens d'une candidature ». *Cahiers du CERLESHS*, N° 1, juillet 1987, Université de Ouagadougou, pp. 29-59.

-----. « L'action positive et la démocratie américaine ». *Cahiers du CERLESHS*, N° 12, 1995, Faculté des lettres, des lettres, des arts, des sciences humaines et sociales, Université de Ouagadougou, pp. 177-188.

Kornblum, William. « Who Is the Underclass? ». *Dissent*, Vol. 38, N° 2, Spring 1991, pp. 202-203.

Landry, Bart. *The New Black Middle Class*. Berkeley : University of California Press, 1988.

Leonard, Jonathan S. « Employment and Occupational Advance Under Affirmative Action ». *The Review of Economics and Statistics*, Vol. 66, Issue 3, August 1984, pp. 377-385.

« Le pouvoir de l'électorat noir ». *Progrès États-Unis Haute-Volta*, N° 358 du 25 mai 1984, 2ème partie, pp. 2-3.

Liebow, Elliot. *Tally's Corner : A Study of Negro Streetcorner Men*. Boston : Little, Brown and Company, 1967.

Liston, Robert A. *The American Poor : A Report on Poverty in the United States*. New York : Dell Publishing Co., Inc., 1970.

Loewenstein, Gaither, Lyttleton T. Sanders. « Bloc Voting, Rainbow Coalitions, and the Jackson Presidential Candidacy : A View from Southeast Texas ». *Journal of Black Studies*, Vol. 18, N° 1, September 1987, pp. 86-96.

Louie, Miriam, Gloria Quinones. « Women's Stake in the Rainbow Coalition ». *The Black Scholar*, September/October 1984, pp. 27-32.

Malveaux, Julianne. « Race, Class, and Black Poverty ». *The Black Scholar*, Vol. 19, N° 3, May/June 1988, pp. 18-21.

« M. Andrew Young nommé représentant permanent des États-Unis à l'ONU ». *Progrès*, sans date, pp. 4-5.

Marable, Manning. « Anatomy of Black politics ». *The Review of Black Political Economy*, Vol. 8, Summer, 1978, pp. 368-383.

-----. « Reaction : Thoughts on the Political Economy of the New South Since the Civil Rights Movement ». *Radical America*, Vol. 12, N° 5, September-October 1978, pp. 9-21.

-----. *From the Grassroots : Social and political Essays Towards Afro-American Liberation.* 1st ed. Boston : South End Press, 1980.

Marable, Manning -----. « Reaganism, Racism, and Reaction : Black Political Realignment in the 1980s ». *The Black Scholar*, Fall 1982, pp. 2-15.

-----. « Jobs, Peace, Freedom : A Political Assessment of the August 27 March on Washington ». *The Black Scholar*, Vol. 14, N° 6, November/December 1983, pp. 2-20.

-----. *How Capitalism Underdeveloped Black America.* Boston, Mass. : South End Press, 1983.

Maslow-Armand, Laura. « Écoles noires, bulletins blancs : la déségrégation scolaire et la participation politique des Noirs aux États-Unis ». *Revue française de science politique*, Vol. 32, N° 6, décembre 1982, pp. 1000-1023.

Mladenka, Kenneth R. « Blacks and Hispanics in Urban Politics ». *The American Political Science Review*, Vol. 83, Issue 1, March, 1989, pp. 165-191.

Morganthau, Tom. « What Makes Jesse Run? ». *Newsweek*, November 14, 1983, pp. 50-56.

Morganthau, Tom et al. « What Jesse Jackson Wants ». *Newsweek*, May 7, 1984, pp. 40-44.

Morrill, Richard L., Ernest H. Wohlenberg. *The Geography of Poverty in the United States.* New York : McGraw-Hill Book Company, 1971.

National Urban League. *The State of Black America 1983*. New York : National Urban League, 1983.

-----. *The State of Black America 1984*. New York: National Urban League, 1984.

-----. *The State of Black America 1988*. New York : National Urban League, 1988.

Norton, Eleanor Holmes. « The Role of Black Presidential Appointees ». *Urban League Review*, Vol. 9, N° 1, Summer 1985, pp. 106-111.

Oliver Melvin L., Thomas M. Shapiro. *Black Wealth, White Wealth : A New Perspective on Racial Inequality*. New York : Routledge, 1997.

Olivier, Gérald. « Le bon, la brute, le truand ». *Spectacle du monde*, novembre 1995, pp. 43-45.

Perry, Huey L., Wayne Parent, eds. *Blacks and the American Political System*. Gainesville : University Press of Florida, 1995.

Pierce, Paulette. « The Roots of the Rainbow Coalition ». *The Black Scholar*, Vol. 19, N° 3, March/April 1988, pp. 2-16.

Piliawsky, Monte. « The 1984 Election's Message to Black Americans : Challenges, Choices and Prospects ». *Freedomways*, Vol. 25, N° 1, 1985, pp. 18-27.

Pinderhughes, Dianne M. « Power and Progress: African American Politics in the New Era of Diversity ». *The State of Black America 1992*, pp. 265-280.

Pohlmann, Marcus D. *Black Politics in Conservative America*. New York : Longman, 1990.

Preston, Michael, Lenneal J. Henderson, Jr., Paul L. Puryear, eds. *The New Black Politics : The Search for Political Power*. 2nd ed. New York : Longman, 1987.

Prysby, Charles L. « Attitudes of Southern Democratic Party Activists Toward Jesse Jackson : The Effects of the Local Context ». *The Journal of Politics*, Vol. 51, N° 2, May 1989, pp. 305-318.

Reed, Adolph L., Jr. *The Jesse Jackson Phenomenon : The Crisis of Purpose in Afro-American Politics*. New Haven : Yale University Press, 1986.

Robinson, Donald. *Slavery in the Structure of American Politics, 1765-1820*. New York : W. W. Norton and Company, 1979.

Rodgers, Harrell R., Jr. « Political and Racial Attitudes : Black Versus White ». *The Journal of Black Studies*, Vol. 4, N° 4, June 1974, pp. 463-485.

Roggemann, Peter J. « When Blacks Win Municipal Elections ». *Social Policy*, Vol. 11, N° 5, March/April 1981, pp. 46-53.

Roper, John Herbert. « The Voting Rights Extension Act of 1982 ». *Phylon*, Vol. XLV, N° 3, 1984, pp. 188-196.

Rose, Peter I. « Blacks and Jews : The Strained Alliance ». The *Annals of the American Academy of Political and Social Science*, March 1981, pp. 55-69.

Ruffin, David C. « New-Style Politics : From Grass Roots to Mainstream ». *Black Enterprise*, August 1985, pp. 114-116.

Salamon, Lester M. « Fear, Apathy, and Discrimination : A Test of Three Explanations of Political Participation ». *The American Political Science Review*, Vol. 67, Issue 4, December, 1973, pp. 1288-1306.

Secret, Philip E., Susan Welch. « Sex, Race, and Participation : An Analysis of the 1980 and 1984 Elections ». *Women and Politics*, Vol. 9, N° 4, pp. 57-67.

Sheffield, James F., Jr., Charles D. Hadley. « Racial Voting in a Biracial City : A Reexamination of Some Hypotheses ». *American Politics Quarterly*, Vol. 12, N° 4, October 1984, pp. 449-464.

Smith, James P. « Race and Human Capital ». *The American Economic Review*, Vol. 74, Issue 4, September 1984, pp. 685-698.

Smith, James P., Finis R. Welch. « Black Economic Progress After Myrdal ». *Journal of Economic Literature*, Vol. 27, Issue 2, June 1989, pp. 519-564.

Smith, Robert C. « Black Power and the Transformation from Protest to Policies ». *Political Science Quarterly*, Vol. 96, Issue 3, Autumn, 1981, pp. 431-443.

-----. « Black Appointed Officials : A Neglected Area of Research in Black Political Participation ». *The Journal of Black Studies*, Vol. 14, N° 3, March 1984, pp. 369-388.

-----. « Financing Black Politics : A Study of Congressional Elections ». *Review of Black Political Economy*, Vol. 17, N° 1, Summer 1988, pp. 5-30.

Sochen, June. *The Unbridgeable Gap : Blacks and Their Quest for the American Dream*. Chicago : Rand McNally College Publishing Company, 1973.

Sonenshein, Raphael J. « The Dynamics of Biracial Coalitions : Crossover Politics in Los Angeles ». *Western Political Quarterly*, Vol. 42, N° 2, June 1989, pp. 333-353.

Staples, Robert. « Tom Bradley's Defeat : The Impact of Racial Symbols on Political Campaigns ». *The Black Scholar*, Fall 1982, pp. 37-45.

Stengel, Richard. « Balancing Act ». *Time*, Vol. 129, N° 14, April 6, 1987.

Stern, Mark. « John F. Kennedy and Civil Rights : From Congress to Presidency ». *Presidential Studies Quarterly*, Vol. 19, N° 4, Fall 1989, pp. 797-823.

Stewart, Joseph, Jr., James F. Sheffield, Jr. « Does Interest Group Litigation Matter? : The Case of Black Political Mobilization in Mississippi ». *Journal of Politics*, Vol. 49, N° 3, 1987, pp. 780-798.

Stone, P. T. « Social Bias in the Recruitment of Black Elected Officials in the United States ». *Review of Black Political Economy*, Vol. 8, Summer 1978, pp. 384-404.

« Succès électoraux des maires noirs dans les grandes villes américaines ». *Progrès États-Unis Haute-Volta*, N° 348 du 30 décembre 1983, 1ère partie, pp.2-3.

Swain, Carol M. *Black Faces, Black Interests : The Representation of African Americans in Congress*. Enlarged Edition. Cambridge : Harvard University Press, 1995.

Swinton, David H. « The Economic Status of African Americans : 'Permanent' Poverty and Inequality ». *The State of Black America 1991*, January 1991, pp. 25-75.

Thomas, Curlew 0., Barbara Boston Thomas. « Blacks' Socio-Economic Status and the Civil Rights Movement's Decline, 1970-1979 : An Examination of Some Hypotheses ». *Phylon*, Vol. XLV, N° 1, 1984, pp. 40-51.

Thompson, J. Phillip. « David Dinkins' Victory in New York City : The Decline of the Decline of the Democratic Party Organization and the Strengthening of Black Politics ». *Political Science and Politics*, Vol. 23, N° 2, June 1990, pp. 145-148.

Walters, Ronald W. « The American Crisis of Credibility and the 1988 Jesse Jackson Campaign ». *The Black Scholar*, Vol. 19, N° 3, March/April 1988, pp. 31-44.

Washington, James Melvin. « Jesse Jackson and the Symbolic Politics of Black Christendom ». *Annals of the American Academy of Political and Social Science*, Vol. 480, July 1985, pp. 85-105.

Watts, Jerry G. « Somewhere Over the Rainbow : Reflections on Black Politics in the Age of Jackson ». *Soundings*, Vol. 70, N° 3-4, Fall-Winter 1987, pp. 407-434.

Wilcox, Clyde. « Religious Sources of Politicization Among Blacks in Washington, D.C. ». *Journal for the Scientific Study of Religion*, Vol. 29, N° 3, 1990, pp. 387-394.

-----. « Religion, Group Identification, and Politics Among American Blacks ». *Sociological Analysis*, Vol. 51, N° 3, 1990, pp. 271-285.

Willhelm, Sidney M. « Black-White Equality : An Economic Doctrine for White Supremacy, Part I ». *Journal of Black Studies*, Vol. 12, N° 2, December 1981, pp. 142-165.

-----. « Black-White Equality : The Socioeconomic Conditions of Blacks in America, Part II ». *Journal of Black Studies*, Vol. 14, N° 2, December 1983, pp. 151-184.

Wilson, Reginald. "Developing Leadership : Blacks in Graduate and Professional Schools." *Journal of Black Studies*, Vol. 19, N° 2, December 1988, p. 163-172.

Wilson, William Julius. « The Black Community in the 1980s : Questions of Race, Class, and Public Policy ». *The Annals of the American Academy of Political and Social Science*, March 1981, pp. 26-41.

4. Relations raciales

Abraham, Kinfe. *Politics of Black Nationalism : From Harlem to Soweto*. Trenton, New Jersey : Africa World Press, Inc., 1991.

« Affirmative Action ». *<http://en.wikipedia.org/wiki/Affirmative_action>*, February 17, 2009.

« Affirmative Action ». *<http:www.u-s-history.com/pages/h1970.html>*, April 23, 2009.

<*http://encarta.msn.com/schoolhouse/harlem/harlem.asp*>
« Affirmative Action in the United States ». <*http://en.wikipedia.org/wiki/Affirmative_action_in_the_United_States*> February 17, 2009.

« Afro-Américains : la loi sur les Droits civiques a 25 ans ». *Progrès États-Unis Burkina Faso* du 9 février 1990, 1ère partie, pp. 5-6.

Agyeman, Opoku. « The Supreme Court and Enforcement of African American Rights : Myth and Reality ». *The Black Scholar*, Vol. 21, N° 3, Summer 1990, pp. 22-28.

Alexander, Benjamin H. « Are We Black? ». *Lincoln Review*, Vol. 7, N° 2, 1986, pp. 47-51.

Asante, Molefi Kete. *Afrocentricity*. Trenton, New Jersey : Africa World Press, Inc., 1992.

Ashmore, Harry S. *Hearts and Minds : The Anatomy of Racism from Roosevelt to Reagan*. New York : Mc Graw-Hill Book Company, 1982.

Babington, Charles. « Might Obama's Success Undercut Affirmative Action? ». *USA Today*, <*http:/www.usatoday.com/news/politics2008-06-28-3426171631_x.htm*> Posted June 28, 2008.

Baldwin, James. *The Fire Next Time*. New York : Dell, 1964.

-----. *Nobody Knows My Name*. New York : Dial Press, 1972.

Bell, Derrick. *And We Are Not Saved : The Elusive Quest for Racial Justice*. New York : BasicBooks, 1989.

-----. *Faces at the Bottom of the Well : The Permanence of Racism*. New York : BasicBooks, 1992.

Bennett, Lerone, Jr. « The Real Meaning of the King Holiday ». *Ebony*, Vol. XLI, N° 3, January 1986, pp. 31.

Berlowitz, Marvin J. « Institutional Racism and School Staffing in an Urban Area ». *Journal of Negro Education*, Vol. 43, N° 1, Winter 1974, pp. 25-29.

Bernetel, Paul. « L'été américain ». *Africa*, N° 164, septembre 1984, pp. 15-18.

Bernheim, Nicole. « Les Noirs face à M. Reagan : la misère, la violence et la drogue ». *Le Monde* du 3 juin 1981, p. 5.

-----. « Les Noirs face à M. Reagan : chausser les bottes de Martin Luther King ». *Le Monde* du 4 juin 1981, p. 5.

-----. « Les Noirs face à M. Reagan : la nouvelle bataille des droits civiques ». *Le Monde* du 5 juin 1981, p. 5.

Bishop, David W. « The Affirmative Action Cases : Bakke, Weber and Fullilove ». *Journal of Negro History*, Vol. 67, Issue 3, Fall 1982, pp. 229-244.

Black, Albert, Jr. « Affirmative Action and the Black Academic Situation ». *The Western Journal of Black Studies*, Vol. 5, N° 2, Summer 1981, pp. 87-94.

Blauner, Bob. *Black Lives, White Lives : Three Decades of Race Relations in America*. Berkeley : University of California Press, 1990.

Bolick, Clint. « Civil Rights at the Crossroads ». *Lincoln Review*, Vol. 8, N° 4, 1988, pp. 31-37.

Bontemps, Arna, ed. *The Harlem Renaissance Remembered.* New York : Dodd, Mead and Company, 1972.

Boxill, Bernard R. *Les Noirs et la justice sociale aux États-Unis*. Paris : Presses Universitaires de Nancy/Nouveaux Horizons, 1988.

Bowen, Ezra. « Wrong Message from Academe ». *Time*, Vol. 129, N° 14, April 6, 1987.

Bowie, Walter, Jr. « It's Not Racism : It's Us ». *Lincoln Review*, Vol. 9, N° 1, 1988, pp. 39-47.

Branch, Taylor. *Parting the Waters : America in the King Years, 1954-63*. New York : Simon and Schuster, 1988.

Breitman, George, ed. *Malcolm X Speaks : Selected Speeches and Statements*. New York : Grove Press, Inc., 1965.

Breitman, George. *The Last Year of Malcolm X : The Evolution of a Revolutionary*. New York : Schocken Books, 1968.

Breitman, George, Herman Porter, Baxter Smith. *The Assassination of Malcolm X*. New York : Pathfinder Press, Inc., 1976.

Brink, William, Louis Harris. *La révolution noire aux U.S.A.* Paris : Éditions Denoël, 1963.

Browder, Anthony T. *Survival Strategies for Africans in America : 13 Steps to Freedom*. 2nd Printing. Washington D.C. : Institute of Karmic Guidance, 1997.

Bruening, William H. « Racism : A Philosophical Analysis of a Concept ». *Journal of Black Studies*, Vol. 5, N° 1, September 1974, pp. 3-17.

Carson, Clayborne. *In Struggle : SNCC and the Black Awakening of the 1960s*. Cambridge, Mass. : Harvard University Press, 1981.

Carter, Stephen L. *Reflections of an Affirmative Action Baby*. New York : BasicBooks, 1991.

Cazemajou, Jean, Jean-Pierre Martin. *La crise du melting-pot : ethnicité et identité aux États-Unis de Kennedy à Reagan*. Paris : Aubier Montaigne, 1983.

Clayton, Ed. *Martin Luther King : The Peaceful Warrior*. New York : Pocket Books, 1969.

Cluster, Dick. « The Borning Struggle : The Civil Rights Movement, An Interview with Bernice Johnson Reagon ». *Radical America*, Vol. 12, N° 6, November-December 1978, pp. 9-25.

Colaiaco, James A. « The American Dream Unfulfilled : Martin Luther King, Jr. and the 'Letter From Birmingham Jail' ». *Phylon*, Vol. XLV, N° 1, 1984, pp. 1-18.

Cone, James H., *Martin and Malcolm and America*. Maryknoll, New York : Orbis Books, 1992.

Coryell, Chofield. « La bataille de la Cour suprême ». *Le Monde Diplomatique*, N° 377, août 1985, n.p.

Courtright, John A. « Rhetoric of the Gun : An Analysis of the Rhetorical Modifications of the Black Panther Party ». *Journal of Black Studies*, Vol. 4, N° 3, March 1974, pp. 249-267.

Current, Gloster B. « The Significance of the N.A.A.C.P. and Its Impact in the 1960s ». *The Black Scholar*, Vol. 19, N° 1, January/February 1988, pp. 9-18.

Daley, James, ed. *Great Speeches by African Americans*. Mineola, New York : Dover Publications, Inc., 2006.

Darling-Hammond, Linda. « New Standards, Old Inequalities : The Current Challenge for African-American Education ». <http://www.nul.org/soba/Lhammond.hml>, August 7, 1999.

Davis, Angela, ed. *If They Come in the Morning*. New York : Signet, 1971.

-----. *An Autobiography*. New York : Bantam Books, 1975.

Degler, Carl N. *Neither Black nor White : Slavery and Race Relations in Brazil and the United States*. New York : Macmillan Publishing Co., Inc., 1971.

Dollard, John. *Caste and Class in a Southern Town.* 3rd ed. New York : Doubleday Anchor Books, 1957.

Drake, W. Avon, Robert D. Holsworth. *Affirmative Action and the Stalled Quest for Black Progress.* Urbana : University of Illinois Press, 1996.

Dreyfuss, Joel, Charles Lawrence, III. *The Bakke Case : The Politics of Inequality*. New York : Harcourt Brace Jovanovich, 1979.

D'Souza, Dinesh. *The End of Racism : Principles for a Multiracial Society*. New York : Free Press, 1995.

Du Bois, W. E. Burghardt. *The Souls of Black Folk*, with a new introduction by Randall Kenan. New York : Signet Classic, 1995.

-----. Dark Water : *Voices from within the Veil.* With an introduction by Manning Marable. Mineola, New York : Dover Publications, Inc., 1999.

Durham, Joseph T. « Sense and Nonsense About Busing ». *The Journal of Negro Education*, Vol. 42, N° 3, Summer 1973, pp. 322-335.

Edari, Ronald S. « White Attitudes Toward Busing : Segregation and the Life Cycle ». *Journal of Black Studies*, Vol. 10, N° 1, September 1979, pp. 98-118.

Edelman, Marian Wright. *The Measure of Our Success : A Letter to My Children and Yours*. New York : Harper, 1993.

Edgar, David. « Reagan's Hidden Agenda : Racism and the New American Right ». *Race and Class*, Vol. XXII, N° 3, 1981, pp. 221-237.

Edwards, John. *Positive Discrimination, Social Justice, and Social Policy : Moral Scrutiny of a Policy Practice.* London : Tavistock Publications, 1987.

Ellison, Ralph. *Invisible Man*. New York : Vintage Books, 1972.

Ertel, Rachel, Geneviève Fabre, Élise Marienstras. *En marge : les minorités aux États-Unis.* Paris : François Maspéro, 1974.

Ezorsky, Gertrude. *Racism and Justice : The Case for Affirmative Action*. Ithaca : Cornell University Press, 1992.

Fairchild, Halford H. « Black, Negro, or Afro-American? The Differences Are Crucial ». *Journal of Black Studies*, Vol. 16, N° 1, September 1985, pp. 47-55.

Fairclough, Adam. « Martin Luther King, Jr. And the War in Vietnam ». *Phylon*, Vol. XLV, N° 1, 1984, pp. 19-39.

-----. *Martin Luther King, Jr.* Athens : University of Georgia Press, 1995.

-----. *Race and Democracy : The Civil Rights Struggle in Louisiana, 1915-1972.* Athens : University of Georgia Press, 1999.

-----. *Better Day Coming : Blacks and Equality, 1890-2000.* New York : Penguin Books, 2002.

Faraway, Olivier. « Un héros américain ». *Spectacle du* monde, novembre 1995, pp. 46-47.

Feagin, Joe. « Slavery Unwilling to Die : The Background of Black Oppression in the 1980's ». *Journal of Black Studies*, Vol. 17, N° 2, December 1986, pp. 173-200.

Feagin, Joe R. « The Continuing Significance of Racism : Discrimination Against Black Students in White Colleges ». *Journal of Black Studies*, Vol. 22, N° 4, June 1992, pp. 546-578.

Fineman, Howard, Tamara Lipper. « Spinning Race ». *Newsweek*, January 27, 2003, pp. 25-29.

Flick, Hank. « Malcolm X : The Destroyer and Creator of Myths ». *Journal of Black Studies*, Vol. 12, N° 2, December 1981, pp. 166-181.

Franklin, John Hope. *Racial Equality in America.* Chicago : University of Chicago Press, 1976.

Frederickson, George M. *The Black Image in the White Mind : The Debate On Afro-American Character and Destiny, 1817-1914.* New York : Harper Torchbooks, 1972.

Friedly, Michael. *Malcolm X : The Assassination.* New York : Carroll and Graf/ Richard Gallen, 1992.

Fullinwider, Robert K. *The Reverse Discrimination Controversy : A Moral and Legal Analysis.* Totowa, New Jersey : Rowman and Allanhead, 1980.

Garrow, David J. *The FBI and Martin Luther King, Jr.* New York : Penguin Books, 1983.

Gilmore, Glenda Elizabeth. *Gender and Jim Crow : Women and the Politics of White Supremacy in North Carolina, 1896-1920*. Chapel Hill : University of North Carolina Press, 1996.

Glazer, Nathan. *Affirmative Discrimination : Ethnic Inequality and Public Policy*. New York : Basic Books, 1978.

Glazer, Nathan, Daniel Patrick Moynihan. *Beyond the Melting Pot : The Negroes, Puerto Ricans, Jews, Italians, and Irish of New York City*. 2nd ed. Cambridge, Mass. : M.I.T. Press, 1979.

Goldman, Alan H. *Justice and Reverse Discrimination*. Princeton, New Jersey : Princeton University Press, 1979.

Gordon, Vivian V. « An Analysis of the Legal, Moral, and Practical Aspects of Affirmative Action ». *The Western Journal of Black Studies*, Vol. 1, N° 4, December 1977, pp. 2-9.

Gould, William Stuart. « Racial Conflict in the U.S. Army ». *Race*, Vol. XV, N° 1, 1973, pp. 1-23.

Grant, Joanne. *Black Protest : History, Documents, and Analyses 1619 to the Present*. Greenwich, Conn. : Fawcett Publications, 1968.

Gregory, Dick. *The Shadow that Scares Me*. New York : Pocket Books, 1968.

Grier, William H., Price M. Cobbs. *Black Rage*. New York : Basic Books, Inc., 1980.

Griffin, John Howard. *Black Like Me*. New York : Signet Books, 1961.

Guérin, Daniel. *De l'Oncle Tom aux Panthères : le drame des Noirs américains*. Paris : Éditions de Minuit, 1973.

Hacker, Andrew. *Two Nations : Black and White, Separate, Hostile, Unequal*. New York : Ballantine Books, 1993.

Harding, Vincent. « Black Students and the Impossible Revolution ». *Journal of Black Studies*, Vol. 1, N° 1, September 1970, pp. 75-100.

Harlan, Louis R. *Booker T. Washington, 1856-1901*. New York : Oxford University Press, 1972.

Harper, Frederick D. « The Influence of Malcolm X on Black Militancy ». *Journal of Black Studies*, Vol. 1, N° 4, June 1971, pp. 387-401.

Heath, G. Louis. *Red, Brown and Black Demands for Better Education.* Philadelphia, Pennsylvania : Westminster Press, 1972.

Hecht, Michael L., Sidney Ribeau. « Sociocultural Roots of Ethnic Identity : A Look at Black America ». *Journal of Black Studies*, Vol. 21, N° 4, June 1991, pp. 501-513.

Herbers, John. *The Black Dilemma.* New York : John Day Company, 1973.

Hermalin, Albert I., Reynolds Farley. « The Potential for Residential Integration in Cities and Suburbs : Implications for the Busing Controversy ». *American Sociological Review*, Vol. 38, Issue 5, October 1973, pp. 595-610.

Herrnstein, Richard, Charles Murray. *The Bell Curve : Intelligence and Class Structure in American Life*. New York : Free Press Paperbacks, 1996.

Higginbotham, A. Leon, Jr. *In the Matter of Color. Race and the American Legal Process : The Colonial Period.* Oxford : Oxford University Press, 1980.

-----. *Shades of Freedom. Racial Politics and Presumptions of the American Legal Process : The Colonial Period.* New York : Oxford University Press, 1998.

Hooks, Bell. *Black Looks : Race and Representation.* Boston, Mass. : South End Press, 1992.

-----. *Killing Rage : Ending Racism.* New York : Henry Holt and Company, 1995.

Hughes, Michael, Bradley R. Hertel. « The Significance of Color Remains : A Study of Life Chances, Mate Selection, and Ethnic Consciousness Among Black Americans ». *Social Forces*, Vol. 68, N° 4, June 1990, pp. 1105-1120.

« Interview : Eldridge Cleaver ». *Reason*, Vol. 17, N° 9, February 1986, pp. 22-28.

Jackman, Mary R., Marie Crane. « 'Some of My Best Friends Are Black...' : Interracial Friendship and Whites' Racial Attitudes ». *Public Opinion Quarterly*, Vol. 50, 1986, pp. 459-486.

Jackson, George. *Soledad Brother : The Prison Letters of George Jackson*. New York : Penguin Books, 1977.

Johnson, Roberta Ann. « The Prison Birth of Black Power ». *Journal of Black Studies*, Vol. 5, N° 4, June 1975, pp. 395-414.

Jones, Dionne J. « An Analysis of Affirmative Action ». *Western Journal of Black Studies*, Vol. 1, N° 4, December 1977, pp. 278-284.

Jones, Dionne J., Monica L. Jackson. « Racism and Interracial Violence : A Clear and Present Danger ». *The Urban League Review*, Vol. 15, N° 1, Summer 1991, pp. 9-26.

Jones, Faustine C. « Ironies of Desegregation ». *Journal of Negro Education*, Vol. 47, N° 1, Winter 1978, pp. 2-27.

Jones, Faustine Childress. *The Changing Mood in America : Eroding Commitment?* Washington, D.C. : Howard University Press, 1977.

Jones, James M. *Prejudice and Racism.* Reading, Mass. : Addison-Wesley Publishing Company, 1972.

Jordan, Winthrop D. *The White Man's Burden : Historical Origins of Racism in the United States.* New York : Oxford University Press, 1968.

-----. *White Over Black : American Attitudes Toward the Negro, 1550-1812.* Baltimore, Maryland : Penguin Books, Inc., 1971.

Juarez, Vanessa, Ana Figueroa. « Affirmative Action 25 Years Later ». *Newsweek*, January 27, 2003, pp. 34-37.

Kantrowitz, Barbara, Pat Wingert. « What's At Stake? ». *Newsweek*, January 27, 2003, pp. 30-34.

Karenga, Maulana. « Political Culture and Resurgent Racism in the United States ». *The Black Scholar*, May/June 1985, pp. 21-35.

Kearns, Francis E. *Black Identity : A Thematic Reader*. New York : Holt, Rinehart and Winston, 1970.

Kennedy, Randall. *Race, Crime, and the Law*. New York : Vintage Books, 1998.

Killian, Lewis M. *The Impossible Revolution, Phase 2 : Black Power and the American Dream.* np : University Press of America, 1975.

-----. « Black Power and White Reactions : The Revitalization of Race-Thinking in the United States ». *The Annals of the American Academy of Political and Social Science*, March 1981, pp. 42-54.

-----. « Race Relations and the Nineties : Where Are the Dreams of the Sixties ? ». *Social Forces*, Vol. 69, N° 1, September 1990, pp. 1-13.

King, Martin Luther, Jr. *Sride Toward Freedom : The Montgomery Story*. New York : Ballantine Books, Inc., 1958.

-----. *La force d'aimer*. Paris : Casterman, 1964.

-----. *Why We Can't Wait*. New York : Mentor, 1964.

-----. *Where Do We Go from Here : Chaos or Community*? Boston : Beacon Press, 1968.

-----. *The Words of Martin Luther King, Jr.* Selected by Coretta Scott King. New York : Newmarket Press, 1983.

-----. *« Je fais un rêve » : Textes choisis*. Paris : Le Centurion, 1987.

« King : The Making of a Legend ». *American Visions*, Vol. 1, N° 1, January/February 1986.

King, Coretta Scott. *My Life with Martin Luther King, Jr.* New York : Holt, Rinehart and Winston, 1969.

-----. « Martin's Legacy ». *Ebony*, Vol. XLI, N° 3, January 1986, pp. 105+.

« King, Coretta Scott. The Meaning of the Martin Luther King, Jr. Holiday ». <*http://www.thekingcenter.com/holiday/index.asp*>, January 23, 2009.

Konaté, Bakary. « Le rêve de Martin Luther King, Jr. vingt ans après ». *Annales de l'INSHUS et de l'INSULLA*, N° 7, juin 1986, Université de Ouagadougou, pp. 61-103.

-----. « La victoire posthume de Martin Luther King, Jr. ». *Cahiers du CERLESHS*, N° 4, mai 1989, Université de Ouagadougou, pp. 38-68.

-----. « L'action positive : traitement préférentiel ou discrimination à rebours? ». *Annales*, série A, Vol. III: sciences humaines et sociales, 1990, Université de Ouagadougou, pp. 113-144.

-----. « Black-White Relationships at the End of the Twentieth Century ». *Cahiers du CERLESHS*, N° 28, 2007, Presses universitaires de Ouagadougou, pp. 165-186.

« Ku Klux Klan ». <*http://en.wikipedia.org/wiki/Ku_Klux_Klan*, February 23, 2009.

Lacorne, Denis. *La crise de l'identité américaine : du melting-pot au multiculturalisme*. Paris : Fayard, 1997.

Lambert, Richard D. « Ethnic/Racial Relations in the United States in Comparative Perspective ». *The Annals of the American Academy of Political and Social Science*, March 1981, pp. 189-205.

« L'anniversaire de Martin Luther King devient une fête nationale américaine ». *Progrès États-Unis Haute-Volta*, N° 348 du 30 décembre 1983, 1ère partie, p. 1.

« L'anniversaire de Martin Luther King ». *Progrès États-Unis Burkina Faso*, N° 377 du 26 avril 1985, 1ère partie, pp. 4-5.

Larson, Calvin J. « Segregation, Community Consciousness, and Black Power ». *Journal of Black Studies*, Vol. 2, N° 3, March 1972, pp. 263-275.

Le mouvement pour les droits civiques et l'héritage de Martin Luther King. Washington, D.C. : United States Information Agency, 1986.

« Le temps du changement : le mouvement pour les droits civiques aux États-Unis ». Washington, D.C. : United States Information Agency, 1989.

Levine, Lawrence W. *Black Culture and Black Consciousness : Afro-American Folk Thought from Slavery to Freedom*. Oxford : Oxford University Press, 1981.

Lewis, David L. *King : A Critical Biography*. Baltimore, Maryland : Penguin Books, Inc., 1970.

Lockwood, Lee. *Conversation with Eldridge Cleaver*. New York : McGraw-Hill Book Company, 1970.

Lowy, Richard. « Yuppie Racism : Race Relations in the 1980s ». *Journal of Black Studies*, Vol. 21, N° 4, June 1991, pp. 445-464.

Lyons, James E. « The Adjustment of Black Students to Predominantly White Campus ». *Journal of Negro Education*, Vol. 42, N° 4, Autumn 1973, pp. 462-466.

Malson, Micheline R. et al. *Black Women in America*. Chicago : University of Chicago Press, 1988.

Marable, Manning « The Continuing Burden of Race ». *Radical America*, Vol. 15, N° 1-2, Spring 1981, pp. 65-73.

-----. *Race, Reform and Rebellion : The Second Reconstruction in Black America, 1945*-1982. Jackson : University Press of Mississippi, 1984.

-----. « W.E.B. DuBois and the Struggle Against Racism ». *The Black Scholar*, May/June 1985, pp. 43-47.

Maynor, Waltz, W. G. Katzenmeyer. « Academic Performance and School Integration : A Multi-Ethnic Analysis ». *The Journal of Negro Education*, Vol. 43, N° 1, Winter 1974, pp. 30-38.

McLemore, S. Dale. *Racial and Ethnic Relations in America.* 2nd ed. Boston : Allyn and Bacon, Inc., 1983.

Memmi, Albert. *Le racisme : description, définitions, traitement.* Nouvelle édition revue. Paris : Gallimard, 1994.

Miller, Carroll L. « Higher Education for Black Americans : Problems and Issues ». *The Journal of Negro Education*, Vol. 50, N° 3, Summer 1981, pp. 208-223.

Mills, Nicolaus. « Howard Beach — Anatomy of a Lynching : New York Racism in the 1980s ». *Dissent*, Vol. 34, N° 4, Fall 1987, pp. 479-483.

Moore, Jack B. *W. E. B. Du Bois.* Boston : Twayne Publishers, 1981.

Morgan, William R., Terry Nichols Clark. « The Causes of Racial Disorders : A Grievance-Level Explanation ». *American Sociological Review*, Vol. 38, Issue 5, October, 1973, pp. 611-624.

Moss, James A., ed. *The Black Man in America : Integration and Separation.* New York : Delta, 1971.

Murray, Paul T. « Blacks and the Draft : A History of Institutional Racism ». *Journal of Black Studies*, Vol. 2, N° 1, September 1971, pp. 57-75.

Muse, Benjamin. *The American Negro Revolution : From Nonviolence to Black Power.* New York : Citadel Press, 1970.

Myrdal, Gunnar. *An American Dilemma : The Negro Problem and American Democracy.* 2 Vols. Renewed version. New York : Pantheon Books, 1962.

Napper, George. *Blacker Than Thou : The Struggle for Campus Unity.* Grand Rapids, Michigan : William B. Eerdmans Publishing Company, 1973.

Oates, Stephen B. *Martin Luther King, Jr.* Paris : Éditions du Centurion, 1985.

Office of Federal Contract Compliance Programs. « Facts on Executive Order 11246 — Affirmative Action ».

<http://74.6.239.67/search/cache?eiUTF-8&p=http%3A%2F%2Fwww.dol.gov%2Fesa...>, February 24, 2009.

Olivier, Gérald -----. « Le fiasco des quotas ». *Spectacle du monde*, novembre 1995, pp. 48-53.

Oliver, Melvin L. » The Enduring Significance of Race ». *The Journal of Ethnic Studies*, Vol. 7, N° 4, Winter 1980, pp. 79-91.

Peraino, Kevin. « Hate Groups : Aryan Nations in the Docks ». *Newsweek*, September 4, 2000, p. 26.

Pettigrew, Thomas F. *A Profile of the Negro American*. New York : Van Nostrand Reinhold Company, 1964.

Piliawsky, Monte. « Racial Equality in the United States : From Institutionalized Racism to 'Respectable' Racism ». *Phylon*, Vol. 155, N° 2, 1984, pp. 135-143.

Pinkney, Alphonso. *The Myth of Black Progress*. Cambridge : Cambridge University Press, 1984.

Polenberg, Richard. *One Nation Divisible : Class, Race, and Ethnicity in the United States Since 1938*. New York : Penguin Books, 1987.

Pratt, Robert A. *The Color of their Skin : Education and Race in Richmond, Virginia, 1954-89*. Charlottesville : University Press of Virginia, 1992.

Pulliam, Roger L. « Allan Bakke vs. Regents of the University of California : Analysis and Implications ». *The Western Journal of Black Studies*, Vol. 2, N° 1, March 1978, pp. 18-23.

« Race and Inequality in the United States ». *<http://en.wikipedia.org/wiki/Race_and_inequality_in_the_United_States>*, February 17, 2009.

« Racism ». *<http://en.wikipedia.org/wiki/Racism>*, February 17, 2009.

« Racism in the United States ». *<http://en.wikipedia.org/wiki/Racism_in_the_United_States>*, February 17, 2009.

« Racisme, racismes ». *Courrier de l'UNESCO*, N° 11, novembre 2003.

Rainwater, Lee, William L. Yancey. *The Moynihan Report and the Politics of Controversy*. Cambridge, Massachusetts : M.I.T. Press, 1967.

Reed, Rodney J. « Affirmative Action in Higher Education : Is it Necessary? ». *The Journal of Negro Education*, Vol. 52, N° 3, Summer 1983, pp. 332-349.

Robel, Lauren, Elisabeth Zoller. *Les états des Noirs : fédéralisme et question raciale aux États-Unis*. Paris : Presses Universitaires de France, collection Béhémoth, 2000.

Rodgers, Harrell R., Jr. « Civil Rights and the Myths of Popular Sovereignty ». *The Journal of Black Studies*, Vol. 12, N° 1, September 1981, pp. 53-70.

Rodgers, Harrell R., Jr., Charles S. Bullock, III. « School Desegregation : A Policy Analysis ». *The Journal of Black Studies*, Vol. 2, N° 4, June 1972, pp. 409-438.

Rosen, Feffrey. « Affirmative Action : A Solution ». *The New Republic*, May 8, 1995, pp. 20+.

Royster, Jacqueline Jones, ed. *Southern Horrors and Other Writings : The Anti-Lynching Campaign of Ida B. Wells, 1892-1900.* Boston : Bedford Books, 1997.

Rustin, Bayard. *Strategies for Freedom : The Changing Patterns of Black Protest.* New York : Columbia University Press, 1976.

Sailes, Gary A. « The Myth of Black Sports Supremacy ». *The Journal of Black Studies*, Vol. 21, N° 4, June 1991, pp. 480-487.

Schuman, Howard et al. *Racial Attitudes in America : Trends and Interpretations*. Cambridge, Massachusetts : Harvard University Press, 1997.

Schlesinger, Arthur M., Jr. *La désunion de l'Amérique.* Paris : Liana Levi/Nouveaux Horizons, 1993.

Sharp, Gene. *The Dynamics of Nonviolent Action*. Boston, Mass. : Porter Sargent Publishers, 1980.

« Should Affirmative Action Policies, Which Give Preferential Treatment Based on Minority Status, Be Eliminated? ». <*http://www.balancedpolitics.org/affirmative_action.htm*>, February 19, 2009.

Silberman, Charles. *Crisis in Black and White.* New York : Vintage Books, 1964.

Simmons, Ron. *Affirmative Action : Conflict and Change in Higher Education After Bakke*. Cambridge, Massachusetts : Schenkman Publishing Company, Inc., 1982.

Singh, Robert, *The Farrakhan Phenomenon : Race, Reaction, and the Paranoid Style in American Politics.* Washington, D.C. : Georgetown University Press, 1997.

Sitkoff, Harvard. *The Struggle for Black Equality, 1954-1980.* New York : Hill and Wang, 1981.

Skolnick, Jerome H. *The Politics of Protest.* New York : Ballantine Books, 1970.

Skrentny, John David. *The Ironies of Affirmative Action : Politics, Culture, and Justice in America.* Chicago : University of Chicago Press, 1996.

Smith, J. Owens. « The Bakke Decision : A Flagrant Denial of Human Rights ». *The Western Journal of Black Studies*, Vol. 2, N° 4, Winter 1978, pp. 244-255.

Sowell, Thomas. *Black Education : Myths and Tragedies*. New York : David McKay Company, Inc., 1972.

-----. *Affirmative Action Reconsidered : Was It Necessary in Academia?* Washington, D. C. : American Enterprise Institute for Policy Research, 1975.

-----. *Civil Rights : Rhetoric or Reality?* New York : William Morrow, 1984.

Staples, Robert. « Racial Ideology and Intellectual Racism : Blacks in Academia ». *The Black Scholar*, Vol. 15, N° 2, March/April 1984, pp. 2-17.

Staples, Robert, Terry Jones. « Culture, Ideology and Black Television Images ». *Black Scholar*, May/June 1985, pp. 10-20.

Starobin, Robert S. « Racism and the American Experience ». *Radical America*, Vol. 5, N° 2, March-April 1971, pp. 93-110.

Stasz, Clarice. *The American Nightmare : Why Inequality Persists.* New York : Shocken Books, 1983.

Steinberg, Stephen. *The Ethnic Myth : Race, Ethnicity, and Class in America.* Boston : Beacon Press, 1981.

Stoper, Emily. « The Student Nonviolent Coordinating Committee : Rise and Fall of a Redemptive Organization ». *Journal of Black Studies*, Vol. 8, N° 1, September 1977, pp. 13-34.

Sykes, Marquita. « The Origins of Affirmative Action ». <*http://www.now.org/nnt/08-95/affirmhs.html*>, February 20, 2009.

Takaki, Ronald. « The Myth of Ethnicity : Scholarship of the Anti-Affirmative Action Backlash ». *Journal of Ethnic Studies*, Vol. 10, N° 1, Spring 1982, pp. 17-41.

« Ten Myths about Affirmative Action ». <*http://www.understandingprejudice.org/readroom/articles/affirm.htm*>, February 19, 2009.

« The Attack on Affirmative Action : The 'Race Neutral' Excuse ». <*http://newfirstsearch.oclc.org/WebZ/FSQUERY?sessionid=fsapp12-44811-ey3o870m-acaydl:enti...*>, December 2, 2007.

Thernstrom, Abigail M. *Whose Votes Count? : Affirmative Action and Minority Voting Rights*. Cambridge : Harvard University Press, 1987.

Thernstrom, Stephan, Abigail Thernstrom. *America in Black and White : One Nation, Indivisible*. New York : Touchstone, 1997.

The Southern Poverty Law Center. *The Ku Klux Klan : A History of Racism and Violence*. *4th* ed. Montgomery, Ala. : Klanwatch, 1991.

T'Shaka, Oba Simba. « Make the Past Serve the Present : Strategies for Black Liberation ». *The Black Scholar*, January/February 1983, pp. 21-37.

Tucker, Sterling. *For Blacks Only : Black Strategies for Change in America*. 2nd Printing. Grand Rapids, Michigan : William B. Eerdmans, 1972.

Turner, Charles H. « A Dream Deferred ». *The Black Scholar*, Vol. 19, N° 1, January/February 1988, pp. 19-25.

« U.S. Court Puts Limits on Affirmative Action ». *International Herald Tribune*, January 24, 1989.

U.S. Department of Labor, Office of Federal Contract Compliance Programs.

« Executive Order 11246 ».

<*http://www.dol.gov/PrinterFriendly/PrinterVersion.aspx?url=http://www.dol.gov/esa/of...*>, February 24, 2009.

U.S. Riot Commission Report. *Report of the National Advisory Commission on Civil Disorders*. New York : Bantam Books, 1968.

Van Dyk, Sandra. « The Evaluation of Race Theory : A Perspective ». *Journal of Black Studies,* Vol. 24, N° 1, September 1973, pp. 77-87.

Walters, Ronald. « The Politics of Affirmative Action ». *The Western Journal of Black Studies*, Vol. 6, N° 3, 1982, pp. 175-181.

Ware, Gilbert. « *Hocutt :* Genesis of *Brown* ». *The Journal of Negro Education*, Vol. 52, N° 3, Summer 1983, pp. 227-233.

Washington, Joseph, ed. *The Declining Significance of Race? : A Dialogue among Black and White Social Scientists*, Proceedings of the Fifth Annual Symposium of the Afro-American Studies Program. Philadelphia : University of Pennsylvania Press, 1979.

Washington, Joseph R., Jr. *Black and White Power Subreption.* Boston : Beacon Press, 1969.

Watts, Jerry G. « The Case of a Black Conservative : Thomas Sowell, Talent and Tragedy ». *Dissent*, Vol. 3, Summer 1982, pp. 301-313.

West, Cornel. *Race Matters*. New York : Vintage Books, 1994.

« What Martin Luther King, Jr. Means to Me ». *Ebony*, Vol. XLI, N° 3, January 1986, pp. 74+.

Whitaker, Charles. « The True Story of An Indiana 'White' Boy Who Discovered That He Was Black ». *Ebony*, Vol. XLVII, N° 12, October 1992, pp. 88+.

Wilkinson, J. Harvie, III. *From Brown to Bakke : The Supreme Court and School Integration, 1954-1978*. Oxford : Oxford University Press, 1981.

Williams, Joyce E., Ron Ladd. « On the Relevance of Education for Black Liberation ». *Journal of Negro Education*, Vol. 47, Issue 3, Summer 1978, pp. 266-282.

Willhelm, Sidney M. « Martin Luther King, Jr. and the Black Experience in America ». *Journal of Black Studies*, Vol. 10, N° 1, september 1979, pp. 3-19.

-----. « The State of Black Higher Education : Crisis and Promise ». *The State of Black America 1989*, January 1989, pp. 121-135.

Wilson, William Julius. *The Declining Significance of Race : Blacks and Changing American Institutions*. 2nd ed. Chicago : University of Chicago Press, 1980.

Wonder, Stevie. « A Message to Black College Students ». *The Black Collegian*, December 1982-January 1983, p. 25.

Woodward, C. Vann. *The Strange Career of Jim Crow*. 3rd revised ed. New York : Oxford University Press, 1981.

Woodard, Michael D. « Ideological Response to Alterations in the Structure of Oppression : Reverse Discrimination, the Current Racial Ideology in the U.S. » . *The Western Journal of Black Studies*, Vol. 6, N° 3, 1982, pp. 166-174.

Wright, Richard. *Native Son*. New York : Harper and Row Publishers, 1966.

-----. *Black Boy : A Record of Childhood and Youth*. New York : Harper and Row Publishers, 1966.

X, Malcolm. *The Autobiography of Malcolm X*. New York : Grove Press, 1966.

Yette, Samuel F. *The Choice : The Issue of Black Survival in America*. Silver Spring, Maryland : Cottage Books, 1971.

Zangrando, Joanna Schneider, Robert L. Zangrando. « Black Protest : A Rejection of the American Dream ». *Journal of Black Studies*, Vol. 1, N° 2, December 1970, pp. 141-158.

INDEX DES NOMS COMMUNS ET DES NOMS PROPRES

A

B

C

D

E

F

G

H

I

J

K

L

M

N

O

P

Q

R

S

T

U

V

W

Y

TABLE DES MATIÈRES

CHAPITRE II

CHAPITRE III

CHAPITRE III
LES RELATIONS RACIALES ET SES CONTRADICTIONS........... 341

L'histoire aux éditions L'Harmattan

Dernières parutions

TROUPES (LES) COLONIALES D'ANCIEN RÉGIME
Fidelitate per Mare et Terras
Lesueur Boris - Préface de Michel Vergé-Franceschi
«Le désavantage des colonies qui perdent la liberté de commerce est visiblement compensé par la protection de la Métropole qui les défend par ses armes ou les maintient par ses lois». Cette phrase de Montesquieu résume les liens compliqués entre une métropole et ses colonies sous l'Ancien Régime. La prospérité apportée par les colonies devait être souvent défendue avec acharnement. Des compagnies détachées aux régiments coloniaux, l'aventure des soldats au temps de la Nouvelle-France et des Îles demeure singulière et mal connue.
(SPM, Coll. Kronos, 45.00 euros, 534 p.)
ISBN : 978-2-917232-28-6, ISBN EBOOK : 978-2-336-36549-7

DROIT (LE) DES NOIRS EN FRANCE AU TEMPS DE L'ESCLAVAGE
Textes choisis et commentés
Boulle Pierre H., Peabody Sue
En France entre le XVIe siècle et le XIXe siècle, la vision de l'individu doté d'une liberté formelle fut confrontée à l'existence de l'esclavage aux colonies, en particulier lorsqu'à partir de 1716 une exception au principe du sol libre fut octroyée aux planteurs qui souhaitaient amener en métropole leurs esclaves domestiques. Tout un appareil juridique dut être créé pour accommoder cette exception. Le présent ouvrage cherche à illustrer les différentes étapes que prit cette recherche d'un équilibre entre liberté et esclavage.
(Coll. Autrement Mêmes, 29.00 euros, 291 p.)
ISBN : 978-2-343-04823-9, ISBN EBOOK : 978-2-336-36295-3

ÂGES (LES) DE L'HUMANITÉ
Essai sur l'histoire du monde et la fin des temps
Bolton Robert
Comment, quand et pourquoi le monde a-t-il commencé ? Et quand touchera-t-il à son terme ? Les deux mille dernières années sont analysées en termes de cosmologie traditionnelle, à l'aide de la science des nombres afin de permettre le calcul de la position de notre époque dans l'ère à laquelle elle appartient. L'auteur arrive à la conclusion qu'il y a de fortes probabilités pour que son terme coïncide avec la fin des temps.
(Coll. Théôria, 28.00 euros, 272 p.)
ISBN : 978-2-343-03921-3, ISBN EBOOK : 978-2-336-36288-5

DIVINATION (LA) DANS LA ROME ANTIQUE
Études lexicales
François Guillaumont et Sophie Roesch (éds.)
Les Romains vivaient dans un monde peuplé de signes de la volonté des dieux. Savoir lire ces signes, par le biais de la divination, permettait aux hommes de s'assurer le succès de leurs entreprises. L'objet de ce recueil est de compléter par une approche lexicale les nombreuses publications déjà

consacrées à ce domaine de la religion antique, afin de mieux définir les croyances et les pratiques divinatoires des Romains.
(Coll. Kubaba, 15.50 euros, 150 p.)
ISBN : 978-2-343-04273-2, ISBN EBOOK : 978-2-336-36431-5

DISPARITION (LA) DU DIEU DANS LA BIBLE ET LES MYTHES HITTITES
Essai anthropologique
Nutkowicz Hélène, Mazoyer Michel
Drames et tragédies se succèdent qui voient les destructions de la nature, de l'homme et du cosmos dans les royaumes tant hatti que judéen, témoins de la rupture entre le monde terrestre et le monde divin. Quelles explications les peuples touchés par ces situations de crises apportent-ils ? Quels sont les points partagés et les divergences développées par ces deux peuples ?
(Coll. Kubaba, série Antiquité, 22.00 euros, 214 p.)
ISBN : 978-2-343-04876-5, ISBN EBOOK : 978-2-336-36434-6

ÉCHANGES (LES) MARITIMES ET COMMERCIAUX DE L'ANTIQUITÉ À NOS JOURS (2 volumes)
Sous la direction de Philippe Sturmel
Tous les peuples, ou presque, ont voulu faire de la mer et des océans leur terrain de jeu, de chasse, d'échanges ou d'aventures. A l'aube de l'époque moderne, la navigation commerciale connaît un essor spectaculaire et les terres apparaissent comme un obstacle à son développement. La mer, enfin, comme lieu de toutes les spéculations, intellectuelles, philosophiques ou utopiques. C'est cette grande histoire que les communications rassemblées dans cet ouvrage ont l'ambition de raconter.
(Volume 1, Coll. Méditerranées, 31.00 euros, 300 p.)
ISBN : 978-2-343-03509-3, ISBN EBOOK : 978-2-336-36383-7
(Volume 2, Coll. Méditerranées, 30.00 euros, 294 p.)
ISBN : 978-2-336-30724-4, ISBN EBOOK : 978-2-336-36382-0

MENSONGES DE L'HISTOIRE (Tome 2)
Monteil Pierre
Avec simplicité, esprit critique et objectivité, l'auteur s'attaque, dans ce second tome, à de nouveaux «mensonges de l'Histoire» : ainsi, saviez-vous que l'Enfer est une conception médiévale ? Que les chiffres arabes sont en réalité indiens ? Que Gutenberg n'a pas inventé l'imprimerie ? Qu'Abraham Lincoln était raciste ? Que l'Allemagne nazie fut le premier pays dans l'espace ?
(Coll. Rue des écoles, 30.00 euros, 300 p.)
ISBN : 978-2-343-04362-3, ISBN EBOOK : 978-2-336-36119-2

VOYAGEUSES (LES) D'ALBERT KAHN (1905-1930)
Vingt-sept femmes à la découverte du monde
Arasa Yaelle
Entre 1905 et 1930, Albert Kahn, riche banquier autodidacte, crée en France, une bourse féminine Autour du monde, octroyée aux plus brillantes des jeunes femmes titulaires de l'agrégation. Les lauréates se nourrissent, durant une année, d'un quotidien nomade, se frottant aux traditions les plus anciennes et à la modernité la plus échevelée. Courriers, rapports et carnets de bord narrent les changements de paysage, du monde, de la société, de l'enseignement féminin et de la vie des femmes durant un quart de siècle.
(38.00 euros, 382 p.)
ISBN : 978-2-343-04419-4, ISBN EBOOK : 978-2-336-36174-1

MYTHE (LE) INDO-EUROPÉEN DU GUERRIER IMPIE
Blaive Frédéric, Sterckx Claude
Cet ouvrage s'appuie sur les travaux de comparatisme indo-européen initié par Georges Dumézil et plus particulièrement d'un mythème de «guerrier impie» s'attaquant obstinément à tous les niveaux du sacré, du droit et du juste, repoussant dédaigneusement les avertissements divins et s'obstinant dans sa démesure jusqu'à succomber. Ces enquêtes rendent compte des formes et des

motivations propres à chaque culture du guerrier impie (tels que les Grecs Achille et Bellérophon, les Romains César et Julien l'Apostat, l'Irlandais Cuchulainn, le Scandinave Harald l'impitoyable, voire l'Anglais Richard III).
(Coll. Kubaba, série Antiquité, 22.00 euros, 224 p.)
ISBN : 978-2-336-30260-7, ISBN EBOOK : 978-2-336-35479-8

FIGURES ROYALES DES MONDES ANCIENS
Sous la direction de Michel Mazoyer, Alain Meurant et Barbara Sébastien
Dans les mondes indo-européen et méditerranéen, la royauté apparaît comme la forme naturelle et privilégiée de la souveraineté. Son souvenir est particulièrement bien conservé, nos sociétés modernes en ont largement hérité. Dix variations sur la royauté dans l'Antiquité, du monde celtique au domaine gréco-romain en passant par celui des Scythes et des Hittites sont ici proposées.
(Coll. Kubaba, 23.00 euros, 230 p.)
ISBN : 978-2-343-00291-0, ISBN EBOOK : 978-2-296-53505-3

ESSAIS D'HISTOIRE GLOBALE
Sous la direction de Chloé Maurel – Préface de Christophe Charle
L'histoire globale est une approche novatrice qui transcende les cloisonnements étatiques et les barrières temporelles et promeut un va-et-vient entre le local et le global. Développé depuis plusieurs années aux États-Unis, ce courant connaît un essor récent en France. Voici un tour d'horizon varié des travaux récents en histoire globale (concernant l'abolition de l'esclavage, l'histoire du livre et de l'édition, des revues et celle des organisations internationales).
(23.00 euros, 226 p.)
ISBN : 978-2-336-29213-7, ISBN EBOOK : 978-2-296-53077-5

VERS UN NOUVEL ARCHIVISTE NUMÉRIQUE
Ouvrage collectif coordonné par Valentine Frey et Matteo Treleani
La réinvention permanente apportée par le numérique suscite de nombreux débats. Notre rapport à la mémoire et à l'histoire, longtemps basé sur l'objet matériel et sa conservation physique, est à présent bouleversé. Les techniques ont beaucoup évolué, apportant de nouvelles problématiques, dans le domaine de l'informatique comme celui des sciences humaines. Quelles tensions entre technique et mémoire ? Comment se souvenir du passé à travers ses vestiges ? Que change le numérique ?
(Coll. Les médias en actes, 22.00 euros, 224 p.)
ISBN : 978-2-336-00174-6, ISBN EBOOK : 978-2-296-53103-1

MENSONGES (LES) DE L'HISTOIRE
Monteil Pierre
Chaque génération hérite des *a priori* et des idées reçues de la génération précédente. Ainsi, nombreux sont les mensonges de l'Histoire qui ont survécu jusqu'à nos jours. Nos ancêtres les Gaulois ? Napoléon était petit ? Au Moyen Age, les gens ne se lavaient pas ? Christophe Colomb a découvert l'Amérique ? Ce livre revient sur 80 poncifs considérés par beaucoup comme une réalité...
(Coll. Rue des écoles, 28.00 euros, 282 p.)
ISBN : 978-2-336-29074-4, ISBN EBOOK : 978-2-296-51351-8

FLAVIUS JOSÈPHE
Les ambitions d'un homme
Cohen-Matlofsky Claude
Quelles furent les ambitions cachées de Flavius Josèphe, historien Juif de l'Antiquité ? Il prône, à travers ses écrits, le retour à la monarchie de type hasmonéen, à savoir d'un roi-grand prêtre, comme réponse à tous les maux de la Judée. La question fondamentale est la suivante : comment les élites locales ont-elles géré leurs relations avec la puissance romaine et quel rôle les membres de l'élite ont-ils assigné à leurs traditions et constitution politique dans cet environnement d'acculturation ?
(Coll. Historiques, série Travaux, 15.50 euros, 152 p.)
ISBN : 978-2-336-00528-7, ISBN EBOOK : 978-2-296-51387-7

MER (LA), SES VALEURS

Groupe «Mer et valeurs» Sous la direction de Chantal Reynier – Préface de Francis Vallat

La mer, plus que jamais, est la chance des hommes et la clef de leur avenir. Elle leur apprend la responsabilité, suscite l'esprit d'initiative, mais elle oblige tout autant à rester humble devant ses forces naturelles. Le groupe de réflexion «Mer et Valeurs», réunissant navigants et universitaires, examine l'influence de ces valeurs rapportées à toutes les activités humaines. Des références historiques et géographiques illustrent le développement intellectuel et économique des pays qui se sont tournés vers la mer.

(21.00 euros, 188 p.)

ISBN : 978-2-336-00836-3, ISBN EBOOK : 978-2-296-51412-6

MÉTAMORPHOSES RURALES

Philippe Schar : itinéraire géographique de 1984 à 2010

Sous la direction de Dominique Soulancé et Frédéric Bourdier

Philippe Schar était convaincu que la géographie ne saurait exister sans la dimension du temps et la profondeur de l'histoire, seules capables de mettre pleinement en lumière le présent et de le restituer dans toutes ses dimensions. On retrouve en filigrane dans ses recherches concises et pointues la volonté de replacer les opérations de développement à l'interface des logiques promues par les décideurs d'un côté et par les populations de l'autre. Cet ouvrage présente une sélection de ses écrits.

(33.00 euros, 320 p.)

ISBN : 978-2-296-99748-6, ISBN EBOOK : 978-2-296-51501-7

POUVOIR DU MAL

Les méchants dans l'histoire

Tulard Jean

L'Histoire n'est pas une magnifique suite d'actions héroïques et de gestes admirables. Sans le Mal pas d'Histoire. Et il faut l'avouer, les méchants sont les personnages les plus fascinants de la saga des peuples. En voici treize, présentés à travers des dramatiques interprétées jadis sur les ondes. Treize portraits où l'on retrouve méchants célèbres comme Néron ou Beria et héros insolites comme Olivier Le Daim ou le prince de Palagonia. Ils illustrent le pouvoir du Mal.

(Coédition SPM, 25.00 euros, 270 p.)

ISBN : 978-2-917232-01-9, ISBN EBOOK : 978-2-296-51010-4

VIES (LES) DE 12 FEMMES D'EMPEREUR ROMAIN

Devoirs, intrigues et voluptés

Minaud Gérard

Grâce à un méticuleux travail de recherche se redéploie ce que furent les vies de 12 femmes d'empereur et leur influence, non seulement sur leur mari mais aussi sur le destin de Rome. Les pires informations se mêlent. Un amour maternel allant jusqu'à l'inceste, un amour conjugal virant au meurtre, un amour du pouvoir justifiant tout. D'un autre côté, un sens du devoir exceptionnel, une habileté politique remarquable, un goût du savoir insatiable.

(34.00 euros, 332 p.)

ISBN : 978-2-336-00291-0, ISBN EBOOK : 978-2-296-50711-1

MONDE (LE) DES MORTS

Espaces et paysages de l'Au-delà dans l'imaginaire grec d'Homère à la fin du Ve siècle avant J.-C.

Cousin Catherine

Ce livre propose d'étudier l'évolution des conceptions que les Grecs ont pu se former des espaces et des paysages de l'au-delà, jusqu'à la fin du Ve siècle avant J.-C. Monde invisible, interdit aux vivants, mais sans cesse présent à leur esprit, les Enfers relèvent pleinement de l'imaginaire. Une comparaison entre productions littéraires et iconographiques enrichit cette étude et laisse entrevoir l'image mentale que les Grecs se forgeaient du paysage infernal.

(Coll. Kubaba, série Antiquité, 39.00 euros, 402 p.)

ISBN : 978-2-296-96307-8, ISBN EBOOK : 978-2-296-50624-4

L'HARMATTAN ITALIA
Via Degli Artisti 15; 10124 Torino

L'HARMATTAN HONGRIE
Könyvesbolt ; Kossuth L. u. 14-16
1053 Budapest

L'HARMATTAN KINSHASA
185, avenue Nyangwe
Commune de Lingwala
Kinshasa, R.D. Congo
(00243) 998697603 ou (00243) 999229662

L'HARMATTAN CONGO
67, av. E. P. Lumumba
Bât. – Congo Pharmacie (Bib. Nat.)
BP2874 Brazzaville
harmattan.congo@yahoo.fr

L'HARMATTAN GUINÉE
Almamya Rue KA 028, en face
du restaurant Le Cèdre
OKB agency BP 3470 Conakry
(00224) 657 20 85 08 / 664 28 91 96
harmattanguinee@yahoo.fr

L'HARMATTAN MALI
Rue 73, Porte 536, Niamakoro,
Cité Unicef, Bamako
Tél. 00 (223) 20205724 / +(223) 76378082
poudiougopaul@yahoo.fr
pp.harmattan@gmail.com

L'HARMATTAN CAMEROUN
BP 11486
Face à la SNI, immeuble Don Bosco
Yaoundé
(00237) 99 76 61 66
harmattancam@yahoo.fr

L'HARMATTAN CÔTE D'IVOIRE
Résidence Karl / cité des arts
Abidjan-Cocody 03 BP 1588 Abidjan 03
(00225) 05 77 87 31
etien_nda@yahoo.fr

L'HARMATTAN BURKINA
Penou Achille Some
Ouagadougou
(+226) 70 26 88 27

L'HARMATTAN SÉNÉGAL
10 VDN en face Mermoz, après le pont de Fann
BP 45034 Dakar Fann
33 825 98 58 / 33 860 9858
senharmattan@gmail.com / senlibraire@gmail.com
www.harmattansenegal.com

L'HARMATTAN BÉNIN
ISOR-BENIN
01 BP 359 COTONOU-RP
Quartier Gbèdjromèdé,
Rue Agbélenco, Lot 1247 I
Tél : 00 229 21 32 53 79
christian_dablaka123@yahoo.fr

643688 - Mars 2016
Achevé d'imprimer par

1livre.com
du rêve à la réalité !

www.ingramcontent.com/pod-product-compliance
Lightning Source LLC
LaVergne TN
LVHW021137061026
849535LV00002B/273